Instrução pública e projeto civilizador

FUNDAÇÃO EDITORA DA UNESP

Presidente do Conselho Curador
Mário Sérgio Vasconcelos

Diretor-Presidente
Jézio Hernani Bomfim Gutierre

Superintendente Administrativo e Financeiro
William de Souza Agostinho

Conselho Editorial Acadêmico
Carlos Magno Castelo Branco Fortaleza
Henrique Nunes de Oliveira
João Francisco Galera Monico
João Luís Cardoso Tápias Ceccantini
José Leonardo do Nascimento
Lourenço Chacon Jurado Filho
Paula da Cruz Landim
Rogério Rosenfeld
Rosa Maria Feiteiro Cavalari

Editores-Adjuntos
Anderson Nobara
Leandro Rodrigues

CARLOTA BOTO

Instrução Pública e Projeto Civilizador

O século XVIII como intérprete da ciência, da infância e da escola

© 2017 Editora Unesp

Direitos de publicação reservados à:
Fundação Editora da Unesp (FEU)
Praça da Sé, 108
01001-900 – São Paulo – SP
Tel.: (0xx11) 3242-7171
Fax: (0xx11) 3242-7172
www.editoraunesp.com.br
www.livrariaunesp.com.br
feu@editora.unesp.br

Dados Internacionais de Catalogação na Publicação (CIP)
Vagner Rodolfo CRB-8/9410

B748i
Boto, Carlota
    Instrução pública e projeto civilizador: o século XVIII como intérprete da ciência, da infância e da escola / Carlota Boto. – São Paulo: Editora Unesp, 2017.

    Inclui bibliografia.
    ISBN: 978-85-393-0687-9

    1. Filosofia. 2. Iluminismo. 3. Educação. I. Título.

2017-350   CDD 140
                                                                                CDU 140

Editora afiliada:

Simplesmente um professor vai começar seu curso. Isso se dá cem vezes por dia no mesmo prédio. Essa reflexão, no entanto, pode não conseguir dissipar a inquietação e levar à angústia. "Que venho fazer aqui? O que eles vêm fazer aqui, eles todos e cada um por sua parte? O que espero deles? Que esperam de mim?"

Georges Gusdorf

Dedico este trabalho à memória de minha mãe

Sumário

Prefácio   11
Introdução   15
  Preâmbulo   22

1 Iluminismo em territórios pombalinos: a formação
de funcionários como alicerce da nação   35
  O Marquês de Pombal no palco do Iluminismo   35
  Secularização e homens de saber no século XVIII   38
  Dom Luís da Cunha e seu *testamento*: decadência,
    sangria e política   58
  Ribeiro Sanches e o código político do novo Estado:
    educação e Medicina   64
    Aspectos biográficos de António Nunes de Ribeiro
      Sanches   64
    Apontamentos sobre a educação da juventude   68
    Medicina social como estratégia política   82
    Exercícios para uma pedagogia do ensino médico   93
  Reflexão pedagógica de Luís António Verney: crítica social
    e agenda pública   99
    Iluminismo e educação: vida e obra   99
    Verney e a crítica à ciência aristotélica   102
    A escola na formação do caráter   109

10 INSTRUÇÃO PÚBLICA E PROJETO CIVILIZADOR

A escola pública traçada pelo Marquês de Pombal 113
A reforma da universidade pela crítica do método:
compêndio histórico 126
Os *Estatutos da Universidade de Coimbra*
e o currículo do curso de Medicina 149
Racionalidade, política e civilização:
pedagogia da Modernidade 175

2 **Política e pedagogia na arquitetura ilustrada de**
Rousseau 179
Rousseau no palco do Iluminismo 179
Relatos de vida no apontamento da escrita 189
Fronteiras da educação entre natureza e civilidade:
o *Primeiro discurso* 210
O estado de natureza como ideal regulador:
o *Segundo discurso* 218
Movimentos do rousseau da educação do Estado 232
Rousseau preceptor: a educação no registro da família 240
Emílio: categoria operatória e cidadão do mundo 252
O reconhecimento da infância no estatuto da
Humanidade 284

3 **Condorcet e a escola pública de Estado:**
logo ali, a Revolução 287
Condorcet no palco do Iluminismo 287
Itinerários da história como guia da Modernidade 293
Paradeiros do espírito: a filosofia da história
de Condorcet 302
A escola pública como alicerce da democracia:
o Estado-Professor 329
Ética da convicção na coragem militante: a política
revolucionária 333
A civilização escolar e a matemática social de Condorcet 340
Memórias de um projeto fundador: referência e exemplo
da escola moderna 343
As luzes como atitude do espírito racional 378

Conclusão 381
Bibliografia 395

PREFÁCIO

Prefácios costumam ser escritos para tornarem um livro e seu autor conhecidos. Como cartas de recomendação, visam aproximar autor e obra de seus futuros leitores. No caso de *Instrução pública e projeto civilizador: o século XVIII como intérprete da ciência, da infância e da escola*, de Carlota Boto, concentro-me na apresentação da obra, uma vez que a autora é uma referência no meio acadêmico. Desde a publicação de *A escola do homem novo* (Editora Unesp, 1996), o tema da educação moderna deve necessariamente ser uma fonte relevante para os pesquisadores que tratam do assunto. Cito esse livro por ele sumariar a importante pesquisa desenvolvida pela autora desde o início dos anos 1990.

A obra que tenho o prazer de prefaciar apresenta duas dimensões inefáveis da modernidade: instrução *versus* civilização. A autora, dona de uma escrita exemplar, percorre caminhos complexos para realizar a jornada que retraça a genealogia da alma moderna, ou seja: a instrução como forma exclusiva de civilizar. A estrutura do pensamento moderno configurada pela ciência construiu, e continua construindo, o que somos: nosso rosto e nossa alma moldados pela instrução baseada em uma formação científica tida como única maneira de transformar o humano. A modernidade soube apropriar-se do conhecimento científico pela ação dos homens de letras, "ancestrais da intelectualidade", os quais se constituíram, nas palavras de Carlota, nos arautos da consolidação do mundo moderno.

Aqui, a autora problematiza a modernidade portuguesa a partir de uma teia de relações em que se explicitam as ações que levaram à modernização do Estado nacional português. Tal modernização se iniciou no período Pombalino por meio da formação de um quadro de funcionários que instituiu formas de controle próprias, implementadas por especialistas capazes de ordenar e controlar as diferentes atividades que envolvem as ações de Estado, a exemplo da educação.

Outro fio condutor que se desenrola ao longo da obra é a compreensão da formação da cultura moderna a partir dos elos entre a herança do pensamento político e social de Rousseau e o papel de três vertentes criadas por ele, as quais conduziram à descrição de "um tratado acerca da infância e da configuração originária do que o filósofo concebia como natureza humana". O mundo da Ilustração descrito por Carlota revela o *locus* específico da cultura moderna: a plasticidade da natureza humana, que pode ser "moldada" pela educação. Para tanto, a autora investiga o papel fundamental que, por um lado, serviu de objeto para que Rousseau refletisse sobre como o menino Emílio poderia representar a natureza infantil e, por outro, como a criação ficcional de tal personagem possibilitaria a estruturação de uma política pedagógica.

Carlota possui um olhar refinado, o que lhe permitiu captar as ideias de outro importante representante da elite letrada moderna: Condorcet, que, para a autora, "expressa em seu principal escrito sobre filosofia da história" uma nova concepção de escola, em especial de escola pública. Esse é o objeto de reflexão do último capítulo, que aborda o *Esboço para um quadro histórico dos progressos do espírito humano* e as *Cinco memórias sobre instrução pública*. Tais obras são interpretadas de forma a permitir que se compreenda a relação entre a história, o progresso e a instrução. Nas palavras de Carlota: "quanto mais a história proporcionar um avanço dos povos no domínio do saber acumulado, quanto mais instruídas forem as populações, mais avançado será o estágio civilizatório".

INSTRUÇÃO PÚBLICA E PROJETO CIVILIZADOR 13

A afirmativa revela a crença na educação como meio para desenvolver a civilização. Tal convicção criou uma das *ideias-força* mais relevantes do pensamento moderno, que se estende até os tempos atuais. A escolarização, tal como pensada pelos modernos do século XVIII, possibilitou a criação dos Estados nacionais. Para a autora, "este Estado só emerge quando dotado de algumas características: tamanho suficiente para sustentar a unidade; território demarcado a partir de fronteiras definidas; capacidade para a conquista; racionalidade administrativa e ação gerida por um conjunto especializado de funcionários, que, no limite, agem como aplicadores de leis responsáveis por normatizar critérios comuns para todos no que toca às regras da vida coletiva. Desse modo, um critério matricial da organização do Estado moderno é a constituição de sua máquina administrativa. A unificação linguística torna-se, pois, requisito para se proceder exatamente à difusão da instrução pública. Nesse sentido, a escolarização assume papel de destaque. Devem ser verbalizados códigos de adesão à tradição e à pátria. A língua torna-se, pela estratégia de constituição da escola, critério de homogeneização: artefato cultural".

Tais reflexões permitem afirmar que a autora identificou a cumplicidade entre a racionalização, a escolarização, a organização do Estado moderno e a normatização da vida social. O exemplo que nos parece mais adequado revela uma fonte de inspiração pouco explorada: o papel da língua na unidade estrutural da sociedade moderna, a qual ainda se constitui no padrão capaz de assegurar a ordem pública. Dessa forma, Carlota levanta alguns questionamentos que, no meu entendimento, expressam reflexões que ultrapassam a visão da modernidade e encaminham para pensar as grandes problemáticas do século XXI. Tais questões abalam muitas das crenças construídas desde os finais do século XVIII, assim como os critérios estruturais da sociedade moderna, cuja origem foi a montagem de um poder que controla o social por meio de técnicas, de processos de saber, de descrições, de dados estatísticos, assim como de dispositivos que permitiram transformar o *sujeito divino* em *sujeito humano*. Importante, ainda, é salientar que esmiuçar o sistema social como um todo é focar no controle que só se tornou possível, como refere a autora, por meio de um eficaz sistema público de ensino. Note-se, no entanto, que as questões de fechamento da obra levam a outras, que, por sua vez, servirão ainda para a formulação de inúmeras outras, as quais poderão vir a se constituir em objetos de novas pesquisas.

O fundamental em reflexões como a apresentada por Carlota Boto neste livro não é, portanto, a figura reificada do intelectual, mas a complexa teia de relações entre a inteligência, seu tempo e as circunstâncias que se apresentaram no processo histórico. A autora não aborda apenas as ideias claras e racionais e os grandes sistemas de pensamento, mas abrange aquilo que os homens absorvem de seu ambiente mental: as *ideias* que ganharam *força* em uma época. Eis a importância e a atualidade desta obra. Não há como deixar de atribuir a distinção de prefaciá-la à generosidade da autora. Posso, todavia, afirmar que aprendi muito com a leitura dessa primorosa reconstrução histórica, que ilumina, com a precisão e profundidade de quem já fez, e segue fazendo, escola na história da educação. O fundamental, no entanto, é que o presente livro encontre ampla divulgação e leitura, pois com isso sairão enriquecidos não apenas os que se dedicam ao estudo da história da educação, mas todos aqueles que buscam compreender as estruturas do pensamento moderno.

Gramado, janeiro de 2016

Professora Doutora Ruth M. Chittó Gauer
Professora titular dos programas
de pós-graduação em História
e em Ciências Criminais da PUC-RS

Introdução

> *Como uma nova onda que se levanta, uma nova*
> *geração está surgindo. Vem vindo, com todas as*
> *suas qualidades e defeitos. Vamos criar condições*
> *para que eles cresçam cada vez melhores.*
>
> Korczak, *O direito da criança ao respeito*

Este livro, que teve origem em minha tese de livre-docência, tem por objetivo identificar os homens de saber do século XVIII – os teóricos do Iluminismo – como intelectuais de sua época, preocupados com questões relativas ao reconhecimento das novas gerações, ao avanço do conhecimento e da instrução pública como estratégias para aprimorar a vida em sociedade no tempo em que viviam. Para tanto, o texto procura centrar-se em alguns dos temas primordiais abordados por autores da época, buscando compreender os pressupostos político-sociais de suas reflexões sobre a ciência, a infância e a escola. Christophe Charle (1990, p.20) identifica os filósofos ou letrados do século XVIII como "os ancestrais mais diretos do intelectual". Eram homens de saber e atuavam como intelectuais. Possuíam, como grupo, uma identidade coletiva (ibid., p.55), embora preservassem a liberdade de expressar livremente suas próprias ideias acerca dos mais diversos temas. Tinham na inventividade

16 CARLOTA BOTO

da escrita e na autonomia do ofício sua principal arma. Não eram os homens políticos, mas eram sujeitos da política. Os políticos de seu tempo os ouviam e os ecoavam. Defendiam as próprias ideias, procuravam ver à frente de seu tempo e eram, fundamentalmente, intérpretes da história, da política e do Estado. Como tal, agiam também como formuladores de políticas públicas. Por essas razões, foram eles os arautos da modernidade.

No primeiro capítulo são apresentados alguns projetos pedagógicos e concepções científicas que permearam as visões de Estado de autores iluministas portugueses, especialmente d. Luís da Cunha, Luís António Verney e António Nunes Ribeiro Sanches. Procura-se assinalar a repercussão dessa mentalidade das Luzes no projeto do Marquês de Pombal, indicando aproximações e similitudes entre as análises de país, os planos de políticas públicas – especialmente relacionados à instrução dos teóricos ilustrados – e as ações do pombalismo. Verifica-se que a nova concepção de ciência que o século XVIII traz a lume já estava posta em Portugal de meados do século (Gauer, 2001). Verifica-se também que tal definição de conhecimento estabelece confluência com o lugar diferenciado a ser ocupado pela ação estatal. Era necessário, para os iluministas portugueses, rediscutir o lugar público do Estado na conformação do reino. O Estado nacional, tal como se instituiria, exigia novos parâmetros de regulação, muito distantes das práticas fidalgas, dispersas, desordenadas e aristocráticas, até então existentes. Era preciso formar um quadro de funcionários. Para tanto, todavia, o Estado deveria instituir formas de controle passíveis de serem palmilhadas mediante diretrizes compartilhadas. Não apenas as ordens religiosas eram um obstáculo; a carência de políticas concernentes à vida social também era um óbice. Cumpria ao Estado dotar o território de especialistas, capazes de cuidar e de modernizar as formas de vida e de existência. Era preciso formar contadores, inspetores, escrivães e secretários do reino. Era preciso dotar de racionalidade a organização da economia. Era preciso haver controle da formação dada nos cursos superiores – em especial nos cursos voltados para o campo das leis e da medicina. Era imprescindível

INSTRUÇÃO PÚBLICA E PROJETO CIVILIZADOR 17

criar secretarias e tribunais de Estado que viessem a fiscalizar práticas de ensino e práticas médicas. Um Estado que não controla a licença para ensinar ou que não é capaz de averiguar a legitimidade dos que agem em nome da medicina é um Estado fadado ao fracasso, do ponto de vista das políticas públicas. Os iluministas portugueses perceberam isso; e essa talvez tenha sido a grande marca da presença pombalina. Pensar a ciência no século XVIII é, nesse sentido, pensar a operação da política – e, no caso português, isso é mais do que evidente.

No segundo capítulo são abordados alguns aspectos do pensamento político e social de Rousseau, buscando entrecruzá-los com suas reflexões pedagógicas. Verifica-se que Rousseau pensou a educação a partir de três vertentes: escreveu um texto no qual discorria sobre o comportamento e sobre a maneira de interagir e de disciplinar as atitudes das crianças, à luz de sua recente experiência de preceptoria; concebeu alguns projetos de educação pública, nos quais procurou articular seu pensamento político com planos pedagógicos de feição nacional, e elaborou sua obra-prima, *Emílio*, que constitui um tratado acerca da infância e da constituição originária do que o filósofo concebia por natureza humana. Esse capítulo procurará traçar aproximações e distâncias dessa tripla escrita pedagógica de Rousseau: quem era o interlocutor do Rousseau pedagogo, se é que se pode chamá-lo assim? Como Rousseau apresenta a articulação entre o seu pensamento político e a formação pedagógica – nos textos em que cuidou do assunto? Por que pensar a educação coletiva em projetos nacionais, se ele se valeu do recurso da preceptoria para dotar de sentido a formação de seu menino *Emílio*? Por que Rousseau separou seu menino do mundo, dizendo que pretendia revelá-lo como o homem do estado de natureza? O *Emílio* é mesmo apenas uma metáfora para que se possa adentrar no território da política? Quem é a criança que Rousseau constrói? E por que o discurso que ele ali elaborou sobre a infância teve impacto tão decisivo na longa duração do pensamento pedagógico que lhe foi posterior? Somos nós, sujeitos da modernidade, os filhos abandonados de Rousseau? O menino Emílio é gente ou é uma metáfora? Se o

18 CARLOTA BOTO

menino Emílio é gente, o que ele vai fazer quando crescer? Enfim, refletindo sobre o significado da criação do *Emílio*, procurou-se conferir destaque a essa construção conjectural e operatória de um garoto imaginário e ficcional, compreendendo-a como estratégia da qual se valeu o filósofo para reconhecer e apresentar ao seu tempo algumas ideias de natureza e, mais especificamente, da natureza infantil. Seria dessa ideia de natureza que um novo traçado de futuro poderia, talvez, emergir.

O terceiro capítulo procura entretecer a concepção de história de Condorcet – expressa em seu principal escrito sobre filosofia da história, intitulado *Esboço para um quadro histórico dos progressos do espírito humano* – e o texto de suas *Cinco memórias sobre instrução pública*. A hipótese ali desenvolvida é a de que a organização da instrução pública proposta por Condorcet, em seu encadeamento e organização seriada – a compreensão da estrutura curricular mediante a chave da progressão dos estudos tal como disposta nas memórias, bem como a própria acepção de conhecimento que alicerça aquele plano de organização do ensino público –, é tributária de uma dada compreensão do sentido da história e do progresso histórico que tem na marca de perfectibilidade seu pressuposto e seu método. Nesse sentido, ao expor os dois trabalhos em suas principais teses e orientações programáticas, o presente ensaio tem por propósito dialogar com o universo mental da Revolução Francesa, especialmente em sua matriz pedagógica. Condorcet entende a história da Humanidade como uma marcha para a frente, resultante de estágios de desenvolvimento prévios. Ao apresentar a disposição articulada de sua rede de escolas públicas, ele, de alguma maneira, traz elementos de analogia para pensar o progresso dos povos em relação aos percursos do aprendizado da cultura letrada. A história que se construiu por degraus adquirirá uma correspondência nas histórias de vida individuais. Quanto mais a história proporcionar um avanço dos povos no domínio do saber acumulado, quanto mais instruídas forem as populações, mais avançado será o estágio civilizatório. Há uma correspondência, portanto, entre os sentidos inscritos na história da Humanidade e a lógica de construção de

INSTRUÇÃO PÚBLICA E PROJETO CIVILIZADOR 19

uma escolarização pública, que se instaura como um processo de sociedades avançadas, para que estas possam chegar mais longe, oferecendo condições de esclarecimento a todas as pessoas de todas as origens e de todas as camadas dessa comunidade. Isso, por si só, redistribuiria os lugares sociais, corrigiria as distorções da riqueza e faria com que a sociedade, cada vez mais, vencesse patamares injustos de desigualdade. Essa estratégia da escola como "corretora de desvios de uma sociedade aberta" (Hobsbawm, 1981) permitiria a emergência de um tempo novo para a existência do "homem novo". A sociedade da Revolução Francesa passaria por essa escola.

Os três capítulos buscam – cada qual a seu modo – evidenciar que o Iluminismo, na condição de movimento intelectual que extrapolou fronteiras nacionais, foi marcado pela figura pública do intelectual. Partilhando de um repertório que abarcava ideias de ciência, de história, de secularização de mundo, o Iluminismo divulga o cenário do conhecimento moderno na figura de um de seus principais protagonistas: a educação letrada. Esta, para ser pensada, requer que dialoguemos com formas de ver a ciência, com formas de olhar a infância e, evidentemente, com o tema da escola e do "aprendizado da República" (Agulhon, 1991; Hobsbawm, 1990).

∗

Na condição de antiga aluna da Pedagogia e do Mestrado em Educação, bem como na condição de professora, agradeço à Faculdade de Educação da Universidade de São Paulo (USP) e, em especial, ao Departamento de Filosofia da Educação e Ciências da Educação, pelo apoio institucional. Agradeço também, como ex-aluna do curso de História e do Doutorado em História Social, ao Departamento de História da Faculdade de Filosofia, Letras e Ciências Humanas da Universidade de São Paulo (FFLCH/USP). Manifesto aqui meu tributo à USP, onde obtive toda minha formação acadêmica. Dessa instituição recebi tudo. Espero poder, com meu trabalho, retribuir.

Sou grata à Faculdade de Ciências e Letras da Universidade Estadual Paulista (Unesp), câmpus de Araraquara. Nunca deixo de

20 CARLOTA BOTO

dizer que os quinze anos trilhados como professora da Faculdade de Ciências e Letras da Unesp/Araraquara foram fundamentais para consolidar meu arcabouço profissional. Lá também vivi os anos mais felizes de minha vida. Agradeço ao Conselho Nacional de Desenvolvimento Científico e Tecnológico (CNPq) pela Bolsa Produtividade em Pesquisa que recebo desde 2009. Agradeço à Faculdade de Letras da Universidade de Coimbra e, em especial, ao Instituto de História e Teoria das Ideias pelas oportunidades acadêmicas e pelo aprendizado.

Agradeço à banca examinadora de minhas provas de livre-docência: Leandro de Lajonquière, Marco Aurélio Nogueira, Maria das Graças de Souza, Modesto Florenzano e Luiz Jean Lauand. Agradeço a meus professores: José Mário Pires Azanha (em memória), Roberto Romano, Carlos Guilherme Mota, Celso Beisiegel, Maria Victoria de Mesquita Benevides Soares, Marilia Sposito, entre tantos outros. Agradeço muito especialmente a professoras que tive e que, depois, se tornaram grandes amigas: Gilda Naécia Maciel de Barros, Maria Cecília Cortez Cristiano de Souza, Marta Carvalho e Roseli Fischmann. Não posso deixar de incluir aqui o professor Jorge Nagle – referência teórica e exemplo humano. Destaco também a presença do professor Fernando José de Almeida Catroga e do professor Rogério Fernandes (em memória). Essas pessoas foram imprescindíveis para o desenvolvimento deste estudo, e lhes serei eternamente grata. Agradeço também o apoio que recebi dos funcionários da Faculdade de Educação na reta final desta pesquisa, especialmente de Sidney Mauro Fontanetti, Rita de Cássia Ferreira Perin e Márcia Bastos Colares Willy.

Agradeço pela partilha intelectual e amizade de António Gomes Ferreira, António Nóvoa, Bruno Bontempi Júnior, Circe Bittencourt, Denice Catani, Dóris Accioly Silva, Eugenia Cunha, Flávia Schilling, Francisco Costa, Ingrid Hötte Ambrogi, José Castilho Marques Neto, José Sérgio Fonseca de Carvalho, José Vaidergorn, Julio Groppa Aquino, Marcos Henrique Penno Callia, Márcia Teixeira de Souza, Maria de Fátima Simões Francisco, Maria Luísa

Mondin de Jesus (em memória), Maria Stephanou, Maria Helena Camara Bastos, Maria Teresa Santos Cunha, Paulo Roberto Pepe, Pedro Dallari, Raul Fiker, Rui Cunha Martins, Sônia Penin e Vera Teresa Valdemarin. A todos eles meu reconhecimento pela palavra precisa no momento necessário. Agradeço, em especial, a quem esteve ao meu lado quando mais precisei: João Amorim, Milton Lahuerta e Lisete Arelaro. Assim como agradeço à amiga que praticamente me intimou a apresentar este trabalho: Mônica Guimarães Teixeira do Amaral. Na trajetória de uma vida, os amigos são companheiros de viagem. Nossa narrativa confunde-se com a presença deles.

Agradeço aos alunos com quem sempre compartilho experiências, descobertas intelectuais e aprendizado e que têm sido a razão de ser de minha trajetória acadêmica. Igualmente sou grata a todos os orientandos que concluíram seus trabalhos comigo – PET, TCC, iniciação científica, mestrado ou doutorado. E deixo aqui meu reconhecimento especial, cada um por sua razão, a: Adriana Silva Cateli, Alessandra Aparecida de Souza Gibello, Aline Helena Iozzi de Castro, Ana Carolina Rodrigues Marangon, Ana Carolina Theodoro, Ana Clara Bin, Carlos Alberto Suriano Nascimento Jr., Catia Regina Guidio Alves de Oliveira, Christiane Coutheux Trindade, Clóvis Edmar Paulino, Dalila Rodrigues Damião, Deise Rosálio Silva, Fabiana Silva Fernandes, Géssica Priscila Ramos, Janaína de Brito Melo, Juliana de Melo Coutinho Fogaça, Juliana Ropelato, Keity Jeruska Alves dos Santos, Liliane Maria Santana de Oliveira, Louisa Campbell Mathieson, Luana Ferreira Lopes Silva, Marina Cáprio, Milena Guion de Angelo das Chagas, Nívia Gordo, Suzelaine Aparecida Zaniolo Mascioli, Tatiane Tanaka Perez, Tiago de Jesus Nunes Rozante. Minha história profissional não teria feito sentido sem a presença dessas pessoas. Agradeço também aos integrantes do Grupo de Estudos de Filosofia e História das Ideias Pedagógicas, em especial a Crislei Custódio.

Em outro registro, não poderia deixar de mencionar meus sobrinhos queridos: Luís Felipe Boto Siqueira Bueno, Luís Carlos Boto

22 CARLOTA BOTO

Siqueira Bueno, Luiz Henrique dos Reis Boto Scarlassari e Rodrigo dos Reis Boto Scarlassari. Agradeço pela amizade eterna e cúmplice de minhas irmãs Nenê e Anita. Sou grata a meus pais (em memória), de quem este estudo, na ocasião, roubou minha companhia. Por fim, agradeço a meu editor, Jézio Gutierre, e à Editora Unesp, pela publicação deste livro.

Preâmbulo

O homem do Iluminismo é – pode-se dizer – o intelectual *avant la lettre*. Em meados do século XVIII, a reflexão sobre o homem será organizada de maneira inaudita. É claro que abordar a Ilustração por sua matriz na forma das Luzes é incorrer em risco de se generalizar aquilo que, no limite, também possui particularidades. Havia circulação de pensamento sobre o homem e sobre a formação das nações e do mundo moderno em diferentes países europeus. Tal reflexão, contudo, manifestava-se de modos diferentes consoante os territórios, as tradições de pensamento, as filiações teórico-conceituais, a língua, os usos e os costumes. Nesse sentido, é preciso compreender que o Iluminismo português não é, exatamente, um desdobramento da interpretação do Iluminismo francês; e vice-versa. No interior de cada país, aliás, havia controvérsias sobre os sentidos das Luzes. Reconhecer particularidades que distinguem tendências não constitui, porém, negação da possibilidade da existência de traços comuns. Como bem assevera Michel Vovelle, "é possível identificar, para além das controvérsias, os elementos de um consenso mínimo comum, nos quais se exprime uma nova visão de mundo através de uma visão do Homem" (Vovelle, 1997, p.11). Uma das características centrais dessa intelectualidade era uma "teia de cumplicidade" (ibid., p.17) estruturada em torno da República das Letras. Circulavam ideias por meio de livros, de panfletos, de cartas, de opúsculos, da literatura erudita ou popular, das revistas. Tudo isso constituiria uma nova sociabilidade que ganhava forma no cenário letrado que se desenhava sobre a Europa (ibid., p.17-8).

INSTRUÇÃO PÚBLICA E PROJETO CIVILIZADOR 23

Ao mesmo tempo que os letrados – de maneira geral – identificavam-se uns aos outros, marcava-se um procedimento de nítida e manifesta diferenciação. Não era para qualquer um o ingresso nessa "paisagem social e cultural" (Roche, 1988, p.223) da República Literária. O campo da cultura e o território de construção dessa intelectualidade possuíam seus próprios códigos. Em virtude de um tipo específico de comércio social, estruturavam-se "mecanismos sutis para estabelecer relações com pessoas mediante a intervenção de outras pessoas, de outras intermediações, que remetiam a práticas de correspondência e de viagem" (ibid., p.222). No parecer de Daniel Roche, consolidava-se um meio social que se desejava intermediário entre o plano doméstico e o espaço público. O território do mundo letrado no século XVIII produzia ideias, dialogava com campos variados do saber, valorizava a erudição algo enciclopédica, mas assumia para si uma função na esfera pública: a de dissertar e de falar sobre ela. O escritor torna-se, pois, analista social, predisposto e capaz de interpretar seu tempo, de ir – talvez – além dele, para falar a um conjunto de pessoas maior que seu próprio círculo intelectual. Esta seria, talvez, uma definição do modo de ser iluminista.

Em Portugal, a característica dos iluministas era a de serem estrangeirados. Estrangeirados eram os homens que viviam no exterior, mas que dedicavam suas vidas a refletir e a interpretar seu próprio país, do qual – querendo ou não – haviam se tornado forasteiros. A condição de estrangeirado possibilita um olhar exterior, capaz de desembaralhar aquilo que, entre os portugueses, era reconhecido como habitual. Tratava-se, enfim, da estranheza produzida pela compreensão do próprio país em terra estrangeira. O estudo sobre a Ilustração portuguesa passa, necessariamente, pela compreensão do pensamento de d. Luís da Cunha, de António Nunes Ribeiro Sanches, de Luís António Verney. Entretanto, não se poderá compreender o lugar das luzes em Portugal se não se enveredar pelas reformas empreendidas pelo Marquês de Pombal. Na França, o Iluminismo terá a marca da *Enciclopédia* e o lugar de honra de figuras de proa como Diderot, Voltaire, D'Alembert. Procuramos

24 CARLOTA BOTO

centrar nosso estudo em apenas dois expoentes do Iluminismo francês: Rousseau e Condorcet. Rousseau, especialmente através de seu *Emílio*, contribui para conferir visibilidade àquilo que Philippe Ariès (1981) considerou ser o sentimento moderno de infância. Condorcet, por sua vez, foi o protagonista do principal plano de instrução pública da Revolução Francesa. Suas *Cinco memórias sobre a instrução pública* foram leitura obrigatória dos planos de educação nacional dos países do Ocidente entre os séculos XIX e XX.

Como bem adverte Christophe Charle, a acepção de intelectuais – como conceito que designa um grupo social específico – oferece, na condição de categoria analítica, algumas dificuldades de definição. Recusando-se, com frequência, a serem assimilados por quaisquer grupos sociais, os intelectuais são identificados por um reconhecimento público de mérito que lhes concede um lugar relativamente privilegiado no tabuleiro social. Certamente, trata-se de uma voz privilegiada. A fala do intelectual é apreendida com cautela por parte dos poderes governantes, exatamente porque seu lugar de enunciação não pretende se confundir com este ou aquele interesse de camadas e clivagens sociais específicas. Como tema do debate acadêmico, os intelectuais subsistem às mais pessimistas projeções que tantas vezes profetizam o declínio de seu papel. Christophe Charle – ao referir-se a esse aspecto – diz que "mesmo a temática, periodicamente renascente, de seu desaparecimento ou de seu declínio é uma maneira de reconhecer sua persistência" (Charle, 1990, p.15).

A palavra intelectual aplicada ao século XVIII é anacrônica. Seu significado, todavia, não o é. O livro intitulado *La trahison des clercs* caracterizou a particularidade do homem de letras que povoava o século XIX, povoaria o século XX e já estava presente no século XVIII. Julian Benda, o autor, buscava ali definir, especificar, particularizar o ofício dos homens de letras. Como definir o intelectual? Como afirmar, sem incorrer no erro, que esses homens de letras do século XVIII eram, pelas palavras e pelas ações, verdadeiros intelectuais? Em primeiro lugar, registra-se seu compromisso com a ideia de verdade e com a defesa do que acreditavam ser a justiça.

INSTRUÇÃO PÚBLICA E PROJETO CIVILIZADOR 25

Como meio, o recurso imprescindível da razão e a consequente fuga a quaisquer limitações que, contra a racionalidade, pudessem ser apresentadas. Julian Benda sugere que o único compromisso inamovível do intelectual reside na justiça, na verdade e na razão. Qualquer outra função que mobilize sua escrita é considerada traição. Como bem sublinha Milton Lahuerta (1998), *La trahison des clercs*, que vem a público em 1927, foi a obra que qualificou – quase em termos paradigmáticos – aquela que seria a missão dos não por acaso ali designados "clérigos". Ocupado com valores que transcendem quaisquer particularismos, o intelectual deve se voltar para a busca da justiça e da razão. Acerca do tema, Lahuerta recorda que haveria alguns traços marcantes nos caracteres intelectuais defendidos em sua integridade, vinculados, em algum nível, à preservação da tradição, à proteção de referências culturais, científicas e éticas que, tendo sido descortinadas por gerações anteriores, deverão ser preservadas contra o esquecimento. A grande traição estaria, pois, no apego a variáveis particulares e, em última instância, partidárias, as quais levariam o clérigo a romper com o sentido de sua vocação de guardião do universal e de uma certa atemporalidade da cultura desinteressada.[1]

---

1 "Cabe ao intelectual, ao exercer seu verdadeiro papel, impedir que se confunda a esfera dos valores universais com aquela dos negócios do mundo, marcada pela contingência, interesse e irracionalidade. Refletindo sobre a histórica tarefa dos clérigos – guardiões da atemporalidade da moral –, aponta para o rompimento desse compromisso nos tempos que então corriam. Sobre o compromisso fundava-se a civilização. A ruptura abre as portas à barbárie. Fecha-se a fissura através da qual se infiltrava a civilização: 'A humanidade fazia o mal, mas venerava o bem'. A fratura resultante do abandono da missão transforma em estimuladores aqueles que se constituíram em freio ao 'realismo das multidões'. A cultura fundada em valores perenes e que reprime a barbárie deixa de ser o tradicional elemento do equilíbrio da sociedade; vítima desse irracionalismo, emerge um anti-intelectualismo que tece o clima político das primeiras décadas do século. Essa trama conduz à destruição da função crítica tradicionalmente desempenhada pelos homens de cultura. Mais do que isto, tende a destruir aqueles princípios sobre os quais se funda essa crítica – o culto de valores universais e abstratos, a moral como suporte das intervenções públicas – substituindo-os pelos interesses contingentes." (Bastos; Rego, 1999, p.26)

26 CARLOTA BOTO

Valendo-se do termo clérigo para referir-se aos homens de letras de sua época, Benda explicita que os valores que capturam o intelectual serão necessariamente desinteressados, como se pudessem existir a "justiça abstrata, a verdade abstrata, a razão abstrata" (Benda, 2007, p.105). No limite, o lugar do intelectual seria o de buscar as coisas que ele acredita serem universais; isso implicaria – em outras palavras – em esquivar-se da defesa de particularismos de raça, de nação ou mesmo de classe. O intelectual de Benda é aquele que jamais se alinha automaticamente a uma causa, seja para seguir o líder, seja para acatar o partido. Por ser assim, o intelectual opõe--se ao culto do partidarismo político. O verdadeiro intelectual não se confunde com o sujeito das circunstâncias; aquele que se vale do sentido de oportunidade e da fugacidade momentânea da glória. Os valores intelectuais teriam algo de estrutural, que lhes confeririam solidez e credibilidade. A ideia de justiça é vista, por Benda, como um valor desinteressado, regulador do julgamento e princípio da crítica.

O intelectual de Benda recorrerá, sim, ao lugar público que obteve e ao prestígio que o reconhecimento lhe auferiu, mas apenas em nome da busca da verdade e da defesa da justiça. Suas paixões não poderão ser jamais o móbil de sua ação. Benda concebe os intelectuais como sujeitos que, inequivocamente, se orientam por padrões universais da razão e da verdade – movidos sempre pelo desapego de valores materiais e de benefícios pessoais.

Os clérigos ou intelectuais serão, na interpretação de Julian Benda, "todos aqueles cuja atividade, por essência, não persegue fins práticos, e que, obtendo sua alegria do exercício da arte ou da especulação metafísica, em suma, da posse de um bem não temporal, dizem de certa maneira: 'meu reino não é deste mundo'" (ibid., p.144). O autor recorda a desavença entre Michelangelo e Da Vinci, quando o primeiro critica o outro "por sua indiferença aos infortúnios de Florença, e o mestre da Ceia responde que, de fato, o estudo da beleza absorve todo o seu coração" (ibid., p.146). Se o sítio do intelectual é o espaço público, este perde sua legitimidade quando mobiliza e confere prioridade a paixões de classe, de raça ou de

INSTRUÇÃO PÚBLICA E PROJETO CIVILIZADOR 27

nação. No parecer de Benda, trai os valores intelectuais o indivíduo que renuncia à busca dos universais – seja a busca da verdade, seja a busca da justiça – em nome de interesses particulares, sempre menores. A crítica que orienta todo o livro decorreria exatamente da constatação da dificuldade, entre os homens letrados de seu tempo, de buscarem estabelecer uma moral e uma razão que abarcassem tal dimensão de universalidade.[2] Visto com desconfiança pela sociedade, o papel do intelectual nunca é confortável. Apegado a atividades de espírito, é desinteressado quanto a finalidades práticas. Adotando como critérios reguladores princípios abstratos como a humanidade e a justiça, tem como arma a escrita. Para que servem, afinal, esses sujeitos da escrita? Quando se poderá considerar legítimo o uso da palavra e do prestígio obtidos como ferramentas profissionais para persuadir, para convencer e para enfrentar embates e polêmicas? Benda defende, para os intelectuais, a vocação para o universal; um compromisso com parâmetros éticos situados para além das circunstâncias; dirigido a bens culturais que pertençam à humanidade. Para Benda, quando "desce à praça pública" (ibid., p.148), defendendo qualquer outro interesse não decorrente de seu compromisso com a verdade e com a justiça, o intelectual trai sua função.

Norberto Bobbio, a propósito desse texto de Benda, destaca que o autor não vaticina que qualquer intelectual militante seja um clérigo traidor. O intelectual poderá até agir como militante desde que respeite "duas condições: a) pregar a religião do justo e do ver-

---

2 "Não é apenas a moral universal que os intelectuais modernos abandonaram ao desprezo dos homens, é também a verdade universal. Aqui os intelectuais mostraram-se realmente geniais em sua aplicação de servir às paixões leigas. É evidente que a verdade é um grande empecilho para os que querem se afirmar no distinto: ela os condena, a partir do momento em que a adotam, a sentir-se em um universal. Que alegria, então, para eles, ficar sabendo que esse universal é apenas um fantasma, que existem apenas verdades particulares, 'verdades lorenas, verdades provençais, verdades bretãs, cuja concordância, disposta pelos séculos, constitui o que é benéfico, respeitável, verdadeiro na França (o vizinho fala do que é verdadeiro na Alemanha) [...] e o que é verdade deste lado dos Pireneus é perfeitamente erro do outro lado." (Benda, 2007, p.180)

28 CARLOTA BOTO

dadeiro (e não aquela do interesse do próprio grupo); b) pregá-la com a consciência da sua ineficácia prática – não com a pretensão de salvar o mundo" (Bobbio, 1997, p.47). A verdade – diz, ainda, Bobbio a respeito de Benda – está sempre melhor à esquerda, porque o homem de esquerda pode declarar a causa a que serve; o homem de direita não fará isso: "os primeiros declaram desejar a justiça social e pensam efetivamente nisso (mesmo que os meios não sejam sempre idôneos); os outros dizem desejar salvar a pátria, a civilização, a liberdade, e pensam completamente no contrário; no que pensam efetivamente, na defesa dos próprios interesses, não têm a coragem de dizer" (ibid., p.49). Mesmo assim, os valores honrados pelo intelectual seriam, até certo ponto, desencarnados, porque sua condição é a de serem universais; como se aquilo que se defende aqui e agora pudesse e devesse ser defensável por e para todo o gênero humano.

O primeiro dilema do intelectual reside, efetivamente, nesse pendular conflito entre distância da sociedade e envolvimento com ela (Bastos; Rego, 1999, p.8). Daí a necessidade da crítica como elemento imprescindível para firmar sua identidade. Os problemas apresentados à vida social são, todos eles, culturais, não devendo, portanto, ser lidos de maneira naturalizada. A naturalização do mundo e de seus conflitos é exatamente o que contraria a atitude crítica. Há uma dimensão pedagógica no território intelectual: "educador, persuasor, guardião dos valores universais, compromissado com a justiça social, crítico do poder" (ibid., p.14). Tradicionalmente, a marca desse ofício vem indicada pela ideia de interesse público; sendo público aquilo que pertence a todos e que, por tal razão, coincidirá com o interesse geral – com o bem comum. A tensão do ofício intelectual residiria no fato de ele não poder, sob quaisquer hipóteses, transigir com relação ao uso da racionalidade; o que não raro o transformaria em um "tipo humano atormentado" (ibid., p.11). O uso incessante da razão crítica produz o inconformismo e a busca por transcender o existente.

É possível, com Max Weber, identificar no intelectual a tarefa precípua de desencantamento do mundo: uma retirada progressiva e metódica das variantes de explicações míticas, mágicas ou místi-

INSTRUÇÃO PÚBLICA E PROJETO CIVILIZADOR 29

cas; uma busca de apreensão da realidade pelo instrumento humano da razão. Por este motivo, Weber demarca, com preocupada distinção, a dinâmica acadêmica de produção, propagação e publicação do conhecimento frente a outro lugar social com o qual, por vezes, essa referida tarefa intelectual podia ser confundida: a prática de expor e divulgar ideais e credos políticos. O indivíduo é intelectual quando se volta para valores tomados por universais – ética da convicção – e deixa de sê-lo quando atende a critérios marcados pelos jogos específicos de grupos sociais demarcados, ou daqueles que atendem ao interesse dessas partes nas correlações de forças políticas do tabuleiro militante – ética da responsabilidade (Weber, 1999a). Weber aproxima o saber do intelectual ao ofício daquele que ensina. Haveria, para ele, uma ética específica para todos os que abraçam a ciência como vocação; ética essa substancialmente distinta da que se dá na atividade política. Para Weber, entre todas as tarefas pedagógicas, a mais difícil seria exatamente aquela que supõe a exposição para o outro das questões teóricas, a comunicação de um problema científico de tal maneira "que um espírito não preparado, mas bem-dotado, possa compreendê-lo e formar uma opinião própria [...]. Aquela capacidade depende de um dom pessoal e de maneira alguma se confunde com os conhecimentos científicos de que seja possuidora uma pessoa" (ibid., p.23). A vocação da ciência traduz-se pelo apego à atividade investigativa; pela obstinação em decifrar a realidade:

> Consequentemente, todo aquele que se julgue incapaz de, por assim dizer, usar antolhos ou de se apegar à ideia de que o destino de sua alma depende de ele formular determinada conjetura e precisamente essa, a tal altura de tal manuscrito, fará melhor em permanecer alheio ao trabalho científico. Ele jamais sentirá o que se pode chamar a "experiência" viva da ciência. Sem essa embriaguez singular, de que zombam todos os que se mantêm afastados da ciência, sem essa paixão, sem essa certeza de que "milhares de anos se escoaram antes de você ter acesso à vida e milhares se escoarão em silêncio" se você não for capaz de formular aquela conjetura; sem isso, você não possuirá *jamais* a vocação de cientista e melhor

30   CARLOTA BOTO

será que se dedique a outra atividade. Com efeito, para o homem, enquanto homem, nada tem valor a menos que ele *possa* fazê-lo com *paixão*. (ibid., p.24-5)

Ancorando a inspiração em movimento obstinado de esforço profundo, o apego ao trabalho sistemático de investigação afasta o intelectual da imposição de convicções ou de crenças em tom dogmático. Isso envolve um trabalho meticuloso de investigação e a tessitura de referências de interpretação para as quais será imprescindível o escopo teórico que só se alcança por meio de estudo sistemático. Sendo assim, a lógica da atividade intelectual seguirá, necessariamente, uma ética da convicção – distinta da ética da responsabilidade política, na qual o elemento decisivo será o resultado da ação. Para o político – dirá Weber –, três qualidades serão determinantes: "paixão, sentimento de responsabilidade e senso de proporção" (ibid., p.106). As intuições científicas, por sua vez, dependeriam de fatores muitas vezes ignorados e que não podem ser reduzidos a paixões, eleições e mesmo à intuição, muito embora, acreditemos que "as ideias nos acodem quando não as esperamos e não quando, sentados à nossa mesa de trabalho, fatigamos o cérebro a procurá--las. É verdade, entretanto, que elas não nos acorreriam se, anteriormente, não houvéssemos refletido longamente em nossa mesa de estudos e não houvéssemos, com devoção apaixonada, buscado uma resposta" (ibid., p.26).

A perspectiva de Gramsci sobre o tema envereda por outro caminho. Observa Lahuerta que "Gramsci colocou no coração do pensamento marxista a preocupação com o momento consensual da dominação. Fazendo isso, não apenas vertebrou uma originalíssima teoria do Estado, como trouxe à tona o tema dos intelectuais – os 'funcionários do consenso' –, dando-lhes um destaque que jamais se havia conseguido no léxico marxista" (Lahuerta, 1998, p.133). Gramsci amplia o conceito de intelectuais, destacando sua função de organizadores da cultura (Beired, 1998, p.124). Para dominar, o Estado precisaria não apenas do monopólio legítimo da força física, mas também da produção de níveis de consentimento da sociedade. Sem a formação de consensos, o próprio Estado não subsistiria. Em

INSTRUÇÃO PÚBLICA E PROJETO CIVILIZADOR 31

função disso, haveria diferentes categorias de intelectuais e seus variados estilos. Em primeiro lugar, estariam aqueles que agem apenas como "comissários do grupo dominante para o exercício das funções subalternas da hegemonia social e do governo político" (Gramsci, 1982, p.11), proporcionando a coesão do Estado, sendo que o cimento desse consenso seria, exatamente, o prestígio e a confiança desses protagonistas do convencimento. Porém, o grupo dominante não é detentor exclusivo do predicado intelectual. Nos termos de Gramsci, sempre é possível existir "células intelectuais de novo tipo" (ibid., p.17). Haveria, então, intelectuais de diversos matizes que não comporiam o aparato hegemônico da sociedade, mas, na outra margem, formulariam a agenda alternativa.

Sob tal perspectiva, a ação intelectual radicaria na capacidade dirigente e organizativa da sociedade. Haveria os intelectuais tradicionais, integrantes de certa aristocracia togada da sociedade, que engloba cientistas, padres, advogados, professores etc. Pretendendo caracterizarem-se como grupos sociais e profissionais autônomos em relação à classe dominante, eles "sentem com 'espírito de grupo' sua ininterrupta continuidade histórica" (ibid., p.6), bem como o prestígio público de sua ocupação. Sendo assim, o papel ocupado pelos intelectuais tem a ver com a ideia de formação da opinião pública, mediante diálogo e interlocução. Gramsci vincula a tarefa intelectual aos jogos complexos que interagem na correlação de forças da sociedade, aos embates da sociedade civil. Os intelectuais constituiriam um alicerce fundamental na ação transformadora da vida social. Daí, talvez, o risco do silêncio dos intelectuais: "o retraimento do engajamento ou o silêncio dos intelectuais é, aqui, signo de uma ausência mais profunda: a ausência de um pensamento capaz de desvendar e interpretar as contradições que movem o presente" (Chaui, 2006, p.30).

Jean-Paul Sartre, embora por outro caminho, também sublinha esse caráter necessariamente militante da atividade intelectual. Para Sartre "o intelectual é alguém que se mete no que não é de sua conta e que pretende contestar o conjunto das verdades recebidas, e das condutas que nelas se inspiram" (Sartre, 1994, p.14-5). A tomada de consciência — na perspectiva de Sartre — leva o intelectual

32 CARLOTA BOTO

a defender causas que, por vezes, o transformarão em testemunha do despedaçamento das sociedades. O intelectual – diz Sartre – não tem mandato algum. Oriundo de um meio que, em geral, não é o mais desfavorecido, ele trairá sua classe de origem. Por sua vez, as camadas populares não se reconhecerão nele. Assim, haverá suspeita por todos os lados: das classes dominantes, temerosas do efeito da crítica; das classes médias, das quais ele se afastou, e das classes populares, descrentes de suas palavras. Não será sem sofrimento que ele enfrentará essa condição de deslocado social. Sartre diz que o homem, em sua existência, é projeto. Sendo assim, o intelectual inventa sua própria missão, agindo sobre os dados de suas circunstâncias: "criador, pois inventa o que já é, a partir do que ainda não é; sábio, pois não conseguirá se não determinar com certeza as possibilidades que permitem levar a bom termo o empreendimento; pesquisador e contestador" (ibid., p.17). Embora lide com o universal, o intelectual reconhece que o universal também é projeto em construção: "a universalidade não está pronta; está perpetuamente *a fazer*. Um dos perigos que o intelectual deve evitar, se quiser avançar em seu empreendimento, é universalizar depressa demais" (ibid., p.35). O ofício do intelectual em Sartre tem por pressuposto – de acordo com Franklin Leopoldo e Silva – a consciência dilacerada, já que "se vê sempre entre a vocação formalmente universal inerente ao seu trabalho e os fins particularistas da classe que o controla" (Silva, 2006, p.156).

Será realmente possível recorrer a essa "universalidade por construir" evocada por Sartre? Como obtê-la, assegurá-la e compartilhá-la? Eis um importante debate, evidentemente nada simples. Se as verdades não são dadas territorialmente, os critérios de seu julgamento certamente o são. De fato, aquilo que parece ser verdade para um povo pode não o ser na perspectiva de seu vizinho. Aquilo que é justo para uma sociedade não o será necessariamente na apreciação de outra. Os intelectuais pertencem a um tempo e a um espaço; e suas circunscrições em contextos específicos certamente marcarão a tônica de seus discursos.

Como bem observa Edward Said, o próprio discurso intelectual é sempre falado em uma língua qualquer, que tem um léxico

INSTRUÇÃO PÚBLICA E PROJETO CIVILIZADOR 33

próprio e que assegura formas de expressão e de representação do mundo. Quando as línguas formulam os usos que fazem dos conceitos de que dispõem, elas expressam estereótipos e ideologias que, pela mesma razão, transparecem no debate intelectual falado naquele idioma. Há sempre um nós e um eles que se alimentam de generalizações. Daí a dificuldade em pensar ou, principalmente, em nomear o universal.

Pode-se dizer que o primeiro requisito da atividade intelectual seja talvez a necessária desnaturalização dos objetos do pensamento – fazer cair por terra o que se credita como certeza. De fato, o discurso moderno sobre a verdade realmente se esquece de expor o caráter provisório de suas referências e a dimensão histórico-social de seus postulados. Não há fixidez nos conceitos que nomeiam as coisas. Palavras, conceitos e discursos de verdade poderão ser facilmente traduzidos como cristalizações de percepções de mundo; abarcando uma dimensão niveladora e genérica que ocultará, por ser assim, a própria dinâmica do "mundo" que os originou. Nesse sentido, "o dever do intelectual é mostrar que o grupo não é uma entidade natural ou divina, e sim um objeto construído, fabricado, às vezes até mesmo inventado" (Said, 2005, p.44). A possibilidade de proceder à universalização virá sempre acoplada a essa tarefa de tradução cultural, sem a qual cada povo toma seus próprios conceitos e referências como a máxima expressão da verdade. Deverá ocorrer, portanto, metodológico esforço para superar os limites das fronteiras nacionais, sem o qual qualquer tentativa de generalização tornar-se-á vã.

Recusando-se, todavia, a acatar o princípio do relativismo, Said condena a exaltação da indiferença, que se costuma fazer em nome da legitimação exclusiva da particularidade e irredutibilidade dos ditos jogos de linguagem. De fato, nos dias que correm, é bastante comum a defesa da relativização de quaisquer princípios como enunciados que podem se confrontar com outros, igualmente válidos, como dispositivos discursivos. Porém, refletir acerca de situações concretas e históricas não corresponderia apenas a trabalhar com discursos. Para Said, trata-se de representar de maneira articulada o sofrimento coletivo dos povos: "a tarefa do intelectual é universalizar de forma explícita os conflitos e as crises, dar maior

34 CARLOTA BOTO

alcance humano à dor de um determinado povo ou nação, associar essa experiência ao sofrimento de outros" (ibid., p.53). De alguma maneira, a tradução acontecerá quando se for capaz de proceder ao esforço dialógico de se colocar no lugar do outro. Só assim pode subsistir a atualidade da defesa de um ambiente intelectual no qual será razoável lidar com a categoria da universalidade.

O Iluminismo foi um fenômeno intelectual surgido na Europa, especificamente em meados do século XVIII. Tinha por principal baliza a referência da crítica, compreendendo o mesmo conceito de crítica como o reconhecimento das possibilidades, mas também dos limites, da capacidade humana de conhecer. Mais do que isso, os iluministas acreditavam que a instrução conduziria não apenas a um acréscimo de conhecimento no sujeito, mas também a um aprimoramento moral do indivíduo que se instrui. Movimento crítico do absolutismo, da sociedade estamental, dos consequentes privilégios da aristocracia e do clero; crítico, enfim, das instituições de uma ordem política considerada arcaica, propunha-se a refundar a nacionalidade, e, para tanto, propunha-se a contribuir para a fundação de um novo pacto civil.

Apostando no avanço do espírito humano, no avanço do conhecimento, no progresso dos povos e na caminhada do gênero humano rumo a um indefectível percurso de aprimoramento – a que chamava perfectibilidade – o Iluminismo foi também um movimento de fé: fé na razão, fé no futuro, fé na flecha de um tempo, fé no comércio entre os homens e, finalmente, fé na educação. Edgard Morin admite ter sido essa fé na racionalidade crítica que – transformada em mística quase religiosa – firmou no Ocidente, para o bem e para o mal, o universalismo do conceito de Humanidade. De todo modo, "o espírito racional era e é universal" (Morin, 1988, p.85).

O século XVIII delineou a ação de seus letrados de maneira a lhes conferir a missão de esboçar – à luz dos interesses do Estado – seus prospectos e visões de mundo. Foi isso o que fizeram. É possível dizer que os homens de saber enciclopedistas foram intérpretes de seu tempo e organizadores do moderno Estado-nação e, como tal, coube a eles colocar a público seus pensamentos e seus projetos, alguns dos quais serão estudados neste livro.

1
ILUMINISMO EM TERRITÓRIOS POMBALINOS: A FORMAÇÃO DE FUNCIONÁRIOS COMO ALICERCE DA NAÇÃO

É o Método o primeiro requisito do Estudo, para, por meio dele se poder adquirir um conhecimento profundo e sólido das Ciências. Quem desconhece o Método não pode ter ordem no Estudo. E quem estuda sem ordem, adianta-se pouco na Estrada das Ciências, tropeça a cada passo e perde um tempo infinito.

Compêndio histórico do estado da
Universidade de Coimbra (1771)

O Marquês de Pombal no palco do Iluminismo

A Reforma Pombalina dos Estudos Maiores – especialmente no tocante à elaboração dos novos Estatutos da Universidade de Coimbra, que vieram a lume em 1772 – é tributária ao pensamento de três teóricos da Ilustração portuguesa: d. Luís da Cunha (1662-1749), António Nunes Ribeiro Sanches (1699-1782) e Luís António Verney (1713-1792). Com a finalidade de destacar esse aspecto já abordado por inúmeros outros autores – dentre os quais eu destacaria Ruth Gauer –, este capítulo buscará analisar algumas das matrizes curriculares propostas pelos referidos teóricos iluministas e sua

36 CARLOTA BOTO

apropriação nos atos do ministro português. Sabemos que a análise dos *Estatutos* elaborados pelo Marquês de Pombal para a universidade já foi bastante trabalhada pela historiografia, mas o objeto do presente estudo reside nas diretrizes de programas de ensino e orientações da pedagogia do pombalismo à luz do traçado das ideias centrais do pensamento ilustrado em língua portuguesa.

O presente capítulo pretende estudar o projeto da ação pombalina em matéria de ensino superior levando-se em conta sua relação com o movimento ilustrado que interagia com o Marquês de Pombal no tempo de sua atuação política. O tema da educação é aqui pensado considerando-se a intersecção entre os ideais políticos e pedagógicos dos três referidos teóricos iluministas portugueses – Dom Luís da Cunha, António Nunes Ribeiro Sanches e Luiz António Verney – e a reforma dos estudos empreendida pelo Marquês de Pombal. A ação de Pombal como ministro do reino português foi, em certa medida, embasada por reflexões teóricas acerca de Portugal e da crise do império português. Como disse Laerte Ramos de Carvalho (1978, p.29), "a introdução da filosofia moderna em Portugal se efetuou, dentro das condições sociais da época, por intermédio de um programa do qual não estiveram ausentes o espírito e os interesses do despotismo esclarecido". Ao expulsar os jesuítas, ao idealizar o modelo das aulas régias e ao reformar os estudos da Universidade de Coimbra, a prática da ação pombalina indicava sua filiação teórica ao pensamento ilustrado. Como assinala Manuel Augusto Rodrigues, "Ribeiro Sanches, Verney e outros criticam duramente o declínio enorme da docência universitária" (Rodrigues, 1984, p.213). Isso acontecia basicamente em virtude da orientação religiosa que dirigia os estudos superiores. Havia uma pedagogia – inspirada na *Ratio Studiorum* da Companhia de Jesus – que os iluministas portugueses consideravam escolástico-peripatética. Isso significava a absoluta ausência de criatividade e – como também destaca Manuel Augusto Rodrigues – "a autoridade dos autores e dos mestres sobrepunha-se ao papel da crítica e da análise objetiva dos textos" (ibid., p.213). No limite, todo o ensino era controlado pelo medieval argumento de autoridade.

INSTRUÇÃO PÚBLICA E PROJETO CIVILIZADOR 37

Para os iluministas portugueses, regenerar Portugal e superar a decadência supunha investimento na formação letrada. A ciência precisaria ser desenvolvida e partilhada. O conhecimento, nesse sentido, deveria deixar de ser privilégio de ordens religiosas para afastar-se definitivamente da ordem do saber dogmático. As universidades – instituições públicas – são concebidas como ambientes privilegiados de produção e de divulgação da ciência. Conhecimento público – como dirá John Ziman (1979) – é, fundamentalmente, aquele que pode ser compartilhado; cujas regras são passíveis de divulgação e cujos resultados podem ser submetidos à crítica. Nesse sentido, o conceito de conhecimento público supõe a existência de "instituições educativas onde os conhecimentos possam ser transmitidos de geração em geração. [...] À medida que os conhecimentos vão sendo explicados, eles se tornam mais ordenados, formalizados e apurados" (Ziman, 1979, p.89). Isso possibilita a construção de tradições de pesquisa. De alguma maneira, pode-se considerar que essa fora a diretriz da universidade que o Marquês de Pombal pretendeu erigir quando decidiu reformar os cursos de Coimbra. Nesse sentido, a ciência moderna alicerçava o projeto pombalino. E a ciência moderna é, antes de tudo, conhecimento público; aquele que se dá a ver – e põe à mostra seus métodos: "seus fatos e teorias têm de passar por um crivo, por uma fase de análises críticas e de provas, realizadas por outros indivíduos competentes e desinteressados, os quais deverão determinar se eles são bastante convincentes para que possam ser universalmente aceitos" (ibid., p.24).

A ação político-pedagógica do Marquês de Pombal, entre outros aspectos, assinalava como uma necessidade histórica o Estado tomar para si o controle das questões do ensino em todos os seus níveis. Não se trata, portanto, de uma mera questão religiosa. Tampouco era assunto que se pudesse reduzir à dimensão pedagógica. Agir sobre a institucionalização de um sistema de ensino denotava projetar o futuro político da nacionalidade. Tratava-se, nesse sentido, de um ato de elevada prioridade do ponto de vista do Estado. Assumir o controle da escolarização significaria fortalecer e dignificar as fronteiras do reino português. Assim acreditou o Marquês de Pombal.

38 CARLOTA BOTO

Secularização e homens de saber no século XVIII

A compreensão da secularização à luz do pensamento weberiano – como bem sublinha Giacomo Marramao (1995, p.31) – reporta-se a algumas práticas: "o princípio da ação eletiva (ou princípio da autodecisão individual); o princípio da diferenciação e especialização progressiva (que atinge funções, status e instituições); o princípio da legitimação (entendida como reconhecimento, ou mesmo institucionalização do processo de mudança)". A perspectiva da individuação entrelaça-se, nesse sentido, com uma dinâmica obreira da realidade social que passa, todavia, pela clivagem da racionalidade. O processo de secularização em Weber é pautado na longa duração, mediante a clivagem da racionalização do mundo e da concessão, nesse mundo, de alguma marca da impessoalidade. O "desencantamento do mundo" é dado também pela obsessão por controlar suas variáveis. Sendo assim, ainda que com o risco do anacronismo, talvez seja possível considerar que a secularização – que institui um longo caminho para, nos termos de Catroga (2006, p.37), "acelerar uma desmagificada cosmovisão" – é o alicerce que ancora o primado da moderna burocracia de Estado. E essa burocracia – nunca é demais lembrar, com Weber – estrutura-se sobre o princípio da lei e da normatividade, a partir de regulamentos e códigos de domínio público. Tal distribuição da racionalidade no mundo das relações objetivas de produção exigirá um corpo de funcionários e de funções especializadas, expresso em uma hierarquia funcional, na troca de informações e na articulação dos cargos. Será a racionalidade da rede de informações estruturada pela burocracia que, por um lado, protege o sistema contra os invasores e contra os riscos, bem como oferece os pilares para a construção de um saber do Estado, expresso pelo controle de documentos. A ideia de cargo público oferece ao mundo moderno um desenho que confere outra lógica às relações de poder.

A administração de um cargo moderno se baseia em documentos escritos ("os arquivos"), preservados em sua forma original ou

INSTRUÇÃO PÚBLICA E PROJETO CIVILIZADOR 39

em esboço. Há, porém, um quadro de funcionários e escreventes subalternos de todos os tipos. O quadro de funcionários que ocupam ativamente um cargo "público", juntamente com seus arquivos de documentos e expedientes, constitui uma repartição. (Weber, 1982, p.230)

António Nóvoa sublinha que a expulsão dos jesuítas por Pombal teve um significado pioneiro: obrigado a substituir a Companhia de Jesus em matéria de ensino, o Marquês, "através das reformas de 1759 e 1772, lança as bases de um sistema estatal de ensino, antecipando a ideia de instrução pública, tal como ela se desenvolveria após a Revolução Francesa" (Nóvoa, 2005, p.23). As reformas pombalinas criaram, no "continente" lusitano e em suas terras coloniais, a forma pública de ser escola. "Pública" significava aqui, sobretudo, estatal. Contudo, no âmbito dos Estudos Menores, as aulas régias eram unidades de ensino que não se articulavam entre si, umas com as outras. Não se dispunha – pelo modelo pombalino – de uma estrutura de instrução em rede, que viesse dar lugar a uma acepção de sistema escolar – como propugnaram posteriormente os arautos da escola pública da Revolução Francesa. Sobre o assunto, bem o descreve Tereza Fachada Levy Cardoso:

A escola era uma unidade de ensino com um professor. O termo escola era utilizado com o mesmo sentido de cadeira, ou seja, uma Aula Régia de Gramática Latina, ou uma Aula de Primeiras Letras. Correspondia, cada uma, a uma cadeira específica, o que representava uma unidade escolar, uma escola. Cada aluno frequentava as aulas que quisesse, não havendo articulação entre as mesmas. De modo geral, chamavam-se mestres aos que ensinavam as primeiras letras e professores aos de todas as demais cadeiras. (Cardoso, 2004, p.187)

A marca constitutiva da instrução pombalina talvez não fosse exatamente a mesma que ordenaria, anos depois, o modelo francês – modelo esse que, após a Revolução Francesa, teria significativa res-

40 CARLOTA BOTO

sonância no mundo ocidental. A escola da Revolução Francesa foi pensada como um sistema graduado, no qual cada nível dependia do que vinha antes, preparando para a etapa seguinte. Mais do que seriada, essa escola era estruturada como uma arquitetura em rede de proteção e provisão da República. Tratava-se, como diziam os contemporâneos, de formar a cidadania. A escola seria, assim, o lugar por excelência da formação do homem novo. Havia uma ideia de regeneração que embasava o projeto educativo francês. Pela Revolução, o passado se havia esboroado e caberia às instituições engendrar uma nova ordem social e política. Por detrás dessas referências estão as ideias de laicidade, de república, de constituição, de democracia, de cidadania. Há um prospecto de emancipação humana no universo revolucionário francês – e o mesmo prospecto traduziu-se pedagogicamente nos diversos planos elaborados na época acerca da organização da instrução nacional.

Seja como for, a acepção de pública para essa escola pombalina toma o conceito em seu sentido originário: público como aquilo que pode ser comunicado, que pode se dar a ver, cujas normas de ordenamento constitutivo são compartilhadas. Nesse sentido, a escola pombalina foi pública.

A referência de ensino público engendrada pela ação de Pombal tinha características próprias: tratava-se de um artefato estruturador da força e da potência do Estado. Sem dúvida alguma, rascunhavam-se ali – como sublinha António Nóvoa –, "as condições para o processo histórico de uma sociedade de base escolar" (Nóvoa, 2005, p.23). O Estado tomava para si a tarefa de selecionar, nomear e fiscalizar professores. O Estado controlaria as matérias a serem ensinadas. Mas não havia intuito de, por meio da educação, alterar a base político-social desse mesmo Estado.

O projeto pombalino (e a Ilustração portuguesa que o embasara) não se inscreveu – como observa Catroga (2006, p.360) – em nenhuma luta de libertação nacional. A veia regalista conduziria a um processo de secularização das instituições e dos costumes. Tal percurso traduziu-se como a Modernidade possível para o mundo lusitano. Porém, assinala Catroga, na luta contra uma Igreja que se

INSTRUÇÃO PÚBLICA E PROJETO CIVILIZADOR   41

autopretendia e se autoapresentava como supranacional, o processo secularizador deflagrado por Pombal "não deixava de pretender refundar a Nação, ou de reaportuguesar Portugal, projeto que exigia a destruição dos alicerces sociais e culturais que tinham sustentado o Antigo Regime" (ibid.). Uma das marcas do Iluminismo português foi sua dimensão religiosa, convivendo com a ideia de um Estado condutor dos assuntos temporais. Pode-se dizer que "se toda a laicidade é uma secularização, nem toda a secularização é (ou foi) uma laicidade" (ibid., p.273). São conceitos com significados diversos. Como diz, ainda, Catroga, "o conceito de secularização passou a conotar a perda, nas sociedades modernas ocidentalizadas, da posição-chave que a religião institucionalizada ocupava na produção e na reprodução do elo social e na atribuição de sentido" (ibid., p.62). Miguel Baptista Pereira já assinalara a necessidade de se definir criteriosamente o fenômeno da secularização:

> Na história do Ocidente, a secularização é um acontecimento cultural em que o mundo e a sociedade entram, pela primeira vez, nos projetos racionais de compreensão humana, o que significa fundamentalmente que o mundo e a sociedade fogem à tutela exclusiva da Igreja e da Religião, isto é, começam por si mesmos a projetar por meios racionais o seu próprio futuro. (Pereira, 1990, p.53)

A religião deixa de ser a viga mestra da cultura, sua pedra de toque, e passa a ser um recurso auxiliar. Já a laicidade supõe – de modo radical – "a institucionalização da diferença entre o espiritual e o temporal, o Estado e a sociedade civil, o indivíduo e o cidadão" (Catroga, 2006, p.273). A clivagem entre a instrução pública portuguesa e o modelo pedagógico arquitetado pelos planos da França revolucionária acontece aí. A escola pombalina não foi conduzida por qualquer utopia da emancipação.

É necessário também recordar que a grande maioria dos pensadores iluministas – nos vários países da Europa – não chegou a formular propostas para estender a todas as crianças uma instru-

42 CARLOTA BOTO

ção pública, oferecida e financiada pelo Estado. Principalmente, inexistia o ideário de uma escola única, que conferisse a todos igualdade de acesso à escola. Essa escola única – que vem acoplada à ideologia da igualdade de oportunidades, como bem retratou Eliane Marta Teixeira Lopes (2008) – se originará no transcurso da Revolução Francesa. O Iluminismo não chegou até lá. Sob esse aspecto, pode-se talvez verificar algum pioneirismo em Pombal – embora o projeto fosse outro, dirigido a um Estado de súditos e não a uma pátria de cidadãos.

O fenômeno da secularização é um dos alicerces do Iluminismo e da modernidade. Junto ao progressivo ordenamento de instituições de caráter público, vinham os emblemas da racionalização, da "civilização de costumes" (Elias, 1993, 1994) e do que Weber qualificou de "desencantamento do mundo" (Weber, 2000). Carlos Guilherme Mota define o homem da Ilustração como o "homem da Razão, da Lógica, da Experimentação, da Ciência, do Direito Natural. Era o pesquisador, cosmopolita, reformista, antiabsolutista" (Mota, 2006, p.67). Fenômeno europeu do século XVIII, a secularização integra o movimento que separa a moralidade da religião, que marca os limites entre Estado e Igreja, "que determinará o mundo e o modo-de-ser-no-mundo do homem moderno. Por isso, uma interpretação do Iluminismo é, por essência, uma leitura da Secularização" (Pereira, 1990, p.7).

Roberto Romano também destaca o princípio da secularização inscrito no projeto das Luzes como elemento essencial para estruturar um imaginário que daria lugar a preceitos de universalidade, nos quais os signos da impessoalidade e da igualdade jurídica se tornassem as grandes ideias-força da cultura política moderna: "lei natural, razão, vontade geral, povo etc." (Romano, 2003, p.22). Trata-se de um movimento no qual, progressivamente, por etapas, o Estado-nação viria a "vassalizar" a Igreja (Morin, 1988, p.45). Por isso, vale para o caso português, sob a égide de Pombal, a caracterização de Edgar Morin (1988, p.45) sobre a situação francesa do Antigo Regime: "a monarquia absoluta foi relativa". Laerte Ramos de Carvalho destaca também o intento transformador impresso na reforma pombalina dos estudos menores. Diz o historiador que:

INSTRUÇÃO PÚBLICA E PROJETO CIVILIZADOR 43

[...] seu objetivo superior foi criar a escola útil aos fins do Estado e, nesse sentido, ao invés de preconizarem uma política de difusão intensa e extensão do trabalho escolar, pretenderam os homem de Pombal organizar uma escola que, antes de servir aos interesses da fé, servisse aos imperativos da Coroa. (Carvalho, 1978, p.139)

Oliveira Marques destaca que despotismo esclarecido foi a "fase tardia do absolutismo régio, muito mais em conexão com as grandes mudanças que a Europa sofreu no século XVIII do que com a única influência de uma atitude filosófica" (Marques, 1984, p.322).

Maria Lúcia Garcia Pallares-Burke recorda que as principais medidas voltadas para a criação e organização de escolas de Estado no século XVIII europeu foram oriundas não tanto das ideias iluministas, mas, sobretudo, daqueles que a história chamou de "déspotas esclarecidos". Por sua iniciativa, foram adotadas políticas públicas com o propósito de "racionalizar e ilustrar seus Estados" (Pallares-Burke, 2001, p.59). Para tanto, a historiadora dá o exemplo da introdução do "ensino compulsório e universal nos reinados de Frederico II da Prússia (1740-1786) e Maria Tereza da Áustria (1740-1780)" (ibid.). Pode-se lembrar que Frederico Guilherme I, da Prússia, lançou, ainda em 1717, um decreto que propugnou o princípio da obrigatoriedade escolar e estabeleceu parâmetros para a formação de professores primários.

O modelo de ensino arquitetado para Prússia e Áustria tinha como ponto comum o atendimento das necessidades do Estado quanto à formação de consensos. Nesse sentido, os principais valores veiculados pela escolarização – especialmente a primária – seriam diligência, obediência, sentimento de dever e presteza na interiorização de regras. Tratava-se – pode-se dizer – de modelos direcionados para a formação de súditos esclarecidos, mas não de cidadãos. Mesmo assim, Pallares-Burke se interroga: "como explicar que dois governos absolutistas, e não os mais progressistas regimes inglês e holandês, procurassem pôr em prática a educação do povo e, com isso, fossem coerentes com o princípio do ecumenismo racional que era defendido em teoria?" (ibid.). Seja como for, esses

44 CARLOTA BOTO

monarcas orientavam-se inequivocamente por uma compreensão diversa acerca da potencialidade da educação na produção do controle social. Mas, talvez, os mesmos soberanos compreendessem que o desenvolvimento da escolarização teria algo a ver com a prosperidade dos povos.

Em 1774, Maria Teresa proclamava a obrigatoriedade escolar a partir dos seis anos para a Áustria e a Bohemia. Em 1777, a medida seria estendida para a Hungria e a Eslováquia. Naquele mesmo ano, "Maria Teresa promulga seu decreto *Ratio Educationis*, que não fixa duração da escolarização, mas a obrigatoriedade deveria estender-se até o momento em que a criança pudesse efetuar os trabalhos domésticos" (Denis, 1997, p.98). Embora não fosse imediatamente aplicado, o mesmo decreto constituiu marco decisivo no deslocamento do problema pedagógico da Igreja – qualquer que fosse a igreja – para o Estado.

Sob a mesma lógica, ao expulsar os jesuítas em 1759 e instituir o sistema de aulas régias,[1] o Marquês de Pombal estaria também transferindo para a responsabilidade do Estado a ação educativa que, antes, era praticamente monopolizada pela Companhia de Jesus. A moderna escola pública tem início quando o Estado passa a prover e gerir a educação. O ensino, progressivamente, tornar-se-ia matéria de tratamento público.

O pioneirismo português em relação a essas outras iniciativas europeias é uma realidade. A estatização do ensino – como lembra Tereza Fachada Levy Cardoso – somente ocorreria "na Prússia em 1763, na Saxônia em 1773, na Áustria em 1774. Também em 1773, o processo de reformar a educação se inicia na Polônia e na Rússia" (Cardoso, 2004, p.181).

Em Portugal, o percurso da escola estatal principia, então, em 28 de junho de 1759 com o Alvará Régio que programa a Reforma dos Estudos Menores. O protagonista da mesma reforma, personi-

---

1 Na verdade, os jesuítas foram expulsos somente em setembro e o Alvará que instituía as aulas régias datava de junho (Cardoso, 2002).

INSTRUÇÃO PÚBLICA E PROJETO CIVILIZADOR   45

ficando a lógica do despotismo esclarecido à portuguesa, é o Marquês de Pombal – que teve por referenciais políticos alguns teóricos e pedagogos lusitanos: d. Luís da Cunha, António Nunes Ribeiro Sanches e Luís António Verney.

Era uma geração de estrangeirados, tanto porque viviam fora de Portugal quanto porque observavam a situação portuguesa a partir de tal deslocamento do olhar. A ambiguidade profícua dessa situação de estrangeirado adviria da observação da realidade estrangeira por parte de alguém que tem em seu país de origem a referência. A comparação com outros países parecerá, nesse caso, irresistível e inevitável. Os estrangeirados portugueses do século XVIII preocupavam-se com o atraso cultural do país. Consideravam que a situação do seu Portugal contemporâneo era de decadência: decadência perante os países mais avançados da Europa; decadência à luz dos rumos tomados pela colonização; decadência perante o poder que, um dia, o país acreditou possuir.

Desejavam reerguer o país à altura do que caracterizavam como pilares civilizados do globo. Aliás, como já sublinhava o verbete "potência" da *Enciclopédia* francesa de Diderot e d'Alembert: "a potência de um Estado é sempre relativa a de outros Estados com os quais ele mantém relações. Uma nação é poderosa quando pode manter sua independência e seu bem-estar contra outras nações que seriam capazes de prejudicá-la" (apud Diderot; d'Alembert, 2006, p.227). Mais do que uma situação de pessoas que, de fato, tiveram oportunidade de viver no exterior, a representação de estrangeirado supõe "uma atitude mental, um estado de espírito próprios de certos setores da sociedade lusa" (Falcon, 1982, p.319). Falcon discorre sobre o tema, dizendo o seguinte:

O estrangeirado é ao mesmo tempo aquele que se estrangeirou, mas que também foi estrangeirado. Estrangeirou-se ao distanciar--se da cultura castiça e apreender-lhe, a partir de sua própria experiência, o retardo e as limitações. Foi estrangeirado, no sentido de que há um processo de rejeição por intermédio do qual a cultura castiça, não se reencontrando na imagem que dela projeta o outro,

46   CARLOTA BOTO

o mundo exterior, denuncia-a como falsa, perigosa, e faz dos seus adeptos elementos estranhos, estrangeiros a uma verdade da qual só ela é juiz. (ibid., p.321)

As ideias circulavam. Do exterior elas seriam capturadas e – a seu modo – reelaboradas para se adequarem à realidade nativa. Tratava-se, nas palavras de Dermeval Saviani, de "criar a escola útil aos fins do Estado em substituição àquela que servia aos interesses eclesiásticos" (Saviani, 2008, p.107). Muitos fatores explicam o poder do ministro; a maior parte deles compreensível à luz de uma história comparada. Porém, há sempre algo que diz respeito à especificidade nacional, àquilo que, visto de fora, não é facilmente identificado. Além disso, há na história o fator acaso, e talvez Oliveira Martins não estivesse errado quando disse que uma das causas da ascensão do Marquês foi a atuação deste durante o terremoto de Lisboa, que fez morrer de 10 mil a 15 mil pessoas. O terremoto ocorreu em 1º de novembro de 1755, dia de Todos os Santos, e a ele seguiram-se incêndios e enchente.

Os habitantes de Lisboa se encontravam sem se conhecerem, chocaram-se mutuamente sem verem, e só saem deste primeiro espanto, para perguntarem uns aos outros se a ordem da natureza se havia transtornado. Os grandes estavam confundidos com os pequenos, e os ricos com os pobres: a morte fere indistintamente. A esposa perece nos braços do esposo: o filho é esmagado ao lado do pai: as crianças sucumbem no seio das mães. Lisboa ficou reduzida a montão de ruínas, com as ruas juncadas de cadáveres. Numerosos corpos dilacerados a cada passo se encontravam: aqui se divisava uma mulher exalando o derradeiro suspiro, acolá um homem rendendo a alma ao criador. Parecia que todos os elementos se conspiravam para a ruína da desditosa cidade: o incêndio acabou de consumir o que escapara ao terremoto. O mar, saindo do seu leito, ameaça absorver o resto dos habitantes de Lisboa. A noite que sucede a este dia deplorável só serve para torná-lo mais terrível. (Cormatin, 2010, p.192)

INSTRUÇÃO PÚBLICA E PROJETO CIVILIZADOR   47

Consta que, ao ser indagado pelo rei sobre o que fazer diante da tragédia que fizera ruir mais da metade dos prédios de Lisboa, o então ministro dos Assuntos Exteriores e da Guerra (desde 1750) – Sebastião José de Carvalho e Melo – teria respondido: "enterre os mortos, feche os portos e cuide dos vivos".[2] A partir daí, o ministro teria conquistado definitivamente a confiança do rei, que, no ano seguinte (1756), o nomearia secretário de Estado dos Negócios do Reino de Portugal.[3] O rei, com esse ato, daria a Sebastião José de Carvalho e Melo – futuro Conde de Oeiras, em 1759; futuro Marquês de Pombal, em 1769 – estatura de primeiro-ministro do reinado português. Como bem observa Kenneth Maxwell: "foi o terremoto que deu a Pombal o impulso para o poder virtualmente absoluto que ele conservaria por mais de vinte e dois anos, até a morte do rei, em 1777" (Maxwell, 1996, p.24). Dos fumos da catástrofe – dirá João Lúcio Azevedo – emergiu a liderança pombalina: "ele cuidou dos vivos, ele nivelou as ruínas, traçou as ruas, desenhou as construções, gizou a estátua terrestre e, triunfador, fez-se retratar, delineando a Lisboa Nova que, dentre os destroços ressurgia" (Azevedo, 2010, p.143).

Foram certamente os traços de estadista que fizeram com que o ministro agisse "de modo rápido, eficaz e impiedoso para estabilizar a situação" (Maxwell, 1996, p.24). Como disse Pierre de Cormatin: "não se tratava de restabelecer algumas partes da administração, mas sim de instituir uma inteiramente nova" (Cormatin, 2010, p.193). Astúcia, perícia, destreza, agilidade, firmeza e poder decisório: "os corpos das vítimas do terremoto foram reunidos rapidamente e, com a permissão do patriarca de Lisboa, levados para

---

2 "As célebres palavras pode ser que as não proferisse. Mas, neste caso, como em muitos outros da história, o inexato é mais verdadeiro que a realidade própria. O dito permaneceu na tradição como a fórmula de um caráter, e ficará para sempre vinculado ao nome de Pombal." (Azevedo, 2010, p.143)

3 Kenneth Maxwell assim descreve a situação que se apresentava: "o rei, aturdido e atemorizado, depositou autoridade completa nas mãos do único de seus ministros que mostrava alguma capacidade para lidar com a catástrofe: Pombal" (Maxwell, 1996, p.24).

48 CARLOTA BOTO

o mar, amarrados a pesos e jogados no oceano" (Maxwell, 1996, p.24). Mais do que isso, quando da reconstrução de Lisboa, "em vez de ordenar a reedificação da cidade de acordo com a traça anterior, o futuro Marquês de Pombal decidiu que ela se fizesse segundo conceitos totalmente novos em urbanismo e arquitetura" (Marques, 1984, p.342).

Ribeiro Sanches, também na época, procurará oferecer elementos para a compreensão das causas naturais dos terremotos, que, segundo ele, são as mesmas "das auroras boreais, das estrelas cadentes, dos globos de fogo, dos relâmpagos, dos trovões e dos raios. Todos esses meteoros provêm do enxofre e das matérias oleosas" (Sanches, 1966, p.382). Estas, por sua vez, são exaladas das plantas, dos animais, dos minerais, dos vulcões. Tudo isso tem como destino a atmosfera, como se ficasse encerrado em uma caverna, até que, com a ação do salitre,

[...] espírito universal ácido espalhado pela atmosfera e por todo o globo terrestre e com a vária direção e impulso dos ventos, vem com essas exalações a agitar-se, concebem calor, causam flama que conhecemos pelos relâmpagos, causam estrondo que conhecemos pelos trovões, e, se as exalações sulfúreas são densas e pesadas, e não se dissiparem totalmente na sua deflagração tocam os corpos terrestres que destroem ou põem em fusão, efeitos que conhecemos pelo nome dos raios. Estes derretem metais, derrubam os edifícios e fazem arder todas as matérias inflamáveis. (ibid.)

São essas exalações, portanto, que, provenientes do interior da terra ou exaladas dos corpos em sua superfície que farão tempestades e redemoinhos. Foi também isso que ocorrera em 1755 – diz Ribeiro Sanches – "estando o céu claro e sereno e a atmosfera mais quente do que requeria a sessão, começou o terremoto em Lisboa, tão violento que, em sete minutos, derrubou ou abalou a maior parte dos majestosos edifícios que ornavam aquela capital" (ibid., p.385). Fica claro – nos testemunhos da época – que, para além de um relato de dor e de perda humana, o terremoto de Lisboa tornara-se um desafio intelectual, uma questão científica a ser compreendida pela razão.

Além da perda de tantas vidas e animais pela ruína das casas, aquela das fazendas foi imensa; porque ou por acaso ou de propósito, logo pelo meio-dia apareceu toda a cidade em flamas, continuando a sua violência por quatro dias. As águas do Tejo que bordam a cidade se retiraram da praia com ímpeto; e, como o lugar mais estreito de sua corrente tem ali uma légua de largo, o refluxo das ondas caiu com tanto ímpeto na parte baixa da cidade que destruiu e alagou tudo até onde chegaram. Até as dez horas da noite se sentiram abalos de terra com menor violência, havendo-se já todos os que escaparam retirado para o campo, onde ainda vive a maior parte. (ibid.)

Ao analisar historiograficamente a Lisboa pós-terremoto, José Hermano Saraiva demonstra que toda ela é tributária da planta rascunhada por Pombal. Era como se, caso não tivesse ocorrido o terremoto, não teria havido o Estado pombalino.

A Lisboa pombalina é a imagem do Estado pombalino: construída autoritariamente, com planta retilínea e geométrica, projeto igual para todos os prédios destinados aos particulares, proibição rigorosa de toda marca ou sinal exterior reveladora de classe ou situação social superior, alinhamento de fachada das igrejas pela altura dos restantes edifícios. No local onde estivera o palácio real – o antigo Paço da Ribeira – foi construído o conjunto das secretarias do Estado, que deviam ter, no pavimento térreo, estabelecimentos comerciais. O comércio seria, na concepção de Pombal, a base do poder do Estado. Até o nome da grande praça foi mudado: em vez do Terreiro do Paço, nome secular, passou a designar-se a Praça do Comércio. (Saraiva, 1989, p.91)

Acerca do tema, Oliveira Martins, emblematicamente, já indicava esse lugar proeminente do acaso na trilha da história: sem o

50   CARLOTA BOTO

terremoto, ter-se-ia tornado Sebastião José o Marquês de Pombal?
Teria sido o terremoto imprescindível para firmar a imagem mítica
da biografia do ministro?

A decisão do ministro, nas horas do cataclismo, dera a medida
da sua força, conquistando-lhe para logo a absoluta obediência do
rei Dom José. Lisboa era um acampamento; e tudo havia a refazer,
tudo se podia executar, nesse momento único de destruição total
do passado. O terremoto era o fim de um mundo. Antes de criar,
porém, o ministro precisava consagrar a destruição, nas esferas
onde a natureza não chega – na sociedade, nas instituições – para
que a futura Salento fosse uma cidade nova em todos os sentidos.
O terremoto fez-se pois homem, e encarnou em Pombal, seu filho.
(Martins, 1991, p.351)

O capítulo do terremoto de Lisboa adquire uma conotação extremamente polêmica em toda a Europa daqueles tempos do Iluminismo. Voltaire escreveu sobre isso. Rousseau escreveu sobre isso.
Rousseau, na verdade, responde ao escrito de Voltaire, escrevendo
a este em 18 de agosto de 1756. Dizia ali que não fazia qualquer
sentido culpar a natureza ou Deus pelo desastre. De alguma forma,
Rousseau irá se contrapor ao profundo pessimismo que o poema de
Voltaire despertara nos contemporâneos ao indagar que Deus seria
aquele que dizima uma população inteira, matando idosos, mulheres e crianças que jamais pecaram? Maria das Graças de Souza
destaca que, a partir do desastre de Lisboa, o tema do mal torna-se
uma obsessão do pensamento de Voltaire. A perspectiva voltairia-
na era a de que o terremoto teria sido uma prova de que Deus não
existe, pois se existisse não teria permitido que tamanha fatalidade
provocasse tanto mal a tanta gente. Souza, ao comentar o texto de
Voltaire, afirma:

O poema se inicia com uma convocação aos filósofos do otimismo para que venham contemplar as ruínas, os destroços, as
cinzas da cidade de Lisboa, os mortos, os mutilados, os que foram

INSTRUÇÃO PÚBLICA E PROJETO CIVILIZADOR 51

enterrados vivos sob os escombros. O que dirão esses filósofos diante dessas cenas de dores inúteis? Poderão dizer, por exemplo, que Deus castigou a cidade, e que a morte é o preço de seus crimes. Mas que crime cometeram as crianças esmagadas sobre o seio de suas mães? E por que Lisboa seria mais criminosa do que Londres ou Paris? Diante dessas questões, os filósofos então responderão que o mal é necessário neste mundo, e que Deus não poderia tê-lo feito diferente. Mas, pergunta Voltaire, como podemos limitar o poder de Deus a ponto de dizer que ele não poderia ter feito um mundo sem vulcões e terremotos? (Souza, 2006, p.146)

Rousseau dirá que o terremoto é a expressão mais acabada de que os progressos da civilização não trouxeram necessariamente melhoras à forma de vida dos homens. As pessoas construíram vinte mil casas, muitas delas com vários andares, à beira de um rio. Talvez, se estivessem mais dispersas, mais distantes umas das outras, não teriam sofrido de maneira tão cruel os efeitos do tremor de terra. O terremoto fora, nesse sentido, um mal provocado pelos homens e não apenas a manifestação de uma força da natureza. Rousseau busca, pois, evidenciar que foi o homem e não Deus o grande culpado pelo ocorrido:

Sem deixar o assunto de Lisboa, convinde, por exemplo, que a natureza não reuniu ali vinte mil casas de seis a sete andares, e que se os habitantes dessa grande cidade tivessem sido distribuídos mais igualmente, e vivessem de maneira mais modesta, o dano teria sido muito menor, e talvez nulo. Todos teriam fugido ao primeiro abalo, e poderiam ser vistos no dia seguinte a vinte léguas de lá, tão alegres como se nada houvesse acontecido; mas é preciso permanecer, obstinar-se ao redor das habitações, expor-se a novos tremores, porque o que se abandona vale mais do que o que se pode levar. Quantos infelizes pereceram nesse desastre por querer pegar um suas roupas, outros seus papéis, outro seu dinheiro? Acaso não se sabe que a pessoa de cada homem tornou-se a menor parte dele mesmo, e que quase não vale a pena salvá-la quando se perde todo o resto? (Rousseau, 2005b, p.123)

52   CARLOTA BOTO

Como se sabe, além de reerguer a cidade destruída, o Marquês de Pombal, a pretexto de um atentado contra d. José em 1758, executou vários integrantes da nobreza. Além disso, no ano seguinte, expulsou os jesuítas do país e dos demais domínios portugueses. José Hermano Saraiva diz que "com o apoio dos governos da França e da Espanha, exigiu que o papa Clemente XIV extinguisse a Companhia. A bula de extinção foi previamente submetida à aprovação do ministro português" (Saraiva, 1989, p.92). Pombal modernizou Portugal; e acabou com a distinção entre cristãos novos e cristãos velhos. Além disso, reorganizou as atividades comerciais, dando nova dinâmica à economia portuguesa, mas assegurando o monopólio do Estado. Diminuiu também o poder da Inquisição, passando para a Real Mesa Censória a atividade de censura intelectual. O "comércio foi declarado atividade nobre, e muitos grandes comerciantes receberam os seus brasões" (ibid., p.93).

Qualquer crítica que se possa fazer à política educativa dirigida por Portugal sob a direção do Marquês de Pombal não retira o mérito do estadista: com Pombal, pela primeira vez, foi o Estado nacional o grande responsável pela jurisdição e pelo controle dos assuntos da educação. Portugal expulsaria os jesuítas antes da França. O sistema público pombalino constitui, no projeto de sua arquitetura, um antecessor do sistema público que posteriormente seria propalado pela França revolucionária.

O Marquês de Pombal se notabilizaria, portanto, na história da educação luso-brasileira, quando, como já mencionado, com pioneirismo em relação aos demais países da Europa, toma a iniciativa de expulsar a Companhia de Jesus de Portugal e suas colônias. O poder da Igreja era, por todas essas medidas, secularizado, passando para as mãos do Estado. A reforma do ensino abarcou os Estudos Menores e os Maiores. O Marquês de Pombal representava, naquele ano de 1759, a expressão do que se configurava como o despotismo esclarecido, ou as feições mais específicas da combinação entre Iluminismo e razão de Estado. Sentindo-se afrontado, como representante do rei de Portugal, Pombal pretendia retirar dos jesuítas o controle exercido pela Ordem sobre corações e mentes,

INSTRUÇÃO PÚBLICA E PROJETO CIVILIZADOR 53

mediante a tarefa coletiva de catequização e de ensino. Os jesuítas prestavam contas antes ao Papado do que à realeza. Ao fazer isso, a Companhia de Jesus era tida como uma corporação insubordinada perante os poderes reais, já que se estruturava intrinsecamente como organização transnacional. Em um tempo de valorização dos estados-nação, o lugar político ocupado pelos jesuítas certamente extrapolava quaisquer interesses da monarquia. Seguira-se à expulsão a desnaturalização de todos os membros da Companhia de Jesus. Com seus educadores presos ou expulsos, a Companhia sequer poderia pensar na possibilidade de retomar o controle de seus colégios. Essa era a ideia que presidia a ação pombalina. A nova organização do ensino, sob controle do Estado, seria, a princípio, controlada por um diretor geral dos Estudos, cargo para o qual foi nomeado, em primeira hora, o cônego da Sé patriarcal de Lisboa, d. José de Almeida, que ocuparia o lugar de responsável pelos assuntos da instrução. Era dele a incumbência primeira de consolidar o sistema de aulas régias que deveria substituir o vazio pedagógico deixado pela expulsão dos jesuítas.

O plano diretor da ação pombalina certamente passava pela questão econômica. Tratava-se de firmar uma empreitada de organização da atividade industrial portuguesa, sem a qual se compreendia que o império colonial poderia perecer. Para tanto, ao Brasil era reservada uma tarefa de ponta. Entre os territórios e domínios ultramarinos, o Brasil era tomado como um centro aglutinador de comércio e de produção, com destaque para as atividades especialmente desenvolvidas pelas capitanias exportadoras do açúcar, lideradas, no período, por Pernambuco. Tratava-se de fomentar uma cultura agrícola que pudesse, para além disso, diversificar a produção agrícola brasileira, tendo em vista o aumento de lucro nas relações de comércio externo necessárias para a metrópole portuguesa. Nesse sentido, a modernização era crucial para a nova política econômica que o Marquês de Pombal pretendia deflagrar.

Os jesuítas – Pombal assim acreditava – constituíam um obstáculo para a política externa portuguesa, que ficara mais difícil após as perdas provocadas pela ação do terremoto de Lisboa, em 1755.

54 CARLOTA BOTO

A ordem jesuítica, para o caso português, era tida quase como um poder paralelo ao Estado, sendo que, por isso mesmo, constituía uma ameaça sempre presente contra a consecução dos interesses nacionais. Foi em 28 de junho e 1759 que o rei de Portugal d. José exarou o Alvará que contemplava certamente a primeira reforma de ensino no Brasil: os jesuítas eram drasticamente expulsos, nos termos daquilo que teriam prescrito os autores do iluminismo português. Pretendia o Estado, liderado pela ação do ministro, uma renovação da ambiência cultural portuguesa e um controle sistemático da ação educativa por parte do Estado, criando um sistema de organização e controle de uma escolarização de Estado. Note-se que, acerca do tema, a ação pombalina era predecessora do grande debate com o qual a Revolução Francesa abordaria a matéria do ensino público e gratuito dirigido pela ação do Estado, tendo em vista formar a alma da nação.

A ação política e econômica desenvolvida pelo pombalismo tinha por finalidade a racionalização e a centralização da ação do Estado. Pombal pretendia arquitetar uma forma de organização do Estado que pudesse conferir ao governante maior domínio sobre os dados de sua jurisdição. Era isso que prescrevia o pensamento de António Nunes Ribeiro Sanches, que defendia a existência de órgãos especialmente criados para a fiscalização centralizada da ação do Estado nos diferentes domínios de ação. No caso, a instituição de tais aparelhos de inspeção possibilitaria a obtenção de dados sobre a saúde, as condições de higiene, as doenças, as características da população. Acreditava-se que a saúde dos povos se preserva com informação e com intervenção do Estado para suprir necessidades e carências. No caso da educação, a analogia estava posta. Sendo Portugal um dos países europeus em que a Contrarreforma teve maior presença, a Companhia de Jesus desfrutava de privilégios que, à época, não seriam mais vistos como legítimos, especialmente pelo olhar estrangeirado dos arautos do Iluminismo português. Vozes como as de Luís António Verney, António Nunes Ribeiro Sanches e d. Luís da Cunha advertiam contra os perigos contidos na dificuldade que o Estado evidenciava quanto ao controle dos dados de-

INSTRUÇÃO PÚBLICA E PROJETO CIVILIZADOR   55

mográficos. Pode-se dizer que a ação de Pombal visava, de alguma maneira, a colocar em prática a reforma já projetada por esses três conselheiros com os quais o despotismo esclarecido português diretamente dialogava.

A Reforma Pombalina dos Estudos Menores seria acompanhada pela proposta de criação de uma política de aulas régias, pela qual se pretendia substituir a organização do ensino jesuítico, mediante a configuração de uma política pela qual o Estado concederia a licença-docente e o subsídio necessário para autorizar professores habilitados em diferentes áreas do conhecimento a abrirem aulas e a se dedicarem ao magistério.

Os jesuítas na época dirigiam, em Portugal, 34 faculdades e 17 colégios. No Brasil, sob o controle dos jesuítas, havia 25 colégios, 36 missões e 17 faculdades e seminários. O alvará que expulsava os jesuítas determinava que o estudo não deveria principiar pelo latim, sendo vedado ao professor falar o latim nas classes iniciantes. A ideia da Reforma era a de fortalecer a língua portuguesa, recomendando, para tanto, inclusive alguns compêndios escolares, que deveriam ser adotados nas escolas. Acreditava-se que um dos aspectos que dificultava o aprendizado dos alunos era a necessidade, expressa pelo regulamento jesuítico, de que os jovens aprendessem a gramática da própria língua, valendo-se, para tanto, de uma língua morta. Era em latim que os jesuítas ensinavam as normas gramaticais da língua portuguesa. Para os ilustrados do período, tal método seria, antes de tudo, irracional. Por isso a ênfase na necessidade de se aprender a língua vernácula, em primeiro lugar, valendo-se dela também no método. Apenas isso já abreviaria o tempo destinado ao aprendizado e proporcionaria maior eficácia nos estudos. Nesse sentido, destaca-se a instrução para se utilizar o catecismo jansenista elaborado por Colbert, conhecido como *Catecismo de Montpellier*, bem como o uso da gramática de António Pereira de Figueiredo e António Felix Mendes. É possível verificar o significado pedagógico da ação pombalina como diretamente acoplado a uma percepção política do lugar simbólico a ser ocupado pela cultura letrada na formação da nacionalidade moderna.

O alvará de 28 de junho de 1759 explicita que a organização dos Estudos Menores tinha por finalidade substituir a anterior estrutura dos jesuítas, com o propósito de secularizar a política do ensino português. Observe-se que, para o caso de Portugal e colônias, secularizar, nesse período, não significava prescindir do ensino religioso. Pombal apenas literalmente substituía a cartilha dos jesuítas pelo catecismo jansenista. A despeito de compreender a relevância do ensino de religião nas escolas, entendiam os reformadores que o mesmo ensino religioso deveria estar sob alçada do Estado português, não ficando, portanto, ao sabor das determinações autônomas desta ou daquela ordem religiosa.

Os atos administrativos do Marquês de Pombal pretendiam instituir métodos claros e eficazes para o ensino nas diferentes aulas régias, com o propósito de europeizar Portugal e colocar a nação à altura dos países mais desenvolvidos do mundo. O alvará tinha por pressuposto a convicção de que a reforma do reino, com tudo que isso implicasse em termos de política e de economia, passava primordialmente por uma renovação cultural. Para tanto, visualizava-se a necessidade de tornar culta a aristocracia política que viria a governar tanto o território português quanto as terras coloniais. Tal intuito presidia a criação, pelo mesmo alvará, do cargo de diretor geral dos Estudos, em cujas atribuições constavam tanto a fiscalização da rede de escolas quanto os critérios para examinar e licenciar novos professores, autorizando o ensino, sempre pela concessão mediante concurso da licença-docente.

A reforma pombalina, que tem lugar a partir do referido Alvará de 1759, expressava o intento da coroa portuguesa de colocar o papel da educação como matéria de Estado a ser, pela iniciativa governamental, não apenas planejado, mas controlado e dirigido. O sistema de ensino que se pretendia construir a partir dali seria secularizado e expandido para as camadas médias e majoritárias da população. O currículo incluiria, no que então se chamava primeiras letras, a conjunção entre o ensino da leitura, da escrita e do cálculo, normas da doutrina cristã para os meninos. Para as meninas, acrescia-se o aprendizado da costura e do bordado como técnicas neces-

INSTRUÇÃO PÚBLICA E PROJETO CIVILIZADOR   57

sárias para o sexo feminino. Em qualquer dos casos, para as aldeias indígenas como nas outras tantas escolas, qualquer uso de outra língua que não a língua portuguesa seria prontamente vedado. A escola deveria se dar a ver como agência moralizadora e provedora de cultura letrada, como se a ela fosse dedicada uma tarefa de, a um só tempo, civilizar, disciplinar e inculcar códigos culturais supostos adequados ao que a sociedade portuguesa, no limite, esperaria de cada um de seus súditos.

O cargo de diretor geral dos Estudos foi estabelecido também em 1759 com a função básica de fiscalizar os estabelecimentos de ensino. Essa tarefa seria ampliada em 1771, quando foi criada a Real Mesa Censória para tratar especificamente das aulas régias em Portugal e em seus territórios ultramarinos. Para isso, tornara-se necessária a institucionalização de um plano nacional que vigorasse no sistema pedagógico como um todo, envolvendo as atividades de inspeção, de levantamento de dados sobre as escolas e de elaboração de relatórios sobre a situação do ensino. Cada região seria estudada em suas características socioeconômicas e tais dados seriam entrecruzados com informações sobre as escolas locais, as quais, por sua vez, receberiam, para sua manutenção, verba proveniente de um novo imposto criado para esse fim, o subsídio literário.[4] Os professores régios, por meio do subsídio literário, poderiam ser pagos pelo erário público, tendo, mediante o ingresso por exames, a função efetiva que os tornaria profissionalizados na profissão professor, adquirindo cadeiras em caráter vitalício, sendo vedadas, por esse mesmo sistema, quaisquer cobranças de contribuições financeiras diretamente dos alunos.

---

4 Nas palavras de Maria Luiza Marcílio: "em 1772, regulamentou Pombal a instrução primária e secundária leiga e gratuita, disseminando aulas de ler, escrever e contar, junto com elementos da doutrina cristã, por toda parte, no Reino e nas colônias. Para a concretização da lei de 6 de novembro de 1772, d. José I criou o imposto chamado Subsídio Literário, pelo qual o povo pagava para manter o ensino público" (Marcílio, 2005, p.21).

58 CARLOTA BOTO

D. Luís da Cunha e seu *testamento*: decadência, sangria e política

D. Luís da Cunha (1662-1749) formou-se em Cânones e, desde 1695, atuou como diplomata português. Como sublinha Francisco José Calazans Falcon, "seus escritos, numerosos e variados, inclusive sua correspondência vastíssima, revelam a dilatação do seu horizonte mental, a perspectiva infinitamente mais aberta e avançada que informa seu pensamento, fazendo-o entrar, logicamente, no rol dos estrangeirados" (Falcon, 1982, p.233-4). Ao abordar a atuação de d. Luís da Cunha, a bibliografia costuma sublinhar sua atividade diplomática em Londres, onde teria sido nomeado embaixador. Ao olhar do exterior para seu país, Luís da Cunha acentuava a necessidade de se fortalecer o papel do rei. Além disso, preocupava-se com a dependência portuguesa da Grã-Bretanha, com as dificuldades comerciais enfrentadas pelo país e, especialmente, com certa "fraqueza autoimposta de Portugal no tocante à falta de população e de espírito de iniciativa" (Maxwell, 1996, p.16).

Como indica, sobre o tema, Carlos Guilherme Mota (2006, p.39), o *Testamento político de d. Luís da Cunha* – escrito nos anos 40 do século XVIII, um pouco antes da subida do príncipe d. José ao poder – orienta o monarca sobre quem deveria ser escolhido como principal ministro do reino. Ele sugere mais de um nome, dentre os quais sublinha o de Sebastião José de Carvalho e Melo, "cujo gênio paciente, especulativo e ainda que sem vício, um pouco difuso, se acorda com o da nação" (Cunha, 1976, p.27). Mota assinala que d. Luís da Cunha teria se destacado também por uma visão mercantilista inovadora para seu tempo, tendo sido, indubitavelmente, um dos idealizadores da modernização econômica do Reino: "seu discípulo Pombal tornar-se-ia a figura central dessa constelação da qual d. Luís era o mentor" (Mota, 2006, p.47).[5]

---

5 "O desembargador permanecera atual enquanto crítico da pequenez de Portugal, de sua população incipiente, da falta de estradas e meios de comunicação e ainda da falta de descortino de seus comerciantes e industriais, em sua posição

INSTRUÇÃO PÚBLICA E PROJETO CIVILIZADOR 59

Luís da Cunha discorreria sobre "a lastimável situação de Portugal no concerto europeu" (ibid., p.35). Mota compreende que, "inspirador do marquês reformista" (ibid., p.38), d. Luís da Cunha foi a "expressão máxima do pensamento cosmopolita e reformista luso da primeira metade do século XVIII, antecipando a Ilustração portuguesa" (ibid.). Inaugurava-se ali uma "reflexão crítica sobre os males de Portugal e os seus remédios" (ibid.). d. Luís da Cunha – preocupado com o presente e com o futuro do território português – dizia em seu "testamento" que o monarca assemelhava-se, por seu ofício, a um pai de família. Todo pai de família tem obrigações – perante sua casa, seus familiares e dependentes – das quais não se pode furtar:

1) [...] dar competente sucessão à sua casa para que não passe a outra estrangeira (Cunha, 1976, p.32);

2) [...] ter bem regrado o serviço da sua casa, para que cada qual dos seus Domésticos faça as funções que lhe competem, conforme a graduação dos seus empregos (ibid., p.34);

3) [...] ter cuidado de que entre ela não haja dissensões por não perturbarem a economia da sua casa; de que se segue que o príncipe, pai de todas as do seu reino, deve interpor a sua autoridade para compor as diferenças que acontecerem entre umas e outras, porque devem vir a ser prejudiciais aos seus Estados" (ibid., p.36);

4) [...] não ter a sua casa endividada; porque ninguém é rico senão enquanto não deve (ibid., p.37);

5) [...] visitar as suas terras para ver se elas estão bem cultivadas, ou se delas se tem usurpado alguma porção, a fim de que lhe não falte a renda que delas tirava para sustentar a sua casa. (ibid., p.41)

Essas seriam também as obrigações do soberano com relação a seu reino. Entretanto, as metáforas do discurso de Luís da Cunha

---

contrária aos jesuítas e à Inquisição, à perseguição aos judeus (alguns cristãos-
-novos serão seus auxiliares diretos), ao número excessivo de padres no reino."
(Mota, 2006, p.47)

60   CARLOTA BOTO

sobre Portugal não se detinham a essa reflexão sobre o paralelo dos reis com os pais de família. Portugal era compreendido como um organismo doente, a quem se deveria observar os sintomas, os humores e a debilidade; de modo a buscar identificar "o conhecimento da causa do mal que o aflige: isto não só para remediar a sua queixa, mas para prevenir o de que pode estar ameaçado" (ibid., p.43). A causa primordial da fragilidade portuguesa residiria na estreiteza dos limites de seu território. Tal debilidade era, ainda, acentuada quando se comparavam "nossas forças à proporção das dos seus vizinhos" (ibid.).[6] Em virtude dessa irreparável fraqueza,[7] Portugal se teria lançado ao encalço de outras terras; favorecido por uma situação geográfica que – esta sim – lhe era favorável: a vizinhança do mar. Porém, a aventura das navegações não teria sido capaz de conter o mau uso das terras do reino: terras incultas, proprietários que não cultivavam seus terrenos e até mesmo "porções de terras usurpadas ao comum das cidades, vilas e lugares" (ibid., p.61). As terras incultas, fosse por desinteresse dos donos ou dos rendeiros, deveriam lhes ser retiradas para serem entregues a pessoas que pu-

---

6   "Dom Luís da Cunha inseria os problemas de Portugal no contexto de sua relação com a Espanha, sua dependência e exploração econômica pela Grã--Bretanha e no que ele acreditava ser a fraqueza autoimposta de Portugal no tocante à falta de população e de espírito de iniciativa. Essa triste situação mental e econômica, ele a atribuía ao número excessivo de religiosos, à atividade da Inquisição e à expulsão e perseguição dos jesuítas." (Maxwell, 1996, p.16)

7   "A potência de uma nação é ainda relativa ao número de súditos, à extensão de seus limites, à natureza de suas produções, à industria de seus habitantes, à bondade de seu governo [...]. A principal fonte da potência de um Estado é sua população. Ele precisa de braços para valorizar os campos, para fazer florescer suas manufaturas, sua navegação, seu comércio. Precisa de exércitos proporcionais aos de seus vizinhos; mas nem por isto se deve deixar que a agricultura e os outros aspectos de sua potência sejam abalados. Um solo fértil, uma situação favorável, um país naturalmente protegido são fatores que muito contribuirão para a potência de um Estado. Enfim, é essencial que haja tranquilidade em seu interior: jamais um povo dividido em facções, entregue às cabalas, às intrigas, à anarquia, à opressão, terá o grau de potência que lhe é necessário para combater as investidas de seus inimigos." (Diderot; D'Alembert, 2006, p.227-8)

INSTRUÇÃO PÚBLICA E PROJETO CIVILIZADOR 61

dessem e quisessem cultivá-las (Falcon, 1982, p.254). O problema teórico e prático sobre o qual d. Luís da Cunha se debruça residia na tentativa de verificar as "causas de existirem tantas povoações desertas: Fundão e Covilhã na Beira Alta; Guarda e Lamego em Trás-os-Montes; e Braga; em todas elas as suas manufaturas foram destruídas" (ibid.).

Luís da Cunha desenvolve a tese de que as razões que levaram Portugal a se apequenar perante os demais países de Europa consistiram em um conjunto de fatores que ele intitulou sangrias.[8] As sangrias provocaram, entre outras coisas, o despovoamento do território.

A primeira sangria que destruía e despovoava o reino português residiria no conjunto de pessoas de ambos os sexos que procuravam os conventos. Ao tornarem-se frades e freiras, renunciavam ao mundo, não trabalhavam para o país, não procriavam e não contribuíam para povoar o reino.

A segunda sangria que – segundo o autor – "não deixa de enfraquecer o corpo do Estado, e a que não acho remédio, é o socorro da gente que anualmente se manda para a Índia" (Cunha, 1976, p.74). Eram especialmente marinheiros que, ao fazer isso, deixavam mulheres e filhos; mulheres sozinhas que, em outra situação, poderiam ter muitos outros filhos. O Brasil estava também incluído nessa segunda sangria: para lá iam todos os que – sem passaporte – se encantavam com a promessa das minas e o desejo de fazer nova vida. Para o intérprete da economia e da cultura, um modo de povoar o Brasil – "aquelas imensas terras, de que tiramos tantas riquezas" (ibid., p.75) – sem despovoar Portugal seria:

---

8 "Se o despovoamento é a questão de base, os fatores que o determinam assumem um papel crucial: são as sangrias (constância da imagem fisiológica no plano social). Significa isso dizer que não há homens porque muitos foram ou estão indo embora (judeus de um lado; soldados e colonos, do outro), enquanto outros não trabalham, vivendo na ociosidade (frades, freiras, eclesiásticos em geral). Vão-se embora os homens, são perseguidos, sentem-se inseguros, não há garantias ou incentivos para o trabalho, para os cabedais, para o comércio e a indústria, enfim." (Falcon, 1982, p.256)

62 CARLOTA BOTO

[...] permitir que os estrangeiros com as suas famílias se fossem estabelecer em qualquer das suas capitanias que escolherem, sem examinar qual seja a sua religião, recomendando aos governadores todo o bom acolhimento, e arbitrando-lhes a porção de terra que quiserem cultivar. De que se seguiria que se lá casariam e propagariam, e em poucos tempos os seus descendentes seriam bons portugueses e bons católicos romanos em o caso que seus avós fossem protestantes, no que não acho algum inconveniente. (ibid., p.75)

A terceira sangria do Estado português viria dos atos da Inquisição relativamente àqueles que eram – por causa dela – chamados cristãos-novos.[9] A essa terceira sangria, d. Luís da Cunha caracteriza como "insensível e cruelíssima" (Cunha, 1976, p.75). Diariamente saem de Portugal essas pessoas que, em solo português, não teriam qualquer oportunidade. Assim, o reino era, também por isso, despovoado. Uma forma de extinguir esse problema seria dar aos judeus a possibilidade de viverem sua religião; como, aliás, "se pratica entre todas as nações da Europa" (ibid., p.88). d. Luís da Cunha expressava sua convicção de que, quanto mais gente fosse perseguida, acusada e punida, maior seria, ainda, o número de judeus travestidos de cristãos-novos. Além disso, quando cessassem as perseguições, deixaria de haver "tantos sacrílegos quantos, sendo no coração judeus, frequentam os santos sacramentos, para não serem descobertos" (ibid., p.91). Finalmente, sem as clivagens que retiram das pessoas oportunidades que seriam justas, os judeus (convertidos então em cristãos-novos), caso pudessem assumir sua verdadeira identidade religiosa, permaneceriam no Reino, fazendo com que seu capital girasse em torno dos negócios portugueses, o que desenvolveria a economia nacional "e faria florescer o seu comércio" (ibid.). A liberdade de religião e a confiança de que não

---

9 "Os cristãos-novos eram os descendentes de judeus portugueses, obrigados, em 1497, a abraçar o cristianismo para não serem expulsos". (Maxwell, 1996, p.9)

INSTRUÇÃO PÚBLICA E PROJETO CIVILIZADOR   **63**

teriam seus bens confiscados fariam com que os judeus contribuíssem para desenvolver e equilibrar o comércio português.[10] E o desequilíbrio comercial – preocupação com que Luís da Cunha finaliza o texto – pode ser compreendido como a quarta sangria que ceifava o vigor e a potência do reino português.

A ideia de sangria remete ao que Roberto Romano caracteriza como "metáforas orgânicas" (Romano, 2003) que, nessa época, passam a produzir interpretações da vida social a partir de uma noção de Estado que se sobrepõe às partes constitutivas do território para a produção de um elemento maior – situado para além da engrenagem das diversas instâncias que alicerçam a vida social. Sendo assim, a figura de um país sangrando configura estratégia para dar significado a ações que representariam o eixo de novas constelações de poder, mediante o primado do Estado nacional. A metáfora da sangria – já abordada pela bibliografia sobre Luís da Cunha – inscreve-se em um cenário de construção de um país que precisa revisitar sua própria identidade, à luz de um *télos*. Nenhuma interpretação do passado poderia contemplar o lugar de

---

10 A preocupação intelectual com o fenômeno da decadência de Portugal tornar-se-ia uma constante na história do pensamento social português. É bastante conhecido o impacto que teve, por exemplo, o teor da *Conferência* que Antero de Quental proferiu em 1871 no Cassino Lisbonense sobre as *Causas da decadência dos povos peninsulares nos últimos três séculos*. Ali, Antero de Quental caracterizaria Portugal como um povo, a um só tempo, "sem vida, sem liberdade, sem riqueza, sem ciência, sem invenção, sem costumes" (Quental, 2005, p.51). Como causas dessa situação, o orador levanta hipóteses que não negam aquele "testamento" legado por d. Luís da Cunha havia mais de cem anos. Onde encontrar as causas da decadência? Para Antero de Quental, seriam três os fenômenos capitais: um de ordem moral, outro político e um terceiro econômico. Diz o poeta: "o primeiro é a transformação do Catolicismo, pelo Concílio de Trento. O segundo, o estabelecimento do Absolutismo, pela ruína das liberdades locais. O terceiro, o desenvolvimento das Conquistas longínquas" (ibid., p.52). E – o que era compreendido como pior – todos esses fatores contrariavam diametralmente a lógica que presidiu o desenvolvimento das nações civilizadas do mundo: a liberdade moral, conquistada pela tolerância; a elevação da classe média, e a indústria. Sem nada disso, Portugal estacionara no concerto das nações. Esse foi o impiedoso parecer desferido pelo conferencista do cassino, herdeiro que era dessa tradição que vinha do século XVIII.

64 CARLOTA BOTO

Portugal no "concerto europeu". Era imprescindível, então, buscar os elementos que permitissem ao país reinstituir uma nova identidade na história. Havia no século XVIII o que Catroga nomeou de "historicização do devir". Isso pressupõe cortar os elos de uma interpretação de mundo sacralizada, possibilitando "acelerar uma desmagificada cosmovisão, realidade que a crescente civilização urbana patenteou ainda mais" (Catroga, 2006, p.37).

Para reerguer esse país despovoado, era preciso estancar as sangrias e, de algum modo, todas elas reportavam-se à primazia descomunal do poder da Igreja Católica. Como diz Falcon, é a existência das práticas inquisitoriais que provoca a fuga de judeus e de capitais, que atemoriza investidores, que impede em Portugal a consolidação plena do modo de produção capitalista. As medidas pombalinas, tomando como âncora teórica o pensamento dos iluministas portugueses, têm por finalidade "trazer de volta os judeus, evitar que os cristãos-novos fujam. Por isso é forçoso abolir as práticas discriminatórias de todo tipo ainda existentes e, novamente, o discurso reencontra seu tema básico: a Inquisição" (Falcon, 1982, p.257).

D. Luís da Cunha, como Verney e Ribeiro Sanches, seria "um intelectual de novo tipo, solidário com o poder aristocrático, mas adversário dos setores retrógados e dos intelectuais tradicionais que o representam" (ibid., p.258). A circulação dessas ideias no circuito de Pombal constitui alicerce importante para conferir legitimação às reformas, tidas como necessárias ao país.

Ribeiro Sanches e o código político do novo Estado: educação e medicina

Aspectos biográficos de António Nunes de Ribeiro Sanches

A partir de pressupostos que revelam sua época, o Iluminismo português verterá as próprias indagações para buscar redesenhar o

INSTRUÇÃO PÚBLICA E PROJETO CIVILIZADOR   65

domínio do Estado. Expoente privilegiado do movimento ilumi-nista português, teórico de tratados de medicina e educação, Ribei-ro Sanches – considerado também o suporte teórico das reformas pombalinas – surge, como se nota em seus escritos, primordialmen-te como estrategista político. Sua obra é marcada pelo ecletismo e pelo cariz ilustrado. Escreveu sobre medicina, economia, educação e efetuou, ainda, uma teoria das emoções.

Natural de Penamacor, em Portugal, António Nunes Ribeiro Sanches (1699-1782) nasce praticamente na fronteira entre o sécu-lo XVII e o XVIII. Forma-se em Medicina pela Universidade de Salamanca, para onde se transfere após os primeiros anos cursados em Coimbra. Diz Rômulo de Carvalho (1986) que ele saiu do país aos 27 anos e nunca mais regressou. Muitos biógrafos atestam que tal afastamento definitivo do solo português deveu-se ao receio de ser perseguido; ou mesmo de contar com intransponíveis dificul-dades para o exercício da medicina – já que Ribeiro Sanches era, pela sua origem de sangue, cristão-novo e não poderia, por essa razão, pleitear qualquer emprego público em Portugal. Passou por Gênova e por Londres nos anos de 1720 – onde se teria convertido ao judaísmo (religião de que logo se afastaria). Viaja pela Itália e depois cursa a Universidade de Montpellier. Em 1729, inscreve-se em Medicina em Leiden. Na Holanda frequenta o curso ministrado por Boerhaave, que se torna uma de suas grandes referências cientí-ficas no campo médico. Foi Boerhaave quem o indicou para a Corte Imperial Russa.

Tendo permanecido na Rússia entre 1731 e 1747, ali obteve ex-periências na direção de um hospital, onde realizou grande parte de suas investigações científicas. Foi também médico da Escola Mili-tar de São Petersburgo, o que – segundo consta – proporcionou-lhe chaves analíticas para refletir sobre a prática da escolarização. Fi-nalmente, atuou como médico particular da czarina Ana Ivanovna, na corte desta.

Em 1747, transferindo-se para Paris, Ribeiro Sanches presencia o tempo de maior efervescência do movimento iluminista, tornan-do-se, desde logo, amigo dos principais organizadores da *Enciclopé-*

66 CARLOTA BOTO

dia ou Dicionário raciocinado das ciências, das artes e dos ofícios: Diderot e d'Alembert. Esse contato resultaria na sua participação entre as centenas de colaboradores daquele que, historicamente, é considerado um dos mais expressivos projetos editoriais já executados. Redigiu na *Enciclopédia* francesa os textos intitulados "Maladie vénérienne chronique" (1771) e "Afections de l'âme" (1787).

Quando soube que Pombal havia publicado o Alvará de 28 de junho de 1759, expulsando a Companhia de Jesus, Ribeiro Sanches teria se entusiasmado a escrever um trabalho sobre o tema da educação. Publicada em 1760, essa obra, com o título *Cartas sobre a educação da mocidade*, constitui um importante opúsculo para se ter uma ideia do que foi, em matéria educativa, o Iluminismo no tempo e no território do Marquês de Pombal.

A mocidade não era preparada para ser boa nem para ser útil à Pátria. Pelo contrário: o fidalgo era educado para tratar como escravos todos os que lhe fossem subalternos – como se as pessoas do povo não fossem proprietárias de seus corpos e de sua honra. A fidalguia é ainda criticada porque acostumava mal as pessoas. Aqueles que desfrutavam do epíteto de fidalgos não poderiam, por exemplo, ser presos por dívidas. O resultado do privilégio era frontalmente contrário aos interesses do reino: "o senhor é dissipador, nem sabe o que tem, nem o que deve; perde toda a ideia de justiça, da ordem, da economia; pede emprestado com mando, maltrata e arruína a quem lhe recusa" (Sanches, [s.d.]a, p.97). Além disso – prossegue o autor – se, pela religião cristã, todos seriam iguais perante os mandamentos da Igreja, como justificar essas desigualdades de tratamento entre as pessoas? Como justificar as regalias? Ribeiro Sanches conclui que a própria Igreja teria parte nisso: "como dos privilégios dos fidalgos e da nobreza procedeu a escravidão, assim das imunidades eclesiásticas procedeu a intolerância civil" (ibid. p.105).

Mesmo assim (e contraditoriamente), o plano das *Cartas* – traçando um retrato do que seria adequado ao ensino português nos Estudos Menores e nos Estudos Maiores – "dividia a mocidade em três grupos sociais cujo destino escolar nada tem a ver com as capacidades dos componentes dos grupos, mas apenas com a sua

INSTRUÇÃO PÚBLICA E PROJETO CIVILIZADOR **67**

situação social. Os grupos são o povo, a classe média e a nobreza" (Carvalho, 1986, p.439-40). A educação estaria, sob tal perspectiva, diretamente subordinada aos interesses econômicos, políticos, comerciais e até militares do Estado português.

O projeto educacional esboçado por Ribeiro Sanches pretendia "formar um súdito obediente e diligente a cumprir suas obrigações, e um cristão resignado" (Sanches, [s.d.]a, p.125). Havia de se ensinar a obrar bem. E isso requereria: bom exemplo dos pais, bom ensino dos mestres e – acima de tudo – leis no Estado "que premiem a quem for mais bem-criado, e que castiguem a quem não quer ser útil nem a si nem à sua pátria" (ibid., p.126). O que estava em jogo ali era claramente uma dada noção de reino português, de seu desenvolvimento e, em alguma medida, de sua modernização. Formar súditos do reino dispostos a cumprir suas obrigações civis para fortalecer Portugal significava, de algum modo, destruir as estruturas obsoletas, dentre as quais estariam as prerrogativas da nobreza e do clero. Regenerar a nação seria, portanto, atacar práticas subterrâneas e formas de pensar presentes no cotidiano das pessoas:

[...] perde-se toda a ideia da igualdade, da justiça e do bem comum. Deste modo, cada português quer ser senhor do seu estado: repreende o rapaz que vai cantando pela rua, porque lhe não agrada; e julga que tem autoridade para fazê-lo emudecer. Está em companhia: observa alguma ação que lhe não agrada? Com a mesma fantástica autoridade o repreende e o maltrata, porque se imagina senhor e porque o fidalgo faz o mesmo e o eclesiástico ainda muito mais, nas sanções que não são da sua competência. (ibid., p 99-100)

Ribeiro Sanches era contrário à escravatura; ele propunha que se mapeasse a estratégia de distribuição demográfica das populações metropolitanas e coloniais com o propósito de fortalecer uma política econômica mais adequada ao fortalecimento do reino. Para tanto, todavia, era imprescindível preservar o império colonial. Ribeiro Sanches prognosticava a possibilidade de Portugal vir a

68   CARLOTA BOTO

perder suas colônias, muito particularmente o Brasil, mediante a indefensável orientação com que eram norteadas as relações mercantis em um modelo de colonização fundado expressamente sobre a extração da riqueza das colônias, com a consequente ausência de cultivo e produção capazes de equilibrar a balança comercial. Havia – de acordo com Ribeiro Sanches – uma "guerra mental" entre Portugal e Inglaterra com probabilidade de vitória desta segunda potência. Recorde-se de que, no antigo sistema colonial que presidia a economia mundial nesse período, o Brasil tinha seu ouro extraído pelas mãos de Portugal, que imediatamente tratava de transferir essa riqueza para quitar suas dívidas com a Inglaterra, de quem – ainda para mais – importava cereais. Ora, para a perspectiva do médico iluminista, era essencial – a bem do Estado português – garantir mecanismos de fortalecimento de atividades produtivas capazes de aproveitar (tendo em vista o desenvolvimento da nação) o potencial agrícola que permanecia inexplicavelmente imóvel. Era necessário, nesse sentido, engendrar esforços para a centralização de práticas políticas públicas, em direção a duas prioridades voltadas para regenerar a pátria em perigo: educação e medicina.

A questão demográfica era uma de suas preocupações primordiais. Ribeiro Sanches estabelece uma analogia entre a prática médica e o que denominava medicina social. Era preciso que o Estado controlasse suas populações com o propósito de cultivar e fortalecer a saúde dos povos. Isso significava obter uma coleta sistemática de informações sobre as doenças, especialmente as epidemias, o que requereria compreender a lógica de repartição das pessoas no território. Em 1763, Ribeiro Sanches publica *Método para aprender e estudar a medicina*. Em 1773, Portugal promulgaria a lei que anulava qualquer discriminação entre cristãos-novos e cristãos-velhos.

Apontamentos sobre a educação da juventude

Ciente da necessidade de centralização institucional do Estado em matéria de organização das escolas, Ribeiro Sanches – de alguma maneira – atenta para a importância do domínio público em

INSTRUÇÃO PÚBLICA E PROJETO CIVILIZADOR **69**

matéria de instrução. Como bem sublinha Kenneth Maxwell acerca do tema, a obra desse pensador lusitano teve por principal característica a de propor para Portugal "a separação total entre a Igreja e o Estado" (Maxwell, 1996, p.102). O controle estatal sobre a prática escolar reporta-se – para o autor – a três objetivos primordiais: configuração de súditos preparados e disciplinados em função das novas necessidades do reino; criação de um universo de poder simbólico sob controle centralizado pelos poderes da monarquia; preparação de uma estratégia direcionada para altear Portugal rumo a um tempo novo, mediante a superação de estruturas de pensar e sentir mágico-religiosas, compreendidas como insuficientes para o novo papel a ser ocupado pelos países no cômputo mundial. Sendo assim, a nova educação deveria esculpir um diferente esboço de homem – que, ainda cristão, deveria corresponder, como sujeito civil, às reais necessidades do Estado. Ribeiro Sanches propugna uma estrutura curricular cimentada pelo estudo da agricultura e do comércio, com o fito de proceder ao fortalecimento das capacidades técnicas e produtivas do reino. Era preciso, por meio da educação, formar consensos sociais favoráveis à expansão do reino português. Era preciso também assegurar que a educação bem planejada fosse capaz de contribuir para a preparação de ofícios necessários para fortalecer a ordem pública.

Há, porém, tensões na ideia de Estado que aparece no texto de Ribeiro Sanches. Para ele, o país tem lugares distribuídos, e a lógica que preside essa distribuição não pode ser excessivamente alterada. Por isso, propõe que as escolas elementares sejam concentradas em locais com maior população. As escolas de regiões menos povoadas seriam fechadas. Nesse sentido, embora todo o argumento de Ribeiro Sanches viesse na direção de uma ruptura com a herança fidalga e aristocrática, ele não rompe com a dimensão estamental da sociedade. Por considerar que o fortalecimento da monarquia corresponderia à eficaz distribuição dos súditos no Estado nacional, Ribeiro Sanches estrutura um modo de organizar a escola, bem como os saberes nela inscritos, com o fito de favorecer a formação de cargos e profissões necessários ao Estado, sem todavia estabe-

70   CARLOTA BOTO

lecer ruptura com a formação da fidalguia e das camadas sociais privilegiadas. As transformações apontadas são expostas como necessidade histórica para o desenvolvimento do Estado. Sugerindo que fossem fechadas escolas de aldeias, Ribeiro Sanches enfatiza a necessidade de haver uma dimensão racional para o controle do conjunto das escolas do Reino. Essa centralização obedeceria a regras condizentes com a diferenciação e com a especialização de funções do Reino. Cabe apenas ao Estado fiscalizar a licença docente. A autorização para o ensino não deveria partir de nenhuma outra instância, civil ou religiosa. Apenas ao setor público caberia ter o controle da distribuição das escolas, dos critérios de seu funcionamento e do conjunto de funcionários nelas empregados. A esse respeito, o autor não transigia com os princípios de controle estatal sobre quaisquer iniciativas sistematizadas dirigidas para a educação da mocidade. Um secretário de Estado para inspecionar, fiscalizar e estabelecer as diretrizes de ação das escolas torna-se um requisito da maior importância:

> É da obrigação do Soberano cuidar da Educação da mocidade, destinada a servir a pátria em casos de paz e guerra; destinada a servir os cargos da religião, tanto para o bem dos povos como para a felicidade do mesmo Soberano. Daqui vem que ninguém deve ensinar legitimamente em escola pública sem autoridade Real; daqui se segue que um secretário de Estado deveria presidir a todas as escolas tanto de ler e escrever (fundamentalmente só nas Vilas do Reino e proibidas nos lugares e Aldeias do Reino) como as escolas das línguas, aritmética, geografia, geometria, colégios seculares ou eclesiásticos seculares e universidades. (Sanches, [s.d.]b, p.107)

Essa ideia de um secretário de Estado responsável pela arquitetura técnica e administrativa das escolas será decisiva para a concepção norteadora da própria Reforma Pombalina da Instrução Pública. A figura do diretor dos Estudos, indicada no Alvará de 1759, bem como a posterior instituição da Real Mesa Censória eram ambas tributárias dessa acepção centralizadora das atividades

INSTRUÇÃO PÚBLICA E PROJETO CIVILIZADOR 71

culturais e pedagógicas. Tratava-se de concentrar, no Estado, a direção do ensino no Reino.

Como já se procurou anteriormente assinalar, o esforço pedagógico situava-se no âmbito de uma estratégia norteada para suprir as necessidades públicas do reino. Não se tratava de propugnar escolas para todos. Ribeiro Sanches não consegue chegar tão longe. Antes, o contrário: defende a supressão das escolas das aldeias, considerando que haveria critérios diferenciados para pensar a educação, em consonância com os múltiplos ofícios socioprofissionais a serem desempenhados pelas várias camadas da sociedade.

Assim, se o Estado a ser modernizado tinha necessidade de letrados, jurisconsultos e médicos, caberia também preparar secretários, intendentes, assessores de vários escalões administrativos. Finalmente, havia uma parcela da população cujo rude trabalho na lavoura não exigiria mais do que o esforço braçal. Para esse "povo", Ribeiro Sanches dirá: "que filhos de jornaleiro, de pescador, de tambor, e outros ofícios vis e mui penosos, sem os quais não pode subsistir a república, quererão ficar no ofício de seus pais, se souberem ganhar a vida em outro mais honrado e menos trabalhoso?" (Sanches, [s.d.]a, p.127). Além disso, acrescenta o autor: "o povo imita a ação dos seus maiores. A gente das vilas imita o trato das cidades à roda; as cidades o trato da capital; e a capital o da corte. Deste modo, que a mocidade plebeia tenha ou não tenha mestre, os costumes que tiver serão sempre a imitação do que virem dos seus maiores, e não do ensino que tiveram nas escolas" (ibid., p.131).

As escolas – sob tal perspectiva – precisariam ser estrategicamente distribuídas. Existiria – pelo plano de Ribeiro Sanches – um tribunal ou um ministro que ordenasse especificamente as coisas do ensino; e, assim, "que em nenhuma aldeia, lugar ou vila onde não houvesse duzentos fogos não fosse permitido, a secular ou eclesiástico, ensinar por dinheiro ou de graça a ler ou a escrever" (ibid., p.129). Por qual motivo? Diz o autor que a instrução criaria no espírito certa altivez, inadequada para a maior parte das pessoas, especialmente para aquelas destinadas às lides do trabalho. O estudo, além do mais, requereria um esforço diametralmente

72 CARLOTA BOTO

contrário ao esforço físico, fazendo com que a juventude perdesse o vigor e a força, "aquela desenvoltura natural; porque a agitação, o movimento e a inconstância são próprios da idade da meninice" (ibid.). O excesso de estudo enfraqueceria o corpo, já que, na escola, os meninos ficam "assentados, sem bulir, tremendo e temendo" (ibid.). Por causa de tudo isso, Ribeiro Sanches conclui que nem todos deveriam frequentar a escola: "não convém uma educação tão mole a quem há de servir à república, de pés e de mãos, por toda a vida" (ibid.). Para o povo miúdo, de acordo com o enciclopedista português, não convinha a escola. Esse foi o limite de suas "Luzes". A contradição do discurso das Luzes – pelo argumento de Ribeiro Sanches – é nitidamente expressa. Como estabelecer um parâmetro universal de aprendizado de todos sem que isso viesse a prejudicar os privilégios, dados como inamovíveis, previamente estipulados? Pensar o Estado era projetar a distribuição dos lugares públicos. Era estipular os critérios que permitiriam a perspectiva estratégica de construção de um reino capaz de fazer frente a uma nova lógica mundial – que parecia clara ao olhar iluminista. O novo Estado será construído mediante a organização de um quadro de funcionários. O funcionário organiza sua vida a partir da profissão e esta existe a partir da "ocupação de um cargo" (Weber, 1982, p.232). O funcionário é reconhecido, na lógica de seu ofício, pelos vínculos que estabelece com o cargo e pela lealdade a normas impessoais requeridas pela função. O país organizado a partir de cargos públicos distribuídos de modo racional poderia ser menos sujeito aos particularismos e mandonismo locais – menos sujeitos aos interesses de clãs familiares ou de agrupamentos particulares. Para compor um cenário moderno, efetivamente centralizado pela figura do Estado, era preciso que os funcionários do Estado ocupassem espaços que anteriormente eram reservados a ações tópicas, representativas de interesses de grupos de poder. A lógica do clã deveria ser substituída por uma administração fiscalizada em redes de hierarquias que organizam uma dada racionalidade, cuja marca pretende ser a da impessoalidade da norma. Mas Ribeiro Sanches, a despeito de ser

INSTRUÇÃO PÚBLICA E PROJETO CIVILIZADOR 73

um defensor da nova distribuição de lugares no território português, não consegue universalizar a lógica de seu pensamento. Muitos dos iluministas – inclusive os franceses – não propuseram instrução universal. Ribeiro Sanches não estava sozinho. Como outros teóricos da época, temia que a expansão ilimitada da cultura das letras desorganizasse a agricultura, prejudicando o comércio e, consequentemente, desestruturando as finanças do reino. Por isso, julgava que nas aldeias pequenas não deveria existir escola. Nesse sentido, "procura demonstrar que, com um mínimo de escolas bem aparelhadas, o Reino estará melhor servido do que com um grande número delas" (Carvalho, 1978, p.140). Critica severamente o aprendizado do latim por acreditar que a maior parte de jovens, inclusive por sua origem social, de nada se valeria desse aprendizado diletante. No fundo, até parecia – como assinala o autor – que "o latim é o passaporte para entrarem no Paraíso terrestre" (Sanches, [s.d.]a, p.154). Sob tal aspecto, Ribeiro Sanches critica o excesso de estabelecimentos eclesiásticos em Portugal; e "o latim é a porta para entrar neles" (ibid., p.155). Tais instituições esmeravam-se em formar fileiras para o próprio clero. Parecia-lhe, portanto, urgente que o país, desenvolvendo-se, viesse a promover novos ofícios que atraíssem a juventude. Se isso ocorresse, não haveria procura por colégios religiosos. O reino precisava de funcionários. Novos ofícios requereriam preparo. Mas não seria por meio do ensino do latim que o reino estaria instrumentado para as profissões modernas e necessárias. Por causa disso, sugere o estrategista:

> Despenda o Estado a instituir cargos para promover a agricultura, o comércio, e a indústria; ocupe os soldados com dobre e triple paga a fazer caminhos de carros; mande desentupir as fozes dos rios que entram do mar, para se desalagarem os campos convertidos em lagoas, atoleiros e pauis: logo serão necessários arquitetos, engenheiros, maquinistas, contadores, inspetores, escrivães e secretários, e outro grande número de gente empregada nestas obras para haver comércio interior e agricultura. Sem elas não é possível que haja indústria nem trabalho no reino. (ibid.)

74 CARLOTA BOTO

Para as escolas a serem criadas e controladas pelo Estado, Ribeiro Sanches propôs que – particularmente na instrução pública de primeiras letras –, em vez do aprendizado por vias religiosas, fosse elaborado catecismo de novo tipo – aquele voltado para ensinar à criança "as obrigações com que nasceu" (ibid., p.133). Dever-se-ia ensinar à juventude resignação e obediência perante o cumprimento das leis. A vida civil devia ser apreendida – assim pensava o ilustrado português – como se de um catecismo se tratasse, por obras, exemplos e ações. O significado da escola era primordialmente o de fazer exercitar a vida civil. E esta se confunde aqui, em alguma medida, com a vida da coletividade em seu caráter plural. Não há vida civil se houver a reserva de território a este ou àquele estamento, pois sua lógica é exatamente a que romperá com os limites da sociedade estamental.

Ribeiro Sanches sugere a utilização de livros padronizados nas escolas com o propósito de introduzir preceitos de civilidade, firmando, desde a mais tenra idade, regras sobre como se comportar perante as outras pessoas. Tais livros seriam "impressos em português, por onde os meninos aprendessem a ler, onde se incluíssem os princípios da vida civil de um modo tão claro que fosse a doutrina compreendida por aquela idade" (ibid.). A isso, o autor denomina "catecismo da vida civil" (ibid.). Conhecimentos, valores e regras de condutas ali impressos seriam ensinados às crianças "com castigos e com prêmios, acostumando aquela idade mais a obrar conforme a razão do que a discorrer" (ibid.).

Através do livro escolar, as crianças seriam instruídas quanto a comportamentos e ações para com os mais velhos, os colegas e a vida social. Pelo compêndio, se haveria de compreender "que ninguém na prosperidade e na grande alegria se deve desvanecer nem ensoberbecer, porque somos nascidos para viver uma vida cercada sempre pela alegria e pela tristeza; que nenhum bem é sem mistura de mal, nem nenhum mal sem mistura de bem" (ibid., p.135). Tudo isso – saberes e costumes – poderia ser ensinado à meninice; o que, aliás, não era difícil, como demonstra a facilidade natural que qual-

INSTRUÇÃO PÚBLICA E PROJETO CIVILIZADOR 75

quer criança apresenta em dominar rapidamente a forma oral de sua língua materna.[11] Mas é fundamental que não nos esqueçamos que, para atingir a meninice, será necessário "o mestre lhe falar na língua e na frase que é própria àquela idade" (ibid.). Relativamente ao ensino das universidades, Ribeiro Sanches centra-se no exemplo português da Universidade de Coimbra. Ali havia, na ocasião, quatro faculdades: Direito Canônico, Jurisprudência, Teologia e Medicina. Porém, segundo o autor, todos os cursos eram defasados e obsoletos. Note-se que não havia sequer um curso de Filosofia – compreendendo-se esse estudo como uma pertença do território da Teologia. Tomando o caso do Direito Canônico e da Jurisprudência, Ribeiro Sanches assegura que as referências daquele modelo de ensino eram absolutamente insuficientes para "formar conselheiros de Estado, embaixadores, generais, almirantes etc." (Sanches, [s.d.]a, p.159). E a razão de tal insuficiência residia no fato de estar a universidade sob a exclusiva alçada do clero. Em virtude disso, "por um abuso ininteligível, tudo aquilo que se imprime em Coimbra, o primeiro tribunal onde se pede a licença para imprimir-se é no do Santo Ofício" (ibid., p.160). Com uma filosofia de ensino que denunciava séculos de ignorância, Coimbra havia cristalizado um modelo universitário ultrapassado, em desacordo com as necessidades do século e da ciência. A escolástica reinava nas cátedras e, sob orientação dos preceitos jesuíticos, as aulas eram calcadas em teses sempre dedutivas, conduzidas pelo argumento retórico, com o apelo a uma lógica conceitual abstrata – da qual estava ausente o espírito de observação e de experimentação.

Havia uma "arquitetura do Estado" (Gauer, 1996; 2004) que pressupunha pessoas para gerirem a organização do reino. Isso requereria planejamento, execução de metas, fiscalização e controle.

---

11 "É admirável o juízo humano: na idade de três anos aprendeu um menino a sua língua – falar sem saber o que faz, com o nominativo, com o verbo no singular ou no plural, no tempo, no modo etc. O que é tão difícil aos adultos que aprendem as línguas doutas ou estrangeiras, pode o menino aprender, no dia, de três ou quatro mestres sem confundir o que aprende." (Sanches, [s.d.]a, p.135)

76 CARLOTA BOTO

Daí a necessidade, identificada por Ribeiro Sanches, de preparo desses profissionais especializados, que teriam cargos na administração do reino. A instrução das chamadas escolas maiores teria a tarefa de instruir o sujeito em suas "obrigações de cristão e cidadão" (Sanches, [s.d.]a, p.172). Para tanto, haveria o menino de aprender latim e grego, história e geografia e poesia. Do mesmo modo, deveria saber

> [...] escrever, ou na língua latina ou na sua, com elegância e propriedade: porque o Estado não somente tem necessidade de letrados, jurisconsultos e médicos, mas também de secretários, de notários públicos, de intendentes, de conselheiros e assessores nos tribunais ou colégios que devem governar a economia política e civil do reino. Tanto mais instruídos saírem estes estudantes das escolas referidas, tanto melhor exercitarão os cargos em que serão empregados. (ibid.)

Ribeiro Sanches propõe – a partir dos requisitos profissionais acima assinalados – três tipos de escolas maiores, que deveriam, por um lado, preparar a mocidade nobre para o aprendizado das ciências e, por outro lado, preparar os súditos para bem servirem a pátria. Diz Joaquim Ferreira que "essas escolas maiores ou Faculdades seriam de fundação régia, independentemente da anuência da Santa-Sé" (Ferreira, [s.d.], p.60). Ribeiro Sanches, ao tratar dos Estudos Maiores, sugere, sob os critérios anteriormente indicados, a classificação das ciências em três modalidades de escolas.

Na "primeira escola", seriam aprendidos os assuntos da natureza humana, dos corpos, de suas combinações, a história natural, a botânica, a anatomia, a química, a metalurgia e a medicina. A "segunda escola" seria voltada para os saberes necessários ao "Estado político e civil para governar-se e a conservar-se" (Sanches, [s.d.] a, p.158), de modo a assegurar a felicidade dos súditos. Aqui as matérias de estudo seriam "história universal, profana e sagrada; a filosofia moral, o direito das gentes, o direito civil, as leis pátrias;

INSTRUÇÃO PÚBLICA E PROJETO CIVILIZADOR 77

a economia civil, que se reduz ao governo interior de cada Estado" (ibid.). Finalmente, haveria uma "terceira escola" que abarcaria os assuntos da religião – mas essa escola teria sua estrutura organizada pelos próprios eclesiásticos – "não me pertence a mim indicar o que nelas se devia aprender" (ibid.). Assim, as coisas da religião ficariam separadas das "ciências humanas" (ibid., p.159).

No que concerne aos métodos e às matérias de ensino, Ribeiro Sanches critica a estrutura dos colégios e da própria universidade; nos dois casos reduzidos ao que ele qualifica como "filosofia bárbara", que se limitava ao estudo à exaustão dos temas da lógica e da metafísica. Sob tal modelo de ensino – denuncia o autor – apenas perdia-se tempo. Os estudos deveriam ser outros; e o modo de ensinar; completamente diverso. O autor, ao propor sua alternativa, critica o método usualmente adotado nas universidades, pautado fundamentalmente na explanação do professor, acompanhada de anotações dos alunos. A partir disso, estes estudariam pelas postilas,[12] compreendidas como os próprios registros escritos que cada aluno fazia da matéria; ou como um comentário comum para leitura de todos os alunos, que – em tese – corresponderia às aulas dadas e que se tornava material de estudo privilegiado para os estudantes. Dessa maneira, dificilmente o aluno lia o autor que foi objeto de sua aula. Reduzia-se a estudar e memorizar comentários que haviam sido escritos em função das lições e explicações do professor.

Como deveriam ser os modos de ensino das escolas sugeridas pelo autor? Começar-se-ia pela "observação", à semelhança da percepção que temos na vida cotidiana, quando prestamos atenção às coisas, às pessoas e a nós mesmos. Daí partia-se para a "lição"; que

---

12 O *Dicionário contemporâneo da Língua Portuguesa: feito sobre o plano de F. J. Caldas Aulete*, em sua terceira edição, no volume II, define a palavra "postila": "livro, caderno ou folhas em manuscrito, por onde os alunos de uma escola ou universidade estudam as lições.//explanação, explicação, comentário (ordinariamente manuscrito) a qualquer texto, doutrina, tratado etc. // lição que, nas aulas de instrução primária, o professor dita e os discípulos escrevem para se aperfeiçoarem na ortografia" (Aulete, 1952, p.760).

78 CARLOTA BOTO

era uma forma de ilustrar o entendimento à luz do legado daqueles que vieram antes de nós – aquilo que as gerações anteriores "aprenderam e experimentaram, como se nos valêssemos das riquezas que ajuntaram nossos antepassados" (Sanches, [s.d.]a, p.165). Em seguida, teria lugar propriamente o "ensino" dos mestres; sempre por "viva-voz e não por postilas nem temas, explicando o que deve inculcar no ânimo dos discípulos, perguntando, orando às vezes, e arguindo, não por silogismos, mas em forma de diálogo" (ibid.). A partir daí, o quarto movimento do ensino seria a "conversação", mediante a qual se apreende aquilo que os outros sabem. Ouvimos e aprendemos quando partilhamos; ou, nos termos do texto, quando "imitamos sem nos apercebermos o judicioso que ouvimos e admiramos; e, com agrado e amor da sociedade, transformamos o nosso entendimento naquele com quem tratamos" (ibid.). Finalmente, aconteceria o momento da "meditação"; uma reflexão ou atenção madura da alma voltada para todos os movimentos anteriormente feitos no percurso desse aprendizado.

Quais as matérias importantes de serem ensinadas? História, geografia, astronomia, história natural, ótica, mecânica, estática, aritmética, álgebra, geometria, trigonometria plana e física experimental. Verifica-se o esforço em indicar a classificação das ciências como efeito do avanço dos progressos do espírito humano. Apenas com o ensino das mesmas ciências os povos poderiam se tornar desenvolvidos. Mas isso não significava desprezo pela arte retórica, nem pela poesia. Não se abolia a lógica e a metafísica; mas elas eram drasticamente reduzidas a um estudo de quatro meses. Além disso, recomendava-se que houvesse – todo dia nas escolas – lições de quatro matérias diferentes.

Crítico do ensino doméstico, Ribeiro Sanches recomenda o estabelecimento, em Portugal, de uma Escola Militar, que seria, para a mocidade portuguesa, de maior proveito do que a profusão daquilo que o autor nomeia "estabelecimentos literários" (Sanches, [s.d.]a, p.183). Essa Escola Real Portuguesa seria voltada para a formação da nobreza e da fidalguia; com o fito de "educar súditos amantes

INSTRUÇÃO PÚBLICA E PROJETO CIVILIZADOR 79

da pátria, obedientes às leis e ao seu rei, inteligentes para mandar e virtuosos para serem úteis a si e a todos com quem devem tratar" (ibid., p.184). Nesse estabelecimento, os meninos ingressariam entre doze ou quatorze anos. Segundo comenta Rogério Fernandes, essa Escola Militar ou Colégio dos Nobres foi uma instituição pensada para ser um "colégio destinado à educação militar da nobreza, com a condição, no entanto, de se não esquecer que os filhos da nobreza receberiam nesse colégio uma educação polivalente, de tal sorte que poderiam desempenhar funções nos estratos superiores do aparelho do Estado" (Fernandes, 1992, p.80).[13] Joaquim Ferreira destaca que "Ribeiro Sanches, propondo ao Marquês de Pombal a criação do Colégio dos Nobres, nutria a certeza de ofertar à sua pátria um núcleo de estadistas capazes de engrandecê-la" (Ferreira, [s.d.], p.65). E o Marquês de Pombal – talvez ouvindo seu conselheiro – funda, em 7 de março de 1761, o Colégio dos Nobres.[14] Já Laerte Ramos de Carvalho sublinha que – de acordo com os propósitos do absolutismo iluminista de d. José I – no Colégio dos Nobres deveriam ser ensinadas diversas matérias de ensino, desde que elas se voltassem para a formação do "perfeito nobre, arquétipo pedagó-

---

13 Rogério Fernandes recorda que, voltando-se para as questões de organização do sistema escolar, Ribeiro Sanches já dialogava, de alguma maneira, com as primeiras medidas tomadas pelo Marquês de Pombal nos estudos menores. Há ressonância das ideias de Ribeiro Sanches em várias iniciativas pombalinas, revelando o modo pelo qual ideias e ações circulavam e se entremeavam à época: "fundação do Real Colégio dos Nobres (1761), cuja abertura se efetua em 1766; da Real Escola Náutica do Porto (1762); criação da Real Mesa Censória (1768), organismo que passa a superintender na atividade do diretor dos Estudos; criação da Junta de Providência Literária (1770)" (Fernandes, 1992, p.85).

14 "Embora não se conheçam documentos que nos autorizem a admitir qualquer afinidade entre o pensamento iluminista das cartas de Ribeiro Sanches e a orientação doutrinária do pombalismo, ainda que seja nos anos mais dramáticos da disputa com os jesuítas, o certo é que estas cartas não deixaram de ter repercussão, pois a criação do Colégio dos Nobres, por elas preconizada, logo encontrou o firme apoio do gabinete de dom José I." (Carvalho, 1978, p.91).

80 CARLOTA BOTO

gico que a política pombalina erigiu como correlato e complemento do perfeito negociante" (Carvalho, 1978, p.45).[15] Ribeiro Sanches não hesita em indicar que "o primeiro e cotidiano ensino dessa escola deve ser a religião, para cumprirmos a obrigação de cristão" (Sanches, [s.d.]a, p.193). Diferentemente, no entanto, da cultura clerical que imperava no período, a escola será administrada por mestres leigos, militares, "que ensinariam os exercícios corporais para fortificar o corpo, fazê-lo ágil e endurecido ao trabalho e à fadiga" (ibid.).

Párocos e vigários restringir-se-iam a administrar sacramentos e a "instruir nos Domingos e dias de festa na religião; mas sem novenas, irmandades, confrarias e outras instituições, que não são essenciais à religião católica" (ibid.). Verifica-se aqui um modelo de ensino que, embora não fosse laico, porque mantinha em seu cenário o universo religioso, era, sem dúvida, secularizado. Ou seja: quem mandava ali era o Estado. Esse era o plano. No projeto de Ribeiro Sanches, o controle da ação educativa não mais pertenceria à Igreja e se tornaria inequívoca responsabilidade estatal – inclusive porque a educação da mocidade era tida por estratégia para conservar e fortalecer a monarquia.

Outra providência recomendada por Ribeiro Sanches era a instituição de outro tipo de colégio: este voltado para formar meninas fidalgas. Sendo as mães as primeiras educadoras, tais escolas preparariam aquelas que, em primeiro lugar, teriam por missão a formação dos novos. Percebe-se, todavia, que a preocupação com

---

15 "No *Colégio dos Nobres*, além das disciplinas constantes dos cursos de Humanidades (latim, grego, retórica e filosofia) estudavam-se as línguas estrangeiras (francesa, italiana e inglesa), ao mesmo tempo que os elementos das matemáticas, da astronomia e da física: da álgebra e da sua aplicação à geometria, da análise infinitesimal e cálculo integral, da ótica, dióptrica, catóptrica, dos princípios de náutica, da arquitetura militar e civil; do desenho e, finalmente, da física. Constituía dessa forma este currículo um esforço no sentido da renovação das bases, ao mesmo tempo teóricas e práticas, indispensáveis ao bom cumprimento dos serviços que por dever a nobreza deveria exercitar." (Carvalho, 1978, p.65-6)

INSTRUÇÃO PÚBLICA E PROJETO CIVILIZADOR   81

a instrução das mulheres tem também o objetivo de ensinar a elas quais eram as coisas permitidas e as proibidas; o que deveria ser lido e o que estava proscrito. Nesse sentido:

> Todas as primeiras ideias que temos provêm da criação que temos das mães, amas e aias; e se estas forem bem-educadas nos conhecimentos da verdadeira religião, da vida civil e das nossas obrigações, reduzindo todo o ensino destas meninas fidalgas à geografia, à história sagrada e profana, e ao trabalho de mãos senhoril, que se emprega no risco, bordar, pintar e estofar, não perderiam tanto tempo em ler novelas amorosas, versos que nem todos são sagrados, e em outros passatempos onde o ânimo não só se dissipa, mas às vezes se corrompe. Mas o pior desta vida assim empregada é que se comunica aos filhos, aos irmãos e aos maridos. (Sanches, [s.d.]a, p.190-1)

Do mesmo modo que defendia a necessidade de o Estado tomar controle da matéria pedagógica como estratégia de regeneração nacional, Ribeiro Sanches postulava a necessidade de haver também um controle sobre as questões relativas à saúde e às doenças que ameaçavam o povo – propondo, nesse sentido, intervenção estatal na matéria médica.

Matéria fundamental para se pensar as questões de povoamento territorial, a medicina por razões análogas às da Educação, deve estar também sob a jurisdição do Estado. Nos escritos de Ribeiro Sanches, o tema da esfera médica vem sempre a reboque da sua preocupação matricial, que ele chama de conservação da saúde dos povos. Ora, o manifesto intuito de previsão, controle e provimento dessa saúde coletiva passa pela acepção orgânica da sociedade civil: estruturada como um organismo, sua dinâmica vital na dependência da capacidade de preservar-se e fortalecer-se em termos demográficos. Se o Estado se organiza pela força da conquista e expansão, o mesmo só pode ser mantido à luz de dois fatores: povoação do território ocupado e adesão dos súditos ao governante. No primeiro

82 CARLOTA BOTO

caso, trata-se de proceder à higienização do corpo social mediante atuação centralizada e estatal sobre a prática médica. No segundo, como vimos, compreende-se a percepção política da iniciativa pedagógica.

Medicina social como estratégia política

Ribeiro Sanches pretendia – como Dom Luís da Cunha – recuperar o Estado português. Para tanto, todavia, algumas medidas de centralização de informações eram tidas por fundamentais. O Estado deveria ser capaz de dialogar com o futuro; bem como aprimorá-lo. Para que isso ocorresse, todavia, havia de tomar a estatura do que chamaríamos – com Catroga – de "estado-pedagogo". Miller Guerra assinala que os estrangeirados tendiam a ser, naquela época, pensadores da cultura. Defendiam também novos pilares para os estudos médicos e, nesse sentido, "aconselhavam o adiantamento da Filosofia Natural (física e ciências naturais) e da clínica. Propugnavam o abandono da Medicina galeno-árabe; a valorização da observação conjugada com a experiência" (Guerra, 1983, p.283). Dessa maneira, recomendavam que houvesse atenção às manifestações objetivas da doença e que isso fosse confrontado com o domínio do campo da anatomia e da cirurgia: "o ensino na enfermaria do Hospital, tendo por objeto a observação direta do doente" (ibid.). Miller Guerra destaca o caráter pioneiro do pensamento de Ribeiro Sanches relativamente aos estudos médicos. Recordando que a medicina hoje compreende a dimensão preventiva e a dimensão curativa, ele destaca que a própria Reforma Pombalina não conferiu grande relevo aos aspectos da prevenção das doenças:

A medicina curativa, pelo contrário, foi objeto dos maiores cuidados dos reformadores. Pela primeira vez aparece entre nós o ato médico, isto é, a relação do doente com o médico, sob a forma que ainda conserva, posto que enriquecido e modificado pela ciência moderna e contemporânea. (ibid., p.278)

INSTRUÇÃO PÚBLICA E PROJETO CIVILIZADOR   83

Em trabalho intitulado *Apontamentos para estabelecer-se um tribunal e colégio de medicina*, Ribeiro Sanches apresenta ideia que acopla claramente política e pedagogia. Questionando a dificuldade quanto ao estabelecimento de critérios que demarcassem e regulamentassem o exercício da profissão médica, o autor português alia suas recomendações diretamente pedagógicas à sugestão de criação de um órgão governamental fiscalizador, o qual, a um só tempo, controlasse as populações e viesse a ter domínio da quantidades de pessoas doentes e dos registros das doenças no reino. Era preciso regulamentar a prática médica. Era preciso ter o controle das doenças que acometiam a população portuguesa. Era preciso cuidar para que as pessoas não ficassem doentes. Isso exigiria a intervenção do Estado.

Assim como fizera para o caso da jurisdição das escolas por um secretário de Estado, Ribeiro Sanches defende a necessidade de um Tribunal de Medicina, capaz de atuar como um ministério do Estado voltado para assegurar a eficácia técnica dos dispositivos de prevenção, de tratamento e de cura. Era preciso – para Ribeiro Sanches – que não ficasse apenas nas mãos dos médicos o que ele caracterizava por segredos da vida e da morte. Ao compreender que a prosperidade social e civil e o aumento do Estado seriam consentâneos, Ribeiro Sanches propõe efetivamente uma estratégia de medicina política capaz de possibilitar ao governo a obtenção de informações necessárias para proceder a estratégias eficazes de preservação do espaço. Para tanto, sugere a criação de um Tribunal de Medicina, sob controle estatal, para onde deveriam ser periodicamente remetidos dados a respeito da situação das águas dos rios, de doenças endêmicas ou epidêmicas, dos índices de natalidade e mortalidade. Nesse sentido,

A primeira obrigação que contrairiam os Médicos dos partidos do reino e dos seus domínios seria remeter ao Tribunal de Medicina cada mês, cada dois meses, cada seis ou cada ano uma relação das epidemias que reinassem e que observassem nas suas práticas,

84 CARLOTA BOTO

e aqueles casos mais graves e mais remarcáveis dela. Não somente na intenção de obrigar todos os médicos assim empregados ao serviço do público a considerar e pensar enquanto vivessem na sua arte, mas também para guardar um jornal da sua prática; coisa tão necessária para os seus acertos e feliz sucesso das curas que tratam. (Sanches, 1966, p.31-2)

Com esse registro praticamente cotidiano dos afazeres, das práticas e das curas na medicina, o tribunal "ficaria informado exatamente da capacidade de cada médico no seu serviço" (ibid., p.31). Os médicos teriam a obrigação de comunicar – para controle do Reino – "a situação, a exposição, as águas, os rios, as doenças endêmicas ou epidêmicas daquelas vilas ou cidades ou regiões de onde eram médicos" (ibid.). Tal prática, segundo o texto de Ribeiro Sanches, imitaria as recomendações de Hipócrates em um de seus livros. A proposta era que nenhum médico fosse formado na universidade ou "pudesse praticar a sua arte sem ser examinado e aprovado por este Tribunal" (ibid., p.33). O Tribunal de Medicina pode "castigar com penas pecuniárias, prisão e exílio todos aqueles que incorrerem na infração de seus Estatutos" (ibid., p.32).

Era preciso haver controle da profissionalização da prática dos médicos, cirurgiões, parteiras, dentistas e boticários.[16] A atividade das parteiras, por exemplo, a despeito de ser considerada como necessária, careceria de uma sólida regulamentação, até para que elas "não causassem mais mal que bem no exercício de sua arte" (ibid., p.81).[17]

---

16 "Nenhum cirurgião devia ser aprovado nem alcançar a faculdade de praticar a sua arte sem ter aprendido a farmácia pelo espaço de três anos na botica de um boticário aprovado e autorizado pelo Físico Mor, ou pelo Tribunal de Medicina proposto acima. Desse modo, obrigando todos os cirurgiões a aprender a farmácia mais por prática do que pela teoria, seriam mais bem instruídos na sua principal arte e, ao mesmo tempo, não se multiplicaria o número dos cirurgiões ignorantes tão facilmente como hoje se observa, com dor e mágoa, considerando os danos que pode causar um cirurgião ignorante." (Sanches, 1966, p.55)

17 "Da parteira mais rústica e ignorante, se ela pariu uma ou duas vezes o que é ordinário, e que devia ser uma condição para exercitar esse ofício, poucos erros

INSTRUÇÃO PÚBLICA E PROJETO CIVILIZADOR   85

Além do intento manifesto de governar e vigiar o ofício médico, Ribeiro Sanches demonstra claramente seu intuito de que o governo venha a planejar aspectos da economia familiar e social, especialmente a distribuição dos súditos na ocupação do território nacional. Tal intervenção do Estado estará, ainda, comprometida com a atividade de investigação e com a procura por constante aperfeiçoamento teórico no âmbito da prevenção de doenças, da cura e da cirurgia. Pode-se dizer também que isso implicava ingerência sobre as práticas de medicina popular em nome do controle médico do Estado. Se é possível fazer a leitura crítica do documento de Ribeiro Sanches, indicando nele alguma pretensão de controle dos indivíduos em sua distribuição no território, talvez se possa ver nesse plano um outro aspecto – certamente mais generoso: ao conferir ao Estado o poder de jurisdição das práticas médicas, estaria o autor defendendo que houvesse uma centralidade do Estado na introdução de políticas e de procedimentos para as práticas de tratamento médico. Do contrário, se a qualquer um era dado o poder de exercer a medicina, a quem caberia fiscalizar a prática médica? Quem poderia atestar e validar formas legítimas de operações e de tratamento dos doentes? Ribeiro Sanches, acerca do tema, é radical.

A direção e centralização pedagógica e tutelar por parte do Estado será, no parecer de Ribeiro Sanches, expressamente dirigida a cercear práticas correntes de Medicina tradicionalmente praticadas junto a diferentes grupos de populações. O tribunal não mais permitiria, por exemplo, que qualquer um "fosse vender remédios secretos para cura de queixa alguma, nem usar, nem distribuí-los, nem ainda a título de caridade, pelo amor de Deus, como fazem muitas ordens eclesiásticas" (Sanches, 1966, p.78).[18] Era neces-

---

se poderão temer: é verdade que poucos socorros se devem esperar dela. Mas antes se devem preferir essas parteiras do que aquelas que, pela leitura de algum livrinho escrito dessa arte, adquiriram alguma instrução. Estas, sem experiência e confiadas no que aprenderam, têm tudo o que lhes é necessário para cometerem mil erros no exercício desta arte de partejar." (Sanches, 1966, p.81)

18 "Que todos os remédios que se usasse no reino deviam ser vendidos pelos Boticários, conforme as leis da Farmacopeia, que devia compor-se para este

86 CARLOTA BOTO

sário, também para os médicos, estabelecer "áreas de jurisdição fixas e oficiais, ordenadas de acordo com regulamentos, ou seja, por leis ou normas administrativas" (Weber, 1982, p.229). Mais do que isso: o médico não pode ser qualquer um. Não serão todas as pessoas que terão expertise para desempenhar o ofício médico: "o desempenho no cargo segue regras gerais, mais ou menos estáveis, mais ou menos exaustivas, e que podem ser aprendidas. O conhecimento dessas regras representa um aprendizado técnico especial, a que se submetem esses funcionários. Envolve jurisprudência, ou administração pública" (ibid., p.231).

O Estado moderno – tal como deverá ser configurado aos olhos do reformismo iluminista – surge assim como candidato ao monopólio do poder simbólico: por um lado, sobre o conhecimento (apreciando e avaliando, inclusive, as formas de ensinar e as matérias e técnicas de ensino da universidade), e, por outro, sobre supostos segredos desse hipotético intervalo até então reservado exclusivamente aos médicos – aquele entre a vida e a morte. Ribeiro Sanches, sob esse enfoque, é categórico em declarar que não é lícito aos médicos deterem só consigo o segredo da vida. Contrário ao sigilo profissional característico da medicina, o autor defende que o médico tem, por dever de ofício, de prestar contas ao Estado sobre os mistérios que encobrem a arte de salvar a vida humana. Com tais argumentos, o primeiro passo sugerido será:

> Que nenhum boticário, sangrador, droguista ou parteira pudesse ter loja aberta ou exercitar o seu ofício sem serem examinados e aprovados pelo mesmo Tribunal ou pelos seus delegados e

---

efeito: e que todo aquele que ousasse desprezar e contravir esse Estatuto, com força de Lei seria perseguido pela Justiça com multas, desterro, prisão e outras penas mais graves conforme a pertinaz rebeldia. É injusto que se vendam remédios no Reino por homens que não têm autoridade alguma de vendê-los: os Boticários têm somente este poder; e gastaram o seu bem e a sua mocidade para adquirirem essa autoridade; e é roubo que se lhes faz permitir a qualquer pessoa que seja o mesmo poder e autoridade, ainda que seja debaixo do piedoso título que é por esmola do amor de Deus." (Sanches, 1966, p.78)

INSTRUÇÃO PÚBLICA E PROJETO CIVILIZADOR 87

juntamente autorizados por eles a exercitarem os seus ofícios. E que no caso que se achassem pessoas que vendessem segredos de Medicina, que curassem com operações as enfermidades dos olhos ou outras quaisquer pertencentes à Medicina e à Cirurgia, ainda que vivessem debaixo da proteção e asilo de Comunidade alguma, Secular ou Eclesiástica, que deviam ser perscrutados conforme as leis. (Sanches, 1966, p.33)

Tal propósito de interditar qualquer exercício da prática médica que fugisse da jurisdição governamental revelava o mesmo intuito já explicitado no caso da instrução: a presença do Estado, o filtro da clivagem governamental como imperativo para autorização ao ofício. No mesmo acorde com que denunciou a ilegitimidade da ação pedagógica da Igreja no âmbito da educação, Ribeiro Sanches desafia a corporação médica e religiosa quando sugere procedimentos específicos direcionados para a dessacralização dos enigmas que encobriam o corpo humano. O segredo médico não poderia, dali por diante, pertencer senão ao Estado. A prática médica seria, por seu turno, aperfeiçoada mediante a intervenção de um tribunal que centralizasse os dados e contribuísse com o aumento de informações sobre a população, sobre as doenças endêmicas e epidêmicas. Era imprescindível – aos olhos do autor – averiguar as causas das mortes, proceder ao exame dos abortos criminosos e à abertura dos "cadáveres de morte violenta por feridas, contusões ou veneno" (ibid., p.32). Isso já prefigurava a organização de laboratórios anatômicos, tal como, posteriormente, a reforma pombalina faria por concebê-los.

A preocupação com o conhecimento e com a investigação médica é evidente no texto de Ribeiro Sanches; inclusive quando ele diz que os médicos, "por ordem do Tribunal Médico, deviam viajar para saberem a Medicina que praticam as nações bárbaras" (ibid., p.89). O texto destaca que muitos povos viveram sem qualquer sistematização do ofício médico. Além disso, muitos dos "remédios de que se serve essa ciência foram achados e experimentados antes que se reduzisse a sistema" (ibid.). As primeiras descobertas

88 CARLOTA BOTO

no campo da saúde têm por causas "o acaso, o instinto dos animais e a analogia" (ibid.). Não foi, portanto, com argumentos e disputas que o uso dos primeiros remédios foi estipulado. Por isso mesmo, continua o texto:

> É coisa notável que os três ou quatro remédios mais efetivos, saudáveis que tem hoje a Medicina, que nenhum deles foi achado por universidade alguma ou por algum médico. O ópio, o mercúrio [...] e o almiscar foram achados e administrados por gentes bárbaras ou ignorantes da Ciência Médica. É verdade que, não sabendo as funções do corpo humano e os seus variados estados em muitas doenças, que podiam ser nocivos em muitas ocasiões. Mas, como observaram que mais vezes eram saudáveis que perniciosos, adquiriram fama, que chegou a notícia dos Médicos para se aproveitarem daquelas cegas experiências." (ibid.)

Ribeiro Sanches revela nítida preocupação com que o Estado português passe a se ocupar da saúde do povo, intervindo, para tanto, no território da medicina – prática e teórica. Por tal razão, propõe a ampliação do feixe disponível de conhecimento médico. Para que tal fato ocorresse, deveria haver uma constante atualização da prática médica, coordenada pelo Tribunal – com o fito de obter "notícias literárias da Medicina" (ibid., p.95). Recorda que "toda a Europa onde reside a República Literária se comunica por aquelas gazetas literárias que chamam ordinariamente Jornais" (ibid.). Nesses jornais, viriam os títulos dos livros, os autores e o lugar da impressão, bem como o ano da publicação. Além disso, o jornal publica "extratos do seu conteúdo: ali sabe o médico como se curaram tais e tais enfermidades, com que remédios novos, que teoria nova, ou sistema se inventou para explicar muitos sintomas; ali se veem novas plantas com virtudes que nunca se observaram" (ibid., p.95-6) de modo que toda a conhecida República Literária Médica possa partilhar informações e descobertas científicas, teóricas e empíricas. Também no texto intitulado *Apontamentos para fundar-se uma universidade real na cidade do reino que se achasse*

INSTRUÇÃO PÚBLICA E PROJETO CIVILIZADOR 89

mais conveniente – trabalho concluído em Paris, em 17 de julho de 1761 – Ribeiro Sanches destaca que nenhum professor de ciências deveria se estabelecer em seu país "antes de viajar por três ou quatro anos e ter visto, ouvido, aprendido e tratado com os homens mais célebres dos lugares onde viajam. Esta é a prática hoje da Europa Literária" (Sanches, 1959, p.174).

Ribeiro Sanches inscreve entre seus escritos os chamados *Estatutos morais: do Colégio dos Médicos de Londres para servirem de modelo aos do Colégio Real de Medicina de Lisboa*. O texto é uma espécie de código de ética que regulamentava procedimentos considerados apropriados para o trato com os doentes. Por exemplo, um segundo médico chamado não deverá jamais censurar o primeiro "e não diminuirá seus atos perante o doente e os presentes, nem com a expressão do rosto, nem com o gesto, nem com o suspeitoso silêncio ou de qualquer outro modo. Antes o louvará" (Sanches, 1966, p.125), chamando o médico anterior de "experimentado e sabedor, por forma a deixar o bom nome do outro na posição em que, dada a situação inversa, gostaria que o seu estivesse" (ibid.). Quando vários médicos tiverem de se reunir para emitir um diagnóstico ou uma prescrição de medicamento e de cuidados que for difícil, todos deverão ser inquiridos em latim sobre a espécie de doença, sua causa e seus sintomas. Havendo desacordo, vencerão os mais velhos. Todos os médicos deverão escrever em fichas ou receitas o dia do mês, o nome do doente e o próprio nome. Os *Estatutos morais do Colégio dos Médicos de Londres* também proíbem terminantemente: "ninguém faça contratos com o doente ou com outra pessoa qualquer em nome do doente, sobre o preço da restituição da saúde" (ibid., p.128). O médico também não será autorizado a ensinar a qualquer pessoa o uso dos medicamentos "(principalmente se forem medicamentos demasiado fortes, como purgantes, drogas com ópio ou narcóticos, provocadores de aborto, vomitórios ou qualquer outro de maior importância e perigo), para que o povo não sofra com o abuso deles" (ibid., p.129). O texto termina "invocando o juramento de lealdade prestado ao Colégio" (ibid., p.132).

90 CARLOTA BOTO

O *Tratado de conservação da saúde dos povos*, escrito por Ribeiro Sanches em 1761, foi "uma das obras importantes da medicina do século XVIII, precursora das ideias que só mais tarde se generalizariam" (Guerra, 1983, p.278).[19] Ribeiro Sanches diz que o propósito daquele tratado era o de demonstrar

[...] a necessidade que tem cada Estado de leis e de regramentos para preservar-se das muitas doenças e conservar a saúde dos súditos; se estas faltarem, toda a Ciência da Medicina será de pouca utilidade; porque será impossível aos Médicos e aos Cirurgiões, ainda doutos e experimentados, curar uma epidemia ou outra qualquer doença em uma cidade onde o ar for corrupto e o seu terreno alagado. Nem a boa dieta, nem os mais acertados conhecimentos nessas artes produzirão os efeitos desejados; sem primeiro emendar-se a malignidade da atmosfera e impedir os seus estragos. (Sanches, 1966, p.153)

Controlar a saúde dos povos significava controlar as condições de vida nas cidades. Isso exigia um movimento do que Ribeiro Sanches qualificava como "Medicina Política" (ibid., p.154). De nada adiantava os reinos mais civilizados haverem já instaurado algumas leis nesse sentido. De nada adiantava também terem sido fundadas Escolas de Arquitetura Civil e Militar, onde arquitetos instruídos "aprendem com perfeição como deve ser edificada uma cidade, uma praça, um templo ou outro qualquer edifício público com

---

19 Maximino Correia diz que a obra mais relevante de Ribeiro Sanches foi seu *Tratado de conservação da saúde dos povos*. Segundo ele, "se como venereologista foi reputado e traduzido em diversas línguas, se a obra pedagógica, na qual podemos incluir as *Cartas sobre a educação da mocidade* e o *Método para aprender e estudar a medicina*, é notabilíssima, é indiscutível que o *Tratado*, visto à distância de dois séculos, pela sua novidade para a época, pela sua importância social, pelos conhecimentos teóricos e práticos que demonstra e até pela antecipação nas medidas preventivas que preconiza, constitui uma realização que honra o seu Autor e dignifica uma Ciência"(Correia, 1966, p.XVII).

INSTRUÇÃO PÚBLICA E PROJETO CIVILIZADOR 91

toda a majestade, distribuição e ornato" (ibid.). O essencial – ou seja, como instituir regras mediante as quais houvesse nas cidades a possibilidade de se contribuir para a preservação da saúde das populações – não era objeto de atenção. E a medicina política trata da saúde social: "quem erra na Medicina mata, e vem por último essa ciência mal administrada, a mais perniciosa de um Estado" (ibid.).[20] Ali, claramente, uma nova concepção de ciência era acoplada a uma nova acepção de cura médica. A medicina passa a ser pensada como ofício a ser aprendido, à semelhança da arte náutica:

> É coisa notável que nenhuma república consinta que oficial algum exercite a sua arte sem havê-la aprendido, e que seja lícito aos Médicos exercitar a sua arte sem haverem aprendido a curar doenças! Seis ou sete anos gastam nas Universidades orando, e argumentando, e em outros exercícios literários, e no fim deles ficam autorizados a tratar toda a sorte de enfermidades, sem haverem dado provas evidentes que sabem curar um enfermo. Comparou Hipócrates a arte Médica à arte de navegar: e quem seria tão negligente da sua vida que se entregasse à disposição de um Piloto que jamais tivesse navegado, ainda que fosse o maior astrônomo conhecido!?! Seria logo na verdade mais decoroso para os médicos e mui útil para os Povos que a Medicina, como também a cirurgia, se aprendesse à imitação da arte Náutica: nesta a teoria se aprende ao mesmo tempo que se adere à prática. Tanto necessita o piloto saber a Cosmografia e a Astronomia como o Médico a Anatomia, a Fisiologia e a Patologia: mas o Piloto no mesmo tempo aprende a prática navegando; se o médico, desde o primeiro dia que entrasse nas aulas, começasse logo a visitar enfermos em um Hospital e ali aprendesse a conhecer os seus males e a curá-los, enquanto apren-

---

20 "E como não somente pertence aos magistrados conservarem a salubridade dos quatro elementos, mas ainda por todos os meios velarem na conservação da saúde dos povos, parece ser da sua obrigação ordenarem o mais acertado e efetivo método para que os médicos e os cirurgiões aprendam a curar as enfermidades." (Sanches, 1966, p.155)

92 CARLOTA BOTO

dia a teoria da Medicina, é certo que por este método alcançaria maiores conhecimentos na sua arte do que aqueles que hoje se aprendem nas Universidades. (Sanches, 1966, p.155)

Pode-se verificar uma dimensão pedagógica em todo o discurso de Ribeiro Sanches sobre o aprendizado técnico e profissional da medicina. Há uma clara orientação de cunho didático impressa na reflexão contida nesse excerto extraído do *Tratado da conservação da saúde dos povos*. Na dimensão do ensino, não haveria razão de ser um aprendizado exclusivamente teórico na matéria médica. O contato com a prática, com o cuidar dos doentes, seria elemento imprescindível para construir os significados do ofício. Era preciso, para o ensino da medicina e para a institucionalização pública de sua prática, construir mecanismos coletivos de prevenção de doenças de maneira que as pessoas pudessem viver mais, adoecendo menos. Fazer isso era matéria da política. Um Estado tinha sua força ancorada na saúde do seu povo. Ou, nas palavras de Ribeiro Sanches:

Todos sabem que a mais sólida base de um poderoso Estado consiste na multidão dos súditos e no seu aumento; e que desta origem resultam as suas forças, poder, grandeza e majestade: nenhum receia, tanto no tempo da paz como no da guerra, despender a maior parte dos seus rendimentos na educação de teólogos, jurisconsultos, militares e pilotos; e não têm outro fim essas imensas despesas do que o aumento da religião, a santidade dos costumes e a conservação e o aumento dos bens. Mas como poderá aumentar-se sem leis e regramentos a conservação da saúde dos povos, e curar as enfermidades a que estão expostos? Admiro-me muitas vezes do excessivo número de colégios, escolas, academias e universidades que se estabeleceram na Europa depois do século XVI, onde se aprendem não somente as letras humanas, mas ainda todas as ciências e artes, que servem para a defesa, comodidades e ornato da vida civil, e que nenhuma dessas até agora se fundasse de propósito para ensinar e conservar a saúde dos povos e a curar as suas enfermidades. (ibid., p.155-6)

Exercícios para uma pedagogia do ensino médico

Em texto que escreveu em São Petesburgo no ano de 1742, Ribeiro Sanches oferecia *Instruções para um professor de cirurgia*. Ele principia seu opúsculo dizendo que tem plena convicção de que, quanto à matéria e ao método da cirurgia, o professor possua pleno domínio da matéria. Mais do que isso, compete ainda ao professor explicá-la a seus alunos na prática: mostrando-lhes o doente, indicando os focos das doenças, ensinando-os a estabelecer relações hipotético-dedutivas, ensinando-lhes a buscar a compreensão dos sintomas, ensinando-os a ouvir as razões e as queixas dos doentes. A observação e a experiência – como princípios da ciência moderna – precisariam tomar seu lugar também nas formas de agir relativamente às práticas médicas. O professor deveria reservar duas horas por dia para ensinar a teoria e a prática da cirurgia. Ambas – teoria e prática – constituem domínios necessários e repartidos na construção do aprendizado da medicina como política de Estado. Nesse sentido, recomenda o texto:

O melhor meio de que se pode valer para executar o aprendizado da teoria e da prática da cirurgia é o de o professor de cirurgia fazer escrever durante um quarto de hora ou meia hora as matérias necessárias ao aprendizado. Por tal estratégia, será remediada a falta de livros e a dificuldade de encontrar aqueles que tratem dessas matérias específicas para os estudantes de cirurgia. Não há dúvida de que a cirurgia é a medicina externa e a medicina é a cirurgia interna, considerando-se que os princípios e a causa dos males são em geral os mesmos. (Sanches, 1956, p.3)

Em seu *Método para aprender e estudar a medicina*, Ribeiro Sanches expõe que a principal finalidade na formação do médico é a direção dos estudos de tal modo que habilite o estudante a ter a força de ânimo necessária para se tornar "capaz de obrar ações excelentes na profissão que escolheu, ou sabê-las escrever, e que incite a quem as ler obrar outras semelhantes. Sem que o Médico e

94 CARLOTA BOTO

o Jurisconsulto saia da universidade com este dom, pouca utilidade retirará o Estado do seu ensino" (Sanches, 1959, p.32). Nesse sentido, o curso superior deverá formar – a um só tempo – o profissional e o mestre. De nada adiantará – nessa direção – obrigar os alunos a ouvirem "seis ou sete lições cada dia" (ibid., p.36). Será necessário conferir outra forma a esse ensino; e – invocando Quintiliano – o enciclopedista português sugere o seguinte: "ordem, tempo e amor" (ibid.). Além disso, para dar conta de seus afazeres pedagógicos, um curso de Medicina precisaria ter um hospital, um teatro anatômico, um jardim para o ensino de história natural, um laboratório químico e uma botica. Sem o funcionamento de tais estabelecimentos, qualquer reforma dos estudos na medicina seria ineficaz (ibid., p.39).

Para Ribeiro Sanches, sempre que possível, o ensino da cirurgia será ancorado em uma prática da anatomia mediante a dissecação de cadáveres. Os alunos aprenderão a dissecar, primeiramente, os cadáveres para, somente depois de muito treino, exercitarem a prática cirúrgica em pessoas vivas. Os estudantes frequentariam cotidianamente o hospital, aprendendo a curar uma ferida, fazer uma atadura, um sangramento, uma operação, suturar uma hérnia etc. Os lentes solicitariam um relato diário de cada doença, com a descrição dos sintomas – sinais – e dos remédios prescritos. Critica o autor português o ensino de medicina de seu tempo, que relegava a frequência aos hospitais apenas aos estudantes dos últimos anos, sob o pretexto de que os "estudantes não poderiam notar os sintomas das doenças nem das enfermidades sem terem aprendido os princípios da Medicina; que não entenderiam as explicações das doenças e muito menos os remédios simples ou compostos que entram nas receitas" (Sanches, 1959, p.44). Ora, qualquer um seria capaz – segundo o autor – de verificar o equívoco de tal perspectiva; já que apenas pela prática se poderá aprender efetivamente uma arte e até mesmo muitos de seus princípios.

O autor distribui, ainda, a estrutura curricular de acordo com o esquema copiado a seguir:

INSTRUÇÃO PÚBLICA E PROJETO CIVILIZADOR 95

Dos Lentes do Collegio de Medicina.

O numero dos *Lentes* do Collegio de Medicina deveriaõ ser *quatro;* e com obrigaçaõ de lerem duas horas por dia: e para que mais facilmente se conheçaõ as materias de Medicina que haviaõ de ensinar, e em que horas, tanto no veraõ como no inverno, manhãa, e tarde, porei aqui a taboada, no intento que de huma vista se conheça o que vou propondo. Como os cursos da Universidade deviaõ ser de hum anno inteyro, ou pello menos de onze mezes (o que se verà mais largamente nos Apontamentos para formarse hua Universidade Real) dividi os estudos nas licçoens de *Inverno,* que começaraõ no mes de Outubro, e nas do veraõ, que começaraõ no mes de Abril, do modo seguinte.

Licçoens desde o principio do mes de Outubro até o fim do mes de Março.

Manhãa	Das 7 atè as 8, licçaõ no Hospital,	o Lente *A*
	Das 8 atè as 9. Chirurgia Practica, Anatomia, Hospital,	o Lente *B*
	Das 9 atè as 10. Chimica,	o Lente *C*
	Das 10 atè as 11. Historia da Medicina,	o Lente *D*

Tarde	Da hũa atè as 2. Os Aphorismos de Boerh.	o Lente *A*
	Das duas atè as 3. Anatomia, Chirurgia Pratica,	*B*
	Das 3 atè as 4. Materia Medica, Chimica,	*C*

Licçoens no Veraõ desde o principio do mes de Abril.

Manhãa	Das seis, ou das 7 atè 8. Botanica, Materia Medica,	Lente *C*
	Das 7 ou 8 atè as 9. Hospital,	Lente *A*
	Das 8 ou 9 atè 10. Institutiones Medicinae Boerhaave,	Lente *B*
	Das 9 ou 10 atè 11. Historia da Medicina,	*D*

Tarde	Das 3 ou 4 atè as 5. Aphorismos de Boerh.	Lente *A*
	Das 4 ou 5 atè as 6. Instituiçoens de Medicina Boerh.	*B*
	Das 5, ou das 6 atè as 7. Materia Medica, Pharmacia,	*C*

Fonte: Sanches, 1959, p.40.

Ainda segundo Ribeiro Sanches:

Se fossem bem fundadas as razões acima seria falso que se aprendem línguas viventes (e estou certo as línguas doutas) muito melhor pelo uso e exercício do que pelas regras da Gramática: seria falso que a Música instrumental e vocal e também a Náutica se aprendem melhor pelo uso e exercício do que pelos fundamentais princípios dessas ciências. Mas todos sabem o contrário, e todos o confessam. Não somente os conhecimentos referidos, mas tam-

96 CARLOTA BOTO

bém a experiência que tenho da Medicina, me obrigam a assentar "que todo estudante destinado a ser Médico deve começar a ver e tratar os enfermos no Hospital, desde o primeiro dia que começar a aprender essa ciência". (ibid., p.44)

A repetição criará o hábito e este possibilita a condução do exercício do ofício com "prontidão, vivacidade, com graça e com certo jeito" (ibid., p.45); ou seja, por tudo aquilo que não se adquire exatamente pelo ensino, mas pela experiência. Sabe-se que qualquer assunto será mais bem impresso na memória quando visto e ouvido ao mesmo tempo. Assim, "o mestre, explicando, imprimir-se-á mais facilmente essa doutrina; e muito mais se o mestre ordenar a alguns dos seus discípulos por seu turno observar os sintomas e escrevê-los; perguntando-lhes o que julgam deles" (ibid., p.46). Mas será preciso também que o mestre se caracterize pela "valentia de ânimo e grandeza de perspicácia que não se perturbará quando entrar a ver novos enfermos. Aquele agrado e afabilidade tão necessários ao médico resultam da serenidade do juízo bem certo da causa ou da cura da doença" (ibid., p.46). Isso levará o médico a inocular sua força de vontade a seus doentes; mas também a seus discípulos, os quais apreenderão, sem disso se aperceber, "o gesto, a afabilidade e a doutrina" (ibid., p.47). Se o médico não tiver tal equilíbrio, essa habilidade de ponderação, ele certamente assustará seus enfermos, que duvidarão, inclusive, da possibilidade da cura diante daqueles "sintomas medonhos" (ibid.). Ao lermos o texto de Ribeiro Sanches, fica evidente que o discurso médico é claramente revestido de uma dimensão educacional. O que pretendemos fazer, na sequência, é exatamente trazer elementos que nos permitam compreender a didática proposta pelo autor para ensinar os estudantes a se tornarem médicos. Ribeiro Sanches sempre enfatiza que há um aspecto disso que supõe conhecimento teórico; mas há outro lado, que corresponde a práticas compartilhadas, a serem aprendidas com os outros, com a relação de ensino e de aprendizado entre os que já sabem e os que estão lá para aprender.

De acordo com orientações que teria recebido de Boerhaave, Ribeiro Sanches aconselha que os estudantes de medicina sejam,

INSTRUÇÃO PÚBLICA E PROJETO CIVILIZADOR   **97**

nas universidades, devidamente orientados nas leituras que de fato deverão efetuar, já que de nada adianta perder tempo com leituras supérfluas. Ao adotar um livro escolhido criteriosamente como referência a ser seguida, por sua vez, o professor terá um roteiro para suas aulas – o que evitaria erros. Diz o texto que o lente deverá seguir ou seu método ou aquele dos autores que propõe. A indicação dos aforismos de Boerhaave ocorreria pelo fato de esse autor haver exibido em sua doutrina – no parecer de Sanches – "os fundamentos mais indubitáveis, pois são fundados na natureza, expostos a simples vista, que jamais autor algum ensinou" (Sanches, 1959, p.87).[21]

Márcia Helena Mendes Ferraz já anotou que Ribeiro Sanches fora ex-aluno e admirador de Boerhaave, o qual, por sua vez, é tido como um dos precursores dos estudos da clínica médica e da recomendação de que os estudos acadêmicos contassem com um hospital para a prática do ensino ministrado. O próprio Ribeiro Sanches teria – no parecer da autora – redigido seu *Método para aprender e estudar a medicina* – por solicitação do governo português – já como uma recomendação para a vindoura reforma universitária. Na verdade, estava em curso uma reorientação do próprio conhecimento médico – em seus paradigmas e em suas estratégias de ação. Em seu *Método*, referido acima e concluído em 1761, Ribeiro Sanches havia descrito até os princípios nos quais Boerhaave se baseara para orientar os alunos no aprendizado do ofício. Boerhaave – de acordo com seu antigo aluno – dizia que, na medicina, como na geometria, o estudioso deverá tomar como ponto de partida as coisas certas e conhecidas; e, por meio delas, "indagar e achar as duvidosas ou ignoradas" (Sanches, 1959, p.72). E como teriam sido estruturadas as aulas de Boerhaave? Pela memória do seu antigo discípulo, temos o seguinte: Boerhaave sabia ensinar.

---

21 "Ninguém até agora ensinou a Medicina por causas mais claras e fáceis, como são de conhecer as feridas; e o que são as febres e os males que as acompanham. Ninguém ensinou a Medicina externa de tal modo que, uma vez conhecida, por ela venhamos no conhecimento da interna. Esta é a excelência dos aforismos de Boerhaave que prefiro a todos os livros para ensinar e aprender a Medicina prática." (Sanches, 1959, p.87)

98   CARLOTA BOTO

Costumava Boerhaave explicar mui miúda e circunstanciadamente todos esses capítulos e plantar na memória dos ouvintes
todos aqueles conhecimentos físicos que conduzirão para a inteligência dessa doutrina. Não era seca nem desabrida a sua explicação. Sabia suster a atenção dos ouvintes uma vez com um caso
prático de Medicina; outras com o dito de um Filósofo, com versos
de algum Poeta; era inimitável na variedade do tom da voz que
os antigos chamavam *Phonasmus*, e que tanto caso faziam dele.
Excitava a atenção tudo de repente. *Mirbimini Auditores, Adivertite
quaeso* etc. Detenho-me nessas particularidades porque – doutíssi-
mos Lentes – por não usarem desse artifício saíam os seus ouvintes
pouco instruídos e desanimados para continuarem os estudos que
frequentavam. Pensem nisso os Lentes; e a experiência me obriga a
representá-lo. (ibid., p.77)

Ribeiro Sanches teria tido veneração pelo professor Boerhaave –
e este teria desempenhado um papel de charneira como referência
de muitas de suas ideias. A propósito das aulas, ele também, em
cartas para os amigos, elogiava o antigo mestre, sua eloquência, o
domínio que revelava ter da química e da matemática, mas também
das leis e dos costumes da sociedade. Dizia Ribeiro Sanches que,
mais do que simpatia, havia uma cortesia em suas palavras que ca-
tivava até mesmo o espírito dos que não compreendiam aquilo que
ele ensinava (Willemse, 1966, p.65). Dali teria vindo a apropriação
das ideias de Boerhaave para o texto dos novos *Estatutos* da universidade portuguesa.

Falar em medicina é, pois, para Ribeiro Sanches, atentar para a
política. Sua aparentemente óbvia afirmação de que "quem erra na
medicina mata" (Sanches, 1966, p.154) significaria, pela entreli-
nha, que o erro no tratamento dos doentes poderia ser um elemento
fatal para a destruição do reino. Era preciso cuidar de preservar a
vida das pessoas: daquelas que viviam nos campos e daquelas que
viviam nas cidades. Assim como suas reflexões sobre educação supõem sempre o ensino coletivo, o pensamento de Ribeiro Sanches
com respeito às questões médicas remete-se à plena convicção do
âmbito público para o qual deveria convergir a reforma do Estado.

INSTRUÇÃO PÚBLICA E PROJETO CIVILIZADOR **99**

Sob esse prisma, uma reforma estratégica dos assuntos da formação dos médicos era compreendida como prioridade política. À instrução do Estado, especialmente, caberia ser bem distribuída e organizada para a confecção adequada do Reino.

Este foi o conselho que Ribeiro Sanches deu ao Marquês de Pombal: atuar em duas frentes, educação e medicina. Em ambos os casos, buscou-se empreender radical separação entre os assuntos do Estado e os da Igreja (Maxwell, 1996, p.102). O Iluminismo português – que não foi laico – não traiu, assim, sua vocação de aclarar o espírito

> [...] no sentido de esclarecer, descobrir, tornar claro algo, que até então permanecera obscuro, total ou parcialmente, desconhecido ou irreconhecido. Deste modo, o modelo meteorológico do tempo sereno e límpido, do tempo que é ou se torna claro, é transferido para o domínio do espírito humano a fim de designar determinadas dimensões suas ou modos de conhecimento. (Pereira, 1990, p.8)

Por fim, exortando Portugal a modificar sua política colonial, sob pena de perder sua identidade, Ribeiro Sanches recorda que a glória das descobertas não garantira por si a perpetuação da saúde daquele império de conquista. A nação exigia, pela voz do intelectual estrangeirado, uma engrenagem pensada para a conservação dos povos coloniais, com a consequente supremacia e centralidade do poder da metrópole portuguesa. Desse Iluminismo, Pombal foi entusiasta e tributário.

Reflexão pedagógica de Luís António Verney: crítica social e agenda pública

Iluminismo e educação: vida e obra

Luís António Verney (1713-1792) era filho de pai francês e mãe portuguesa. Nasceu em Lisboa e foi aluno do Colégio Jesuítico de Santo Antão. Depois frequentou Artes e Teologia na Universidade

100 CARLOTA BOTO

de Évora. De lá, seguiu para a Itália, onde defendeu tese em Teologia (Cidade, 1985, p.143). Disse Hernani Cidade acerca de Verney que este reprovava, na vida mental portuguesa, a desatenção com os fatos da realidade; "da realidade moral como da física. De uma e outra partíamos para as congeminações abstratas, sem qualquer sério esforço de observação e experiência" (ibid., p.144). Defensor da filosofia moderna, que se assentava na fundamentação científica newtoniana, Verney postula a renovação dos estudos do reino sob nova base – moderna. Para ele, isso supunha preterir autores consagrados como Aristóteles, Galeno ou até mesmo Hipócrates.

Contrário aos preceitos escolásticos que dirigiam o ensino em seu tempo, Verney defendia o aprendizado da gramática em português – contrapondo-se (como Ribeiro Sanches) ao primado do latim, praticado nos colégios jesuíticos. Falcon observa que Verney rompia com uma dada mentalidade barroca; assinalando – pela via da Ilustração portuguesa – "o declínio da metafísica e o ascenso da física, da lógica e da ética natural, o nascimento das ciências humanas" (Falcon, 1982, p.332). Da mesma forma, o conteúdo das dezesseis cartas de que era composto o *Verdadeiro método de estudar* expressava o estilo do discurso de Verney, que tinha em seu traçado a marca do espírito da Ilustração (ibid., p.331). Tratava-se de, pela ironia, demolir a razão de ser de métodos e conteúdos do ensino ministrado como se desejasse "demonstrar que, em qualquer direção que se olhasse, Portugal estava atrasado, distanciado do que se passava nos centros civilizados" (ibid.). Não se trata aqui de se conferir se havia ou não razão de ser para tal juízo. Trata-se apenas de constatar que ele existia: os letrados portugueses compartilhavam de certo pessimismo social quando analisavam seu país. A particularidade de Verney consiste (como ocorria também com o pensamento de Ribeiro Sanches) na dimensão pedagógica de seus escritos. Como bem salientou Laerte Ramos de Carvalho:

> É neste sentido que Luiz Antonio Verney é um *pedagogo* e, enquanto pedagogo, um "iluminista", na medida em que o iluminismo é uma forma de pensar comum de homens que, em atitudes

INSTRUÇÃO PÚBLICA E PROJETO CIVILIZADOR 101

diversas de pensamento, procuraram fazer da cultura um instrumento do progresso e da perfeição das sociedades e dos homens.

Em Verney, não há apenas o programa de uma reforma sobre os estudos; há ainda a consciência da necessidade do desdobramento de uma tarefa pedagógica, realizando na ordem prática as diretrizes que o conhecimento das realidades portuguesas e das conquistas recentes da cultura impunham como propósito preliminar de uma política destinada a "iluminar" verdadeiramente a nação lusitana. (Carvalho, 1978, p.62)

Luis António Verney, iluminista, foi – com d. Luís da Cunha e António Nunes Ribeiro Sanches – referência teórica do pombalismo.[22] Seu principal trabalho – *O verdadeiro método de estudar* – foi publicado na Itália antes de em Portugal – onde, logo depois, também fora impresso. Veio a público, pela primeira vez, em 1746, em Nápoles. Era um manual, escrito na forma de cartas, que contemplava variados aspectos da cultura: lógica, gramática, ortografia, metafísica etc. (Maxwell, 1996, p.12). Em suas cartas, Verney, de alguma maneira, articula – por meio da crítica satírica – formas alternativas de se ensinar. Ele reputava como fundamental uma reforma que abrangesse, em Portugal, todo gênero de estudos: os Menores (escolas de primeiras letras e colégios secundários) e os Maiores (universidades).

Kenneth Maxwell recorda que, por ser oratoriano e pela radicalidade de suas teses, Verney produziria uma grande polêmica em seu tempo entre os jesuítas e os oratorianos. Sobre a repercussão do pensamento desse arauto do pombalismo, o mesmo comentador

---

22 Maria Luiza Marcílio atribuiu a Verney a tônica das reformas pombalinas. Diz a autora que "o programa pedagógico do padre oratoriano Luiz António Verney (antigo aluno da Companhia), um 'estrangeirado', que vivia em Roma, abriu brechas irreparáveis nos muros de ensino dos jesuítas. Encarregado por d. João V de renovar a educação da nação, suas ideias estavam contidas no seu livro *O verdadeiro método de estudar para ser útil à república e à Igreja* (Nápoles, 1746), manual eclético de lógica, método de gramática, livro sobre ortografia, tratado de metafísica etc., que se tornou a bíblia do pombalismo" (Marcílio, 2005, p.19).

102 CARLOTA BOTO

constata o seguinte: "entre a sua publicação [em 1746, do *Verdadei-ro método de ensinar*] e 1757, mais de quarenta livros apareceram em resposta a Verney". A disputa com os jesuítas foi agravada pelo fato de que eruditos jesuítas discerniam uma grande dose de jansenismo nos argumentos de Verney" (ibid., p.14). Maxwell destaca também que "em suas reformas educacionais Pombal inspirou-se diretamente, o que não é de surpreeender, na recomendação de antigos inimigos dos jesuítas, em especial, em Luís António Verney, nessa altura, consultor pago pelo governo português" (ibid., p.104). Em que consistia, afinal, o *Verdadeiro método de estudar*? Era um conjunto de dezesseis cartas, escritas por alguém que tomava para si o pseudônimo de "padre barbadinho". Dirigiam-se as cartas a um doutor da Universidade de Coimbra, que também seria padre. Verney – detrás do supracitado pseudônimo – dirige sua crítica à relação existente entre a organização dos estudos do reino português e as orientações doutrinárias da Companhia de Jesus. Fica claro, pelo teor do discurso, que Verney considera os jesuítas como causadores dos males nacionais por serem eles propagadores das trevas da ignorância. No conjunto das cartas que compõem a obra, Verney – de acordo com Rômulo de Carvalho – "aprecia, uma a uma, todas as disciplinas então lecionadas nas escolas, desde o ensino elementar até o superior" (Carvalho, 1986, p.413). Para cada um dos casos, propõe o que qualifica como reforma dos estudos.

Verney e a crítica à ciência aristotélica

Um dos principais objetos da crítica elaborada por Verney incidia sobre o recurso excessivo e inadequado que se fazia à memória dos alunos: "eu comparo a memória cheia de semelhantes ideias a uma livraria grande, cujos livros não estão nas estantes, mas amontoados no meio e pelos cantos: quem nela procura um livro determinado não o encontra, mas oferecem-lhe cem mil que nada fazem ao caso" (Verney, [s.d.], p.81). Passar-se-ia o mesmo com o que o autor chama de "memória mal regulada: quando lhe pedem uma ideia, oferece tantas, e tão fora do propósito, que é o retrato da con-

INSTRUÇÃO PÚBLICA E PROJETO CIVILIZADOR 103

fusão" (ibid.). Depois de discorrer sobre a retórica e sobre as figuras de estilo que transpõem as coisas em palavras, Verney recrimina o que chama de "afetação de estilo" (ibid., p.106). Em seguida advoga a possibilidade de expressar-se bem no que diz ser o "estilo simples" (ibid., p.118). O *Verdadeiro método de estudar* explica, então, que "as expressões do estilo simples são tiradas dos modos mais comuns de falar a língua; e isto não se pode fazer sem um perfeito conhecimento da referida língua" (ibid., p.118).

À luz dessa preocupação com temas relativos ao ensino do idioma, Verney criticará a ignorância existente em matéria de ciência moderna, bem como o uso de tratados obsoletos sobre questões da física, o excessivo apego a um aristotelismo fora de época, bem como o inaceitável recurso ao argumento de autoridade. Tudo isso paralisaria a razão, o que era, ainda, agravado pela excessiva valorização do verbalismo no ensino das ciências. Para Verney, em matéria de ciências, não interessa quem disse o que disse. Não interessa tanto como isso foi dito. O que parecia fundamental era verificar se a experiência comprovaria a veracidade da hipótese. Ao tratar agora do conhecimento das ciências, o autor encaminha-se para abarcar sua apreciação, não apenas dos estudos dessas matérias, mas dos modos de organização das chamadas escolas maiores – ou universidades.

Verney enfatiza a necessidade de se observar para saber. Compreender a natureza das coisas seria – para ele – examiná-las adequadamente; e, para tanto, havia de se possuir um juízo claro: "observar muito, e bem, ou saber-se servir dos que o fizeram; e fundar os seus raciocínios em princípios evidentes, quais são os matemáticos" (Verney, [s.d.], p.176). A ascendência do pensamento cartesiano sobre os argumentos de Verney era assumida.[23] A analo-

---

23 "Descartes foi o primeiro que fez um sistema ou inventou hipóteses para explicar todos os fenômenos naturais; e por este princípio abriu a porta aos outros para a reforma das ciências. E, ainda que em tudo não acertasse, é também certo que, se ele não fosse o primeiro, os outros não teriam cuidado de emendar os seus erros e de adiantar os estudos como estão hoje." (Verney, [s.d.], p.160)

104 CARLOTA BOTO

gia com as coisas da vida auxiliava o raciocínio a verificar o absurdo da ausência de observação quando se pretende conhecer qualquer fenômeno. Nas palavras de Verney:

Se V.P. ouvisse um homem que, sem ter ido à Índia, ou ter lido muito ou conversado muito com os que lá foram e examinaram o caso bem, dissesse mil coisas da Índia, e isto com tal confiança que, sendo contrariado constantemente pelos que lá foram e consideraram bem aquela península, ainda assim persistia na sua opinião, cuido que não deixaria de se rir. Pois também eu me rio muito dos que, sem irem ao país da física, falam e decidem sobre as suas partes; e faço tanto caso deles quanto V.P. faria daquele histórico. E como vejo que todos os peripatéticos seguem aquela estrada – pois, se bem admitem alguma experiência velha, explicam-na de maneira tal que perde toda a sua força – por isso entendo que toda a sua física se deve desprezar. E o mesmo julgam comigo todos os homens doutos. (ibid., p.176)

O autor insiste em declarar várias vezes que apenas a experiência poderá conduzir ao conhecimento. Somente, pois, à luz da observação é que se poderá discorrer sobre qualquer coisa. Diz Verney que "nós não temos conhecimento imediato das naturezas; unicamente temos dois meios para o conseguir: observar as propriedades; e ver se, mediante alguma resolução, podemos chegar a conhecer os princípios de que se compõe esta ou aquela entidade física" (ibid., p.177). Assim, o conhecimento partiria no sentido contrário do que se costumava fazer à época. Não se deveria continuar tomando por ponto de partida um saber abstraído da realidade para, somente depois, confrontá-lo com o real. O caminho seria outro: "observar e discorrer" (ibid.). Mais do que isso, "não devemos querer que a natureza se componha segundo as nossas ideias; mas devemos acomodar as nossas ideias aos efeitos que observamos na natureza" (ibid.). Finalmente, Verney argumenta que a ciência aristotélica – enredada em suas noções de matéria, forma e privação – não possui aparato conceitual para apreender, de fato, as realidades descortinadas pela ciência moderna. Tanto a lógica aristotélica quanto a razão escolás-

INSTRUÇÃO PÚBLICA E PROJETO CIVILIZADOR   105

tica eram absolutamente insuficientes para explicar os fenômenos da natureza:

> Que importa que Aristóteles ou todos os filósofos da Grécia dissessem que o ar é leve, se estou vendo experiências que provam que é pesado? Que importa que digam que a luz é uma qualidade distinta de todo o corpo, se me mostram efeitos que me obrigam a dizer que é um corpo? Que importa que os escolásticos afirmem que a organização de um vivente são acidentes que resultam da forma substancial, se eu vejo que é um perfeito artifício que não tem nada que fazer com a forma, pois que existe partida a dita? Se eu vejo que a circulação do sangue e outros humores mostra distintamente que o corpo do animal é uma máquina hidráulica maravilhosa, a qual pode viver muito bem sem alma inteligente, cuja vida em nada depende do conhecimento? Certamente que de não considerar assim o corpo nascem todos os enganos. E depois que, postas de parte as preocupações, começaram a considerar o corpo humano como é em si, e examiná-lo mediante as leis do movimento, têm-se descoberto coisas que se ignoravam. Quero ainda supor que esses filósofos fossem os maiores homens do mundo: nada disto basta para que eu não ceda à evidência e despreze a sua autoridade. (ibid., p.179-180)

Retirar a sacralidade do corpo e tornar secularizada a prática médica. Esse foi o intuito. Assim como fizera o médico Ribeiro Sanches, Verney – que não era médico – critica severamente os modos de se ensinar a medicina. Ambos – Ribeiro Sanches e Verney – "aconselhavam o adiantamento da filosofia natural (física e ciências naturais) e da clínica. Propugnavam o abandono da filosofia peripatética e da Medicina galeno-árabe" (Guerra, 1983, p.283). Além disso, os iluministas portugueses destacam a necessidade da "observação conjugada com a experiência, isto é, o método experimental [...]; o primado das manifestações objetivas da doença, baseado no conhecimento das ciências exatas e naturais; o desenvolvimento do ensino e da prática da anatomia e da cirurgia" (ibid.). Enfim, parecia imperioso substituir – como se dizia à época – a experiência da autoridade pela autoridade da experiência.

106 CARLOTA BOTO

Ao referir-se às mazelas do ensino da medicina, o *Verdadeiro método de estudar* principia pela denúncia da ausência do conhecimento de anatomia. Na Universidade de Coimbra – delata o texto –, "ainda que haja uma cadeira de anatomia, não tem exercício, pois só duas vezes no ano fazem a tal anatomia em um carneiro, cujas partes se mostram na escola" (Verney, [s.d.], p.205). Verney relata que escreve isso a rir, e ironiza: "querer saber a anatomia do homem pela do carneiro é uma ideia nova" (ibid.). A dissecação de cadáveres era proibida em Portugal e a solução encontrada teria sido, então, a de "abrir" os animais: "observe V.P. a *vulva* ou *madre* – como aqui lhe chamam – de uma cadela, de uma corça, de uma coelha, e achará que, não só são diferentes entre si, mas diferentes do útero da mulher" (ibid., p.206). Contudo, era interditado a professores e a estudantes abrir cadáveres humanos; proibição que, do ponto de vista médico, chegava a ser – nas palavras de Verney – heresia: "por pouco que esses homens considerassem a matéria, conheceriam que saber o uso das partes do corpo humano é indispensavelmente necessário na medicina" (ibid.).

Verney identificava desdobramentos de uma ignorância a outra: o desconhecimento da física e da química acarretava também a ignorância no território do saber médico. Desprezada a anatomia, erravam-se os diagnósticos e abusava-se de remédios errados. A cirurgia era um saber apenas prático, sem qualquer estatura teórica, já que esta requereria intrinsecamente conhecimento anatômico. O texto reconhece que o bom prático é, de fato, aquele que domina a "causa particular dessa determinada enfermidade" (ibid., p.207) para poder curá-la. Porém, o próprio saber prático – por isso mesmo – só seria enriquecido pelo domínio da anatomia. O corpo é uma máquina a ser esquadrinhada; e não se cura "às apalpadelas" (ibid., p.208). Nas palavras do autor:

> Formará melhor conceito da causa de uma enfermidade quem não sabe onde ela se forma do que quem o sabe? Entenderá melhor a causa de qualquer dor do corpo quem nunca viu um corpo aberto do que quem é prático nas entranhas? Que homem de juízo se per-

INSTRUÇÃO PÚBLICA E PROJETO CIVILIZADOR **107**

suadirá desta proposição? Como é possível que possa um homem emendar algum vício dos olhos, se não conhece a estrutura deles? Como há de julgar que coisa é um aneurisma na aorta, na celíaca, nas artérias ilíacas etc., se ignora a situação e estrutura das partes? Por que modo chegará a conhecer se em alguma parte se acha algum cirro; se a mulher tem algum defeito orgânico nas partes da geração, v.g., a boca do útero torta, ou coisa semelhante, sem ter perfeitíssimo conhecimento da anatomia das partes? Certo é que, sem este conhecimento, poderá aplicar mil remédios, mas todos inutilmente. (ibid., p.207)[24]

Alertando contra os perigos do amadorismo na matéria médica, sobre a cirurgia – considerada por Verney como medicina prática –, os próprios cirurgiões portugueses reconheciam à época que "os estrangeiros têm mais prática das operações de mãos, e mais ligeireza" (ibid., p.210). Em Portugal, a prática cirúrgica estava confinada a "meros sangradores. Sabem dar alguns pontos; e os que sabem mais, e são poços de ciência, murmuram alguma coisa sobre os quatro elementos ou qualidades ocultas" (ibid., p.210-211). Faltando-lhes, portanto, os fundamentos de seu ofício, era comum – como já afirmado – exararem diagnósticos errados, atribuindo a causas errôneas enfermidades que não sabiam interpretar. Verney destaca que, no tempo de Hipócrates, "médico, cirurgião, boticário eram a mesma pessoa; e por muito tempo a Medicina não se separou da cirurgia" (ibid., p.211). Foi a pouco e pouco que se dividiram as tarefas. Mas é fundamental – argumenta o texto – que médicos conheçam cirurgia e que cirurgiões tenham teórico domínio do conhecimento médico.

---

24 Esse trecho remete, em alguma medida, ao debate acerca da *Carta sobre os cegos*, publicada por Diderot em 1749. Como argumenta Guinsburg a respeito do tema, tratava-se de uma questão que desafiava o debate filosófico da época: se um cego de nascença recuperasse a visão, como ele perceberia o espaço à sua volta? Comenta Guinsburg o que segue: "Diderot dá-lhe um caráter concreto, humano: o cego vive encerrado em um mundo particular, quase inacessível; não é possível atingi-lo de chofre" (Guinsburg, 2001, p.61). Por isso, "à primera vista", o cego que passa a ver não perceberá nada.

108 CARLOTA BOTO

Até porque "o cirurgião é um médico operativo, cujas operações não pode fazer sem conhecer o como. E nisso quero dizer que o cirurgião deve ser um perfeito anatômico, e conhecer todas as partes, ainda mínimas, do nosso corpo" (ibid., p.212). Em Portugal, ao contrário, acreditava-se que, para ser um bom cirurgião, bastava "saber talhar a veia" (ibid., p.213). Além de não se dissecarem os cadáveres, havia bastante ignorância nas práticas do ensino ministrado: "porque os ensinam a sangrar homens vivos, sem lhes mostrar primeiro a disposição das veias nos cadáveres. De que vem estes aprendizes aleijam bastantes doentes, ou lhes fazem padecer dores terríveis" (ibid.). O cirurgião que não conhece a medicina acaba por curar às apalpadelas. E como conhecer a anatomia um cirurgião que se formou sem jamais ter visto um cadáver aberto?[25] Pois não se pode dominar a anatomia humana sem se ver o corpo humano por dentro:

Certamente sem ver distintamente os ossos no seu estado natural, e considerar a sua figura e o modo com que se encaixam uns nos outros; como também sem conhecer de quantos modos se podem deslocar, e que coisa se relaxa ou rompe quando se deslocam. (Verney, [s.d.], p.215)

A destreza necessária ao cirurgião é vista por Verney como absolutamente tributária de seu conhecimento de anatomia. O autor dá exemplos de como o desconhecimento poderia ser funesto na prática cirúrgica: "conheci uma senhora a quem um clérigo deslocou duas costelas, querendo consertar-lhe uma; e ficou toda a sua vida com uma deformidade nas costas" (ibid.). Finalmente, para conclusão desse tópico, Verney assinala que, de todos os perigos, o pior seria o de recorrer àquelas pessoas que, dizendo possuir poderes mágicos, arrogam-se para si a virtude de curar. Era necessário tor-

---

25 "E observei uma coisa mui galante: quando lhes falam em anatomia respondem com uma risada. Perguntei a alguns barbeiros que tinham carta de sangradores e cirurgião se tinham frequentado a anatomia: responderam-me que, alguma vez, tinham ido ver um cadáver, para satisfazer ao estilo; e com tudo isso eram licenciados. Isto, digo na corte." (Verney, [s.d.], p.214)

INSTRUÇÃO PÚBLICA E PROJETO CIVILIZADOR **109**

nar racional o aprendizado da medicina e, em especial, era urgente introduzir a matéria da anatomia a partir do estudo de cadáveres humanos. Só assim seria superada a ignorância do conhecimento do corpo humano, de suas enfermidades e de suas possibilidades de cura.

A escola na formação do caráter

O *Verdadeiro método de estudar* veiculava – além do debate sobre o conhecimento médico – um discurso sobre o tempo escolar e sobre os saberes da sala de aula, que – de alguma maneira – revelaria sua própria percepção sobre a história cultural de seu tempo e de seu país. O retrato da escola da época coloca a vista do leitor para além da escola: buscava-se fazer ver Portugal em seu – tido por – precário estágio civilizatório. Verney registrava, em sua obra, a ausência de projeto cultural e de prospecto educativo; e, sendo assim, o descaso dos poderes públicos perante uma dada programação de futuro. Não se daria atenção às escolas de primeiras letras. A sociedade não cuidava como deveria do estratégico ofício de mestre-escola. Caberia, pois, formular um plano educacional capaz de alterar o então pífio estado das letras em Portugal.

Para o caso das escolas menores – especialmente no nível elementar – Verney declara que bastava examinar o interior das instituições de ensino para verificar que os mestres sobrecarregavam a memória das crianças "com coisas desnecessaríssimas" (Verney, [s.d.], p.76). O excessivo apelo aos castigos derivaria, na vida escolar, dessa incapacidade de ensinar as coisas importantes e da incompetência para "facilitar o caminho para entendê-las" (ibid.). Recomenda Verney que, em vez dos longos períodos em latim, "devia o mestre ensinar ao discípulo compor bem uma oração portuguesa breve – uma carta, um cumprimento, ou coisa semelhante" (ibid., p.78). O estudante faria isso com muito maior facilidade do que realizava suas composições em latim, já que, a partir de então, o faria "em uma língua que sabe, na qual o mestre pode claramente mostrar-lhe os erros" (ibid.). Verney advertia os contemporâ-

110 CARLOTA BOTO

neos para o que compreendia ser a realidade dos colégios, dos quais saíam homens que, além de não saber latim, não eram sequer capazes de redigir uma carta em português (ibid., p.79). Para abarcar a situação da maioria das escolas de seu tempo, a descrição era a seguinte:

> Entre no Colégio das Artes, corra às escolas baixas e verá as muitas palmatoadas que se mandam dar aos pobres principiantes. Penetre, porém, com a consideração o interior das escolas; examine se o mestre lhes ensina o que deve ensinar; se lhes facilita o caminho para entendê-la; se não lhes carrega a memória com coisas desnecessaríssimas. E achará tudo o contrário. O que suposto, todo este peso está fora da esfera de um principiante. Ora, não há lei que obrigue um homem a fazer mais do que pode, e que castigue os defeitos que se não podem evitar. (Verney, [s.d.], p.76)

Luís António Verney parte de pressuposto jusnaturalista para defender sua concepção de ética e, ao mesmo tempo, sua proposta de educação escolar: "os homens nasceram todos livres, e todos são igualmente nobres" (ibid., p.194). Os primeiros grupos sociais já teriam reconhecido a necessidade de se conferir racionalidade à vida em comum, além de ordem e obediência. Para isso, era indicado meditar sobre os costumes. As pessoas dependem umas das outras. Os mais virtuosos entre os homens tendem a se destacar tanto em tempos de guerra quanto em tempos de paz. Sendo assim, costumam ser mais prestigiados do que os outros. Esse é o verdadeiro princípio da nobreza. Por isso, talvez erroneamente, acreditou-se que as pessoas transmitissem a seus filhos suas próprias virtudes.[26]

---

26 "Os filhos herdavam dos pais as virtudes e conseguintemente a estimação porque, na verdade, os pais tinham cuidado de os instruir como deviam. Este costume considerou-se por obrigação. E com o tempo foi o mesmo considerá-los filhos de nobres que julgá-los herdeiros das suas virtudes e estimá-los por este motivo. Talvez entrou aqui a condescendência de alguns príncipes que, não podendo premiar os pais, premiaram os filhos, para animar os outros a seguir a virtude, vendo que a descendência era remunerada." (Verney, [s.d.], p.195)

INSTRUÇÃO PÚBLICA E PROJETO CIVILIZADOR   111

Verney recorre ao argumento burguês, que já estivera em voga entre os humanistas da Renascença (Montaigne, Erasmo, Vives), para os quais "o ser filho de um homem ilustre não é o mesmo que ser ilustre" (Verney, [s.d.], p.195). Tendo por base a convicção de que a verdadeira nobreza não se dá pelo sangue, mas pela virtude e pelo domínio da cultura letrada, o iluminista acusa a venalidade dos títulos e a vanglória por eles trazida. Acerca dos critérios de concessão dos mesmos títulos, aponta haver naquilo algo de acidental, de arbitrário. Muitas vezes, era pelo dinheiro que se reputava a nobreza. Em outros casos, a obtenção de um cargo importante – como embaixador – fazia que o agraciado fosse estimado por todos. Porém, "se a nobreza de um titular ou fidalgo nasce da vontade do príncipe, que quer que aquele homem seja honrado, isto é, fidalgo, o mesmo príncipe – que dá o título ou nobreza a um – pode dá-la a cem mil; e consequentemente todos ficam igualmente nobres" (ibid., p.198). Isso não sucede quando a nobreza deriva da verdadeira virtude: "pois nem o príncipe m'a pode dar nem tirar" (ibid.). Assim – conclui Verney – o que confere a nobreza ao sujeito, não é o ser príncipe, mas, sim, a educação recebida: "se conduzirem esta criança a um país incógnito, e for criado por vilões, há-de ser vilão e não príncipe, e em tudo se parecerá com quem a criou" (ibid., p.200). Além disso, assinala critérios definidores da verdadeira nobreza, dizendo que "respondeu com galanteria uma pessoa a outra, que lhe perguntava como distinguiria um nobre de quem não o era, deste modo: despi-los ambos nus e ouvi-los falar" (ibid., p.197).

A pedra de toque do caráter e da verdadeira estirpe da alma seria, nesse sentido, a educação recebida; já que "os inteligentes sabem muito bem que o sangue do pai poderá comunicar ao filho alguma enfermidade hereditária, como gota, escorbuto, gálico, epilepsia etc.; mas de nenhum modo lhe comunica nem vícios nem virtudes" (Verney, [s.d.], p.202). Muitas vezes, pelo contrário, aqueles que são socialmente reputados como nobres frequentemente adquirem hábitos afetados, quando não pouco civilizados. Inclusive, "muitos, para fingirem uma nobreza mui elevada, até são descorteses: não cumprimentam quem os saúda; não respondem a quem

112 CARLOTA BOTO

lhes escreve; ou, se o fazem, é de uma maneira mais injuriosa que civil" (ibid., p.203). Verney – aqui também como Ribeiro Sanches – é defensor da instrução das mulheres. Serão mães de família; e, portanto, primeiras mestras. Ensinam as crianças a falar; dirigem a economia das casas. Tudo isso, por si, já constituiria motivo para que fossem instruídas na cultura das letras. Além disso, o estudo formará seus costumes. Exatamente por não terem assunto com suas mulheres ignorantes (porque as julgam "tolas no trato") é que homens casados "vão a outras partes procurar divertimentos pouco inocentes" (ibid., p.217). Nesse sentido, instruir as mulheres seria uma forma de obtenção de paz e de harmonia familiar. Além disso, cada donzela deveria "aprender a ter o seu livro de contas, em que assente a receita e despesa, porque sem isso não há casa regulada" (ibid., p.223). Muitas vezes, as senhoras ficam viúvas e os bens são arruinados exatamente porque elas não possuem qualquer noção do "modo de conservar e aumentar as rendas de suas fazendas" (ibid.). Por tudo isso, os trabalhos manuais e especialmente as prendas de salão[27] seriam menos importantes do que os conhecimentos rudimentares da leitura, da escrita e do cálculo. Desse modo, Verney propõe que o ensino feminino seja, tanto quanto possível, o mesmo que se deveria aplicar aos rapazes:

O primeiro estudo das mães deve ensinar-lhes – por si ou, tendo possibilidade, por meio de outra pessoa capaz – os primeiros elementos da fé etc., explicando-lhes bem todas estas coisas, o que podem fazer desde a idade de cinco anos até os sete. Depois, ler e escrever português corretamente. Isto é o que rara mulher sabe

---

27 Aqui – como diz Rômulo de Carvalho – "o progressivismo de Verney não foi suficiente para vencer os preconceitos de classe" (Carvalho, 1986, p.417). Ao dizer – quando avalia a futilidade do aprendizado das prendas de salão – que "nas senhoras grandes não é tão condenável aplicar-se a estes divertimentos inocentes, se o fazem com o fim de não ficarem ociosas" (Verney, [s.d.], p.227), Verney distingue as pessoas nobres das outras. Essa contradição é típica dos autores iluministas; e o Iluminismo português não fugiria à regra.

INSTRUÇÃO PÚBLICA E PROJETO CIVILIZADOR 113

fazer em Portugal. Não digo eu escrever corretamente, pois ainda não achei alguma que o fizesse; mas digo que pouquíssimas sabem ler e escrever; e muito menos fazer ambas as coisas corretamente. Ortografia e pontuação, nenhuma as conhece. As cartas das mulheres são escritas pelo estilo das bulas, sem vírgulas nem pontos; e algumas que os põem, pela maior parte, é fora do seu lugar. Este é um grande defeito, porque daqui nasce o não saber ler e, por consequência, o não entender as coisas. (ibid., p.218)

Enfim, cobrindo praticamente todos os campos da instrução, o trabalho de Verney possibilitou aos letrados de seu tempo uma avaliação panorâmica da situação do ensino português. E seria por sua leitura – em larga medida – que Pombal se pautaria para "levar a efeito as suas reformas educativas" (Marques, 1984, p.325). Hernani Cidade pondera que, se Verney, de fato, não foi "o único apóstolo dos novos métodos de estudar e ensinar, nem Pombal foi o único reformador que o pôs em execução" (Cidade, 1985, p.151), tanto um quanto o outro despenderam esforços políticos, administrativos e pedagógicos para imprimir à cultura portuguesa "um ritmo e uma eficiência antes desconhecidos" (ibid.).

A escola pública traçada pelo Marquês de Pombal

Sebastião José de Carvalho e Melo, o Marquês de Pombal, foi visto, em Portugal, pela velha aristocracia, como um novo rico (Maxwell, 1996, p.77). Sua perspectiva política, bem como a ação econômica que desenvolve, favorecerá uma burguesia de comerciantes. Não obstante, Dermeval Saviani (2008) vincula a origem do futuro Marquês de Pombal à nobreza togada, mediante a qual o prestígio decorre fundamentalmente dos cargos ocupados. Formou-se em Direito pela Universidade de Coimbra, que considerava atrasada. Foi diplomata na Inglaterra, onde se impressionara com os progressos da burguesia, especialmente a partir da organização comercial do país (Saraiva, 1989, p.90). Depois disso, exerceu, também, a di-

114 CARLOTA BOTO

plomacia na Áustria, onde se aproximou da imperatriz Maria Teresa. Consta que ele, então, se imbuiu "das ideias do absolutismo real e esclarecido que bebera na corte austríaca" (ibid., p.90-1). Recorde-se – com Saviani (2008, p.80) – que "Maria Teresa empreenderá a reforma da instrução, submetendo-a ao Estado e afastando-a da influência da Igreja".

Quando d. José I sobe ao trono, em 1750, Sebastião José de Carvalho e Melo toma posse como ministro da Secretaria do Exterior e da Guerra. Ele trouxe consigo a experiência diplomática e o que observara no exterior. Convivera durante anos com uma "comunidade de expatriados portugueses" (Maxwell, 1996, p.10), os quais, na grande maioria das vezes, deixaram o país por se sentirem perseguidos ou tolhidos pela ação inquisitorial. Mas houve outro aspecto também fundamental: "as preocupações de Pombal também refletiam as de uma geração de funcionários públicos e diplomatas portugueses que haviam meditado muito sobre a organização imperial e as técnicas mercantilistas" (ibid.).

O padrão econômico mercantilista – e não ainda a economia de mercado – era compreendido pelos contemporâneos como o grande responsável pelo vigor político e pela riqueza econômica dos países centrais da Europa.[28] Em 1756, após o terremoto, Sebastião José assumiu o cargo mais importante da monarquia: secretário de Estado dos Negócios do Reino. Já alçado a funções de primeiro-ministro, responsável por todas as medidas decisórias do governo de d. José

---

28 Sobre o tema, Maxwell recorda que "o mercantilismo em seu sentido mais restrito, no entanto, descreve uma política pela qual o comércio é regulamentado, taxado e subsidiado pelo Estado, a fim de promover um influxo de ouro e prata – sendo o objetivo dessa intervenção, de um modo mais amplo, o de conseguir uma balança comercial favorável" (Maxwell, 1996, p.67). Mas – como analisa o mesmo autor – no tempo de Pombal não era mais essa a lógica que movia a economia. A política pombalina valia-se de "técnicas mercantilistas – companhias monopolistas, regulamentação, taxação e subsídios – para facilitar a acumulação de capital por comerciantes portugueses, individualmente. Essa ajuda aos capitalistas portugueses tinha objetivos e consequências mais amplos, porque era parte de um esquema destinado a fortificar o poder de barganha da nação dentro do sistema comercial atlântico" (ibid.).

INSTRUÇÃO PÚBLICA E PROJETO CIVILIZADOR 115

I, recebeu o título de Conde de Oeiras em 1759 e de Marquês de Pombal em 1769 – como já foi anteriormente assinalado (Saviani, 2008, p.801).

Laerte Ramos de Carvalho (1978) consagrou no Brasil a ideia de que teria havido ao menos duas reformas pombalinas da instrução pública, posto que vincula o ano de 1759 à Reforma dos Estudos Menores e o de 1772 à Reforma dos Estudos Maiores (ou da universidade). Mas, à luz da interpretação de Ruth Gauer (2001; 2004) e Tereza Fachada Levy Cardoso (2002), será mais adequado compreendermos a existência de dois (ou mais) momentos de uma mesma Reforma dos Estudos; até porque as medidas implantadas relativamente aos Estudos Menores continuaram a ser elaboradas até a década de 1770 – e, do mesmo modo, algumas diretrizes norteadoras dos Estudos Maiores são anteriores àquela década. O propósito de Pombal – nisso há consenso na literatura – foi o de "europeizar Portugal" (Antunes, 1983, p.125). E "europeizar significava, na ótica de Carvalho e Melo, modernizar as artes e as indústrias, desenvolver e monopolizar o comércio pela criação de grandes companhias, à imagem e semelhança da grande Companhia inglesa das Índias orientais" (ibid., p.125-6); além de subordinar vigorosamente a Igreja ao Estado.

Pode-se dizer que a Reforma dos Estudos gestada e executada por Pombal, em suas diferentes etapas, revolucionou a estrutura do ensino português. Fechou os colégios da Companhia de Jesus; expulsou os jesuítas do Reino e de seus domínios – sob pretexto de que eles teriam participado de alguma maneira de um suposto atentado contra o rei; confiscou seus bens. Muitos membros da Companhia foram deportados. Como já assinalou João Lúcio Azevedo, a propósito do tema, "o que se fazia ativamente era extirpar tudo quanto provinha dos jesuítas" (Azevedo, 2010, p.338).

Por Alvará de 28 de junho de 1759, o futuro Marquês de Pombal reestruturou os chamados Estudos Menores. Criou-se, a partir dali, a acepção de aulas régias, compreendendo tanto as classes de primeiras letras quanto as de humanidades.

116 CARLOTA BOTO

Assinala Tereza Fachada Levy Cardoso que "a palavra régio tem um caráter ambíguo, porque, ao mesmo tempo que remete à figura do monarca, reiterando uma tradição absolutista, que persiste período afora, representa também o avanço que o termo traz, pela contraposição à tradição de ensino por parte da Igreja" (Cardoso, 2004, p.182). O documento de 1759 voltou-se, especialmente, para a criação da figura do diretor dos Estudos e para a institucionalização dos professores de gramática latina, de grego e de retórica (Saviani, 2008, p.82). Todavia, contemplava também classes de primeiras letras: incluindo o ensino da leitura, da escrita, da aritmética, do catecismo e dos preceitos da civilidade (Marques, 1984, p.337). Em todas elas, era proibido aos mestres e professores valerem-se dos livros e materiais de ensino utilizados pelos jesuítas.

O alvará parte da constatação de que existiria uma decadência em todos os campos dos estudos do reino. Tal decadência era atribuída ao "escuro e fastidioso método" (Alvará-1759, p.32) que os padres jesuítas introduziram nos colégios sob sua responsabilidade. O projeto da reforma era, então, o de reaver o que Pombal denomina método antigo: "reduzido aos termos símplices, claros e de maior facilidade que se pratica atualmente nas nações mais polidas da Europa" (ibid.). Haveria, pelo plano pombalino, um diretor dos Estudos, responsável por "fazer observar tudo o que se contém neste alvará e sendo-lhe todos os professores subordinados" (ibid., p.32). Esse diretor dos Estudos – auxiliado por comissários[29] que inspecionariam as escolas – deveria verificar o que faziam os professores, o que deixavam de fazer; além de "adverti-los e corrigi-los" (ibid.), quando isso se fizesse necessário. Eram subordinados ao diretor dos Estudos todos os professores das escolas menores (Gomes, 1984, p.9). Por isso, caberia a ele controlar os progres-

---

29 Como consta da obra de Laerte Ramos de Carvalho, os comissários eram designados, nos diferentes lugares do reino e de seus domínios, "para fazer o levantamento do número de professores existentes, tirando informação sobre sua vida e costumes, a fim de levar ao conhecimento do Diretor Geral dos Estudos ampla notícia do estado em que se achavam as escolas em cada localidade" (Carvalho, 1978, p.116).

INSTRUÇÃO PÚBLICA E PROJETO CIVILIZADOR **117**

sos dos alunos. O projeto previa também que o diretor deveria ter "todo o cuidado em extirpar as controvérsias e de fazer com que haja entre eles [professores] uma perfeita paz e uma constante uniformidade de doutrina, de sorte que todos conspirem para o progresso de sua profissão e aproveitamento de seus discípulos" (Alvará-1759, p.32). Não deixa de ser revelador o fato de o Alvará de 1759 se referir ao ofício do magistério como profissão (Mendonça, 2005). O alvará de Pombal indicava também as matérias que deveriam constituir as aulas régias e, além disso, prescrevia quando e onde elas deveriam ser abertas. Chegava a recomendar livros para uso das escolas, de modo que fossem escolhidos compêndios alternativos àqueles utilizados pelos colégios jesuíticos. As aulas régias seriam abertas a todos, sem distinções de classe.

Para o caso, por exemplo, das classes de gramática latina, dizia o Alvará de 28 de junho de 1759:

> Ordeno que em cada um dos bairros da cidade de Lisboa se estabeleça logo um professor com classe aberta e gratuita, para nela ensinar a gramática latina, pelos métodos abaixo declarados, desde nominativos até construção inclusive, sem distinção de classes, como até agora se fez. [...] Ao tempo em que crescer a povoação desta cidade, se a extensão de algum dos bairros dela fizer necessária mais de um professor, darei sobre esta matéria toda oportuna providência. E porque a ordem e a irregularidade com que presentemente se acham alojados os habitantes da mesma cidade não permitem aquela ordenada divisão dos bairros, determino que se estabeleçam logo oito, nove ou dez classes repartidas pelas partes que parecerem convenientes ao Diretor dos Estudos, a quem, por ora, pertencerá a nomeação dos ditos professores debaixo da minha Real aprovação. Para a subsistência deles tenho dado toda a competente providência. (Alvará-1759, p.32)

O controle das mesmas classes caberia ao referido diretor dos Estudos, responsável inclusive pela nomeação dos professores. Finalmente, o Alvará de 1759 atribui aos professores a obrigatoriedade

118   CARLOTA BOTO

do uso de um compêndio intitulado *Novo método da gramática latina*. Esse livro havia sido composto por um padre da Congregação do Oratório – António Pereira. No caso de não desejarem adotar o referido compêndio, poderiam também recorrer ao livro de um professor de Lisboa chamado António Félix Mendes – *Arte da gramática latina*. De qualquer modo, o Alvará proibirá terminantemente:

> [...] para o ensino das escolas a *Arte* de Manoel Álvares, como aquela que contribuiu mais para fazer dificultoso o estudo da latinidade nestes reinos. E todo aquele que usar na sua Escola a dita *Arte* ou qualquer outra que não sejam as duas acima referidas, sem preceder especial e imediata licença minha, será logo preso para ser castigado ao meu real arbítrio, e não poderá mais abrir classes nestes reinos e seus Domínios. [...] Os ditos professores observarão também as instruções que lhes tenho mandado estabelecer, sem alteração alguma por serem as mais convenientes, e que se têm qualificado por mais úteis para o adiantamento dos que frequentam estes estudos, pela experiência dos homens mais versados neles, que hoje conhece a Europa. (ibid., p.33)

O catecismo composto pelo jesuíta Padre Marcos Jorge – um antigo professor de teologia da Universidade de Évora – era o texto geralmente adotado pelos colégios para ensinar a catequese e as primeiras letras às crianças. Tendo sido publicado originalmente em 1561, teve acréscimos advindos da pena do também jesuíta Inácio Martins. Era conhecido como a *Cartilha* (Leite, 1983, p.45) ou *Cartilha do Padre Inácio*. Pombal proscreve o uso daquela cartilha, substituindo-a por um catecismo jansenista, publicado por Carlos Joaquim Colbert sob o título *Catecismo de Montpellier*.[30] Tal catecismo tornar-se-ia – pela prescrição do alvará pombalino – o livro

---

30 Em tese de doutoramento intitulada *Ler, escrever, contar e se comportar: a escola primária como rito do século XIX português (1820-1910)*, penso que demonstrei que, à luz dos relatórios de inspeção das escolas portuguesas dos anos de 1867 e 1875, o *Catecismo de Montpellier* constava como um dos dez livros mais referidos e mais presentes nas escolas.

INSTRUÇÃO PÚBLICA E PROJETO CIVILIZADOR 119

escolar alternativo à *Cartilha do Padre Inácio*. Aquele teria sido posto no *Index* dos livros proibidos a partir de decreto de 1721. Pombal reabilitou-o e, mais ainda, cuidou que dele fosse feita a tradução portuguesa.

Além disso, como também indica o texto do Alvará de 1759, ninguém mais poderia ensinar sem a licença do diretor dos Estudos:

> Fora das sobreditas classes não poderá ninguém ensinar, nem pública nem particularmente, sem aprovação e licença do Diretor dos Estudos, o qual, para concedê-la, fará primeiro examinar o pretendente por dois professores régios de Gramática; e, com aprovação destes, lhe concederá a dita licença, sendo pessoa na qual concorram cumulativamente os requisitos de bons e provados costumes; e de ciência e prudência; e dando-se-lhe a aprovação gratuitamente, sem por ela ou pela sua assinatura se lhe levar o menor estipêndio. Todos os ditos professores levarão o privilégio de nobres, incorporados em direito comum, e especialmente no *Código Título de Professoribus e Medicis*. (Alvará 1759, p.33)

Os alunos que frequentassem as classes de grego e, nelas, tivessem aproveitamento notório, reconhecido e atestado por seus professores e que, além disso, passassem com mérito pelos exames públicos seriam "preferidos em todos os concursos das quatro Faculdades de Teologia, Cânones, Leis e Medicina, aos que não houverem feito aqueles proveitosos estudos, concorrendo neles as outras qualidades necessárias, que pelos estatutos se requerem" (Alvará-1759, p.33). Já os estudos de retórica eram considerados requisitos para habilitar todos os que pretendessem ingressar nas universidades e, por isso, "ninguém seja admitido a matricular-se na Universidade de Coimbra e alguma das ditas faculdades maiores sem preceder a exames de Retórica feitos na mesma cidade de Coimbra perante deputados para isso nomeados pelo Diretor; do que conste notoriamente a sua aplicação e aproveitamento" (ibid., p.34).

Em 11 de janeiro de 1760, outro Alvará institui exames para os professores se candidatarem a lecionar. As diferentes cadeiras

120 CARLOTA BOTO

seriam, portanto, preenchidas mediante provas. Mas "os exames, que até então se faziam perante uma banca presidida pelo diretor geral em Lisboa, passaram a ser realizados nas cidades do reino que possuíam um professor de retórica e dois de gramática latina" (Carvalho, 1978, p.117), como é descrito a seguir:

> Os exames para as cadeiras de Retórica que se farão daqui em diante por professores régios da referida arte, que tenham cartas assinadas pelo Diretor Geral, passadas pela Chancelaria e tomado juramento em casa do Chanceler-Mor do Reino, de bem cumprirem obrigação, a saber: na cidade de Lisboa, por três dos referidos professores, na presença do Diretor Geral; na cidade de Coimbra, pelos professores de Retórica, e que fui servido nomear para a mesma cidade, em presença do Comissário em quem delegar o Diretor Geral os seus poderes, o qual Comissário deverá remeter ao Diretor Geral os autos sumários dos exames, na forma das instruções que particularmente houver dado; praticando-se da mesma forma nas cidades do Porto e de Évora, logo que se estabelecerem os seus respectivos professores. Os exames para as cadeiras de Gramática Latina desta Corte se farão nela da mesma sorte por cinco professores régios, perante o Diretor Geral, que ao seu arbítrio poderá meter neste número alguns professores régios de Retórica e de Gramática, estabelecidos nesta cidade e perante o Comissário delegado do sobredito diretor. E o mesmo se praticará nas cidades do Porto e Évora [...]. Pelo que respeita aos exames dos que pretendem ensinar particularmente em suas casas ou nas das pessoas que a eles quiserem confiar a educação dos seus filhos, bastará que se façam por dois professores régios de Gramática Latina. (Alvará-1760, p.35)

Como destaca José Ricardo Pires de Almeida (2000, p.37), as escolas pombalinas foram mantidas por meio de taxas sobre a carne, o sal, a aguardente e o vinagre. Foi somente a Carta Régia de 10 de novembro de 1772 que instituiu – tanto em Portugal quanto no Brasil – um imposto destinado exclusivamente para a manuten-

INSTRUÇÃO PÚBLICA E PROJETO CIVILIZADOR   121

ção das escolas primárias. Chamou-se subsídio literário, incidindo diretamente sobre vinhos e aguardentes. A aplicação do subsídio literário foi diretamente vinculada ao melhoramento das escolas e dos assuntos da instrução. Havendo excedente de receita do mesmo imposto, a verba que sobrasse seria devolvida às instâncias competentes de Portugal – com o fito de que a ela fosse conferida destinação específica para o ensino. O subsídio literário seria administrado pela Real Mesa Censória, instância criada em 1768 (Nóvoa, 1987, p.167) e que, desde 1771, substituíra o diretor dos Estudos. É preciso lembrar que a ideia primeira era a de que o diretor dos Estudos tivesse o "direito exclusivo de editar livros" (Maxwell, 1996, p.105) – prática que passaria a ser desempenhada pela Real Mesa Censória. O próprio nome indica: tratava-se de um tribunal de Estado, voltado para o controle das coisas da cultura letrada. De alguma maneira, há similitudes entre essa Real Mesa Censória e o instituto defendido por Ribeiro Sanches para centralizar informações e controlar práticas desenvolvidas por várias instituições – quer no âmbito da educação, quer nos assuntos da medicina.[31]

---

31 Mas a Real Mesa Censória tinha também um assumido caráter repressor. As pessoas eram obrigadas a entregar àquele tribunal a lista dos livros que possuíam em suas casas. Sob o argumento de que existiriam, no reino e em seus domínios, obras corruptoras da religião e da moral, um alvará datado de 1769 ordena que "todos os livreiros, impressores, mercadores de livros, universidades, religiões, comunidades, corporações e pessoas particulares, assim desta Corte como de todos os Meus Reinos e Domínios, sejam obrigados a formarem um catálogo fiel de todos os livros impressos ou manuscritos, científicos e literários, que tiverem nas suas casas, lojas, oficinas e livrarias" (Alvará-1769 apud Carvalho, 1986, p.468). Rômulo de Carvalho comenta, ainda, que a Real Mesa Censória lançou edital, datado de 24 de setembro de 1770, que indicava um vasto rol de impressos que passavam a ser considerados proibidos, condenados, cujos exemplares deveriam ser confiscados. Fogueiras feitas no Terreiro do Paço e na Praça do Pelourinho em Lisboa destruíram exemplares de autores como "Hobbes, Diderot, Rousseau, Voltaire, La Fontaine, Espinosa etc." (Carvalho, 1986, p.468). Tais obras eram tidas como proscritas por "conterem doutrina ímpia, falsa, temerária, blasfema, herética, cismática, sediciosa, ofensiva da paz e do sossego público" (Edital Real Mesa Censória 1770 apud Carvalho, 1986, p.468).

122 CARLOTA BOTO

Luís Albuquerque recorda que foi a lei de 6 de novembro de 1772 que criara, em Portugal, o "ensino primário oficial" (Albuquerque, 1960, p.33).[32] Somente ali foram estabelecidas normas para concursos de provas públicas. Além disso:

Fundava também uma inspeção prevista para ser exercida com certa regularidade, pois cada escola deveria ser visitada ao menos três vezes em cada ano por membros da Real Mesa Censória (organismo a quem cabia a direção do ensino elementar) ou por delegados que ela designasse. Como complemento dessa inspeção, impunha-se a todo o professor a obrigação de redigir, no final de cada ano escolar, um relatório onde, além de observações gerais acerca das atividades docentes e discentes, deviam ser incluídas notícias, embora sumárias, sobre os *curricula* escolares dos alunos. (ibid., p.34)

---

32 Como observa Dermeval Saviani, a institucionalização das primeiras letras foi objeto da Lei de 6 de novembro de 1772: "no preâmbulo da Lei de 6 de novembro de 1772, o rei, após retomar as críticas aos jesuítas que teriam levado à ruína as letras ao controlá-las durante dois séculos, situa nesse âmbito 'as escolas menores, em que se formam os primeiros elementos de todas as Artes e Ciências'; menciona as súplicas da Real Mesa Censória para reparar as 'sobreditas escolas, que constituem os berços em que se nutrem e criam as referidas Artes e Ciências com uma Providência tal' a estender seus benefícios 'ao maior número de Povos e de habitantes deles que a possibilidade pudesse permitir'. Mas pondera, em seguida, ser impossível adotar-se um Plano que permitisse estender os benefícios do ensino a todos igualmente, pois 'nem todos os indivíduos destes Reinos e seus Domínios se hão de educar com o destino dos Estudos Maiores'. E prossegue considerando que ficam excluídos desse destino os 'empregados nos serviços rústicos e nas Artes Fabris, que ministram sustento dos Povos e constituem os braços e mãos do Corpo Político'. Para esses, diz o rei, bastariam 'as instruções dos párocos'. Ou seja, ficariam limitadas às explicações dominicais do catecismo, ministradas oralmente nos sermões dos curas. Observa, ainda, que mesmo as pessoas com habilidade para os estudos também estão sujeitas a grandes desigualdades: 'bastará a uns que se contenham nos exercícios de ler, escrever e contar'; a outros bastará a língua latina. A partir dessas considerações, o rei decide aprovar o Plano, com os respectivos mapas de localização das escolas menores e respectivos mestres, elaborados pela Real Mesa Censória. E outorga a essa mesma Mesa competência plena para a instalação das escolas e nomeação dos mestres" (Saviani, 2008, p.95-6).

INSTRUÇÃO PÚBLICA E PROJETO CIVILIZADOR 123

Também Rogério Fernandes enfatiza as modificações nos Estudos Menores introduzidas por lei em 1772:

Estabelecimento de concursos para o provimento das cadeiras; obrigatoriedade de prévia averiguação da competência do professor para o exercício da docência; fiscalização do aproveitamento do aluno através de um serviço de inspeção, de que fixava as regras de funcionamento; frequência de um ano de Filosofia (Lógica e Ética) pelos alunos dos cursos menores que se destinassem à Universidade; fixação das matérias de ensino a que seriam obrigados os mestres de ler, escrever e contar: caligrafia, ortografia portuguesa, sintaxe, as quatro operações de aritmética, catecismo e regras de civilidade; autorização do ensino Doméstico, sob a condição de os respectivos professores terem sido previamente aprovados. (Fernandes, 1992, p.87)

Joaquim Ferreira Gomes observa, a propósito, que essa oficialização do ensino primário por Pombal "não deve ser tomada num sentido absolutamente estrito, mas apenas na medida em que foi ele quem, pela primeira vez na nossa história, planeou uma rede de escolas primárias públicas que, de certa maneira, faria a cobertura das principais povoações do país" (Gomes, 1989, p.14). Destaca, ainda, o mesmo historiador que é difícil para o século XVIII discriminar com precisão a ação da Igreja e a ação do Estado relativamente ao ensino e à assistência.

De todo modo, "o que é indubitável é que, desde tempos muito remotos, houve aulas de ler e escrever, mesmo em Colégios destinados ao ensino secundário e até nas universidades – tanto na de Coimbra quanto na de Évora" (ibid., p.15). O pioneirismo do Marquês de Pombal estaria, exatamente, não tanto na introdução do ensino de Estado, mas na intenção de impulsionar tais Estudos Menores com a finalidade de valer-se de tal recurso como estratégia de fortalecimento nacional.

António Nóvoa sublinha que, durante os anos iniciais da Reforma Pombalina dos Estudos, houve uma tendência de os professo-

124 CARLOTA BOTO

res régios "acumularem sua ocupação com empregos públicos, seja por iniciativa própria (com o fito de aumentar seus proventos), seja por pressão dos poderes locais" (Nóvoa, 1987, p.259). Segundo o historiador português, há muitos documentos que indicam conflitos entre mestres régios e autoridades públicas, com respeito à especificidade do ofício de professor: "os mestres afirmam que sua única obrigação é o ensino da leitura e da escrita às crianças; as autoridades avaliam que, enquanto funcionários pagos pelo Estado, eles teriam o dever de se manter à disposição dos poderes públicos" (ibid., p.260). Nóvoa recorda, ainda, que, por vezes, o mestre-escola era, nesta ou naquela localidade, o único indivíduo capaz de ler e escrever, "competência que deveria ser colocada à serviço da comunidade" (ibid.).

A análise empreendida por Kenneth Maxwell demonstra que um dos principais objetivos do Marquês de Pombal na reforma que empreenderá no ensino português é a de "produzir um novo corpo de funcionários ilustrados para fornecer pessoal à burocracia estatal e à hierarquia da Igreja reformada. Seria aqui, entre esses burocratas e clérigos recém-forjados, que as reformas pombalinas encontrariam seus perpetuadores e defensores" (Maxwell, 1996, p.110). Maxwell adverte também que o centro do processo de reforma estava, todavia, no projeto e no processo de reforma universitária – com destaque especial para a atualização da Faculdade de Medicina, "fazendo voltar o estudo de anatomia por intermédio da dissecação de cadáveres" (ibid., p.110).

Como diz também Ruth Gauer sobre esse tema, "na visão dos reformadores, a ciência tinha um sentido, o sentido de solucionar os problemas humanos, de transformar a história da civilização portuguesa" (Gauer, 1996, p.119). Nesse sentido, Gauer vincula o projeto reformador pombalino, especialmente expresso na redação do *Compêndio Histórico do Estado da Universidade de Coimbra* a uma dada acepção de ciência que será aquela que trará a tônica da modernidade. A crença na ciência estará diretamente ancorada na crença no progresso (Gauer, 2001, p.142). Além disso, a autora destaca que "o pensamento científico que circunscreveu o projeto

INSTRUÇÃO PÚBLICA E PROJETO CIVILIZADOR 125

da Reforma tinha uma função de idealização dos objetos do conhecimento, os quais deveriam ser construídos. Em tal pensamento, não cabia o imponderável, mas apenas o programado" (Gauer, 2006, p.86). Um projeto arquitetado de secularização institucional será, nesse sentido, coerente com uma nova concepção de Estado, que, por sua vez, perfilha as instâncias privilegiadas pelos reformadores. No parecer de Gauer, o próprio delineamento de uma nova acepção de ciência médica era daí derivado. Também Joaquim Ferreira Gomes confere prioridade ao que compreende ser a grande característica da reforma pombalina: "a introdução do espírito experimental na Universidade" (Gomes, 1986, p.47). Além desse espírito, fundado nos preceitos da observação e da experiência, a grande marca que vivifica a construção dos novos *Estatutos da Universidade de Coimbra* em 1772 foi o espírito iluminista.

Já Raymundo Faoro sublinha que, embora a ação reformadora de Pombal tenha, de fato, renovado o Estado português, as mesmas reformas caracterizaram-se, entretanto, por uma pretensa modernização conduzida por uma "autoridade pública fraca, corrupta e atrasada" (Faoro, 1994, p.40), sem alterar as bases estruturais das formas de produção. Para o autor, "o absolutismo português, com a renovação pombalina, ao contrário, reativava as raízes medievais, como fato, num contexto cultural modernizante" (ibid., p.41).[33] Seja como for, o empreendimento pombalino alterará a política, a produção cultural e as instituições educativas portuguesas e brasileiras. Identificar a dimensão teórica e política da Reforma da Universidade de Coimbra é apreender – pode-se dizer – um pouco das contradições do império português daquela época.

---

33 Faoro considera a existência de uma contradição básica, fundadora da ambiguidade do modelo pombalino: "o Estado, o agente da reforma, utilizava, sem permitir-lhe autonomia, a burguesia comercial, posta ao lado da aristocracia vigiada. A reforma, dessa maneira, incide, de modo principal, sobre os delegados estatais, universitariamente reequipados. A ideologia, orientada pelo poder público, subordina o pensamento político, impedindo que ela se liberte para frequentar o espaço liberal" (Faoro, 1994, p.41).

126 CARLOTA BOTO

Seja como for, é imperioso concordar com Kenneth Maxwell no tocante aos três objetivos que ele identifica no projeto reformador da escolarização traçado pelo pombalismo: "trazer a educação para o controle do Estado, secularizar a educação e padronizar o currículo" (Maxwell, 1996, p.104). Também na universidade, a orientação centralizadora do novo currículo é evidente. Tratava-se de forjar para a universidade um movimento consentâneo com as necessidades de um Estado que se pretendia moderno; à altura dos países ditos civilizados.

A reforma da universidade pela crítica do método: o *Compêndio histórico*

António Nóvoa destaca que, entre 1759 e 1771, foram bastante ampliadas as "escolas de leitura, de escrita e de cálculo e aumentou-se o número de classes régias de gramática latina, de grego, de retórica e de filosofia" (Nóvoa, 1987, p.167). Porém, para dar continuidade à reestruturação que fazia, o reino tinha necessidade de "novos homens, de novos meios, de estruturas mais sofisticadas" (ibid.). Por ser assim – no parecer do historiador –, houve, de alguma maneira, necessidade histórica de se aperfeiçoar o que já se fizera mediante novas medidas de reformulação, que caracterizariam uma nova etapa – esta mais abrangente – no plano de Reforma dos Estudos. Essa etapa aconteceria no ano de 1772.

A Reforma de 1772 inaugura uma nova fase da ação pombalina concernente ao ensino. Se o período 1759-1771 foi, sobretudo, um tempo de ensaio e experimentação, o ano de 1771 marca a intenção de instaurar definitivamente um sistema de ensino de Estado, compreendendo então os três níveis de escolaridade: o primário (mediante a criação de escolas régias de leitura e de escrita), o secundário (através da difusão de classes régias de gramática latina, de grego, de retórica e de filosofia) e o superior (por meio da reforma da universidade). (ibid., p.168)

INSTRUÇÃO PÚBLICA E PROJETO CIVILIZADOR   127

Nóvoa realça que algumas medidas sobre o ensino das primeiras letras já haviam sido tomadas na primeira fase da Reforma pombalina (entre 1759 e 1771). Porém, o que se fez, de fato, nesse período, a respeito do ensino das primeiras letras, abarcou principalmente modificações nas escolas dos territórios ultramarinos; especialmente no Brasil. De todo modo, foi pela legislação de 1772 que se instituiu efetivamente um "corpo de mestres diretamente dependentes do aparelho do Estado, trazendo assim uma contribuição decisiva para o processo de profissionalização da atividade docente" (Nóvoa, 1987, p.168). Criava-se, cada vez mais, um sistema centralizado para supervisão da educação pública; um aparato estatal para prover de escolas as povoações. Aos poucos, a Igreja era desalojada do controle que tinha em matéria educacional.

A Universidade de Coimbra era, por sua vez, uma instituição que, no tempo de Pombal, era bastante procurada pela população letrada do país. Laerte Ramos de Carvalho demonstra que houve um crescimento praticamente constante dos índices de matrícula nas diferentes faculdades da universidade coimbrã, entre os anos de 1573 e 1769 (Carvalho, 1978, p.172). Nem por isso deixava de haver severa crítica ao formalismo universitário, pelo fato de os estudos "presos à rotina e aos processos obsoletos, não corresponderem mais às condições de vida da época" (ibid., p.173).

Acerca da Reforma dos Estudos Maiores ou Universitários – já destacava Rogério Fernandes –, ela teria sido deflagrada quando "a Junta da Providência Literária, a que presidiam o Cardeal da Cunha e o próprio Marquês de Pombal, elabora em 1771 o *Compêndio histórico do estado da Universidade de Coimbra*" (Fernandes, 1992, p.88). O referido documento, apresentado como um trabalho da Junta de Providência Literária, criada por Carta Régia de 23 de dezembro de 1770, teria sido apresentado a d. José em 28 de agosto de 1771. Tratava-se – como diz Joaquim Ferreira Gomes – de um "parecer sobre o estado das artes e das ciências no país" (Gomes, 1989, p.78) em uma época pré-pombalina, na qual a universidade portuguesa era composta por quatro faculdades: Teologia, Cânones, Leis e Medicina (ibid., p.82). Três semanas depois

128 CARLOTA BOTO

da apresentação, em 25 de setembro de 1771, "Pombal comunica à Universidade que d. José decidira que, no ano letivo próximo futuro, os estudos fossem regulados por novos Estatutos e Cursos Científicos, suspendendo os antigos" (ibid., p.78).

O ponto de partida do *Compêndio histórico do estado da Universidade de Coimbra* era exatamente a apresentação e crítica dos supostos "estragos" realizados pela Companhia de Jesus nos estudos portugueses; em especial, nos estudos universitários. Acreditava-se que, tanto no tocante aos autores quanto no que concernia aos métodos de ensino adotados, teria havido um retrocesso, manifesto na organização dos estudos e nos modos de ensinar então correntes em Coimbra. Ruth Gauer (2004, p.148-9) compreende que a Reforma da Universidade ocorrida em 1772 foi, nesse sentido, fruto da contradição entre o ideal ilustrado de progresso, de dinamismo e funcionalidade, próprios da racionalidade moderna, e o atraso da escolástica tradicional imperante na vida universitária coimbrã. Gauer interpreta as diretrizes do *Compêndio histórico*, bem como dos *Estatutos pombalinos*, que vieram a público em 1772, como expressões da epistemologia moderna. A autora destaca, ainda, que "o papel da Universidade, na visão dos reformadores, era o de promover aquilo que se constituía como eixo central do debate político na época, em Portugal: o progresso do Estado" (Gauer, 2001, p.142). Só assim se poderia aguardar da Universidade aquilo que "a sociedade esperava dela: um centro que gestaria um projeto social aplicável a todo o reino" (ibid., p.143).

Ruth Gauer sublinha que o *Compêndio histórico* é, por todos os motivos elencados, um documento-chave para compreender a lógica do modelo universitário que se criticava e o rumo alternativo do ensino que se pretendia colocar em prática. Na primeira parte daquele longo relato, procurava-se identificar as causas do declínio e da destruição dos estudos universitários. Atribuía-se toda a responsabilidade à Companhia de Jesus e a suas escolásticas opções de métodos e de técnicas de ensino. Os vários estatutos que compunham a história da Universidade – desde o século XVI, com a entrada dos jesuítas no cenário acadêmico – teriam dado cabo de

INSTRUÇÃO PÚBLICA E PROJETO CIVILIZADOR 129

todo outro conjunto de leis, de regras e de métodos anteriores, que havia sido perdido (ibid., p.122). O discurso impresso no documento orienta-se – no parecer de Gauer – pela "eficácia jurídica do discurso acusatório" (ibid., p.123). Além disso, não se questionava o contexto político e social que circunscrevia a vida universitária; como se todos os males fossem internos à instituição: "as mazelas, os defeitos e as imperfeições só faziam parte da política educacional jesuítica" (ibid., p.124). No entanto, a reforma universitária era engendrada no discurso como uma ação eminentemente política, cujo lugar de origem estaria fora da universidade. Estaria no Estado.

Em termos práticos, Gauer ressalta o avanço que representou, para a organização dos estudos universitários, a "implantação do ensino seriado em substituição ao ensino cumulativo" (Gauer, 2004, p.151). A autora destaca que o sistema de séries organizou a temporalidade do aprendizado, mediante a possibilidade de classificação disciplinar e controle de um elenco de disciplinas à luz de um "fluxo pedagógico racionalizado".[34] A compreensão da lógica dessa nova estrutura curricular exige, todavia, que nos detenhamos nos pressupostos do projeto reformador pombalino dirigido aos Estudos Maiores.

Manuel Alberto Carvalho Prata comenta que a marca primordial do discurso dos *Estatutos pombalinos* da Universidade foi "a forte e declarada hostilidade contra a especulação e o argumento de autoridade. Significa isto não só a condenação do ensino verbalista e livresco, mas também do modelo de escola que se limitava apenas a transmitir conhecimentos" (Prata, 1991, p.197). Para esse autor, o que comandou o espírito da reforma universitária de Pombal foi a preocupação com o entrelaçamento entre teoria e prática.[35] Talvez

---

34 "O sistema de séries implantado pelo regime anual rompeu com o ciclo repetitivo anterior, abriu condições para a aplicação do projeto moderno, onde o tempo linear poderia ser controlado, o que permitiu a introdução de um elenco de disciplinas organizadas pelo fluxo pedagógico da dinâmica linear onde o tempo deveria ser racionalizado." (Gauer, 2004, p.151)

35 "É que Pombal não desconhecia que tinha pela frente um país atrasado, ignorante e fortemente carenciado de meios técnicos e humanos necessários ao seu

130   CARLOTA BOTO

por isso, a prioridade da transformação aconteceu nas chamadas Faculdades Naturais (ibid.); destacando-se aqui, especialmente, as modificações introduzidas no ensino da medicina e igualmente a criação de um curso universitário de matemática.[36] Instaurou-se também o curso de Filosofia, cujos estudos – somente então, para o caso português – desmembraram-se, definitivamente, das diretrizes do curso de Teologia.

A crítica severa do *Compêndio histórico do estado da Universidade de Coimbra* à Companhia de Jesus vem expressa na própria continuidade do texto que dá título ao documento: "no tempo da invasão dos denominados jesuítas e dos estragos feitos nas sciencias e nos professores e directores que a regiam pelas maquinações, e publicações dos novos estatutos por elles fabricados" (Compêndio, 1972).

---

desenvolvimento. Porque iluminado, sabia também que o progresso da casa lusitana passava pela introdução de novos conteúdos do saber e pela formação, em moldes novos, de homens conscientes e tecnicamente capazes de exercerem a sua profissão. [...] Consciente de que o progresso do país dependia da estimulação, em moldes modernos, do ensino da Matemática, cria a Faculdade de Matemática e também a de Filosofia" (Prata, 1991, p.197). Separa, então, o estudo da Filosofia do território da Teologia – ao qual ele era anteriormente acoplado. Nesse sentido, pode-se concluir que o reconhecimento da Matemática como um campo autônomo do conhecimento inscreve-se na proposta da Modernidade que, efetivamente, pretende registrar o mundo pela linguagem dos números e da geometria.

36 Circe Mary Silva da Silva comenta como deveriam ser as aulas de matemática, de acordo com os novos *Estatutos* da Universidade de Coimbra. Diz a autora que "a aula era dividida em duas partes: uma em que o professor expunha os conteúdos e o aluno ouvia sem perguntar, e uma segunda parte, em que o professor arguia os alunos sobre a lição já estudada, e na qual o aluno tinha a oportunidade de apresentar as suas dúvidas. Curioso era, também, a caracterização dos exercícios práticos: o lente deveria exercitar os alunos no uso prático da geometria e trigonometria plana. Para isso, ele levaria os alunos para fora da cidade, conduzindo grafômetros, pranchetas e geodésicas para a prática de operações sobre terrenos, esterometria etc. Atribuindo-se o atraso de muitos estudos na Universidade pela parcialidade na escolha do livro-texto, ou pela teimosia de certos professores em insistir com autores já ultrapassados, foi ordenado que nenhum autor nacional ou estrangeiro fosse fixamente adotado. As decisões sobre a adoção ou substituição dos livros estaria ao encargo da Junta de Congregação da Faculdade" (Silva, 1991, p.172).

INSTRUÇÃO PÚBLICA E PROJETO CIVILIZADOR 131

Publicado pela Régia Officina Typografica "por ordem de sua magestade" (ibid.), trata-se de um dos textos mais expressivos do discurso pombalino e – para o que aqui nos interessa – do seu entrelaçamento com o Iluminismo. Anterior um ano ao novo código que regeria a Universidade de Coimbra, o *Compêndio* data de 1771 e os novos *Estatutos* foram promulgados em 1772. Como documento que é – de uma época e de um projeto – o *Compêndio* revela não apenas o teor da denúncia àquele modelo existente da universidade e da pedagogia jesuítica, mas propõe, como alternativa, uma nova feição para os chamados estudos maiores. Desde o princípio, verifica-se que o tom da crítica não se confunde com a suposta laicidade que, apressadamente, se poderia concluir da proposta. A questão de Pombal era a seguinte: o ensino deveria ser ministrado pelo Estado; sendo assim, estaria em mãos de pessoas que não pertencessem a ordens religiosas. Todavia, não se tratava de pensar em um ensino sem religião. Uma das críticas feitas ao estado da Universidade de Coimbra, naquele tempo, decorreria exatamente do fato de os jesuítas darem aulas "ditando e fazendo ditar nas escolas públicas uma metafísica errônea e sumamente prejudicial; já estabelecendo por base da Moral Cristã a Ética de Aristóteles, filósofo ateísta, que nenhuma crença teve em Deus e na vida eterna, [...] um hipócrita armado contra a inocência dos crédulos, com virtudes externas e fingidas" (ibid., p.10-1).

Laerte Ramos de Carvalho tem razão ao indicar que o projeto pombalino indicava, ao fim e ao cabo, uma "sociedade cristã civil" (Carvalho, 1982, p.87). Tratava-se, para o futuro Marquês, de adotar um conjunto de medidas que promovessem o fortalecimento do reino português. Nesse sentido, havia de se instituir um método moderno. A primeira recusa da modernidade pombalina foi quanto à permanência dos jesuítas como agentes da educação. Mas, unido a isso, havia um problema mais profundo: tratava-se de desautorizar as referências teóricas nas quais se pautava a Companhia de Jesus. É nesse contexto que – como bem observa Ramos de Carvalho – "a crítica à ética e à lógica de Aristóteles adquire particular significação" (ibid.).

132 CARLOTA BOTO

Suprimir os vestígios da Companhia de Jesus significava, para a época, substituí-la por outro projeto à altura dela. Em primeiro lugar, desconstruir o suposto atraso; em seguida, formular uma alternativa. Quando foi feita a Reforma da Universidade, "aos novos professores catedráticos de Coimbra e Évora foi concedido o uso de residências dos jesuítas expulsos" (Maxwell, 1996, p.205). Porém, antes disso, foi imperioso demolir os pilares sobre os quais se alicerçara o jesuitismo acadêmico. Desautorizou-se, desse modo, a visão de mundo incrustada pela órbita da Companhia de Jesus em todos os cursos da universidade, pelo menos desde o século XVI. A Companhia de Jesus é apresentada como tosca, obscura, em desacordo com os avanços do conhecimento de seu tempo. Tomaram sua própria dogmática por conhecimento, afastaram-se das necessidades do século – desconsiderando a história – e cristalizaram modos obsoletos de se pensar não apenas o ensino, mas o próprio conhecimento (Compêndio, 1972, p.122).

Além de tudo, a estrutura orgânica da Companhia de Jesus tornava seu poder bastante perigoso para os interesses do Estado. O *Compêndio* recorda a dispersão dos párocos jesuítas por todos os cantões do mundo, não reconhecendo a autoridade do país em que situavam; mas, sim, a supremacia da Igreja e a centralidade do Vaticano. Era, portanto, uma ordem cuja lógica residia, exatamente, nessa errância pelo mundo todo. Um dos preceitos que regia a organização da Companhia de Jesus seria a estrita obediência a seus próprios regulamentos e a não admissão de doutrinas diferentes. O pensamento divergente era formalmente vedado pelo regimento da Companhia e as doutrinas que não fossem claramente consentâneas com o pensamento da Igreja e daquela específica Ordem não poderiam vir a público, nem oralmente e nem por escrito. A controvérsia era tida como discórdia, e a diversidade de pareceres, como prejudicial à necessária união entre os membros da Companhia. Por isso, nem mesmo opiniões novas deveriam ser admitidas. O imperativo dos jesuítas era a obediência, bem como a submissão relativa ao que suas Constituições entendiam ser o "sentimento

INSTRUÇÃO PÚBLICA E PROJETO CIVILIZADOR 133

comum" (Compêndio, 1972, *appendix* ao capítulo segundo da segunda parte, p.4-6).[37]

Quando a Companhia de Jesus expressava, portanto, a necessidade de haver obediência às leis – e isso também é enfatizado no documento pombalino –, ela não se referia às leis naturais; nem mesmo às leis civis deste ou daquele país. As leis a serem cumpridas seriam as leis da própria Companhia de Jesus; como se esta fosse, por si, um Estado autônomo. Evidentemente, o intento de secularização acompanhava o projeto de Pombal. Não há possibilidade – e o estadista via isso à frente de seu tempo – de se fazer avançar o conhecimento, a ilustração, as luzes, a instrução em um país cuja educação estava centralizada em mãos tão ortodoxas frente à orientação do Vaticano; e tão em desacordo com o poder civil – e, consequentemente, com o espírito do século.

A propósito da estrutura do currículo, uma das censuras explicitadas no *Compêndio* pombalino dizia respeito ao fato de as Escolas Maiores – bem como todos os colégios controlados pelos jesuítas – limitarem o estudo da moral ao conhecimento da moral aristotélica. A *Ética* de Aristóteles era – segundo consta do *Compêndio* – adotada como obra "para se ler nas escolas da Universidade de Coimbra; para se difundir nas Aulas de todos esses Reinos; e para constituírem nela o venenoso charco, donde saíram as mortíferas inundações" (Compêndio, 1972, p.204). O argumento aqui é cristão.

---

37 "Os membros da Sociedade de Jesus vivem dispersos em todos os cantões do mundo, e divididos em tantas nações e em tantos reinos quantos são os limites da Terra. Porém essas separações são somente dos lugares, não dos sentimentos; são diferenças da prática, e não dos afetos; dessemelhança nas cores, não nos costumes. Nessa família o mesmo sentem o Latino e o Grego; o Português e o Americano; o Irlandês e o Polaco; o Espanhol e o Francês; o Inglês e o Flamengo. E, entre tantos homens de gênios diversos se não vê nenhum debate, nenhuma controvérsia; julgam que nada importa saberem, qual foi a sua Pátria. Todos têm uns mesmos desígnios, uma mesma forma de vida, um mesmo voto, que, como um vínculo conjugal os coligou todos em uma mesma união. Ao menor sinal, um só homem (isto é, o Geral) volta e revolta a sociedade inteira, e determina a revolução da máquina de um tão grande corpo. Ele é fácil de mover, mas difícil de abalar." (Compêndio, 1972, *appendix* ao capítulo segundo da segunda parte, p.4)

134 CARLOTA BOTO

A obra do filósofo grego do século IV a.C. é considerada ímpia, ateia, prejudicial e indigna por não ser regida pelos preceitos do cristianismo. Curiosamente, o *Compêndio* repudia os *Estatutos* jesuíticos vigentes, então, na Universidade de Coimbra, em virtude de uma defesa religiosa: a moral cristã. Aí está uma das tantas contradições do discurso iluminado do século XVIII. Pela força do argumento, bem como pelo fato de haver nele a explícita apreciação do lugar da religião cristã como fonte do aprendizado das questões de conduta, o seguinte excerto parece fundamental:[38]

> Essa Moral [*Ética* de Aristóteles], pois, pagã, sectária, a mais ímpia das éticas gentílicas; a mais oposta à santa Moral do Evangelho; é a mais incompatível com os Dogmas e Máximas Cristãs: Este pernicioso Arsenal do Pirronismo Moral, bastante por si só para abalar e destruir os mais sólidos fundamentos da Religião e do Estado: Esta prejudicial produção do Ateísmo de Aristóteles: Este abominável parto da perversão do seu espírito, e da corrupção dos seus costumes: Essa exterminadora do verdadeiro bem; patrona do mal; matriz de todo o gênero de maldades; inimiga jurada da Religião, da Piedade, e da Probidade do ânimo: Essa Moral, que confunde inteiramente todas as noções de virtudes, e dos vícios; que transfigura e degrada as virtudes, transformando-as em vícios para serem aborrecidas, e não servirem de estorvo às depravações da vontade. Essa Moral, que cobre e exalta os vícios, erigindo-os em virtudes, para poderem livremente seguir-se sem opróbrio, e sem rubor; que excita a ambição; fomenta a avareza; promove a soberba; anima a arrogância; inflama a vaidade; acende a ira; estimula a vingança; sustenta o luxo; e favorece os prazeres carnais e terrestres: Essa Moral, que só põe a verdadeira felicidade do homem nas delícias da vida presente, sem, por modo algum, contemplar, nem atender à futura: Essa Moral tão humana e carnal [...]: Essa Moral,

---

38 Ruth Gauer compreende que a crítica à filosofia aristotélica deriva da recusa, necessária à ação pombalina, da "contemplação formal e finalista de mundo" (Gauer, 2001, p.135).

INSTRUÇÃO PÚBLICA E PROJETO CIVILIZADOR 135

que como fica demonstrado, só foi ordenada para formar o Cortesão e o Áulico; que verdadeiramente nem Moral é, pois mais parece um apêndice da Física do que tratado de Ética, por se ocupar mais da indagação da natureza e origem física dos afetos do ânimo, do que na consideração do objeto deles, e do modo de regê-los: Essa Moral, por todos os referidos princípios, tão indigna das Escolas Cristãs, que justamente se admiram muitos escolares, de que chegasse a ter adito nelas: E essa Moral, enfim, foi a Moral, que, entre todas as que ficam acima referidas encheu somente medidas, e os pontos de vista dos perniciosos maquinadores dos ditos Estatutos. (Compêndio, 1972, p.202-3)

O *Compêndio* é também severo ao denunciar o atraso dos métodos com que se ensinava em Coimbra. No caso dos Cursos Jurídicos, por exemplo, as aulas eram sempre uniformemente organizadas à luz do que o documento chama de "método analítico" (ibid., p.262). Este corresponderia a aulas centradas em comentários de textos considerados clássicos. Muitas vezes – nos termos do documento pombalino –, os professores ficavam presos a questiúnculas, fazendo longas digressões sobre "uma só lei ou capítulo" (ibid.); o qual, por sua vez, seria amplamente valorizado como aquele que contemplaria a questão central e própria do texto. Essas "lições analíticas" (ibid.) eram explicações dadas sempre do mesmo modo, todos os anos, invariavelmente pelo mesmo professor, fazendo com que, no transcurso de sua vida universitária, o estudante travasse contato com "muito poucos textos e doutrinas; e ainda elas sem a conexão e dedução, que mais que tudo concorrem para elas bem se perceberem, e se imprimirem melhor na memória" (ibid.).

Lia-se pouco, ouvia-se e copiava-se muito. Os lentes da universidade expunham, amiúde, "somente algumas leis e capítulos avulsos, cujas conclusões principais e doutrinas a elas pertencentes, e que nos mesmos textos se tratam, não podem bastar para a necessária instrução dos ouvintes" (ibid., p.262-3). Por causa disso, os estudantes enfadavam-se das aulas, muitas vezes deixavam a universidade "sem terem chegado a aprender, e nem ainda a ouvir

136 CARLOTA BOTO

as principais Regras e Primeiros Princípios de todas as matérias do Direito" (ibid., p.263). Além disso, os comentários dos professores tornavam-se postilas, que, "para as mesmas lições, se ditavam" (ibid.). Os alunos – como anteriormente observado – não estudavam pelos textos, mas pelas postilas. Tudo isso era feito sem qualquer domínio do que o *Compêndio* qualifica como "impreteríveis subsídios da interpretação genuína dos Textos" (ibid.). Na verdade, as fontes são agressivas contra as práticas do ensino ministrado na universidade:

> Pois que nelas interpretava cada um dos ditos professores as Leis, como melhor entendia; sucedendo-lhe muitas vezes enganar-se na inteligência delas, por se governar na maior parte pelas puras especulações do próprio entendimento; ou pelo juízo de alguns autores, que, por serem igualmente destituídos de todos os socorros precisos, só por obra do acaso podiam acertar com o sólido e verdadeiro sentido das Leis que explicavam; ou também quando o encontravam em algum Doutor da Escola Cujaciana [sic], que o havia indagado com as luzes necessárias, e que só por fortuna lhe acontecera lê-lo entre os das outras Escolas, se todavia saber avaliar dignamente o seu merecimento no concurso das ditas Escolas. (ibid., p.264)

Havia, em Coimbra, uma prática de ditados e cópias de lições – ou, ainda, os professores liam e os alunos anotavam: herança típica do modelo da universidade medieval. O *Compêndio*, nesse ponto, releva a situação e, ponderando sobre o assunto, diz que nada disso seria tão descabido, caso esse referido "método analítico" fosse seguido do Estudo Sintético dos princípios e da doutrina do Direito. Era preciso que os professores ensinassem, por exemplo, "Língua Latina e Grega; Disciplinas Filosóficas; do Direito Natural; da História; da Hermenêutica; da Crítica e todos os bons subsídios da interpretação genuína das Leis" (ibid.). Somente assim, os estudantes aprenderiam efetivamente, não apenas a interpretar corretamente as Leis e os Cânones, mas também "far-se-iam mais textuais, se-

INSTRUÇÃO PÚBLICA E PROJETO CIVILIZADOR 137

riam mais hábeis para entenderem bem os Textos; saberiam deduzir deles as suas verdadeiras conclusões" (ibid.). No limite, o que o *Compêndio* pretendia era, a um só tempo, graduar o currículo, classificando um rol de matérias consideradas relevantes para formação do estudante e, além disso, pretendia que o aluno pudesse travar contato mais direto com o texto. Para tanto, parecia imperioso que ele viesse a ler não as postilas com comentários, tampouco as lições proferidas em sala de aula sobre os autores importantes do campo da jurisprudência, mas, sim, o próprio autor comentado na exposição do professor. Propunha-se uma "leitura crítica" – embora sem o uso da expressão. Entender o texto e verificar suas conclusões tornar-se-iam – nos tempos do *Compêndio* – aprender a "decidir e duvidar" (ibid.).

Como último aspecto acerca do tema, o estudo doutrinário do direito não poderia estar apartado da prática do mundo das Leis. De que serviria ao aluno aprender todas as regras do Direito Romano se não fosse capaz de entender a normatividade jurídica do país e da época em que vivia? O estudo de leis abstratas não preparava, efetivamente, para o ofício prático que desempenhariam os futuros doutores em direito. Tal preocupação também corroborava propostas de mudanças no ensino jurídico, tanto no conteúdo e na estrutura das matérias quanto no modo de ensinar. Só que isso requereria a transformação radical nos estatutos dos cursos e da universidade, mudança essa que Pombal empreenderia no ano seguinte.

Vemos que os Professores se têm cansado, e cansam ainda, em dar uma vasta e ampla notícia das mesmas matérias e dos Textos em que elas se contêm; em indagar com muita diligência e escrúpulo a verdadeira inteligência deles; em propor e dissolver com grande trabalho os argumentos e dificuldades que neles se envolvem; e que para esse fim tem composto e compõe sobre eles amplíssimos comentários, e longuíssimas Postilas [*sic*], como as que se tem ditado e estão atualmente ditando nas Aulas de Coimbra. Vemos que, sobre as mesmas matérias já antiquadas, se tem disputado e disputa com muito calor e proximidade nas ditas Lições e nas Pos-

138 CARLOTA BOTO

tilas, que, para elas, ditam os Professores, e explicam nas Cadeiras:
Que as mesmas desusadas matérias se agitam e debatem com muita
repetição e frequência nos Atos e Exames Públicos, que também
nelas se fazem, saindo nelas os Pontos que se tiram para eles, umas
vezes pela fraudulenta diligência dos Candidatos, outras vezes por
cair nelas a forte [sic] da abertura dos Corpos de Direito das respectivas Faculdades; Que sobre as Conclusões e Doutrinas dos Pontos, ou cautelosamente diligenciados, ou cegamente afinados na
referida forma, se perguntam, se examinam, e devem responder os
mesmos Candidatos: E que basta para darem eles boa conta delas
para serem logo aprovados, promovidos aos Graus Acadêmicos, e
julgados hábeis para todos os Ministérios da Jurisprudência; posto
que nenhuma prova tenham dado, nem se lhes tenha pedido da sua
boa instrução nos artigos do Direito usados, e frequentes no Foro.
(Compêndio, 1972, p.267-8)

A ineficácia dos estudos preparatórios do curso de Medicina
também era tópico bastante destacado no *Compêndio* pombalino.
Como já havia alertado Ribeiro Sanches, os jovens eram formados
em Medicina sem estarem preparados para a prática médica. Formavam-se em Medicina sem sequer haver aprendido anatomia.
Formavam-se em Medicina sem que houvessem assistido a cirurgias. Enfim, a formação dos médicos era completamente alheia à
prática do ofício médico. Não se ocupava de observar o que médicos
faziam com pessoas que adoeciam. Com a reforma do curso de Medicina, Pombal dava concretude às sugestões que lhe haviam sido
feitas por parte da geração de estrangeirados com quem convivera.
O substrato da reforma são as grandes descobertas que teriam
modificado o "olhar" da compreensão biológica, como, por exemplo, a descoberta de Harvey de que o sangue circula no corpo.[39] De

---

39 "Ao estudo meramente livresco dos tratados de Galeno e Aviceno, substituíram os reformadores uma concepção na qual a segurança metodológica, a base
   das ciências experimentais e os exercícios práticos se faziam sentir como o
   organon fecundo dos novos estudos." (Carvalho, 1978, p.167)

INSTRUÇÃO PÚBLICA E PROJETO CIVILIZADOR   139

acordo com o comentário de Miller Guerra sobre a reforma pombalina dos estudos médicos, "daqui advém a necessidade de os estudantes e os médicos se familiarizarem com a doença e os doentes. O meio próprio para se atingir este fim consiste na frequência assídua das enfermarias e das consultas" (Guerra, 1983, p.293).[40] Havia o propósito de não mais pautar o conhecimento médico meramente em hipóteses abstratas que – por si mesmas – sacrificassem o espírito de observação e de experiência – bases da ciência empírica. Finalmente, procurava-se trazer maior rigor ao campo da medicina que, como ciência moderna, precisaria, de alguma forma, "imitar o exemplo de exatidão das verdades físicas e matemáticas" (Carvalho, 1978, p.174).

O *Compêndio histórico do estado da Universidade de Coimbra* criticava, drasticamente, as práticas do curso de Medicina, atreladas a preconceitos, à dogmática, e a superstições absolutamente injustificáveis que haviam sido cristalizadas por uma longa tradição de obscurantismo. De maneira introdutória, a propósito do assunto, o texto declara seu respeito a Hipócrates, reconhecido pai da medicina. Porém – argumenta –, a própria teoria hipocrática seguia absolutamente desconhecida dos estudantes de medicina. Galeno também é destacado como uma referência imprescindível, já que ele insistia no fato de que o futuro médico deveria ter, acima de tudo, uma natureza inclinada para a profissão:

> [...] isto é, uma feliz disposição e engenho para facilmente entender o que ensina essa ciência, toda fundada na razão e na experiência; em segundo lugar, que o futuro médico se exercite desde a mocidade nas disciplinas, especialmente na aritmética e na geometria, nas quais ele mesmo era insignemente versado. Se falharem essas

---

40 "Por isso, a reforma dá ao Hospital tamanha importância, ordenando que o 4º e 5º anos do Curso sejam dedicados à prática hospitalar com observação à cabeceira do doente. Assim se respeitavam os preceitos dos grandes clínicos da época, Sydenham e Boheraave, abandonando o saber livresco pelo saber de experiência feito." (Guerra, 1983, p.293)

140 CARLOTA BOTO

coisas – conclui Galeno – não se pode esperar que o médico haja de alcançar o perfeito conhecimento da Arte. (Compêndio, 1972, p.300).

O *Compêndio* acentua os aspectos concernentes às matérias a serem ensinadas. Afinal, o que um médico precisa saber? Antes de tudo, o conhecimento de lógica era necessário para prepará-lo para julgar corretamente. "Uma razão ilustrada e um juízo sólido e cultivado" (ibid., p.303) seriam elementos fundamentais para uma ciência como a medicina, que é "quase toda conjectural" (ibid.).[41] Até o conhecimento da Metafísica era defendido no *Compêndio*, posto que seria preciso – nos termos do documento – ter alguma clareza quanto à compreensão de alguns conceitos gerais de que o médico faz uso, por vezes, de maneira imprópria, como, por exemplo, "da natureza, da essência, da causa, do efeito, do necessário, do contingente, do perfeito, do imperfeito etc." (ibid., p.304). Porém, o domínio teórico da Física, da Matemática e das Ciências da Natureza era, acima de tudo, imprescindível para uma boa formação em Medicina.

O *Compêndio* de Pombal é minucioso ao descrever o que ocorria no ensino de Medicina da Universidade de Coimbra. A sociedade portuguesa necessitava de uma Medicina social, como aquela em que se haviam já destacado autores iluministas – particularmente Verney e Ribeiro Sanches. Pensar nas modificações do curso de Medicina na universidade tornava-se, pois, estratégia privilegiada para "curar a sociedade" (Gauer, 2001, p.142). Em pleno século das Luzes – comenta Ruth Gauer – o *Compêndio* pombalino indicava que "os médicos formados pela tradição escolástica matavam mais que as guerras" (ibid.). Portugal vivia em um uma época de barbárie:

---

41 A lógica – que dirige para a investigação da verdade – seria importante na formação do médico: "para não enganar-se nos discursos que faz, para saber tirar consequências convenientes dos fenômenos que observa; para tomar as medidas mais sábias, ou para a cura das doenças ou a conservação da saúde" (Compêndio, 1972, p.303).

INSTRUÇÃO PÚBLICA E PROJETO CIVILIZADOR 141

A lamentável ruína, que haviam padecido as ciências, por se confiar grande parte dessas providências ao juízo, e cuidado dos mestres, era um poderoso estímulo para excitar os maquinadores dos estatutos a encher dignidade. Contudo, eles praticaram a mesma maquinação, que prostrou a Teologia e a Jurisprudência, e nos reduziu ao século bárbaro. (Compêndio, 1972, p.330-1)

Os jesuítas nada haviam feito de benéfico para os estudos. O *Compêndio* reitera a ineficácia dos estudos jesuíticos referentes à matéria médica. Não diziam, por exemplo, que os tratados gregos e árabes deveriam ser lidos "nas suas fontes" (ibid., p.332); não alertavam para a necessidade de se consultar também os intérpretes daquelas mesmas fontes. Também não se preocupavam em indicar que "conferissem as suas doutrinas com os descobrimentos que os sábios haviam posteriormente feito pelos socorros da Química, da Botânica e da Anatomia" (ibid.). Seria, também, fundamental que, além de se escolherem bons autores, que houvesse "explicação dos autores que servem de guias e mestres de estudo" (ibid.).

Essa preocupação com o que se compreendia como método e uso da crítica na lição pautava, na verdade, uma nova concepção de mundo e de conhecimento. Rascunhava-se ali – como já destacou Gauer (2001) – a modernidade portuguesa nos assuntos do Estado, da medicina e da educação. Sendo assim, como assinala a intérprete: "a universidade proposta no *Compêndio histórico* funcionaria com um método, uma técnica e uma pedagogia, objetivando transmitir um saber científico embasado na observação da experiência através da sistematização" (Gauer, 1996, p.89).

O *Compêndio* oferece outras várias recomendações, como se – por recurso retórico – estivesse apenas criticando o que os jesuítas não fizeram:

– Que não sujeitassem cegamente o seu juízo à autoridade dos antigos; mas que abraçassem o que fosse reconhecido por certo.

– Que não se ocupassem nas questões sutis e impertinentes da escola; antes procurassem instruir os discípulos na verdadeira doutrina dos mesmos antigos. (Compêndio, 1972, p.332)

142 CARLOTA BOTO

A lógica da pedagogia universitária dos jesuítas fortaleceu um modo escolástico de ensinar; voltado para "excitar as mesmas argúcias e sutilezas, as mesmas disputas e argumentos; as mesmas dissensões e contendas, que os ditos escolásticos haviam espalhado por todas as ciências" (Compêndio, 1972, p.332-3). Era preciso ser extirpado da universidade esse referido método escolástico que tiranizara todas as ciências.[42]

Método perplexo, escuro e contencioso, que faz a aula da Medicina palestra da discórdia e da incivilidade; pois que a ela iam os estudantes médicos aprender a se injuriarem com expressões picantes; e levantar vozes com desafios tão públicos como injuriosos ao decoro das aulas científicas. (Compêndio, 1972, p.300)

De fato, na descrição feita das aulas ministradas para o curso de Medicina, o Compêndio reitera aquele binômio típico, das lições e das disputas; estas se transformando, muitas vezes, em brigas ruidosas – especialmente por ocasião de exames. A descrição fala por si mesma:

A Aula da Medicina oferecia, então, um espetáculo notável, ao qual concorriam os Estudantes das mais Faculdades para se divertirem. Enfurecia-se o Presidente; gritavam os Arguentes; acendia-se o Defendente; todos queriam ter razão; e, como estavam dela distantes, nenhum sossegava, todos clamavam; e só vencia quem era mais destro e sutil em lançar palavras picantes. O Defendente saía com tudo aprovado, podia ser promovido à honra dos Graus Acadêmicos, e depois ir exercitar livremente a Medicina em prejuízo comum de todo este Reino. (Compêndio, 1972, p.340)

---

42 João Pedro Miller Guerra diz que o Compêndio, "na parte respeitante à Medicina, está mais conforme com a ciência do tempo do que os Estatutos. Lá se encontram em lugar saliente a Anatomia, a Cirurgia e a Medicina clínica, bem como a necessidade de estabelecimentos novos para o ensino e avanço da ciência: o Teatro Anatômico, o Dispensário Farmacêutico, o Botica Hospitalar, o Jardim Botânico, e o Hospital destinado ao ensino, a que chamamos hoje hospital escolar" (Guerra, 1983, p.288-9).

INSTRUÇÃO PÚBLICA E PROJETO CIVILIZADOR   143

Uma das principais dificuldades assinaladas pelo *Compêndio* era a ausência de "ordem certa no ensino das matérias" (ibid., p.330). Assim, "alguns aprendiam os Aforismos de Hipócrates no terceiro ano; e outros no quinto, conforme as matérias que o Lente ensinava quando eles principiavam seus estudos" (ibid.). Não havia, nos estudos universitários, qualquer tipo de seriação.[43] Sendo assim, a desordem persistia entre os estudantes, que não se mostravam capazes de diferenciar, por exemplo, a doutrina hipocrática da galênica ou da arábica. Os autores em si eram mal estudados e pouco valiam esses estudos, considerando o modo como eram feitos. Parecia urgente alterar aquela prática:

> Não bastava ainda saber como se deve principiar esse estudo, e com que ordem se devia fazer. Era justamente necessário estudar pelos autores que tinham tratado da matéria da Medicina com mais profundo conhecimento dela. Era necessário lê-los, explicá-los com bom método e crítica. (ibid.)

Depois que deixavam a faculdade, a prática dos que se haviam formado em Medicina pela Universidade de Coimbra era simplesmente a de "purgar, sangrar etc; sem saber as ocasiões oportunas em que deviam aplicar esses remédios" (Compêndio, 1972, p.342). Por não se terem habituado à observação médica, não eram capazes de conhecer as enfermidades e, pela mesma razão, não sabiam prescrever remédios. Enfim – desprezando a prática clínica e a experiência dela advinda –, não sabiam curar. Por isso, toda gente achava que poderia se fazer, às vezes, de médico,

> Tal era o estudo público da Medicina e tais os médicos que dele saíam. E que diremos da inumerável cópia de Cirurgiões, de

---

43 "Era imerso nesse clima de confusão, pautado pela falta de coerência sequencial, que o aluno regular dos cursos da Universidade de Coimbra tinha acesso aos conteúdos oferecidos em uma cadeira, auferindo uma visão global acerca deles apenas no momento de encerramento, muitas vezes aleatório, de seu ciclo pessoal." (Carvalho, 2008, p.60)

144 CARLOTA BOTO

Boticários, de Barbeiros, de Charlatões, de Segredistas, de Mezinheiros, de Impostores e até de mulheres Curadeiras, que, pelas Cidades, pelas Vilas, pelos Lugares e Campos se metiam a praticar a Medicina; e conseguiam a fortuna de serem atendidos e chamados até que a triste experiência de muitas mortes, de que eram réus, os fizesse ser desprezados? Teríamos aqui um larguíssimo campo para discorrer, e fazer ver quanto essa praga infeccionou o Estado; e quanto concorreu para ruína da Medicina, se não fossem notórios todos esses estragos, e evidente que a origem deles nascia da ignorância em que estavam os povos; do fanatismo, que por eles reinava; da falta de médicos sábios e desinteressados; da desordem que praticavam os Físicos Mores na administração do seu ofício; e das Leis defeituosas, que os dirigiam. Leis que, concedendo faculdade aos Físicos Mores para darem licença de curar aos *idiotas* e às *mulheres*, onde não houvesse médicos graduados, abriram uma larga porta a mil abusos, que levaram ao Estado muitos dos seus vassalos; fizeram a Medicina desprezível; e espalharam por toda parte o *idiotismo* e a *superstição*. (ibid., p.342-3)

À Igreja, em nada interessaria modificar tal situação. Tudo isso acontecia, basicamente, porque, em um tempo onde todas as nações da Europa se desenvolviam relativamente ao conhecimento e às descobertas nos diferentes territórios do saber, os jesuítas, em Portugal, trabalhavam para a manutenção da ignorância do Reino: "mostrando-se cada vez mais insensíveis aos progressos das Letras; fazendo-se adoradores cegos da escola peripatética; e declarando uma viva guerra a todos quantos se atreviam a pensar de modo diferente do que era por eles afetado" (Compêndio, 1972, p.337). Nesse sentido, a denúncia do *Compêndio* é veemente contra um sistema que estava estruturado para manter as coisas como estavam; e conservar o reino na ignorância, na estupidez e no atraso.

Uma das mais destacadas recomendações de todo o *Compêndio* – ao, explicitamente, avaliar o estado da Universidade de Coimbra – era o da necessidade de tornar realidade o estudo da anatomia humana. Por "estudo anatômico", o texto compreende "uma artifi-

INSTRUÇÃO PÚBLICA E PROJETO CIVILIZADOR   145

cial divisão do corpo humano morto nas suas partes, tanto internas como externas, para nos dar um conhecimento distinto dos diferentes órgãos que entram na sua composição" (ibid., p.321). Não se conhecerá como é formado o corpo humano sem a dissecação de cadáveres humanos. O *Compêndio* recorda que muitos dos teóricos da anatomia sugeriam que o estudo se fizesse "dissecando não só cadáveres humanos, mas ainda os corpos vivos de alguns criminosos" (ibid.).

Galeno reconhecera a importância do estudo anatômico, denominando-o "o olho direito da Medicina" (ibid., p.322). Diz o *Compêndio* que o próprio Galeno "dissecava os meninos mortos expostos; observava nos sepulcros a estrutura dos ossos; aconselhava os médicos que fossem à famosa Escola de Alexandria, para verem os esqueletos dos homens, e não se contentassem com o que liam nos Livros" (ibid.). A crise da anatomia teria ocorrido, em toda a Europa, por influência árabe:

> Os árabes, que figuram tanto na Medicina, tiveram muito pouco cuidado da Anatomia. Promovendo igualmente a Religião Maometana esse pernicioso descuido, por impedir que os seus sectários se avizinhassem aos cadáveres. Contudo, no meio das trevas que tinham coberto a face das ciências por todas as partes, conservaram o conhecimento da Anatomia Galênica e a transmitiram aos europeus. Como a Medicina nesses tempos escuros era exercida ordinariamente pelos eclesiásticos, não se podia adiantar-se a Anatomia. O horror que, pelas Leis Canônicas, se tinha à efusão de sangue; e as mesmas proibições para se fazerem as dissecções; foram um novo obstáculo ao progresso da Anatomia, e lançaram o seu estudo em grande esquecimento e desprezo até o referido século XVI. (ibid., p.323)

Sucede que, exatamente com o Renascimento do século XVI, muitos progressos foram feitos nesse campo; inclusive com práticas não autorizadas de dissecação de cadáveres por cientistas, magos e artistas. Desterraram-se superstições que "tiranizavam os

146 CARLOTA BOTO

espíritos" (Compêndio, 1972, p.324). Vários cientistas do Renascimento – como Vesálio – demonstraram os erros de Galeno, proporcionando incontáveis progressos no campo da anatomia: com Falópio, Eustáquio etc. Porém, se a anatomia progredia em outros lugares da Europa, em Portugal ela continuava absolutamente tolhida por aqueles que o documento dizia serem "os maquinadores dos Estatutos" (ibid., p.325).[44] Era vedada a dissecação dos cadáveres; e estudava-se anatomia com o lente da matéria explicando os livros de Galeno. Aliás, diz o Compêndio que Galeno era fruto da superstição de seu tempo; e que não recomendava que se procedesse a dissecções em cadáveres humanos. Por isso é que aconselhava os médicos a irem a Alexandria "para aprenderem a osseologia à vista dos esqueletos; e procurava tantos meios para suprir a falta dos ditos cadáveres" (ibid., p.327). O Compêndio assinala com veemência a necessidade de se introduzir a prática de dissecação de cadáveres humanos no curso de Medicina da universidade. Só isso permitirá que os discípulos "aprendam a conhecer a estrutura, a configuração, a conexão de qualquer parte do corpo humano com outras partes" (ibid., p.326). Diz o texto que "quanto mais repetidas forem essas dissecções, e quanto mais se exercitarem os discípulos nessas operações; tantas mais luzes hão de adquirir na Anatomia; e tantos mais conhecimen-

---

44 "A falta dessas repetidas dissecções, que impedia estudar-se o homem e fazerem-se demonstrações à vista dos cadáveres foi a causa do pouco progresso que a Anatomia fez por tantos séculos. Por isso logo que cessaram todos os obstáculos, e elas foram frequentadas, fez a a Anatomia mais progressos no espaço de um século do que tinha feito em dois mil anos. Porém os Maquinadores dos Estatutos atenderam tão pouco à utilidade que se seguia ao Estudo Anatômico dessas dissecções e dessas demonstrações repetidas à vista dos cadáveres, que só mandaram ao Lente que 'fizesse Anatomia' (são as suas palavras) de 'membros particulares seis vezes e três gerais'. No que claramente se vê que não quiseram que os estudantes fossem bem instruídos [...]. Concluindo-se enfim essas reflexões, os ditos Maquinadores quiseram arruinar a Anatomia e sujeitar à ignorância, que, por tantos séculos, tinha retardado o bem dessa Ciência." (Compêndio, 1972, p.326-7)

INSTRUÇÃO PÚBLICA E PROJETO CIVILIZADOR 147

tos bem fundados terão do corpo humano" (ibid.). A ausência de dissecação de cadáveres era considerada causa do atraso do conhecimento e do ensino da medicina. O método a ser seguido deveria ser o inverso daquele até então preconizado: "depois de ter o estudante adquirido um fundado conhecimento da anatomia, nada é mais natural do que passar a instruir-se dos princípios e regras gerais da Medicina, para saber formar em breve uma ideia dessa ciência" (ibid., p.328). E, da teoria, ao saber as regras gerais e os princípios, o estudante deveria passar para a prática.

O *Compêndio* aponta como fundamental a aplicação desse corpo teórico em uma dimensão prática, que também se deveria constituir como matéria de estudo. Abstraídos de sua relação com a prática – ou seja, sem que se observasse a natureza, como ela é –, os conhecimentos adquiridos poderiam, inclusive, ser prejudiciais: "perder-se-ia de vista a estrada direita da observação e da experiência; novos sistemas sucederão aos primeiros; e tudo serão confusões e disputas quiméricas" (Compêndio, 1972, p.316). A ênfase do *Compêndio* na articulação entre a teoria e a prática revela sua sintonia perante as necessidades de seu tempo, consoante à lógica da cientificidade moderna. O texto pombalino insiste que, mediante a mera utilização de tratados científicos, por melhores que eles fossem, no campo da medicina, não se chegaria lá... Além de tudo, o modo como os tratados eram utilizados nas aulas já apresentava problemas. Não havia orientação única dos professores para os alunos. Vários estudantes, à medida de seu adiantamento, estavam ora no início, ora na metade, ora no final da leitura do mesmo tratado. A ordem das lições era sempre incerta para os alunos. A ausência de uma grade seriada do conhecimento impedia a organização dos estudos, bem como dificultava, sobremaneira, o ensino ministrado. Defende-se, assim, um currículo articulado de maneira graduada, com saberes ministrados em ordem sequencial, a partir de um plano prévio de formação. Naquela época, relata o documento:

Uns ouviam no princípio as Lições dos Tratados, que deviam ouvir-se no meio do tempo e no fim do curso médico; e, pelo con-

148 CARLOTA BOTO

trário, outros ouviam no meio e no fim daqueles Tratados, que deviam preceder conforme a ordem natural das partes de que se compõe a Medicina. Por esse modo, cortava-se o fio das matérias; destruía-se a uniformidade do ensino; estabelecia-se uma confusão de estudos, tumultuária e perplexa; e privavam-se os estudantes da utilidade de poderem conferir entre si, pela diversidade de matérias que aprendiam. (ibid., p.329)

À luz da crítica, o texto, a seguir, recomenda:

Sabida a Teórica por meio das instituições ou sabidas as regras gerais e princípios, devia o estudante médico passar para a Prática, que é o complemento e a perfeição de toda a Medicina. Esse estudo ensina a conhecer no enfermo, por sinais particulares, doenças; e a curar cada uma das doenças com os seus particulares remédios, e por método particular. Já se vê que ele supõe o conhecimento do Estudo Teórico da Medicina; e que é muito importante que seja bem dirigido para se evitarem os estragos, que pode causar a ignorância do médico. (ibid.)

Urgia reestruturar os estudos de medicina para transformar as práticas médicas. Ribeiro Sanches havia discorrido sobre medicina à luz do que se fazia em grandes centros europeus.[45] Nesse sentido, "atribui grande importância à clínica médica e à cirúrgica" (Guerra, 1983, p.287) – como sublinha Miller Guerra, para quem "Ribeiro Sanches foi o mais proficiente dos oráculos do Marquês, visto que ninguém como ele estava em posição de colher maior e melhor número de ideias sobre o que convinha fazer" (ibid.). Essa ênfase na aliança entre a clínica médica e estudo teórico, bem como na valorização do conhecimento que recorre à prática para além dos tratados – tal como consta do *Compêndio* –, revelam claramente a

---

45 "Graças a suas viagens e estágios, podia comparar a medicina dos grandes centros europeus com a nossa, medir a distância que os separava e indicar os remédios para o atraso em que jazíamos." (Guerra, 1983, p.287)

INSTRUÇÃO PÚBLICA E PROJETO CIVILIZADOR 149

apropriação feita pelo pombalismo dos estudos de Ribeiro Sanches (e também de Verney) sobre o tema, indicando, em alguma medida, aquilo que seria o estilo médico de clinicar: "anamnese, observação do doente, diagnóstico e verificação anátomo-patológica [autópsia], no caso de o doente falecer" (ibid., p.288). Ali estava desenhado o roteiro da medicina pombalina, bem como a observância do moderno método científico.

Os *Estatutos da Universidade de Coimbra* e o currículo do curso de Medicina

Recuperar o atraso português significava, naquele tempo, transformar o estado das coisas em domínios públicos considerados estratégicos. Assim eram a educação, a justiça e a medicina. Daí a atenção dada pelo *Compêndio* tanto à formação jurídica quanto ao ensino da medicina. Reformar os estudos universitários – bem como reformar a instrução de primeiras letras e secundária – era o passaporte para a reforma do Estado; um Estado que se pretendia incluído em seu tempo, competitivo e potente.

Conforme assinala Manuel Alberto Carvalho Prata, o Marquês de Pombal assumiu o poder em um país no qual "o ensino, em todos os seus graus, era prisioneiro e escravo do passado" (Prata, 1991, p.196). Tanto sua estada em Londres e em Viena como os "apelos de Verney e Ribeiro Sanches, entre outros, fizeram-lhe compreender que só uma completa remodelação no sistema científico e pedagógico reinante poderia pôr novamente Portugal a par da cultura europeia" (ibid., p.197).

A renovação da ciência compreendia averiguar novas dimensões dos variados campos do conhecimento. Havia de se traçar, para tanto, novas matérias de estudo. Porém, não se tratava apenas de inovar o domínio dos conteúdos. Era fundamental registrar também novas formas de ensinar, com o reforço do componente prático dos currículos. Diz Manuel Alberto Carvalho Prata que "ao perspectivar-se sobre o real, o humano e o material, a ciência afasta-se

150 CARLOTA BOTO

de todo o tipo de especulações. Às disciplinas formais, opõem-se as ciências do real" (Prata, 1991, p.196).[46] Por isso mesmo se considera o valor histórico e documental que possuem – promulgados em 1772 – os *Estatutos da Universidade de Coimbra compilados debaixo da immediata e suprema inspecção de El Rei D. José I, nosso Senhor, pela Junta de Providência Literaria creada pelo mesmo Senhor para a restauração das Sciencias e Artes Liberaes nestes Reinos e todos seus Domínios* (1772). Tais *Estatutos*, compilados em três volumes, constituem o principal arcabouço da modernidade portuguesa do século XVIII em matéria de educação.

Diz Joaquim Ferreira Gomes que foi em 29 de setembro de 1772 que o Marquês de Pombal compareceu à Sala dos Capelos da Universidade de Coimbra para apresentar os novos *Estatutos*. Os três tomos em que se apresentavam esses documentos versavam respectivamente sobre os estudos da Faculdade de Teologia (1º tomo); da Faculdade de Cânones e da Faculdade de Leis (2º tomo); e dos "Cursos das Ciências Naturais ou Filosóficas [3º tomo], ou seja, da Faculdade de Medicina, da Faculdade de Matemática e da Faculdade de Filosofia" (Gomes, 1989, p.82).

Ferreira Gomes destaca que, além da criação da Faculdade de Matemática e da Faculdade de Filosofia, havia inúmeros dispositivos expressos nos *Estatutos* que assinalavam o intuito de mudança do projeto pedagógico do pombalismo. Nesse sentido, além de apresentar informações meramente técnicas – como a idade dos estudantes, o tempo do ano letivo, os feriados etc. –, havia no documento "disposições de natureza metodológica que apontam para uma nova concepção de ciência" (Gomes, 1989, p.82). Essa nova concepção de ciência impregnava, sobretudo, a proposta pedagógica elaborada para a reforma do curso de Medicina. Ruth Gauer

---

46 "A renovação das matérias é uma preocupação dos pedagogos no sentido da introdução de novos saberes – úteis e necessários –, tais como a economia, as ciências físicas e naturais, o desenho e as línguas vivas. É nesse sentido que se pronunciam, entre outros, Verney, Feijoo, Jovellanos e Campomanes." (Prata, 1991, p.196)

INSTRUÇÃO PÚBLICA E PROJETO CIVILIZADOR 151

avalia o caráter progressista da reforma pombalina e o cariz de modernidade expresso pelos novos *Estatutos* da universidade:

A formação de médicos preparados para a experiência e a observação nos hospitais construiu um saber que deu condições de controle político-científico do meio, vale dizer: da cidade, do subúrbio, da comunidade. Esse controle garantiu a administração das epidemias e o controle da saúde da população, o que consistiu em controle político do Estado. (Gauer, 1996, p.99)

Pombal reformulou os *Estatutos* da universidade e, além disso, jubilou alguns de seus lentes. De acordo com Joaquim Ferreira Gomes, com o fito de renovação do quadro docente à luz das novas orientações promulgadas, no mês de setembro de 1772, foram jubilados 4 professores de teologia, 3 de leis, 7 de cânones e 13 de medicina (Gomes, 1989, p.84). As faculdades passaram, pois, a dispor de novos *Estatutos* e de um novo corpo docente para aplicá-los. Diz Ferreira Gomes que ali foram lançados os "alicerces da nova fundação da universidade" (ibid., p.85). Nesse sentido – continua o historiador – o essencial da Reforma Pombalina – "o que lhe dá jus a ser considerada uma das mais avançadas da sua época" (ibid.) – foi a introdução do "espírito experimental" nas aulas. Para tanto, foram construídos "laboratórios e todos aqueles estabelecimentos científicos sem os quais não é possível a experimentação" (ibid.). Os *Estatutos* pombalinos da Universidade de Coimbra dirão que a Medicina é a "filosofia do corpo humano" (Estatutos, 1972, p.4). Dessa afirmação depreende-se que a ciência de base que ancora a prática médica é a filosofia natural. Nos termos de Laerte Ramos de Carvalho, "a organização dos estudos médicos, na Reforma de 1772, constituiu, sem dúvida, um dos aspectos mais felizes da renovação pedagógica universitária planejada pela Junta de Providência Literária" (Carvalho, 1978, p.167).[47] A ciência médica, portanto,

---

47 "A lúcida concepção metodológica, as radicais transformações por que passou a Faculdade médica e as providências determinadas com o objetivo de nobi-

152 CARLOTA BOTO

precisaria afastar-se das especulações abstratas, sem recair, contudo, na pura empiria.

O espírito novo exigia a construção de todos os estabelecimentos previstos nos *Estatutos*: "o Hospital Escolar, o Teatro Anatômico, o Dispensário Farmacêutico, o Museu de História Natural, o Gabinete de Física Experimental, o Laboratório Químico, o Jardim Botânico e o Observatório Astronômico" (Gomes, 1989, p.86). Tudo isso – como se pode deduzir – vinha em plena consonância com o mais pleno espírito científico do Setecentos europeu: "as noções de razão e natureza, corporificadas na filosofia natural – alicerçada na elaboração racional do conhecimento por meio da observação e a experiência – e a matemática, que era a linguagem universal desse saber racional" (Carvalho, 2008, p.63). Fortalecer o domínio da ciência significava passar da arte de demonstrar para a arte conjectural (Carvalho, 1978, p.56). Como diz Laerte Ramos de Carvalho acerca do tema, "reconhecem os *Estatutos* serem as regras do raciocínio imperfeito tão essenciais e necessárias, pela sua utilidade sem dúvida quanto as do raciocínio perfeito" (ibid.); já que a arte de conjecturar será aquela que traz consigo a possibilidade de pesar a realidade e avaliar as probabilidades do conhecimento verdadeiro.[48]

---

litar a profissão, se, por um lado, testemunham, indiretamente, o atraso em que se achavam os estudos médicos, patenteiam, por outro, os cuidados que presidiram a estruturação dos cursos novamente instituídos. A articulação dos estudos médicos com as aulas das Faculdades de Filosofia e Matemática demonstra, por si só, o elevado espírito por que se traduziu, no setor em apreço, a Reforma de 1772. Ao estudo meramente livresco dos tratados de Galeno e Aviceno, substituíram os reformadores uma concepção na qual a segurança metodológica, a base das ciências experimentais e os exercícios práticos se faziam sentir como o *organon* fecundo dos novos estudos." (Carvalho, 1978, p.167)

48 "A teoria médica não se fundamentaria, portanto, em hipótese ou sistema algum, antigo ou moderno, a cujo serviço se sacrifiquem as observações e experiências por meio de explicações forçadas e somente imaginadas a fim de não deixar à natureza desmentir a opinião, que antecipadamente se abraçou: nem também no sincretismo de diferentes sistemas, procurando reconciliá-los entre si, e confundindo princípios diversos em prejuízo maior do bem público, do que o mesmo que tem resultado dos ditos sistemas: nem finalmente o

INSTRUÇÃO PÚBLICA E PROJETO CIVILIZADOR 153

Joaquim Ferreira Gomes diz que os novos *Estatutos da Universidade de Coimbra* foram implementados com vagar e com dificuldades, em virtude da "reação antipombalina surgida na sequência da morte de d. José, ocorrida em 23 de fevereiro de 1777" (Gomes, 1989, p.90-1). Mesmo assim, complementa o historiador:

> Apesar do número reduzidíssimo de alunos que frequentavam os "Cursos de Ciências Naturais e Filosóficas" e apesar das duras e repetidas provações que visitaram nosso país ao longo do século XIX, a reforma pombalina da Universidade, no que tinha de mais significativo que era o espírito experimental, conseguiu vingar. (ibid., p.92)

O discurso de Verney e de Ribeiro Sanches sobre a medicina adquiriu imediata adesão nos *Estatutos da Universidade de Coimbra* de 1772, cujo conteúdo – como diz Jean Luiz Neves Abreu – "corresponde a toda uma plêiade de pensadores ligados às ideias racionalistas e de caráter experimental" (Abreu, 2007, p.88). Os novos *Estatutos da Universidade de Coimbra* (1772) têm na reforma dos estudos médicos seu caráter provavelmente mais emblemático: por meio daquela reforma, Portugal ingressaria no território da ciência moderna. Esse tema tem sido sublinhado por vários pesquisadores, dentre os quais se poderia citar Miller Guerra, Joaquim Ferreira Gomes, Manuel Alberto Carvalho Prata, Manuel António Rodrigues, Rogério Fernandes, Kenneth Maxwell, Ruth Gauer e António Nóvoa. Pode-se constatar que, de maneira concomitante à crítica da ciência desenvolvida e ensinada na época, havia

---

ecletismo vago que tem feito tão grande a ruína das letras; tomando cada um a liberdade de escolher as opiniões, e probabilidades do seu gosto; e sendo este tão estragado na maior parte dos ecléticos, que não fica opinião alguma tão absurda, extravagante e insensata que não agrade a algum deles. A teoria médica deveria fundar-se no maior número possível de experiências [...]. O médico deverá amparar-se nos recursos que lhe fornecem as ciências naturais, mas sobretudo procurará imitar o exemplo de exatidão das verdades físicas e matemáticas." (Carvalho, 1978, p.174)

154 CARLOTA BOTO

também a veemente recusa dos padrões filosóficos que presidiam a organização do currículo. Por tal razão, ao tratar dos *Cursos das ciências naturais e filosóficas*, os *Estatutos* declaram abolir de todas as escolas do reino a filosofia escolástica. Nos termos do documento pombalino:

> Sou servido abolir, e desterrar não somente da Universidade, mas de todas as escolas públicas e particulares, seculares e regulares de todos os Meus Reinos e Domínios, a filosofia escolástica, emanada das Lições frívolas e capciosas dos Árabes, debaixo de qualquer nome ou título com que ela seja denominada: entendendo-se sempre por Escolástica aquela que se compuser de questões metafísicas, abstratas e inúteis, que, com sofismas intermináveis, semelhantes às que escreveram os Comentadores de Aristóteles em qualquer das seitas em que se dividiram. (Estatutos, 1972, p.2)

Definindo, ainda, os significados de filosofia escolástica, os *Estatutos* retratam uma realidade na qual persistem longas e inúteis disputas sobre a "natureza da matéria; sobre os princípios dos corpos; sobre a divisibilidade do contínuo; e outras questões inaveriguáveis, em que tenham lugar de fazer ostentação de sutilezas e imaginações" (ibid., p.3). Nesse sentido, ainda, a filosofia degenerava em uma ciência equívoca com conhecimentos ocos, dado o abuso escolástico de "desprezar os conhecimentos certos e dar grande valor às grandes coleções de probabilidades vacilantes, incertas, versáteis, ociosas e inúteis" (ibid.).

Além de tudo isso:

> Enganando o mundo com o título especioso de Modernos, fundado unicamente em substituir nos lugares de algumas questões metafísicas, que ninguém já poderia sofrer, muitas hipóteses frívolas de Física; generalidades vagas; explicações arbitrárias de alguns fenômenos, e experiências, muitas vezes, infielmente referidas; e outras coisas semelhantes, pouco diferentes da mesma Escolástica; nas quais, além de se não ensinar coisa alguma da verdadeira

INSTRUÇÃO PÚBLICA E PROJETO CIVILIZADOR 155

Física, se indispõem os entendimentos para as demais ciências; instilando-se neles o hábito nocivo de se apascentarem em raciocínios arbitrários, sem exatidão e sem eficácia. Sou servido proibir igualmente o uso de todos os Cursos Filosóficos, do caráter acima expresso e declarado, em todas as ditas Escolas dos Meus Reinos e Domínios, debaixo das mesmas penas que deixo estabelecidas. E Ordeno que não possam ensinar-se as Lições do Curso de Filosofia senão por algum Autor escolhido, em que se achem os princípios sólidos dessas Ciências, depurados de todas as questões e generalidades incertas, vagas e inúteis, que muitos Autores têm ociosamente introduzido no lugar das controvérsias metafísicas dos Escolásticos. (Estatutos, 1972, p.3-4)

Na primeira parte dos *Estatutos*, tratando das matérias do curso médico, o documento – retomando os termos usados por Ribeiro Sanches – dirá que a medicina tem por objeto duas coisas: "a conservação e o restabelecimento da saúde dos homens" (Estatutos, 1972, p.6). O conhecimento teórico do médico é tido, pois, como fundamento para combater a prática de exercer o ofício apenas pelo critério de "fazer lucrativa a sua profissão" (ibid.). Nesse sentido, médicos que atraiçoavam sua missão, "apadrinhavam remédios fingidos e segredos ilusórios e enganavam os enfermos com palavras esquisitas, que, por desgraça, tiveram, por tantos anos, o lugar de ciência na Medicina, com lesão e estrago da saúde dos povos e descrédito da mesma arte" (ibid.).

Os estudos preparatórios para o curso de Medicina correspondem, pelo texto dos *Estatutos*, a conhecimentos prévios sem os quais não poderiam ser admitidos à matrícula os estudantes. Os alunos deverão revelar domínio do latim, língua que devem compreender e escrever com desembaraço. Deverão também conhecer a língua grega, "não somente para se instruir nas obras originais dos autores gregos, mas também para entender quaisquer escritos de Medicina, cujos termos facultativos são quase todos gregos" (Estatutos, 1972, p.8). Embora não sejam matérias consideradas obrigatórias para o ingresso, é recomendável que os futuros médi-

156   CARLOTA BOTO

cos demonstrem também saber as principais línguas vivas da Europa, nomeadamente a inglesa e a francesa. Os alunos deverão ter domínio de matérias da filosofia, consideradas "necessárias para entrar com sólidos princípios no estudo da Medicina, que é uma física particular do corpo humano, cujo mecanismo não é possível entender-se sem precederem os ditos estudos" (ibid., p.9). Dentre os estudos filosóficos, serão privilegiados os conhecimentos de filosofia racional moral, além da lógica, da física e da matemática. Tais estudos preparatórios deverão ser aferidos por exames elaborados pelos professores das respectivas matérias. Depois de aprovados nas provas, os alunos podem requerer sua matrícula.

O curso de Medicina disposto pelos *Estatutos* de 1772 constará de cinco anos de estudos, a partir de cuja conclusão serão realizados os exames finais e o ato de formatura. Dali em diante, "ficarão os que forem aprovados com a liberdade de exercitarem a praxe da Medicina e cirurgia em todos os meus Reinos e Domínios, sem dependência de outra alguma aprovação e exame" (Estatutos, 1972, p.16). Além da prática médica e cirúrgica, os formados "ficarão habilitados para obterem partidos públicos das Câmaras, dos Conselhos, Hospitais etc.; servindo para tudo isso de título as suas cartas, as quais serão obrigados a apresentar às Câmaras dos lugares onde quiserem praticar" (ibid.). Com a apresentação da carta de comprovação da conclusão do curso, o médico terá o reconhecimento de sua habilitação para curar. Todavia, aqueles que pretenderem adquirir – para além do título de médicos – "os graus de licenciado e doutor (pelos quais somente poderão ser habilitados para ensinarem a Medicina) serão obrigados a cursar mais um ano na Universidade" (ibid.). Esse ano será chamado de "ano de graduação".

A finalidade da escola médica será – de acordo com o texto dos *Estatutos* – a de desterrar da universidade o que aqui se qualifica por "puro empiricismo" (Estatutos, 1972, p.17) eivado de erros e de equívocos supersticiosos e, por outro lado, banir também a dita "pura teórica na Medicina" (ibid.), que também incidia na ineficácia decorrente de uma escolástica dogmática. A proposta, em

INSTRUÇÃO PÚBLICA E PROJETO CIVILIZADOR 157

contrapartida, será a de erigir um modelo de medicina empírico-racional, na qual

> [...] as luzes da Teórica sirvam para se poderem ler sem equivocação nas experiências as verdades, que ensinar o magistério da natureza: e as observações bem feitas, examinadas, e comparadas, sirvam de retificar, verificar, ampliar, limitar e aperfeiçoar os conhecimentos da Teórica. (ibid., p.18)

Parte-se do seguinte princípio: pode haver equívocos na Teórica ou na Experiência. Sendo assim, é preciso – com exatidão e imparcialidade – buscar confrontar razão e experiência. Mas o mais importante é que a dimensão teórica "nem será fundada em hipótese ou sistema algum antigo ou moderno, a cujo serviço se sacrifiquem as observações e experiências por meio de explicações forçadas e somente imaginadas a fim de não deixar a natureza desmentir a opinião que antecipadamente se abraçou" (Estatutos, 1972, p.18). Tampouco haverá busca para se compor diferentes sistemas de maneira sincrética, "procurando reconciliá-los entre si" (ibid.). Mais do que a preocupação lógica, deverá haver a preocupação com a cura do doente. E, para tanto, será fundamental proceder à verificação. As verdades científicas, mesmo aquelas demonstradas por princípios, deverão estar sempre submetidas ao juízo crítico da prova, mediante a clivagem da confirmação, por meio da "observação e experiência" (ibid., p.19). Quanto mais replicável e replicada a observação, mais confiável será o resultado do diagnóstico. Sob tais pressupostos, o *Estatuto* apresenta as cinco partes do curso médico, expressas em suas principais disciplinas: fisiologia, patologia, semiótica, higiene, terapêutica e aforismos. Considera-se pernicioso o divórcio entre medicina e cirurgia, compreendido como um dos principais prejuízos para a "arte de curar" (ibid., p.20). O texto entende que não será bom médico quem não for, ao mesmo tempo, um bom cirurgião. Isso não quer dizer, no entanto, que os meros sangradores serão automaticamente elevados à condição de médicos. Isso quer dizer, sim, que, no princípio de curso de Medicina,

158 CARLOTA BOTO

será ministrada a matéria de anatomia com a mesma nobreza que têm as disciplinas anteriormente arroladas. Nos termos do texto:

> Porque nem a Fisiologia e Patologia se podem estudar sem preceder a Anatomia, nem a Terapêutica, sem preceder o estudo fundamental da Matéria Médica – no qual se aprendam as proprie-dades medicinais dos diferentes produtos da natureza e as prepara-ções químicas e farmacêuticas que pela arte se podem dar, a fim de os fazer utilmente aplicáveis conforme as diversas circunstâncias das enfermidades –, ordeno que as lições de Medicina principiem pela Matéria Médica e Anatomia. (Estatutos, 1972, p.20)

Todas as matérias do curso serão ensinadas sem aderir a qual-quer sistema; mas seguindo as lições dos melhores autores. Nenhum autor – nacional ou estrangeiro – deveria ser adotado de maneira permanente; mas teria sempre uma aprovação provisória para ser trabalhado nas lições, "enquanto não aparecer outro na mesma matéria que se julgue mais perfeito e mais útil ao bom apro-veitamento dos estudantes" (ibid., p.22). Ainda nos termos dos *Estatutos*:

> Pelo que igualmente serão excluídos das lições acadêmicas os compêndios superficiais, que explicam com grande difusão as coi-sas mais triviais e vulgares; deixando em silêncio as mais difíceis e importantes. Também o serão os Tratados volumosos, em que se acham as matérias discutidas ao largo, e ornadas com erudição acessória; os quais, sendo de boa nota, se recomendarão a lição par-ticular dos Estudantes, mas não servirão de texto para as Lições da Universidade. As quais mando que se façam pelos Tratados, que, ao mesmo tempo forem os mais. (ibid., p.21)[49]

---

49 Posteriormente, determinação de 26 de setembro de 1786 reiteraria as "repeti-das ordens" que já teriam sido dadas para que as Congregações das Faculdades tratassem da "composição de compêndios para uso das aulas" (Documentos, 1979, p.97). Os lentes catedráticos seriam os encarregados dessa composição.

INSTRUÇÃO PÚBLICA E PROJETO CIVILIZADOR 159

Diversas disciplinas eram repartidas por diferentes cadeiras. Desse modo, no primeiro ano, os estudantes deveriam acompanhar as lições de matéria médica e de arte farmacêutica. No segundo ano, teriam aulas de anatomia e ficariam familiarizados com a "prática das operações cirúrgicas e da arte da obstetrícia" (Estatutos, 1972, p.23). No terceiro ano, ouvem as instituições e vivenciam prática médica e cirúrgica no hospital. No quarto ano "ouvirão os aforismos e continuarão a prática no Hospital" (ibid.). Acreditava-se que – por meio do estudo dos aforismos hipocráticos, mas principalmente dos aforismos de Boerhaave, seria possível obter o essencial da doutrina em um tempo breve (Sanches, 1959, p.87). No quinto ano, ficarão exclusivamente dedicados a essa parte de prática médica e cirúrgica no hospital. Cada um dos professores (lentes) na universidade teria uma hora e meia de leitura por dia. A organização do tempo seria dividida em três horas de manhã e outras tantas à tarde. Isso supunha uma repartição das lições – entre as matérias teóricas e aquelas de cunho prático, cada uma ministrada por um lente em especial. Esse primado da dimensão da prática médica tem a ver com as orientações que haviam sido traçadas por Verney e, principalmente, por Ribeiro Sanches. Este último – considerado, como vimos, como a principal referência do projeto pombalino – insistiu muito na busca de ancorar, solidamente, a formação teórica no aprendizado da prática clínica.[50]

Inspirados nas lições que Ribeiro Sanches recebera de Boerhaave, os lentes de prática médica – pelos novos *Estatutos da Universidade de Coimbra* – deverão ser acompanhados pelos discípulos às visitas

---

Em 14 de outubro do mesmo ano, veio a público um aviso para que "os lentes substitutos possam empregar-se na redação dos compêndios se não estiverem empregados nas regências" (ibid., p.102).

50 Diz Jean Luiz Neves Abreu que, tendo por base esse saber assentado na experiência, Ribeiro Sanches valorizava sobremaneira a anatomia e a história da medicina. Sugeriu, em virtude disso, o ensino vinculado a laboratórios e a teatros anatômicos, além de haver conferido "especial atenção à clínica médica e à cirurgia. A respeito da anatomia, considerava que ela era a porta de entrada para o médico penetrar no corpo são e enfermo" (Abreu, 2007, p.82).

160 CARLOTA BOTO

que farão aos doentes. Os alunos poderão, nesse sentido, registrar a observação dos professores e verificar a gradação da enfermidade mediante o acompanhamento desse procedimento de inspeção, após o qual o professor – na sala de conferências – fará uma preleção. Em alguns momentos, tal acompanhamento será individual; e o lente, "ao pé de cada um explicará as mudanças que nele observa, com as indicações que daí resultam, dizendo brevemente a razão de tudo aquilo que receitar" (Estatutos, 1972, p.25). A inspeção ocular é considerada um dado inamovível do diagnóstico. O lente – ou seus substitutos em dias feriados – explicará aos estudantes "ao pé de cada enfermo as circunstâncias, indicações e curativo da sua moléstia" (ibid.). Para que um remédio possa vir a ser prescrito – deverá lembrar o professor a seus alunos – é fundamental que tenha sido suficientemente testado, mediante um número satisfatório de experiências. E tais experiências necessitam ser realizadas com "diligência, cautela e sagacidade" (ibid., p.30).

As aulas conterão explicações do professor e o que os *Estatutos* compreendem por "exercícios vocais do curso médico" (ibid., p.76). Será fundamental habilitar o futuro médico – antes de mais nada – a explicitar seus conceitos com clareza e distinção. As palavras exatas, a inflexão do tom, o acento da expressão, tudo isso é considerado relevante para prover o médico do domínio da comunicação, que o capacitará a estabelecer um diálogo lógico com seus pares e com seus pacientes. Por isso, após a preleção do professor, os discípulos "exporão brevemente a substância de toda a lição, por que forem perguntados. Depois disso a repetirão com toda a especificação, dando conta de todas as doutrinas que nela houver, acompanhadas das reflexões e notas que tiverem ouvido aos Lentes na explicação delas" (ibid., p.77).

Pela mesma razão, para fixar as matérias, os professores proporiam exercícios que viessem a contribuir para desembaraçar o discurso dos estudantes acerca do tema trabalhado. Depois disso, passar-se-ia à explicação da lição ministrada para o dia seguinte: "dando primeiro um extrato ou sumário do que nela se contém; e depois explicando cada um dos pontos com miudeza e distinção"

INSTRUÇÃO PÚBLICA E PROJETO CIVILIZADOR 161

(Estatutos, 1972, p.78). Evidentemente, o *Estatuto* reconhece a distância entre os talentos dos diferentes alunos para a apreensão do conteúdo da matéria ensinada. Nos termos do texto, exatamente por isso, os professores deveriam explicar, repetidamente, a mesma coisa de diferentes maneiras:

> Como são diversos os graus de capacidade e inteligência nos ouvintes, terão sempre a atenção de proporem as doutrinas que explicarem, em diferentes pontos de vista; para que os que não as alcançarem de um modo, as entendam de outro; que é uma das vantagens consideráveis que resultam da voz viva dos professores. Os estudantes, porém, que não entenderem a explicação, não poderão interromper o Lente; manifestando-lhe as suas dúvidas e embaraços; mas ouvirão com atenção e trabalharão privadamente por alcançar a inteligência de tudo, guardando as dúvidas que lhes restarem para as proporem no primeiro dia letivo, quando se repetir e fizer o exercício acima declarado sobre a mesma Lição. (ibid.)

Aos sábados haveria os "exercícios semanários" (ibid., p.78), que consistiam em uma recapitulação das lições de toda a semana – na forma de debate ou disputa, com classes divididas em arguentes e defendentes, respectivamente, para fazer e responder questões sobre as doutrinas explicadas no decorrer desses dias. Além disso, eram previstos – de acordo com o andamento do curso – exercícios práticos e exercícios por escrito. Os primeiros consistiam na repetição das operações realizadas no hospital – ataduras, cirurgias e partos – "até os discípulos conseguirem a habituação necessária para obrarem com prontidão e acerto" (ibid., p.84). Quanto ao desenvolvimento da escrita, acreditava-se que "no exercício de escrever se força o entendimento a meditar mais profundamente; e se repassam e combinam os princípios e doutrinas aprendidas com mais vagar e reflexão; circunstâncias que contribuem muito para que fiquem mais impressas e gravadas na memória as mesmas doutrinas" (ibid., p.86). Os trabalhos seriam lidos diante de todos os alunos, dos melhores textos para os piores, demonstrando, para

162 CARLOTA BOTO

cada um, virtudes e defeitos. Mesmo assim – ressalvam os *Estatutos* –, "tudo isso com a prudência necessária para que os estudantes se não desanimem, mas continuem no estudo com maior esforço e aplicação" (ibid., p.88). Em casos específicos, o professor poderia, inclusive, dar uma dissertação de seu próprio punho para os alunos copiarem, "para a compararem mais devagar com o que fizeram; e tomarem um modelo de perfeição, que hão de procurar nas suas composições" (ibid.).

O lente de matéria médica principia seu curso trabalhando o que os *Estatutos* chamam de prolegômenos gerais da medicina: "o objeto dessa arte; os meios de que ela usa para passar a ele; a sua origem e princípios; os seus progressos e decadência nos diferentes tempos e lugares; fazendo um resumo da História Médica pelas épocas mais notáveis dela" (Estatutos, 1972, p.26). Esse resumo histórico consistia no seguinte: da origem da medicina até Hipócrates; de Hipócrates a Galeno; de Galeno à Escola dos Árabes; dos Árabes a Harvey; de Harvey até Boerhaave; de Boerhaave até o presente.

Ainda nesse primeiro ano de curso, deverá haver uma Lição prática em laboratório químico. Uma vez por semana, haverá lições no jardim botânico. Ali o professor "mostrará as plantas que tiver explicado no geral em toda a semana; recapitulando as virtudes delas" (Estatutos, 1972, p.28). Nesse momento, os alunos já haverão adquirido noções sobre as virtudes das diferentes plantas que, a eles, foram mostradas secas e embalsamadas. O primeiro propósito de tais demonstrações oculares é o de fazer que os "discípulos adquiram o conhecimento ocular de todos os produtos da natureza que têm uso na Medicina; e saibam julgar da sua qualidade e bondade; discernindo os genuínos, sãos e legítimos, dos falsos, viciados e contrafeitos" (ibid.). Além disso, tenciona-se, sobretudo, demonstrar as possibilidades dos "usos medicinais" (ibid.) das plantas – de maneira a que se possa fazer delas um auxiliar eficaz no tratamento das doenças.

A *tekhné* da medicina requererá observação, "tino e sagacidade particular" (ibid., p.31). Os remédios precisarão, nessa medida, ser prescritos com cautela e prudência, dado que "o efeito seguido

INSTRUÇÃO PÚBLICA E PROJETO CIVILIZADOR 163

depois da aplicação de qualquer remédio não lhe pode ser atribuído senão quando evidentemente constar que não é possível ser resultado de outra causa" (ibid., p.30). Há uma clara desconfiança do uso excessivo de medicamentos. Mesmo assim, uma vez por semana, a aula será no dispensário farmacêutico. Ali, o lente mostrará aos alunos as preparações dos fármacos. Note-se que, em todas as aulas, caberá ao mestre inspirar nos alunos "o desejo e a nobre emulação de indagarem e averiguarem as coisas por si mesmos; fazendo tentativas e experiências químicas e farmacêuticas" (ibid., p.34). Com isso, o aprendizado distancia-se do que os *Estatutos* chamam de "gravidade escolástica dos médicos arábico-peripatéticos" (ibid.), que não se dignava a pegar em uma espátula ou a executar qualquer operação de caráter mecânico.

As lições do primeiro ano – como se buscou evidenciar – serão destinadas fundamentalmente ao "conhecimento das propriedades medicinais de todos os diferentes produtos que se compõe a matéria médica e das operações químicas e farmacêuticas com as quais se dispõem e combinam de um modo útil a remediar as necessidades do corpo enfermo" (Estatutos, 1972, p.89). Os exames, ao final do ano, serão vários. O primeiro deles – o exame oral – será efetuado a partir de um júri composto por três lentes examinadores, os quais farão perguntas ao estudante durante um quarto de hora (ibid.). Todo o curso das aulas ministradas ao longo do ano estará distribuído em papéis em uma urna. O estudante sorteará seu ponto vinte e quatro horas antes do exame. Os examinadores, a cada examinado, deverão variar as perguntas. Mas essa não será a única matéria sobre a qual o aluno precisará demonstrar ser versado:

A matéria tirada por sorte será o assunto principal do Exame em que os examinadores hão de principiar a insistir. Não serão, porém, absolutamente ligados a ela. Antes, pelo contrário, deverão sempre encaminhar as perguntas de forma que os estudantes sejam obrigados a mostrar se estão presentes nos Princípios e Doutrinas que houverem estudado em todo o Ano. Não se usará por isso do método silogístico, insistindo em um só meio, mas se proce-

164   CARLOTA BOTO

derá pelo método socrático e dialogístico, que é o mais conveniente para explorar o adiantamento dos estudantes e a extensão dos seus conhecimentos. (ibid., p.90)

Depois desse exame oral, os alunos deverão redigir uma dissertação sobre um ponto qualquer das lições do mesmo ano. Antes disso, porém, deverão comunicar "primeiro ao Lente o assunto dela com uma delineação das provas e ordem que pretendem seguir, tudo reduzido a um breve extrato" (ibid., p.91). O lente corrigirá, aprovará ou alterará o dito sumário; e, a partir de então, cada estudante poderá redigir sua respectiva dissertação.

No segundo ano, a ênfase do curso seria deslocada: enquanto no primeiro ano, o conhecimento de Farmácia predominou, o segundo ano se concentraria nos estudos sobre "a fábrica, o mecanismo do mesmo corpo" (ibid., p.35). Entender, para além dos remédios, as enfermidades do corpo humano requererá – dizem os *Estatutos* – a plena compreensão do organismo saudável, de suas partes organizadas; dado que, sem o conhecimento sobre as causas da vida, nada se saberá sobre a doença e a morte e, muito menos, se conseguirá "aplicar-se com acerto e inteligência o uso dos remédios cujas propriedades medicinais e preparações farmacêuticas estudaram no ano precedente" (ibid., p.36). Tal conhecimento requererá o aprendizado da anatomia teórica e prática. Nesse sentido, a partir de uma ideia geral do corpo humano, serão situadas suas partes principais, bem como as "fibras mínimas e simplíssimas de que elas se compõem" (ibid.). A partir daí, ocorrerá o estudo dos ossos, da "estrutura e posição das entranhas", dos sistemas de comunicação dos vasos, da configuração das glândulas, da ramificação dos nervos e da ação dos músculos (ibid.).

Verifica-se claramente uma lógica na composição curricular e na gradação e sequência previstas para a apresentação das partes do conhecimento da Anatomia. Todo o conjunto do ensino é minuciosamente repartido e estruturado – associando imagens vivas às telas mentais dos desenhos e estampas anteriormente apresentadas. A dimensão didática do ensino é clara na exposição do método do ensino:

INSTRUÇÃO PÚBLICA E PROJETO CIVILIZADOR   165

Principiará o curso dessas lições no geral da Universidade sem perda de tempo, posto que a estação não permita ainda fazer a dissecação de cadáveres. Para o que suprirá as suas explicações com o auxílio de boas estampas iluminadas; de preparados anatômicos, de esqueletos, e de corpos artificiais; de que haverá o provimento necessário nos armários de aula. Porém, assim que a estação o permitir – e houver cadáveres – mudará as lições para o Teatro Anatômico, onde mostrará primeiro com brevidade, à vista dos mesmos cadáveres, tudo o que tiver explicado no geral. (Estatutos, 1972, p.37)

O texto destaca ser fundamental para o lente proceder com vagar, dado que a inspeção ocular é fundamental para os alunos verem, observarem, repararem, examinarem e compreenderem aquilo que lhes é ensinado. Depois disso, os próprios discípulos deverão experimentar realizar sozinhos a dissecação dos cadáveres; especialmente daquelas partes cuja anatomia já lhes houver sido demonstrada pela lição prática anterior. Trata-se, claramente, de um aprendizado daquilo que se aprende pela leitura e pelos ouvidos; e, fundamentalmente, daquilo que se vê fazer.

Para uso da universidade, serão utilizados cadáveres de pessoas que morrem nos hospitais ou que tenham sido "justiçados no caso de os haver" (Estatutos, 1972, p.39). Além disso, qualquer pessoa morta na cidade de Coimbra poderia ter seu cadáver dissecado, desde que em vida tenham desejado entregá-lo. Havendo falta de cadáveres, o lente de anatomia recorrerá à dissecação de animais. Neste caso os *Estatutos* são claros: "a Anatomia praticada nos animais tem a vantagem de poder fazer-se em grande parte estando eles ainda vivos; e que, por essa razão, somente neles se pode observar a natureza obrando as suas principais funções" (ibid., p.40-1). Evidentemente, destaca-se que tal prática não será admitida nos corpos humanos vivos, "ainda que seja de um malfeitor, destinado à morte pela Justiça" (ibid., p.41). Enfatizam os *Estatutos* que o estudo da anatomia – assim conduzido – permitirá não apenas o adequado exercício da prática médica, mas, sobretudo, "o adiantamento e progresso da Medicina; mostrando-se, não por conjecturas e raciocínios, mas por experiências de fato" (ibid.).

166 CARLOTA BOTO

Também no segundo ano de curso, os estudantes aprenderão a fazer injeções nos vasos sanguíneos, bem como ataduras e operações cirúrgicas, incluindo desde manobras obstetrícias até práticas de sangrias. Como matéria de exame, os alunos serão sabatinados sobre seus conhecimentos de anatomia, bem como sobre técnicas de ataduras, de partos e de operações cirúrgicas. Assim como ocorrera no ano anterior, serão três os examinadores, cada um versado em sua especialidade. O estudante explica oralmente a matéria e depois indica como fará a respectiva operação. Depois de perguntados, os alunos serão encaminhados em turmas para o teatro anatômico, juntos ou separados. Ali eles sortearão o tipo de operação que deverão realizar na presença de seus respectivos lentes.

No terceiro ano, os estudantes – já instruídos na farmácia e na anatomia nos anos anteriores – passarão a se debruçar sobre a teoria médica. Em tudo agora mais adiantados, os alunos deverão demonstrar – como de hábito – assiduidade e diligência. Por seu turno, a matéria precisará ser ensinada com exatidão e brevidade. Pensa-se, nesse sentido, que o ensino deverá ser ministrado com atenção aos tempos, aos horários e às proporções de cada matéria, divididos os conhecimentos à luz dos progressos da arte e para proveito dos alunos. Além disso, "igualmente fará notar aos seus discípulos o verdadeiro uso e limites da teoria médica" (Estatutos, 1972, p.47). Estes incluem a busca de princípios certos e demonstrados, excluído o saber movido exclusivamente por hipóteses; dado que não se curam doenças "por mera especulação, sendo manifesto que os resultados da Teórica devem sempre verificar-se pela observação, a qual é como a pedra de toque de todas as verdades e conhecimentos físicos" (ibid., p.48). Sendo assim, será fundamental para o médico ter pleno saber e domínio da constituição física do ser humano, tanto em estado de plena saúde como em momentos nos quais ele porta alguma doença. Entende-se que o olhar médico deverá ser apurado pelo conhecimento de diferentes matérias da medicina, cuja finalidade primeira será a de oferecer o olhar clínico – diagnóstico, anamnésico e prognóstico (ibid., p.52). É fundamentalmente a correção no diagnóstico que possibilitará o sucesso

INSTRUÇÃO PÚBLICA E PROJETO CIVILIZADOR 167

da terapêutica na erradicação da doença e no restabelecimento da saúde. Com a finalidade de preparar o futuro médico, o terceiro ano do curso de medicina, trabalhará com os alunos as matérias de fisiologia e patologia.

> Passando dela à Higiene, que prescreve os remédios proporcionados para a conservação da vida e da saúde humana, segundo seu presente estado. E concluindo com a Terapêutica, que ensina o uso e aplicação dos remédios convenientes para remover a doença e restituir a saúde. (ibid., p.48)

Compreendem os *Estatutos* que os exames desse terceiro ano terão "mais rigor e aperto" (ibid., p.96). Quatro examinadores perguntarão – quinze minutos cada um – sobre os diferentes ramos do conhecimento médico então trabalhado e, depois, a partir de uma questão sorteada, os alunos farão uma dissertação.

A ênfase dos estudos do quarto ano será a terapêutica – ou "método de curar" (Estatutos, 1972, p.55), cujas regras só poderão ser aplicadas a casos particulares a partir do estudo das "diferentes enfermidades do corpo humano mais individual, e circunstanciadamente" (ibid.). Essa terapêutica deverá, a despeito da diversidade dos casos, abarcar também um esforço de sistematização e de síntese, dado por meio dos aforismos – os quais constituem sentenças dotadas de "regras fixas e precisas" (ibid.), sempre presentes nas situações concretas, possibilitando ao médico "proceder com acerto e segurança no curativo de qualquer enfermidade" (ibid.).[51] Os *Estatutos*, além de Hipócrates, citam também Galeno e, sobretudo,

---

51 Acerca do tema dos aforismos, os *Estatutos* observam que, "mostrando a sua origem e progresso até o tempo de Hipócrates, a sua decadência nos séculos sistemáticos, os esforços e tentativas que nesses últimos tempos se têm empregado no seu restabelecimento e a importância de prosseguir e continuar nessa aplicação; e fazendo manifesto que é mais útil e glorioso descobrir num só Aforismo que mereça esse nome do que escrever longos tratados e doutrinas hipotéticas, de probabilidades e conjecturas, das quais se não pode extrair regra alguma certa para a prática" (Estatutos, 1972, p.55).

168 CARLOTA BOTO

Boerhaave, cujos aforismos são considerados os mais atualizados que havia até aquela data, devendo ser, nesse sentido, adotados "enquanto não houver outros mais completos e perfeitos que substituam o lugar deles" (ibid., p.57). Fica aqui evidente o reconhecimento tácito do caráter provisório do conceito de verdade quando aplicado ao saber científico.

O papel pedagógico do texto é bastante claro: como o professor deve agir para ensinar os referidos aforismos? Em primeiro lugar, as preleções não deverão ser prolixas, "cheias de erudição escusada e de alegações de autoridades que não valem nada na prática" (Estatutos, 1972, p.58). A explicação deverá centrar-se na doutrina do texto, "com seus usos e limitações" (ibid.). No que concerne aos temas que são objeto da exposição:

> Primeiramente dará aos seus discípulos uma ideia geral da distribuição, ordem, encadeamento e artifício, com que são dispostas e ordenadas todas as matérias dos ditos Aforismos e do método que nele seguiu o Autor: começando pelas enfermidades elementares e simplíssimas, que se formam nas fibras e nos humores. E, passando delas às doenças compostas, entre as quais trata primeiro as externas e cirúrgicas, como as mais fáceis de curar e cuja inteligência abre caminho para o curativo das doenças internas. Depois disso entrará na explicação seguida do texto dos ditos Aforismos. O qual repartirá em Lições; de tal sorte que se tenha acabado no fim do ano letivo, obrigando os seus discípulos a darem conta das ditas Lições, sem a obrigação de as repetirem pelas mesmas palavras do autor. (ibid.)

Haveria, porém, alguns males que não constavam especificamente dos *Aforismos* de Boerhaave: doenças nervosas "e outras que vulgarmente se chamam malignas; as doenças convulsivas; os males hipocondríacos; histerias etc." (ibid., p.59). Tal lacuna deveria ser suprida por uma exposição do professor, feita a partir de recolha do que houvesse a respeito das referidas temáticas em outros autores. Tendo em vista a existência – continua o texto – de

INSTRUÇÃO PÚBLICA E PROJETO CIVILIZADOR 169

um número de enfermidades que havia sido classificado em 3 mil espécies diferentes, os *Estatutos* obrigam os estudantes deste nível de ensino a continuarem a frequentar as lições práticas do hospital. Os exames do quarto ano passarão também mediante uma banca de examinadores que arguirão a parte cirúrgica e a parte médica, compreendendo o diagnóstico e a terapêutica. Haverá, além da prova oral – que incide mais diretamente em aspectos práticos da clínica médica e da ação cirúrgica –, uma dissertação. Se o estudante for aprovado nessas provas, ele imediatamente receberá o grau de bacharel, usufruindo, como tal, "de todos os privilégios que são concedidos aos bacharéis, teólogos e juristas" (Estatutos, 1972, p.100). Mesmo assim, antes da formatura, a ser conquistada apenas no quinto ano, os bacharéis não estarão autorizados a praticar a medicina.

No quinto ano serão recordadas as doutrinas dos anos precedentes e haverá estudo dos práticos mais acreditados. Mas o essencial nesse último ano de formação é a dedicação à prática no hospital, onde os alunos "ouvirão de manhã e de tarde os dois Lentes para isso destinados" (Estatutos, 1972, p.61). Caberá aos professores ensinarem tudo o que sabem para seus alunos; "fazendo-os ver, observar e distinguir os caracteres e sintomas mais delicados e fugitivos das enfermidades" (ibid., p.69). Os doentes serão repartidos igualmente entre os dois professores, "excetuando somente os doentes que estiverem em circunstâncias de dúvida perigosa, os quais serão visitados por ambos os Lentes, chamando-se reciprocamente um ou outro para esse efeito" (ibid., p.62). Em casos ainda mais graves, poderá ser convocada inclusive uma junta médica. Os estudantes, por sua vez, acompanharão todas as visitas.

Os professores farão também "uma preleção de prática em cada dia" (Estatutos, 1972, p.62). Os discípulos deverão assistir, diariamente, a duas preleções: uma pela manhã e outra com o professor da tarde. Há um saber prático reconhecido e valorizado; uma espécie de *tekhné*, no sentido grego. A medicina é conhecimento que deve ser compreendido por sua teoria, mas é também conhecimento prático, derivado da experiência. Ensinar medicina, portanto, re-

170 CARLOTA BOTO

quer conduzir o estudante ao domínio das habilidades que só serão conquistadas por meio da experiência. Há uma clara dimensão pedagógica nesse ensino da medicina prática, que passa pelo domínio da arte de curar mediante o desenvolvimento do tino, da sensibilidade, do olhar, do tato. Diz o texto sobre essa pedagogia médica:

> Como a notação e descrição exata dos caracteres e sintomas das enfermidades se pode considerar como alfabeto da *Medicina Prática*, sem o qual seria inútil saber de memória as receitas dos melhores práticos que tem havido no mundo, será o primeiro cuidado dos Lentes acostumar os discípulos logo desde o princípio a observar com atenção todas as circunstâncias que acompanham e caracterizam as diferentes enfermidades; para as saberem notar, descrever, e distinguir com exatidão e com acerto. Essa ciência fundamental de toda a prática nem pode aprender-se pelos livros; nem explicar-se por palavras, sem se mostrarem à vista dos enfermos aqueles caracteres e sintomas fugitivos que o tino pessoal do médico deve alcançar para proceder ao curativo sem equivocação. Por isso farão os Lentes todo o possível para infundir nos seus discípulos esse precioso discernimento e tato característico; mostrando-lhe com vagar e paciência todas as circunstâncias das enfermidades, até eles as distinguirem bem umas das outras e notarem as suas diferentes gradações de mais e menos. (ibid., p.63)

Além disso, os *Estatutos* recordam que os práticos coligem suas regras da observação e da experiência. Assim, aprende-se a verificar as oscilações da saúde mediante um tipo de agudeza de espírito que é conferida pelo "tino e delicadeza pessoal do tato" (ibid., p.64). Os discípulos deverão identificar – em cada paciente – a particularidade do sintoma, o modo como os diferentes sintomas se combinam entre si e, a partir disso, deduzir a moléstia causadora dos mesmos. Tudo isso a partir da arte de "observar em Medicina" (ibid.). A observação, nesse sentido, contempla também elementos de uma ética médica, cuja diretriz é conferida pelo exemplo do mestre: "os Lentes, pois, não somente desviarão os seus ouvintes dos precipícios em

INSTRUÇÃO PÚBLICA E PROJETO CIVILIZADOR   171

que os pode lançar a lição incauta das ditas regras e conselhos com avisos e admoestações; mas também com o exemplo" (ibid., p.71).

Haverá claramente uma dimensão moral no ensino da medicina da Universidade de Coimbra que indica que todos os doentes deverão ser tratados da mesma maneira, atendidos com tato e atenção e sempre terão o direito de saber do perigo de vida que possam correr. Nos termos dos *Estatutos*, os professores:

> Mostrarão que não pode haver na praxe médica aquela diferença que fazem alguns professores; empenhando-se mais no curativo de umas pessoas do que no das outras; pois que, sendo inestimavelmente preciosa a vida de cada um, uma vez que o médico se encarregue do seu curativo, é obrigado a aplicar toda a sua diligência que couber na possibilidade das suas forças e capacidade; ainda que o enfermo seja a pessoa mais humilde da República. Finalmente admoestarão aos seus ouvintes, que acudam com diligência e prontidão quando forem chamados; que assistam com caridade aos pobres; que tratem com paciência e afabilidade os enfermos; que vigiem muito em que se cumpram fielmente as receitas e regimentos que ordenarem; que examinem a qualidade dos remédios e ponham freio às fraudes dos boticários; que, por condescendência com os enfermos, não lhes receitem ao seu capricho e fantasia; e que andem e procedam em tudo com a atenção e cautela necessárias para que não perigue a vida e saúde dos enfermos por faltas de omissão ou comissão dos médicos. Não se esquecendo também de lhes lembrarem a grave obrigação que têm de avisarem com tempo e sem rodeio aos enfermos constituídos em perigo de vida, para disporem as suas consciências, e para se fortalecerem com os Santos Sacramentos da Igreja; advertindo bem, que a omissão nessa parte será tanto mais palpável quanto é maior a perda da vida eterna, que a dita vida temporal, e caduca. (ibid., p.72)

O exame do quinto ano, pela própria natureza dessa etapa de formatura, seria um processo diferenciado dos demais. A partir da formatura, os graduados poderiam praticar a clínica médica,

172   CARLOTA BOTO

bem como a cirurgia – sem necessidade de qualquer outro tipo de avaliação. Para que se evidenciasse o pleno domínio da prática médica, o exame dessa etapa do currículo não poderia ocorrer apenas a partir de lições verbais, por perguntas e arguições. Era preciso que o estudante demonstrasse ter de fato aprendido a lição dos autores, aplicando a doutrina "às queixas singulares e individuais, conhecidas pelos seus sinais e sintomas às cabeceiras dos enfermos; que é no que consiste a ciência prática e pessoal do médico, sem a qual não pode curar com acerto" (Estatutos, 1972, p.101). Assim – continua o texto – o exame desse ano final do curso de Medicina deveria ser feito no hospital, junto aos enfermos, que já por si mesmos os formandos poderiam curar: "e isso sem perguntas ou dúvidas verbais, mas tratando; examinando; e receitando, cada um dos estudantes, aos enfermos que lhe forem propostos, em presença dos examinadores" (ibid.). Havia um ritual específico para colocar à prova as habilidades práticas do futuro médico. Como demonstra o seguinte excerto, durante dias seria processada essa avaliação do estudante no exercício médico.

Que o bedel esteja na porta e vá chamando um por um os Examinandos pelo seu catálogo: que eles, na presença dos Examinadores, façam as perguntas necessárias aos ditos enfermos; e observem as circunstâncias das suas moléstias. Que façam delas a sua capitulação, tirando as indicações, como se fossem chamados para efetivamente os curarem. E que os Lentes ouçam em silêncio o que cada um disser; e apontem junto ao seu nome no Catálogo o juízo que deles formarem. Tendo-se ouvido a todos os Examinandos, os dois Lentes de Prática resolverão particularmente o que deve fazer-se dos ditos enfermos. Os que forem admitidos no Hospital serão conduzidos a uma enfermaria particular, onde serão visitados nos dias seguintes pelos mesmos Examinandos, por não ser possível fazer pleno conceito da sua capacidade, sem os ver tratar seguidamente desde o princípio algumas enfermidades. E no caso de que nos primeiros dias do Exame não venham para o Hospi-

INSTRUÇÃO PÚBLICA E PROJETO CIVILIZADOR 173

tal enfermos de novo, se separarão da dita Enfermaria particular alguns dos que nele estivessem; tendo sempre a atenção de escolher aqueles que estiverem mais no princípio da enfermidade; e procurando que sejam de diversas moléstias médicas e cirúrgicas, agudas e crônicas. Depois de examinados os novos enfermos, passarão os Lentes à dita Enfermaria particular. E, estando todos assentados ao pé do primeiro enfermo, serão chamados os Examinandos um por um, e na presença deles farão tudo o que pertence ao ofício de um Professor, como se cada um deles fosse o Médico, que, por si só, lhe assistisse no curativo. Assim se procederá com os mais enfermos, que não poderão ter menos de cinco. E os Examinandos farão em voz clara e perceptível todos aqueles raciocínios e combinações que os Professores costumam fazer às cabeceiras dos enfermos. Notarão e descreverão no seu diário os caracteres e sintomas da moléstia. E receitarão o remédio que lhes parecer conveniente, com a Dieta, Regime, etc. Finalmente lerão o que assim tiverem escrito e receitado; dando a razão de tudo; notando a gradação da moléstia; e fazendo o prognóstico da sua terminação. Os sobreditos Examinadores ouvirão tudo, sem lhes fazerem pergunta ou objeção alguma; a apontarão nos seus catálogos o juízo que fizerem da capacidade e merecimento de cada um. (ibid., p.102-3)

Do ponto de vista do traçado do currículo, verifica-se claramente na estrutura sequencial e hierarquizada das matérias do ensino médico uma graduada rede de saberes intrinsecamente articulados, constituindo um determinado modo de conceber a formação, certa dimensão da pedagogia e uma específica acepção de conhecimento científico. A universidade compunha um determinado modo de se articularem repertórios e acervos, modos de ensinar, tempos e espaços de aprendizado.

Mais do que uma reorientação pedagógica e acadêmica dos estudos médicos, a nova estrutura curricular expressava – para o caso português do século XVIII – uma virada significativa na comunidade universitária. Havia clara preocupação com a "ordem e o

174 CARLOTA BOTO

encadeamento das matérias" (Estatutos, 1972, p.60). Como bem argumenta Gérard Fourez acerca do tema, comunidade científica é um grupo social estruturado como uma confraria, na qual "os indivíduos se reconhecem como membros de um mesmo corpo" (Fourez, 1995, p.93); e são, ao mesmo tempo, aceitos pela sociedade mais ampla como "possuidores de conhecimentos específicos, úteis e mesmo passíveis de retribuição" (ibid.). O reconhecimento interno e externo é, portanto, critério imprescindível para a configuração da comunidade dos homens de saber das diferentes sociedades. Daí haver a necessidade, por parte do projeto pombalino, de total ruptura com o passado. Era preciso consolidar um novo grupo e um formato diferenciado para as maneiras de se compreender o conhecimento da ciência médica.

De todo modo, é preciso considerar que há um grupo-sujeito que enuncia o discurso da absoluta transformação. Esse sujeito coletivo pretende adquirir o reconhecimento público de seu acesso privilegiado ao saber. Isso significa que seus membros deverão se dar a ver como "especialistas [*experts*], ou seja, como pessoas detentoras de um certo saber que lhes permite opinar em questões da sociedade. A comunidade científica goza de um estatuto privilegiado, semelhante ao dos feiticeiros ou dos padres em determinadas culturas" (Fourez, 1995, p.94). No caso específico, tratava-se exatamente de retirar dos padres o discurso competente do saber científico, lembrando que a própria conceituação de comunidade "é constituída pelas relações tradicionais de serviço e defesa mútuos" (Chaui, 1980, p.30). Há uma pedagogia do ensino universitário que pode ser depreendida da orientação dos documentos pombalinos, bem como das reflexões pedagógicas anteriores, levadas a cabo pelos homens da Ilustração portuguesa. O desencantamento moderno do mundo passará por uma forma diversa de se lidar com a ciência. Razões de Estado são o argumento tácito que justifica a organização de vasto programa de ação, no qual há elementos concretos de "reforma cultural" (Nogueira, 2001, p.80). O conhecimento moderno atende a exigências que não são historicamente as mesmas a que

INSTRUÇÃO PÚBLICA E PROJETO CIVILIZADOR 175

atendiam outras formas de saber. Um novo tempo se instituía com a lógica dos modernos estados nacionais. Era necessário que práticas públicas fossem inventadas para dar conta das novas exigências que a história impunha a Portugal e seus domínios.

Racionalidade, política e civilização: pedagogia da Modernidade

"Um país como os outros, a contas nunca certas com o tempo" (Lourenço, 1999, p.109). Poderíamos emprestar a bela frase de Eduardo Lourenço para nos referirmos a esse Portugal do final do século XVIII. Diz Maxwell que foram três os objetivos principais da ação pombalina em matéria de ensino: "trazer a educação para o controle do Estado, secularizar a educação e padronizar o currículo" (Maxwell, 1996, p.104). De fato, temos aqui uma síntese do que fizera o Marquês. Há nisso uma preocupação com a demarcação das fronteiras. Nesse sentido, a expulsão dos jesuítas foi, de fato, necessidade imperiosa do Estado português.

Por causa da ação jesuítica, os indígenas brasileiros resistiam a "submeter-se à autoridade portuguesa, que eles viam como inimiga" (ibid., p.54). Pombal desejava a miscigenação para estabelecer o povoamento brasileiro, sem que, para tanto, ocorresse uma grande emigração dos portugueses. Era preciso, por todas as razões, retirar os jesuítas do controle das terras e das nações indígenas. Era necessário traçar a fronteira brasileira. O Estado necessitava disso. A coesão do Brasil significava, naquele momento, a força de Portugal.

O pombalismo – como se sabe – favoreceu a mobilidade social

[...] ao conceder direitos de nobreza a comerciantes e procurou elevar os impostos sem diferenças e sem quaisquer privilégios. Tal como seu mentor Dom Luís da Cunha, Pombal acreditava que a expulsão dos judeus e a discriminação dos cristãos-novos haviam tolhido o desenvolvimento dos investimentos portugueses. (Maxwell, 1996, p.77)

176 CARLOTA BOTO

Dom Luís da Cunha, Verney e Ribeiro Sanches – os oráculos do Marquês de Pombal, como já foram chamados os autores aqui estudados (Guerra, 1983, p.287) – haviam alertado os contemporâneos sobre a fragilidade histórica do Estado português; sobre a necessidade de se estabelecer um plano mediante o qual o controle dos assuntos da instrução passasse de mãos religiosas para a tutela do Estado; sobre a urgência de, nesse mesmo sentido, se reformarem os cursos universitários que preparariam os funcionários do Reino. Tratava-se de pensar em um novo modo de gerir a justiça; tratava-se de fazer que as pessoas vivessem mais – e, vivendo mais, pudessem se tornar hábeis para aprender coisas úteis. Tratava-se, sobretudo, de formar no território e nas colônias um modo de ser Portugal que fosse mais avançado, mais racional, mais moderno (Gauer, 1996; 2001).

Finalmente, é preciso compreender que existiram vários Iluminismos, e não apenas um. Há o Iluminismo da racionalidade e do progresso. Todavia, há aquele que acentua a decadência nacional; aquele temeroso do atraso. O Iluminismo português – racionalizador, centralizador, secularizador – não era laico; e não era demasiadamente adepto da "extensão das liberdades individuais" (Maxwell, 1996, p.170). Mesmo assim, a ação do Estado pombalino, em consonância com o pensamento iluminista português, foi além e trouxe medidas que não apenas favoreceram a laicidade – ao reforçar o poder do Estado na ação política e no controle público – como também promoveram uma via emancipatória que ficaria clara no liberalismo português do século XIX e nas lutas por libertação nacional que aconteceriam no Brasil daqueles tempos. O Iluminismo são luzes e sombras (Pallares-Burke, 2001, p.53-4). Mas em Portugal – como também aconteceria, depois, na França – a ação política radicalizou o pensamento iluminista que a precedeu.

Como ressaltou José Vicente Serrão, o pombalismo é maior do que o próprio Pombal. Constituiu um projeto de gestão movido pela perspectiva de reforma pública, empreendido "por um conjunto de homens e de entidades institucionais, unidos numa espécie

INSTRUÇÃO PÚBLICA E PROJETO CIVILIZADOR 177

de rede de solidariedades políticas e pessoais, que tinha por centro a figura do Marquês de Pombal" (Serrão, 1989, p.12). Para o autor, o pombalismo significou a construção do moderno Estado português – com uma clara vertente intervencionista, tida como imprescindível para fazer frente à debilitação sofrida por Portugal nos anos que antecederam o governo de d. José e que haviam presenciado "a desorganização dos serviços administrativos, o aumento da corrupção, a proliferação de facções intestinas, uma grande indefinição de competências" (ibid., p.13). Nesse sentido, para o autor, a realidade política do pombalismo altera o sistema de poder, bem como a organização e o funcionamento institucional do país. A teoria pombalina do poder implicou, de todo modo, "absolutização total do Poder Régio: de origem divina, supremo, ilimitado, absoluto" (ibid., p.14). Havia no período "larga produção doutrinária de cariz regalista e secularizador, proclamando o princípio da separação entre o Sacerdócio e o Império" (ibid., p.15). Com tal argumento histórico, Pombal subordinará a Igreja católica ao Estado português em todos os seus níveis: "político, ideológico, jurisdicional, cultural, educativo e econômico" (ibid.).

O pombalismo – à luz das ideias iluministas que lhe precederam – dignificou, por outro lado, o estatuto de "funcionários públicos" – como "parte integrante duma entidade institucional ampla: o Estado" (ibid., p.16). Com maiores privilégios, dignificavam-se os integrantes da burocracia estatal. Também Carlos Guilherme Mota indica isso: Pombal pôs a Igreja e a nobreza sob controle do Estado. Além disso,

Foi abolida a distinção entre cristãos-novos e cristãos-velhos, e a censura literária passou a ser de responsabilidade da Real Mesa Censória. Em 1769, a Inquisição deixou de controlar o Tribunal do Santo Ofício, passando a ser um tribunal régio como os outros. As propriedades confiscadas aos condenados tornaram-se propriedades do Erário Régio. A morte pelo fogo foi abolida, juntamente com os autos de fé. Instalara-se um novo clima de reformas. (Mota, 2006, p.64)

178 CARLOTA BOTO

Identificar o legado do Iluminismo requer buscar apreender o entrecruzamento entre o território da política, a preocupação com a saúde dos povos e o avanço das ciências naturais, a fim de se preservar a vida das pessoas e das populações. Pombal criou para si uma posteridade antecipada. Foi capaz de produzir representações, de fomentar uma autoimagem que indicasse ao futuro os significados desejados de sua biografia – e muito especialmente de sua dimensão política. Porém, como recorda Falcon (1982), é preciso que se tenha clareza de que nem sempre coincidem as práticas de uma política ilustrada e as representações que tinham sobre elas os próprios protagonistas. Pombal foi moderno, até onde era possível a Portugal daquele tempo ser moderno. Foi a "consciência-possível" (Goldman, 1972) de uma geração de estrangeirados. No discurso e especialmente nas ações, ele, de fato – pode-se dizer –, enterrou os mortos e cuidou dos vivos. Como bem observa Laerte Ramos de Carvalho, o pombalismo foi a mais acabada expressão do Iluminismo português: "a sua justificação, como forma de modernização ideológica, política e econômica, embora concretizada sob as limitações do absolutismo, traduz as preocupações genéricas do movimento iluminista" (Carvalho, 1978, p.186).

O Iluminismo português e o esclarecido despotismo de Pombal constituíram significativos avanços – mas, como em tudo, eram luzes e eram sombras. De todo modo, somos – nós brasileiros – também herdeiros dessa cultura, cuja maior generosidade foi a de não traçar muito bem suas fronteiras.

2
POLÍTICA E PEDAGOGIA NA ARQUITETURA ILUSTRADA DE ROUSSEAU

Não mostreis nunca à criança nada que ela não possa ver. Enquanto a humanidade quase lhe é estranha, não podendo elevá-la ao estado adulto, abaixai para ela o homem à condição de criança.

Rousseau, *Emílio ou da educação*

Rousseau no palco do Iluminismo[1]

O conceito de civilização nasce em diferentes línguas no século XVIII, sendo uma de suas ideias-força. Existe uma concepção otimista de mundo; que faz crer que os progressos da razão são os progressos da ciência e das técnicas. Assim, tende-se a acreditar que o presente é melhor que o passado, e que o futuro será melhor que o presente, como se houvesse um movimento na história tendente ao

---

1 Devo agradecer, neste capítulo, contribuições teóricas e metodológicas que recebi das conferências da professora Maria das Graças de Souza (FFLCH/USP), proferidas na FE/USP, e das aulas ministradas pelo professor Márcio Alves da Fonseca, no curso de Filosofia da Pontifícia Universidade Católica de São Paulo.

180 CARLOTA BOTO

aperfeiçoamento. Poucos foram os homens de letras do Iluminismo que se desviaram dessa perspectiva; e, dentre eles, Rousseau foi, certamente, o caso mais emblemático.

No movimento das Luzes – como diz Manuel Alberto Carvalho Prata – a razão é imperatriz. Proporciona aos homens uma específica percepção de si próprios e de sua época – percepção essa marcada por "otimismo, curiosidade e entusiasmo científico" (Prata, 1991, p.195). Quem eram os iluministas? Os porta-vozes das Luzes eram, sem dúvida, intelectuais. Eram pessoas dedicadas ao cultivo das ciências e das letras no século XVIII: escritores, filósofos, estudiosos dos vários campos do saber; enfim, todos os que se devotassem às "atividades do espírito" e se propusessem a redigir sobre os temas das ciências da natureza e das ciências humanas. Tinham relações com as esferas de poder, e muitas vezes com o Estado – embora não se pretendessem confundir com um ou com outro. A relação entre esses homens ligados à filosofia, à ciência e às artes produzia uma sociabilidade inédita; traduzida pelo cultivo de um ambiente cultural, a um só tempo, humanista, artístico e científico. A cultura letrada, pouco a pouco, era estendida. Seus significados passavam, progressivamente, a pertencer a mais gente. O domínio desse repertório das letras produzia efeitos de notoriedade e distinção.

Havia circuito intelectual e circulação de ideias; os sujeitos das Luzes se conheciam e se reconheciam entre si; manifestavam preferência pelos pares. Agiam como se o tipo ideal do acadêmico estivesse em estrita consonância com seu modo de se comportar, com seu estilo cultural: "modo de vida conveniente a todo cavalheiro esclarecido, ao clero erudito e ao profissional de talento. A emergência dos *homens de letras* e dos *homens do mundo* constitui uma chave da sociabilidade cultural entre o classicismo e as Luzes. Essa sociabilidade constituiu a realidade da *República Literária*" (Roche, 1988, p.219). Os homens de saber daquele tempo identificavam-se como portadores de um pensamento sobre sua época, procurando compreender e organizar tal pensamento em proposição de teses e em projetos de Estado. Nesse sentido, como observa Cassirer,

INSTRUÇÃO PÚBLICA E PROJETO CIVILIZADOR 181

"a consciência de si e a previsão intelectual, essa lhes parecia ser a verdade do pensamento em geral, essa era a missão essencial que a história lhes impunha" (Cassirer, 1968, p.4). Como assinala Daniel Roche em estudo sobre a vida intelectual do século XVIII, elaboravam-se e multiplicavam-se teorias. Circulavam escritos. Agilizava-se a impressão. Polemizavam os escritores. Havia, por causa de tudo isso, um efeito de divulgação das ideias que fazia com que perspectivas teóricas, posicionamentos políticos, enfrentamentos intelectuais fossem transpostos para a linguagem comum – fossem simplificados em sentidos compartilhados. Cada vez mais gente se integrava ao universo das Luzes. As ideias e os ideais migravam e se reescreviam. Havia, no interior de tudo isso, uma dinâmica de convívio e agremiação social e intelectual que aproximava uns dos outros os homens de saber.

O projeto das Luzes foi – como disse Todorov – um momento que expressou recapitulação e síntese e não apenas inovação radical (Todorov, 2006, p.9). Para o autor, "as grandes ideias das Luzes não tiveram sua origem no século XVIII; quando elas não vieram da Antiguidade, elas trouxeram traços da Alta Idade Média, da Renascença e da época clássica" (ibid.). Ainda no parecer de Todorov, o que o Iluminismo fez de absolutamente inaudito foi articular perspectivas que, no passado, entraram em conflito.

Separava-se, definitivamente, o temporal do espiritual. Isso produzia formas de ação e projetos de mundo: "todos os setores da sociedade terão tendência a tornarem-se laicos, ainda que os indivíduos permaneçam crentes. Esse programa não concerne apenas ao poder político, mas também à justiça" (Todorov, 2006, p.16). Há uma visão de história que tende a compreender o curso dos acontecimentos à luz de uma teleologia, mediante a qual o traço histórico por excelência é a imanência, a previsibilidade relativamente ao futuro, a projeção de uma matemática social capaz de capturar o acaso, estabelecendo determinismos e constâncias explicativas como eixo e motor do desenrolar das ações do passado dirigidas ao presente, e deste em direção ao futuro. Como sabemos, um dos maiores pensadores do século XVIII opôs-se a tal vertente analíti-

182 CARLOTA BOTO

ca e se recusou a "ler a História como o desfecho de um desenho" (ibid., p.22) prévio. Nos termos de Todorov:

> Foi o mais profundo pensador da língua francesa nos tempos das Luzes: Jean-Jacques Rousseau que se opõe a essa concepção de maneira frontal. Para ele o traço distintivo da espécie humana não é a marcha em direção ao progresso, mas a perfectibilidade, quer dizer, uma capacidade de se tornar melhor, como de melhorar o mundo, mas cujos efeitos não são garantidos nem são irreversíveis. Essa qualidade justifica todos os esforços, ela não assegura nenhum sucesso. (ibid.)

O objetivo deste capítulo é reconstituir alguns elementos do pensamento rousseauniano com vistas a verificar a correlação estabelecida por Rousseau entre sua reflexão sobre o Estado, a política e a sociedade civil e sua abordagem com respeito ao tema da infância. Autor primordial para se compreender a moderna acepção de criança, Rousseau, por seu *Emílio*, pode se lido como um paradigma de uma dada sensibilidade social que, a partir de então, viria a se instituir por meio da literatura pedagógica e com profunda ressonância em práticas educativas. Compreender a dimensão político-social dessa mundividência educativa é a finalidade última deste capítulo. Para tanto, uma revisão da literatura – contemplando especialmente a leitura da obra pedagógica do autor aliada à apreensão de alguns textos fundadores de seu pensamento político – constitui o método a ser seguido.

Em uma de suas cartas, Rousseau disse que seus principais livros são o "primeiro discurso, aquele sobre a desigualdade e o tratado de educação, obras inseparáveis e que perfazem juntas um mesmo todo" (Rousseau, 2005c, p.25). De fato – como observa Victor Goldschmidt (1984, p.155) – a teoria política de Rousseau é inseparável de sua pedagogia e de seu parecer sobre o problema da civilização. Toda a obra rousseauniana ancora-se em uma veemente crítica ao processo civilizador moderno. Mesmo assim, a esperança de regenerar a vida social e civil está contida em todo seu pensa-

INSTRUÇÃO PÚBLICA E PROJETO CIVILIZADOR **183**

mento; como se houvesse "um preceptorado dirigido ao gênero humano" (ibid., p.156).

Como se deve ler *Emílio*? Essa pergunta tem, ao longo dos tempos, atormentado os intérpretes. Seria *Emílio* um tratado de educação ou de política? Para a maioria de seus comentadores, trata-se de um livro que enuncia a necessidade da época de renovar os parâmetros do ensino e da pedagogia. Para outros, trata-se de um trabalho eminentemente político. Nesse sentido, Yves Vargas advoga o seguinte: "*Emílio ou da educação* seria um livro de política natural e não de educação. Ele não se propõe a educar uma criança no seio da sociedade, mas a construir uma nova sociedade no âmbito do desenvolvimento de um homem" (Vargas, 1995, p.28). Ao refletir sobre a moralidade, Rousseau adentra imediatamente o território educativo. Como diz Claudio Dalbosco acerca do tema:

> Ao desresponsabilizar a Providência e ao voltar-se especificamente para o homem e para a sociedade, ele prepara o terreno para um outro tratamento do problema da imputabilidade moral: porque possuímos uma vontade livre que é capaz de se deixar influenciar pelas paixões, mas que também pode se determinar racionalmente, podemos escolher entre fazer o bem ou o mal e, fundamentalmente, sermos responsabilizados pela nossa escolha. [...] Se precisamos ser responsáveis pela moralidade de nossas ações, o ponto de partida para discuti-la também deve residir em nós mesmos e essa é a guinada decisiva provocada por seu pensamento: de agora em diante, toda a moralidade de nossas ações dependerá do julgamento que fazemos de nós mesmos. (Dalbosco, 2007, p.6)

Dalbosco sublinha que, em Rousseau, a moralidade surge com a sociabilidade; e é por isso que "nós não possuímos outra alternativa senão tratar de nossos problemas e dilemas morais a partir da relação que estabelecemos com nossos semelhantes" (Dalbosco, 2005, p.80), sendo que é também a sociabilidade que está na "origem de tais dilemas". Nesse sentido, é possível compreender o *Emílio* como um texto voltado para buscar compreender a dinâmica da socia-

184   CARLOTA BOTO

bilidade como condição de moralidade e, ao mesmo tempo, fonte possível de corrupção da espécie.

Se assim for, o *Emílio* pode ser compreendido como um trabalho cujo principal objeto é a busca da compreensão das diferentes etapas da vida, marcadas em seus limites e em suas potencialidades. Para Rousseau há, no interior da infância, algo que lhe será específico – diferente do adulto. Maurice Cranston – acerca do tema – demonstra como Rousseau opera para dividir a vida do pupilo Emílio em diferentes períodos "cada um correspondendo aos estágios da evolução da raça humana tal como ele teria traçado no *Discurso sobre a desigualdade*" (Cranston, 1991, p.176).

Revisitar as ideias pedagógicas de Rousseau do *Emílio* requererá, sob qualquer hipótese, refletir sobre a concepção de Rousseau acerca do estado de natureza, já que a constituição da criança é análoga ao mesmo conceito. Os atributos da criança são, para o autor, aqueles supostamente constitutivos do homem do estado de natureza. Cranston compreende que Rousseau deseja estabelecer paralelo entre a bondade natural do estado de natureza e a condição original da criança; embora "não haja moralidade em suas ações; governada pelo amor de si, que ainda não se transformou em amor-próprio" (ibid.). No mesmo sentido, Starobinski observa que "mesmo permanecendo, sob certos aspectos, um selvagem, Emílio emprega saber e julgamento para se colocar 'no lugar' dos outros" (Starobinski, 2001, p.176). O amor de si contempla, como outra face, o sentido da piedade; sendo ambos (amor de si e piedade) os sentimentos constitutivos do homem em estado de natureza.

Luiz Roberto Salinas Fortes considera que a faculdade da piedade – por seu caráter de representação – possibilita ao sujeito colocar-se no lugar do outro, ainda que imaginariamente. Isso produz, para Salinas Fortes, a "capacidade de transcendência, de superação de si. Abertura para o outro ou para a alteridade, ela tem em si mesma algo de móvel: o sentir, nesse caso, é um sentir junto ao outro, que é, como tal, transporte e movimento imaginário para fora" (Salinas Fortes, 1997, p.61). Essa capacidade, portanto, de identificação com o semelhante é exatamente aquilo que – no argu-

INSTRUÇÃO PÚBLICA E PROJETO CIVILIZADOR 185

mento de Salinas Fortes – institui a possibilidade de reconhecimento de si no outro, de diálogo. Nesse sentido, o autor já recordava que, se a virtude é inarredavelmente social, a piedade é uma matriz natural da sociabilidade.

O pensamento político de Rousseau alicerça sua reflexão pedagógica. Quanto aos progressos da razão, Rousseau pensa diferente de seus contemporâneos. Julga que a civilização, tal como ela caminhara, não aprimorou, mas corrompeu os costumes. Isso porque – dirá Rousseau – o estado civil que retirou o homem do mundo da natureza pautara-se exclusivamente na defesa do direito irrestrito de propriedade. Cumpria, portanto, estabelecer um novo contrato social, que viesse a refundar a vida civil. O novo pacto asseguraria direitos e seria ancorado na ideia de virtude. Os escritos pedagógicos de Rousseau são fundamentais para entendermos o que o autor compreende por natureza humana. A construção do *Emílio* toma por hipótese a convicção de que a infância recupera características que teriam sido aquelas do homem no estado natural. O desenvolvimento do menino Emílio tomará como critério a formação ética de um sujeito capaz de se tornar o cidadão da sociedade do novo contrato. Em toda a obra rousseauniana, política e pedagogia caminham juntas.

Cabe, porém, lembrar que o estado de natureza é uma construção mental, que opera claramente nas conjecturas rousseaunianas. Victor Goldschmidt acentua o fato de toda produção teórica sobre o direito natural não recorrer, em nenhuma medida, à justificação histórica. O postulado da existência de um direito da natureza é uma exigência lógica e não de um dado histórico, factual (Goldschmidt, 1983, p.133). Rousseau, ao exaltar a suposta identidade da natureza – em operação que Valdemarin (2000b) qualifica como artifício do natural – revela não apenas as limitações da racionalidade; mas, para além disso, apresenta a hipótese da "superioridade do *insight* poético e da intuição" (Postman, 1999a, p.31). Pode-se ainda constatar uma "tendência de Rousseau a diluir os limites entre o que convencionamos chamar realidade e o que consideramos ficção" (Prado, 2007, p.141). Cassirer diz que Rousseau não está sozinho nisso porque o

186 CARLOTA BOTO

[...] conhecimento histórico não interessa aos teóricos do Estado-contrato. O problema deles é analítico e não histórico. Eles compreendem o termo "origem" num sentido lógico e não cronológico. O que eles procuram não é o começo, mas o "princípio" do Estado – sua *raison d'être*. (Cassirer, 2003, p.207)

Para Cassirer, o próprio conceito de razão – quando aplicado ao século XVIII – exige do intérprete certa cautela metodológica. A acepção de racionalidade, na filosofia do XVIII, não deve ser concebida como "uma soma de ideias inatas, anteriores a toda experiência" (Cassirer, 1966, p.48). Razão – bem como natureza – define-se não necessariamente pela posse de algo, mas pela maneira intrínseca ao ser de se apropriar desse algo. Razão como natureza supõem, portanto, desenvolução de atributos. Nessa dimensão, os poderes da razão não são visualizados – diz Cassirer – por seus resultados; mas por "sua função" (ibid.).

A educação do *Emílio* também pode ser lida assim. Não se trata de apregoar uma forma de ensinar ou um método para educar. Trata-se de arquitetar uma narrativa conjectural, para dar a ver a constituição dos "primeiros princípios" (Cassirer, 2003, p.207) da infância, posto que "para compreendermos uma coisa devemos começar por definir a sua natureza e essência" (ibid.). A razão do menino Emílio – conduzida dessa maneira – ganhará sua identidade no percurso; no movimento e nos atos cognitivos – a ideia de razão consistindo "não na ideia de um ser, mas na ideia de um fazer" (Cassirer, 1966, p.48). Mesmo assim, é possível suspeitar que *Emílio* traia seu título: ele é um tratado sobre a infância – mais do que "da educação". Rousseau, pela obra, buscara evidenciar a outra face da criança – aquela que, segundo ele, sua época não sabia ver. Ao inventar seu Emílio, Rousseau criara mais uma dentre suas categorias operatórias.

Rousseau pretende conferir universalidade à representação da figura infantil. A criança, no relato do *Emílio*, é um ser constituído por uma única e invariável estrutura interna; por natureza – ou seja, por definição. Não há circunscrição histórica ou geográfica que possa alterar a perspectiva. A criança relatada por Rousseau é

INSTRUÇÃO PÚBLICA E PROJETO CIVILIZADOR 187

compreendida como um dado imanente, que pode ser decifrada de antemão, como se fosse uma essência. Retirar a criança da história foi, também, para o autor do *Emílio*, um recurso estratégico para traçar as supostas feições do suposto homem de natureza (Barros, 1971) – ele também uma essência.

Claude Lévi-Strauss identifica o trabalho de Rousseau como predecessor da etnologia, preconizando a possibilidade de se efetuar, ao mesmo tempo, o estudo dos homens mais distantes e o estudo dos homens mais próximos. Ao fazer isso, torna-se observador, mas torna-se também o próprio objeto da observação. Para aprender a olhar o outro, "é preciso negar-se primeiro a si mesmo" (Lévi-Strauss, 1972, p.12). Sendo assim, a natureza que Rousseau observará em um hipotético estado natural não corresponde ao conceito corrente de natureza.

Tratava-se de buscar a origem. Do mesmo modo, a criança que Rousseau via em seu tempo teria transfigurada sua original identidade pelo efeito da civilização. Havia de se perscrutar o que tinha sobrado da primeira infância natural. Ao refletir sobre a criança, era o substrato da infância que Rousseau procurava. E cabe lembrar: a criança, em relação ao adulto, também é o absolutamente outro. E, mesmo assim, estudá-la é condição para compreender o ser adulto. Rousseau fez isso.

Por problematizar as relações entre natureza e cultura em todas as suas obras, conferindo a cada uma delas uma particular dimensão a tal problemática, o autor teria aberto vertente teórica até então inexistente. De fato, nos textos de Rousseau, pode-se averiguar algo dessa "experiência etnográfica", mediante a qual o ser humano "deve aprender a conhecer-se, a obter de um si mesmo, que se revela como outro ao eu que o utiliza, uma avaliação que se converterá em parte integrante da observação de outros si mesmos" (Lévi-Strauss, 1972, p.11). Ao conceber uma criança inventada como motivo ou razão de ser do discurso, Rousseau pretende destrinchar, de alguma maneira, a composição essencial do conceito de infância. Procura, pelo particular, dirigir-se a um universal, situado na condição constitutiva da ideia de homem.

188 CARLOTA BOTO

A natureza, para Rousseau, adquire dimensão metodológica na construção do discurso sobre a razão e sobre a moral. Durkheim qualifica o estado de natureza da teoria rousseauniana como "dispositivo metodológico" (Durkheim, 2008, p.78). Nesse sentido, tratar-se-ia de problema que só poderia ser abordado à guisa de conjectura:

> Rousseau reconhece que esse problema só pode ser tratado por conjectura, pois, diz ele, "os eventos que descreverei poderiam ter ocorrido de muitos modos (Segundo Discurso, fim da Parte I)". Mas, embora essas conjecturas sejam bastante plausíveis, já que advêm logicamente da definição do estado de natureza, um conhecimento detalhado do que aconteceu tem pouca importância para as consequências que podem ser tiradas do sistema. (Durkheim, 2008, p.85)

Cassirer considera que "Rousseau foi esse 'irracionalista' que ninguém menos que Kant comparou com Newton, chamando-o Newton do mundo moral" (Cassirer, 1999, p.41). Destaca que a ética rousseauniana, ao contrário do que possa parecer, não é uma ética do sentimento, mas "é a forma mais categórica da pura ética da lei desenvolvida antes de Kant" (ibid., p.93). Se a moral é lei, ela vale para todos e é única. Por isso a lei moral é soberana e, "como tal, não possui poder limitado e sim absoluto; ela simplesmente ordena e exige de maneira incondicional" (ibid., p.94).

Maria das Graças de Souza assinala que "Rousseau concebe a história dos homens como uma trajetória linear, que tem como ponto de partida a rusticidade e a simplicidade, e como ponto de chegada o estado de civilização" (Souza, 2006, p.2). Teria ocorrido, porém, antes um declínio do que um progresso. A educação das crianças, por sua vez, reproduziria, em escala individual, essa trajetória de desnaturação. Para Rousseau, seria fundamental encontrar uma alternativa para que o ser humano pudesse se reencontrar com sua natureza.

INSTRUÇÃO PÚBLICA E PROJETO CIVILIZADOR   189

O estado natural apresenta-se como artefato que expõe características intrínsecas a qualquer criatura humana. Será, nesse sentido, um "ponto de referência necessário à explicação dos comportamentos complexos que caracterizam os demais aspectos da existência do homem" (Machado, 1968, p.100) – um postulado de método. Não se trata de um ponto fixo e estático, mas de uma dinâmica em constante mudança. As etapas dessa progressão conjectural atuam como movimentos textuais nos quais Rousseau enuncia alguns dos elementos intrínsecos à condição humana – mas perdidos no percurso civilizador.

Pode-se verificar, tanto nos textos políticos quanto na obra pedagógica de Rousseau, a permanência do homem natural no interior dos sujeitos da civilização: "um homem profundo, presente em todos os estágios da evolução, ou melhor, em todas as situações sociais, puro e simples na sua essência específica, sempre reagindo às consultas ao sentido interior" (Machado, 1968, p.113). Mesmo assim, os vestígios do homem no estado de natureza seriam mais intensos e estariam mais visíveis na etapa da infância.

Darnton considera que a própria trajetória de Rousseau teria contribuído para consolidar sua radical recusa dos parâmetros civilizatórios de sua época; como se, por sua obra, ele acertasse contas com a própria história de vida. Darnton recorda que, fruto da classe média, filho de um relojoeiro de Genebra, o menino "começou a vida numa posição modesta na hierarquia social e logo chegou ao degrau mais baixo" (Darnton, 2005, p.127). Em alguma medida, a vida e a obra de Rousseau se tangenciam e se tensionam, ressoando uma na outra. Conhecer a obra é reportar-se um pouco à história de sua vida.

Relatos de vida no apontamento da escrita

A *Enciclopédia ou dicionário raciocinado das ciências, das artes e dos ofícios* (1750-1772) é pautada, partir da França, por uma firme crença no aperfeiçoamento do espírito humano. A pressuposição conferida ao conceito de perfectibilidade acompanharia o otimismo daquele empreendimento. Acreditava-se à época que, historicamente, haveria um aprimoramento coletivo e individual, de modo que o presente sempre fosse melhor que o passado, e que o futuro constituísse uma utopia de um tempo ainda melhor... Os articulistas agremiados no projeto da *Enciclopédia* compreendiam que haveria, no desenrolar do tempo histórico, uma tendência quase natural a um continuado aprimoramento. Essa ideia no século XIX seria, muitas vezes, confundida com a acepção de progresso; embora progresso signifique antes a prosperidade material, ao passo que a acepção de perfectibilidade remete à dinâmica própria da desenvolução do espírito em busca do aperfeiçoamento.

Seja como for, o ideário da perfectibilidade supõe a crença no presente e a esperança no futuro. Tratava-se, portanto, de uma doutrina entusiasmada com sua própria época. A maior parte dos enciclopedistas entendia que o progresso histórico é tributário ao acúmulo de conhecimento. A razão seria, portanto, o motor da história. Sendo assim, haveria uma racionalidade interna ao domínio humano sobre o mundo. A ação prática é aqui compreendida como fruto de deliberação racional; como se houvesse controle e regularidade nos estágios trilhados pelo gênero humano nos vários períodos de seu desenvolvimento. Observa-se, porém, que o próprio termo perfectibilidade, quando derivado diretamente da teoria rousseauniana, adquire nova conotação, bastante diferente desse otimismo esclarecido.

Em 1745 um livreiro francês obteve o direito de tradução de uma conceituada enciclopédia inglesa. No ano seguinte, d'Alembert e Diderot foram contratados como editores daquele empreendimento. Eles decidiram – para além da mera tradução – organizar uma nova enciclopédia que incorporasse os mais recentes progressos e descobertas no campo das ciências e das artes. Foi com tal intuito que, em 1750 e em 1751, foram lançados o *Prospecto* e o *Discurso preliminar dos editores*. A obra toda da *Enciclopédia* reuniu 250 colaboradores de vários países da Europa e pretendeu constituir uma súmula dos conhecimentos acumulados em todas as áreas nos

INSTRUÇÃO PÚBLICA E PROJETO CIVILIZADOR 191

diferentes domínios do conhecimento. Assim, o discurso preliminar dos editores remete-se frequentemente à metáfora do labirinto e à metáfora da árvore, para abordar as complexas ramificações do saber. Foram, no total, um conjunto de dezessete volumes de texto (71.818 verbetes) e onze volumes de ilustrações. Pretendeu ser compreendida como um dicionário universal, porta-voz do estágio, naquela época, de todos os conhecimentos humanos em suas respectivas áreas. Tratava-se, portanto, de um projeto de classificação e organização dos conjuntos de saberes que já compunham a pauta daquela modernidade em curso.

Diderot e d'Alembert, desde o princípio, sublinhariam a proposta de reunião dos conhecimentos – esparsos sobre a terra – para oferecer-lhes uma abordagem sistemática e integradora, de tal maneira que o mesmo saber pudesse ser disponibilizado às gerações mais jovens. Acreditava-se que o progresso nos usos letrados da racionalidade teria por efeito tornar o ser humano mais instruído, mais virtuoso e mais feliz. A ideia que se tinha era a de que a virtude e a felicidade decorreriam da posse e da mobilização dos saberes disponíveis. A razão demonstrativa e conjectural era compreendida como fonte de felicidade coletiva. A esperança aliava-se à expectativa de um período histórico cujas elites culturais acreditavam firmemente em si próprias.

É possível dizer que, considerado sob ponto de vista filosófico, todo o Iluminismo é tributário de uma orientação racionalista e que, portanto, tinha a ver com o desenvolvimento científico do século XVII. O que se pretendia era, de alguma forma, divulgar e mobilizar, para o desenvolvimento da sociedade, o conhecimento acumulado até então. Para isso, era fundamental o empreendimento de uma pedagogia de Estado, que viesse a construir estratégias de instrução para o esclarecimento do povo sobre os mais diversos assuntos.

Rousseau integrou a grande aventura do pensamento iluminista – a *Enciclopédia*. Dentre seus principais contemporâneos, destacam-se Diderot, d'Alembert e Voltaire. Os dois primeiros foram os organizadores da *Enciclopédia*. Diderot era um defensor

192 CARLOTA BOTO

do ensino público e elaborara um plano para a universidade.[2] Foi interlocutor privilegiado de Rousseau, especialmente quando este escrevia seu *Primeiro discurso*. D'Alembert redige na *Enciclopédia* o verbete *Colégio*, em que criticava severamente os conteúdos e os métodos dos colégios jesuíticos, predominantes no cenário francês da época. Voltaire era um pouco mais velho do que os três, mas foi contemporâneo e partícipe do grupo. Crítico dos costumes, seus escritos cáusticos pregavam a tolerância. Tratava-se de um grupo--geração que impactou a história do pensamento social, político e pedagógico.

É sempre perigoso vincular a produção de uma obra ao relato da vida de seu autor. Se obviamente não se pode negar que a experiência do sujeito interfere diretamente na elaboração de seu trabalho de escrita, nem por isso se poderá concluir que o texto elaborado constitui mero reflexo de sua trajetória de existência. A despeito disso, no caso de Rousseau, parece quase irresistível apresentar esse entrelaçamento da vida com a obra. Definindo a si mesmo como homem de paradoxos, a coerência do trabalho de Rousseau é um desafio para todos os que meditam sobre a vida do filósofo.

Jean-Jacques Rousseau nasce em 28 de junho de 1712, em uma família de classe média da cidade suíça de Genebra. Sua mãe morre alguns dias depois do nascimento do menino; o que marcará toda a infância de Jean-Jacques. O pai – Isaac Rousseau – era um relojoeiro que, desde cedo, aproximou o filho da literatura, como forma de compensar a ausência da figura materna. Em 1717, pai e filho mudam de casa, passando a viver em um bairro mais modesto. Rousseau, ainda na primeira infância, tem contato com a decadência financeira de sua família, o que, evidentemente, impactou sua sociabilidade. Em 1722, o pai de Rousseau briga com um sujeito poderoso na cidade e tem de deixar Genebra, passando a viver em Nyon. O menino Jean-Jacques ficará sob a tutela de um tio, que o envia para estudar com um pastor de Bassey – Ministro Lambercier. Em 1724, Rousseau volta a Genebra e se torna aprendiz de um

---

2 Cf. Diderot, 2000, p.255-315.

INSTRUÇÃO PÚBLICA E PROJETO CIVILIZADOR

gravador, que, segundo ele, era um homem bruto e estúpido. Em 1726 o pai casa-se novamente. No ano de 1728, Rousseau vai embora de Genebra. Torna-se amigo de Mme. de Warens, de quem acata a sugestão de converter--se ao catolicismo, abandonando, assim, sua raiz calvinista. É muito provável que tal decisão seja devida à hegemonia que o catolicismo possuía naquele tempo e às dificuldades sociais, profissionais e políticas nas quais viviam todos aqueles que abraçavam outras confissões religiosas. Nos anos 1730, ganha a vida como professor de música e vive sob a proteção de Mme. de Warens, de quem se tornara amante e protegido. Entre 1740 e 1741, Rousseau trabalha como professor particular – preceptor – de dois meninos, filhos do senhor Jean Bonnot de Mably, de Lyon. Na ocasião, escreve um primeiro texto no qual explicita seus preceitos pedagógicos: *Projeto para educação do sr. de Saint-Marie*. Ele criticou, naquele escrito, os métodos rígidos utilizados para educar as crianças, dando recomendações e traçando sugestões pedagógicas.

Em 1742, Rousseau segue para Paris, onde passará a viver. Ele pretendia ser reconhecido por seus conhecimentos musicais. Redige um *Projeto de notação musical*. Em 1743, publica sua *Dissertação sobre música moderna*. Nessa mesma ocasião, torna-se amigo de Diderot – um dos principais expoentes do movimento enciclopedista francês da segunda metade do século XVIII. Em 1745, passa a viver com Thérèse Levasseur – uma jovem humilde por quem se apaixona. Embora essa relação tenha durado toda a vida do filósofo, ele custa a assumir o romance, e se casará com ela apenas em 1768, após 23 anos de convivência. Com Thérèse, ele terá cinco filhos; todos eles deixados na roda dos expostos de um orfanato de crianças abandonadas. Em 1748, Rousseau conhece Mme. d'Epinay e passa a frequentar o círculo dos intelectuais franceses.

Logo a seguir torna-se um dos colaboradores da *Enciclopédia ou dicionário raciocinado das ciências, das artes e dos ofícios* – convidado, em um primeiro momento, a redigir verbetes sobre música. No ano seguinte, 1749, Diderot é preso por ter manifestado ideias consideradas heréticas em alguns de seus trabalhos, notadamente na *Carta sobre os cegos*. Rousseau conta que, na época, ao caminhar para visitar seu amigo na prisão, parou para ler um jornal. Foi quando se inteirou do tema de um concurso lançado pela Academia de Dijon. A questão colocada para pautar os ensaios competidores era: "O restabelecimento das ciências e das artes contribuiu para aprimorar os costumes?". Rousseau conta que, em seguida, adormeceu; e, ao acordar, viu-se tomado por uma súbita inspiração. Na visita a Diderot, conta ao amigo a ideia que tivera; e Diderot, na ocasião, incentiva-o a inscrever-se no concurso. Rousseau segue esse conselho e é premiado pela Academia.

Em 1750, essa história desembocou na publicação do texto que tornou célebre seu autor; e que hoje é conhecido como seu primeiro escrito: *Discurso sobre as ciências e as artes*. Vivendo em um período que exaltava, de modo entusiástico, os progressos da civilização, Rousseau segue na contramão: diz que o avanço das ciências e das técnicas não contribuiu – ao contrário do que se acreditava à época – para o aprimoramento da humanidade. Para o filósofo, os povos foram policiados em sua liberdade natural e passaram a viver com uma aparência enganosa de virtude.

Rousseau destaca que a espontaneidade e as disposições naturais do coração humano teriam sido, nesse movimento, substituídos por uma arte da representação de si para os outros. Essa nova civilidade – arte de agradar os outros – tinha como meta padronizar comportamentos e homogeneizar costumes. O gênero humano viveria, portanto, em uma "enganosa uniformidade", já que todos integrariam um mesmo molde. Os homens se teriam transformado em rebanho, todos fazendo as mesmas coisas; e fingindo ser o que os outros desejariam. Ao seguir o decoro social e a polidez, as pessoas comporiam uma sociedade corrupta, sem olharem para si mesmas. O pretenso refinamento dos costumes seria traduzido nos inúmeros vícios coletivos e na perda da simplicidade natural.

Em 1751 é publicado o primeiro volume da *Enciclopédia ou dicionário raciocinado das ciências, das artes e dos ofícios*. Organizada por Diderot e d'Alembert, a *Enciclopédia* era um empreendimento ousado. Pretendia compendiar, em vários volumes sucessivamen-

INSTRUÇÃO PÚBLICA E PROJETO CIVILIZADOR 195

te publicados, o conjunto do saber acumulado; trazendo à luz os progressos das ciências e das artes nos mais diferentes domínios do conhecimento sobre os assuntos naturais assim como do conhecimento sobre os assuntos humanos. Tratava-se de um projeto de divulgação do saber, com o propósito de que qualquer pessoa, lendo seus verbetes, tivesse oportunidade de aprender sobre qualquer assunto. Além disso, era também uma tentativa de classificar o conhecimento produzido: de dividir os campos do conhecimento humano. A *Enciclopédia* é, muito provavelmente, o maior dos emblemas da filosofia iluminista.

Ocorre em 1755 a publicação do conhecido *Segundo discurso* de Rousseau; também submetido anteriormente a concurso da Academia de Dijon. Dessa vez, o desafio da Academia consistia na seguinte indagação: "qual é a origem da desigualdade entre os homens? Ela é autorizada pela lei natural?". Embora não tenha tido, na ocasião, a mesma receptividade que o texto anterior (e apesar de o autor não ter, nesse caso, ganhado o prêmio da Academia), o próprio Rousseau sublinha que esse ensaio – intitulado *Discurso sobre a origem e os fundamentos da desigualdade entre os homens* – foi um dos mais importantes de sua extensa obra.

Rousseau, no princípio de seu *Segundo discurso*, diferencia dois tipos de desigualdades: uma delas é natural e está, portanto, na essência das coisas. A outra – a desigualdade política – é um estratagema, construído pela sociedade e autorizado pelos homens. Rousseau procura, nesse texto, identificar as raízes da condição humana. Para tanto, ele propõe-se a identificar – de modo dedutivo e sem qualquer compromisso com a verdade histórica – o trajeto que os homens teriam percorrido desde que saíram do estado de natureza e entraram no estado civil.

Como teria sido – para Rousseau – o homem do estado de natureza? De acordo com o *Segundo discurso*, ele é forte, é independente e vive em liberdade. É também disperso, sem vínculos sociais. Mas o atributo mais significativo que caracterizaria esse homem natural está no fato de ele não ser determinado por nenhum instinto – ao

196 CARLOTA BOTO

contrário dos animais. O homem é, para Rousseau, o único animal, portanto, capaz de se desviar da regra prescrita; capaz de dominar a si mesmo; capaz de dizer não. Isso o qualificaria como agente livre – e, no estado de natureza, ele usufruía dessa liberdade original. Além da liberdade, o homem tem também naturalmente a faculdade de se aperfeiçoar; aquilo que o século XVIII reputava ser a perfectibilidade.[3] O homem de natureza tem, ainda, dois outros dons: o amor de si – que Rousseau define como uma preferência que cada um tem por si mesmo; e a piedade – ou rejeição espontânea ao presenciar o sofrimento de seu semelhante. Liberdade, perfectibilidade, amor de si e piedade seriam, na perspectiva rousseauniana, os únicos atributos do homem no estado de natureza.

Em um segundo momento, após muitos anos de convivência naquele primitivo estado natural, os homens passaram a viver uma segunda etapa. Outros sentimentos começam a aparecer. O desenvolvimento do amor de si faz o homem se aproximar mais de uns do que de outros. O amor de um pelo outro é identificado como um desdobramento dessa preferência advinda da aproximação. Ao procurar chamar a atenção dos outros, o amor de si será ramificado na ideia de amor-próprio. O homem deseja que reparem nele. Procura a estima pública. Surgem aí, então, a vaidade, o desprezo, o orgulho, a vergonha e a inveja. Já se saíra de um estado de felicidade natural. Vivia-se agora – como dissera Hobbes – uma guerra de todos contra todos.

Como arremate do processo que acabamos de descrever, um "funesto acaso" teria produzido a sociedade civil. O *Segundo discurso* expõe talvez a tese mais controversa de Rousseau; aquela que mais incomodou os setores privilegiados da sociedade de seu tempo. A hipótese era a seguinte: não vivendo mais em harmonia, os homens daquela segunda etapa do estado de natureza compe-

---

3 Como diz, sobre o tema, Wilson Alves de Paiva (2010, p.81): "despertada a faculdade do aperfeiçoamento, já não é mais possível manter o animal insólito, que vive por si mesmo sem necessidade do esforço reflexivo e do auxílio de seus semelhantes".

INSTRUÇÃO PÚBLICA E PROJETO CIVILIZADOR 197

tiriam pelos melhores frutos da terra. Até que, um dia, alguém resolveu cercar um terreno e tomá-lo para si. Naquele momento – conclui Rousseau – havia terminado o estado de natureza. Por aquele "funesto acaso", a instauração da propriedade fundava a sociedade civil. O homem jamais regressaria ao estado natural.

Esmagando-se uns contra os outros, os homens criam, então, o primeiro pacto, proposto pelos proprietários – sobretudo como estratégia de proteção da ordem. Foram instituídos regulamentos para organização da vida coletiva; regulamentos os quais, em princípio, todos deveriam respeitar e obedecer, dado que, por suposto, a lei deve proteger os membros da comunidade contra o risco sempre presente da eterna discórdia, fruto das paixões e das desavenças humanas. A institucionalização política estava dada; a convenção originária havia sido firmada.

O *Discurso sobre a origem e os fundamentos da desigualdade entre os homens* não foi tão bem recebido quanto aquele que lhe antecedeu. Rousseau que, na época, trocava cartas com Voltaire, contrai – por causa das críticas que este último fizera a seus escritos – aquela que seria sua maior inimizade. Naquele mesmo ano de 1755 aconteceu o famoso terremoto de Lisboa, que muito impactaria os Iluministas – já que a morte de milhares de pessoas demonstrava os limites dos progressos da ciência e das técnicas. A natureza se rebelava contra o homem tão orgulhoso de sua faculdade racional. Naquele mesmo ano de 1755, Rousseau publicaria extenso e importante verbete na *Enciclopédia*, com o título "Economia social e política".

Rousseau tem uma longa digressão em seu *Discurso sobre a origem e os fundamentos da desigualdade entre os homens* referente à questão da origem das línguas. Ele distingue os homens do estado de natureza daqueles que seriam os homens do estado civil, entre outras coisas, a partir do fato de os primeiros prescindirem de sociabilidade; homens que, não tendo "necessidade uns dos outros, se encontrariam somente duas vezes na vida, sem se conhecer e sem falar" (Rousseau, 1983a, p.246). Rousseau desenvolve sua reflexão, destacando que uma linguagem comum produziria nos seres

198 CARLOTA BOTO

humanos uma facilitação nas operações do espírito. A organização das línguas é compreendida como fato social originário.

Em um primeiro estágio, o que se ouvia era apenas o grito da natureza, uma espécie de instinto; acionado para implorar socorro ou manifestar alívio. Ao longo do tempo, porém, outros sinais apareceram, indicando uma comunicação mais íntima entre os homens: "multiplicaram as inflexões de voz e juntaram-lhes gestos que, por sua natureza, são mais expressivos e cujo sentido depende menos de uma determinação anterior" (ibid., p.248). Depois, substituíram-se os gestos por articulações da voz, mediante convenções de significado que acompanhariam a articulação dos sons. Esse acordo, que estabelecia a língua, estabelecia também certa norma de vida.

Observou-se que haveria necessidade de classificações, que pudessem ordenar algumas regularidades a partir da ideia comum que existia sobre elas. No entanto – pondera Rousseau – "para classificar os seres sob denominações comuns e genéricas, precisava-se conhecer as propriedades e as diferenças, eram necessárias observações e definições" (ibid., p.249). A língua comum favorecia a sociabilidade e, também, organizava o mundo.

Rousseau vale-se dessa digressão sobre a origem das línguas para remeter o leitor àquelas que seriam as duas especificidades distintivas da espécie humana: a perfectibilidade e a liberdade. Dessa forma, a origem das línguas deve-se exatamente à capacidade que o ser humano possui de transformar suas próprias condições de existência. A abstração será, pois, uma conquista paulatina do exercício da generalização dos dados da experiência. Por isso, para o autor,

As ideias gerais só podem introduzir-se no espírito com o auxílio das palavras e o entendimento só as aprende por via das proposições. É essa uma das razões pelas quais não poderão os animais formar tais ideias, nem jamais adquirirem a perfectibilidade que depende delas. Quando um macaco vai, sem hesitar, de uma a outra noz, imaginar-se-á que tenha a ideia geral dessa espécie de fruto e que compare seu arquétipo com esses dois indivíduos? Não, está claro; mas a visão de uma dessas nozes faz com que surjam na

INSTRUÇÃO PÚBLICA E PROJETO CIVILIZADOR 199

memória as sensações que recebeu da outra, e seus olhos, modificados de uma certa maneira, anunciam ao seu paladar a modificação por que passará. Toda ideia geral é puramente intelectual e, por pouco que a imaginação nela se imiscua, a ideia logo se torna particular. (Rousseau, 1983a, p.249)

Os seres humanos conceberiam seres abstratos não mais pelo sentido, mas fundamentalmente pelo discurso. A ideia de uma árvore, em geral, por exemplo, é incompreensível ao gênero humano se for pensada como imagem. Se for expressa pelo discurso, aí sim, ganhará sentido. Todos os seres abstratos teriam então, no discurso ou na linguagem, as possibilidades e os limites de sua compreensão. O discurso converter-se-ia, pois, numa necessidade para tornar mais complexas as relações entre os homens. Nas palavras de Rousseau:

> Como teriam podido, por exemplo, imaginar ou compreender as palavras matéria, espírito, substância, moda, figura, movimento, uma vez que nossos filósofos, que há tanto tempo se utilizam delas, demonstram grande dificuldade para entendê-las, e as ideias relativas a tais palavras, sendo puramente metafísicas, não se poderiam encontrar delas qualquer modelo na natureza? (ibid., p.250)

No *Ensaio sobre a origem das línguas*, obra que foi publicada apenas depois da morte de seu autor e que retomava alguns aspectos já presentes no *Segundo discurso*, o filósofo trabalharia a hipótese segundo a qual, a partir das coisas concretas e particulares, teriam se originado os conceitos de significação abstrata e tendentes à generalização (e não o contrário). Nos termos do autor:

> Um homem selvagem, ao deparar com outros homens, inicialmente, deve-se ter assustado; o medo que então sentiu convenceu-o de que os outros homens deviam ser maiores e mais fortes do que ele próprio, pelo que lhes deu o nome de *gigantes*. Depois de ter passado por muitas outras experiências semelhantes, ele acabou

200 CARLOTA BOTO

> por reconhecer que esses pretensos gigantes não eram afinal maiores nem mais fortes do que ele e que, portanto, a sua estatura não se adaptava à ideia que de início ele ligara ao termo *gigante*; sendo assim, ele inventou outra palavra, mais comum e que se adaptasse tanto a eles como a si, por exemplo a palavra *homem*, deixando o termo *gigante* para o objeto falso que o impressionara e o iludira no começo. (Rousseau, 1981. p.49)

Finalmente, Rousseau interroga-se sobre o que teria vindo antes: estava a sociedade já organizada quando as línguas foram inventadas? Ou teria sido a origem das línguas que organizou a sociedade? No limite, a ideia que baliza o raciocínio rousseauniano corresponde a uma específica visão da história, a partir da qual alguns dos acasos que estruturaram a experiência da espécie tornaram-se necessidades da vida civil. O uso da língua, em algum momento, existiu por casualidade; e, desde então, configurou-se como necessidade da vida social.

Em 1756, Rousseau irá morar no Ermitage, uma propriedade rural em Montmorency que lhe fora cedida por sua amiga Mme. d'Epinay. Nessa época, o filósofo começa a apresentar os primeiros sintomas do sentimento de perseguição que o acompanhará até o fim de sua vida. No ano seguinte, 1757, dois fatos marcam a biografia de Rousseau: ele rompe a amizade com Diderot; e, na ocasião, d'Alembert escreve o verbete "Genebra", publicado no volume VII da *Enciclopédia*. Esse artigo descreve a cidade calvinista como conservadora e sem vida cultural. Sugere, como contrapartida, a criação de um teatro na cidade de Genebra, alegando que isso tornaria mais sofisticados os cidadãos da cidade. Rousseau detesta o verbete. Redige, então, uma resposta – posteriormente publicada com o título *Carta a d'Alembert* –, na qual realiza uma crítica ao teatro. Os espetáculos – sublinha Rousseau – seriam apenas um quadro das incontidas paixões humanas, provocando relação de identidade entre atores e público. Ao pretender agradar, ao conferir prioridade ao divertimento, e ao contagiar a plateia, ofereceriam péssimo exemplo formativo. Rousseau aproxima a ideia de representação no teatro daquilo que supunha ser a máscara da hipocrisia e da opacidade de uma sociedade corrupta, que prezava apenas a aparência de virtude. No teatro como na vida civil, a verdade era encoberta. Como contraponto ao lugar público ocupado pelo teatro, Rousseau defendia o que supunha ser a dimensão pedagógica das festas cívicas.

Em 1762, são publicados, simultaneamente, *Emílio ou da educação* e *O contrato social*. Para compreender o pensamento rousseauniano, será necessário perquirir o encadeamento discursivo que norteia a lógica de cada um desses relatos.

O contrato social – que consagraria a posteridade imediata de Rousseau, especialmente tomado como referência dos revolucionários franceses – pretendia obter uma saída civil para os impasses pendentes da narrativa do *Discurso sobre a desigualdade*. No *Segundo discurso*, Rousseau apresentara um inventário lógico das razões que conduziram à perda do estado de natureza. No texto do *Contrato*, o autor procurará oferecer sinais alternativos para trilhas de possíveis futuros. Diz, nesse sentido, que a liberdade e a bondade natural do estado de natureza estavam irremediavelmente perdidas. Era impossível voltar atrás. Tratava-se, pois, de buscar um instrumento na vida pública capaz de estabelecer critérios sociais para a organização de um modo de viver coletivo, calcado sob o signo da virtude. Virtude aqui é atributo da sociedade civil na rota civilizatória.

O contrato social pode ser compreendido como arquitetura política: a projeção de um pacto alternativo, que deverá mobilizar o direito para a obtenção da justiça – não mais uma justiça que atenda apenas a minorias privilegiadas, mas a justiça do ponto de vista de todos. Esse novo pacto – o "contrato social" – pretenderá fundar uma nova forma de governo mediante a qual todos os homens são compreendidos como possuidores da soberania. Rousseau aqui desloca, portanto, o significado do próprio termo soberania. Soberano não é mais o governante. Soberano passa a significar "povo". De certo modo, advoga-se com isso o Estado de direito. A legitimidade do novo pacto social estaria, exatamente, no fato de não recor-

202 CARLOTA BOTO

rer ao ideário do contratualismo da época, segundo o qual o poder é necessariamente concedido, mediante a submissão de todos a um ou a alguns poucos homens. O *Contrato social* é apresentado por Rousseau como uma forma de associação que protege todas as pessoas e "pela qual cada um, unindo-se a todos, só obedece, contudo, a si mesmo, permanecendo assim tão livre quanto antes". Se a liberdade natural havia sido perdida, poder-se-ia, como alternativa, obter uma liberdade fundada na convenção. O *Contrato* supõe que todos se beneficiariam do acordo. A proposição de firmamento de um contrato legítimo para promover a concórdia pública tinha por suposto uma dada compreensão de bem comum. Para Rousseau, o primeiro pacto fizera com que os homens deixassem o estado de natureza, e isso ocorrera sob patamares ilegítimos; embora houvesse sempre uma margem mediante a qual fosse possível pensar e projetar uma forma legítima de associação. Esta foi traduzida pela entrada em vigor do novo pacto, cuja meta será a de refundar o tecido da sociedade. Os fundamentos da democracia moderna estavam ali desenhados. Um ato de soberania requererá, portanto, uma convenção do corpo social com cada um de seus membros.

Esse tipo de convenção faria os homens obedecerem não a um terceiro, mas a si próprios, a sua própria vontade. Cada um, comprometendo-se com todos, não obedece a mais ninguém além de si mesmo. Na sociedade organizada pelo crivo da vontade geral – definida como vontade de todos, subtraídos os interesses particulares – o pacto civil ganharia, pois, tonalidade moral. Se o acordo inclui todos, cada um sabe-se senhor de si. Essa é a liberdade possível no território civil. A soberania – bem que reside no povo – é apresentada por Rousseau como inalienável, indivisível, intransferível. A vontade geral assegura, pela escolha, o acerto das vontades, produzindo consensos tácitos que legitimam a vida democrática.

Alguns comentadores caracterizam o significado da obra *Emílio ou da educação* como uma estratégia analítica do pensamento rousseauniano para formar o homem virtuoso no seio de uma sociedade corrompida. A educação do menino Emílio pretendia ser

INSTRUÇÃO PÚBLICA E PROJETO CIVILIZADOR 203

um exercício de formação do homem livre. Essa liberdade humana era uma disposição a ser formada, com o fito de estruturar um ser virtuoso – aquele dirigido por uma vontade reta, que sabe escolher por si mesmo o bem agir. Tal capacidade de sair de si e escolher o bem era considerada por Rousseau como a mais distintiva entre as habilidades humanas. Rousseau, para tanto, inventa um relato de vida. O protagonista dessa vida não é tido como filho, tampouco como aluno. O menino Emílio é uma construção; uma categoria operatória da pedagogia rousseaniana. Cabe lembrar que o estado de natureza era também apenas uma hipótese – sabidamente não histórica – com a qual o pensamento político de Rousseau operou. *Emílio* – o menino fictício do relato rousseauniano – age no relato como ideal regulador que possibilita a Rousseau esmiuçar o que ele acreditava ser a essência da criança em tudo aquilo que fosse efetivamente natural em seu desenvolvimento. Sobre o estado de natureza em seu discurso, diz Matthew Simpson (2009, p.104):

> Em geral, a interpretação hipotética é preferível à histórica. Ela pode ser responsável pela maioria do texto, pois o próprio Rousseau disse que seu trabalho era hipotético e não histórico. E, apesar de admitirmos que existe um número razoável de passagens ambíguas, todas as vezes Rousseau foi explícito sobre sua intenção, ele disse claramente que eram hipotéticas. [...] Essa interpretação, entretanto, levanta um problema que a história evitou. Como um estado hipotético da natureza explica a origem da desigualdade real?

A mesma coisa poderia ser dita do *Emílio*: como um hipotético e imaginário menino pode se tornar referência do modelo pedagógico adotado para trabalhar com crianças reais e históricas? Essa é a grande questão. O *Emílio* é um tratado que – mais do que a educação – pretendia fazer ver a infância. Logo no início da obra, Rousseau destaca a diferença entre a educação de seu fictício discípulo e a criação das crianças de seu tempo. Os professores da época – diz ele – tomam o aluno como se este representasse um fardo a ser car-

204 CARLOTA BOTO

regado. O aluno, por sua vez, costuma ver o professor como a razão de seus flagelos.

Crítico – desde seus primeiros escritos – dos padrões educativos vigentes na sociedade europeia do século XVIII, Rousseau recomenda o que supunha ser a educação natural. Desde muito cedo – diz o tutor do Emílio – as crianças são constrangidas em seu corpo; e tiram-lhe a liberdade que a natureza lhes deu. Assim como as crianças não devem ter travados·seus movimentos naturais, a educação ministrada deverá cuidar de promover a felicidade; o que não ocorria nos colégios de então. Além disso, a criança é sempre remetida a um suposto futuro promissor, em nome do qual o presente era drasticamente sacrificado. No fundo, o embasamento teórico do *Emílio* compreende aquilo que Cláudio A. Dalbosco (2011a, p.29) define como a anterioridade da criança em relação ao adulto. Tal anterioridade não é apenas cronológica, "mas também de uma anterioridade biológico-cognitiva, pois, antes de ser um ser de razão, a criança o é pelo aparato sensório-motor" (ibid.).

O alerta inscrito no *Emílio* é o de que as crianças deverão ser tratadas conforme a idade. A infância e a juventude são repartidas em etapas, cujas características precisam ser respeitadas. O menino Emílio e seu tutor passam juntos vinte e cinco anos da vida – desde o nascimento até a conclusão do primeiro quarto de século. A tese que alguns advogam é a de que Emílio, ao nascer, seria a expressão do homem no estado de natureza e, como tal, não teria virtude. Possuiria apenas o amor de si, a piedade, a liberdade e a capacidade de se aperfeiçoar. Esse aprimoramento intrínseco à faculdade natural de perfectibilidade conduz, pouco a pouco, ao processo que culminará na escultura do homem civil. O Emílio já formado é – por tal hipótese interpretativa – o sujeito virtuoso capaz de se tornar o cidadão ou o próprio legislador da sociedade do contrato. Em meio ao mundo corrupto, será talvez aquele que contribui para fundar o novo pacto. Ao apreender a singularidade das diferentes etapas da formação humana, o sujeito será capaz de "compreender melhor sua própria singularidade" (Dalbosco, 2011, p.29). Daí ser fundamental interpretar a condição de criança.

INSTRUÇÃO PÚBLICA E PROJETO CIVILIZADOR **205**

Rousseau divide o *Emílio* em cinco grandes unidades.[4] No Livro I, trabalha a educação da criança do nascimento até os dois anos. Ali, apresenta a situação do menino Emílio, que será educado desde o dia em que nasceu. Naquela época, o termo infância compreendia apenas as crianças pequenas. Uma das principais marcas do pensamento rousseauniano, responsável por boa parte do imediato impacto que a obra causou, advém do fato de ele haver prolongado a acepção de infância – esticou a condição de criança. O Livro II compreende a etapa da formação da puerilidade, que duraria até os 12 anos. Rousseau postula que o menino Emílio não seja aproximado da cultura letrada – exatamente como um recurso para ele viver sua infância por mais tempo.

A principal tese de Rousseau é a de que, até os 12 anos, a criança terá parâmetros de apreensão de mundo diferentes daqueles presentes nos adultos. Até os 12 anos, ela será conduzida por aquilo que o filósofo acredita ser uma razão sensitiva. Compreender a lógica dessa racionalidade sensível constitui a tarefa primeira do educador. No Livro III do *Emílio* são desenvolvidos preceitos e práticas de educação indicados para a única fase da vida em que, segundo Rousseau, as forças são maiores do que os desejos – dos 12 aos 15 anos. No Livro IV são abordadas questões relativas à formação moral e sexual do Emílio. O jovem agora – entre os 15 e 20 anos – possui os instrumentos necessários para constituir a racionalidade do adulto. Com o propósito de formar razão e sensibilidade, mente e coração, moral e conduta humana.

Rousseau constrói a narrativa da *Profissão de fé* do Vigário Savoiano, motivo de críticas impiedosas de seus compatriotas. Finalmente, entre os 20 e os 25 anos, Emílio será preparado pelo preceptor para o casamento. Na rota da educação do Emílio, Rous-

---

4 "Num primeiro e incompleto rascunho do *Emílio*, Rousseau divide em quatro os estágios de desenvolvimento do homem; a idade da natureza (até os 12 anos); a idade da razão (inteligência) (12-15); a idade da energia, força vital (15-20); a idade da sabedoria (20-25). Embora não aderisse a um tão esquemático padrão na obra final, ele serve, no entanto, como útil quadro de referência." (Dent, 1996, p.117)

seau estabelece fértil diálogo entre política e pedagogia. Ao formar o homem moral, constituía também o homem civil – o cidadão. Com isso, a racionalidade torna-se instrumento a serviço do homem – e não uma estratégia de ação contra o semelhante.

Rousseau sofreu inúmeras críticas imediatamente após a publicação de seus dois trabalhos mais conhecidos. Tanto *O contrato social* quanto o *Emílio* – publicados, respectivamente, em abril e maio de 1762 – foram proscritos, condenados e até queimados, tanto em Paris como em Genebra, quer pelos poderes temporais, quer pelas Igrejas Católica e Protestante. Em virtude disso, o isolamento de Rousseau tornara-se, ao longo de seu percurso, praticamente irreversível. Cada vez mais, ele se afasta do círculo de seus amigos. Ainda no ano de 1762, Rousseau escreve sua *Carta a Christophe de Beaumont* – uma réplica ao arcebispo de Paris, que se opusera às teses da religião natural defendidas no Livro IV do *Emílio*.

No ano seguinte, Rousseau renuncia à cidadania genebrina, decepcionado que estava com a má recepção de sua obra naquela cidade. Em 1764 trabalhará em seu *Projeto de Constituição para a Córsega*, texto que lhe havia sido encomendado e que permaneceria inacabado. Naquele mesmo ano, um escrito anônimo, com o título *O sentimento dos cidadãos*, é atribuído a Voltaire. Nele, Rousseau era acusado severamente por haver abandonado seus filhos. Em 1765 Rousseau irá para a Inglaterra. Em 1767, regressando à França, casa--se com Thérèse Levasseur. Em 1771, também por encomenda, redige as *Considerações sobre o governo da Polônia*. Os anos seguintes serão dedicados à redação das *Confissões* – sua autobiografia. A partir de 1776 trabalhará em sua última obra; publicada somente após sua morte: *Devaneios de um caminhante solitário*. Nesse seu último trabalho, atormentado pelo sentimento de perseguição e pelas culpas que lhe haviam sido creditadas,[5] Rousseau comenta sobre o porquê de haver abandonado seus filhos:

---

5 "Pusera meus filhos na roda de expostos, isso era suficiente para me terem transformado em pai desnaturado e, daí, ampliando e afagando essa ideia, pouco a pouco, extraiu-se a consequência evidente de que eu odiava as crianças; seguindo com o pensamento a sequência dessas progressões, admirava

INSTRUÇÃO PÚBLICA E PROJETO CIVILIZADOR **207**

Compreendo que a censura por ter colocado meus filhos na roda de expostos tenha facilmente degenerado, forçando-se um pouco os fatos, na de ser um pai desnaturado e de odiar as crianças. Contudo, é certo que foi o medo de um destino para eles mil vezes pior e quase inevitável, na falta de qualquer outro caminho, que mais me determinou nessa diligência. Se eu fosse mais indiferente ao que se tornariam e sem as possibilidades de os criar eu mesmo, teria sido necessário, na minha situação, permitir que fossem criados por sua mãe, que os teria mimado, e por sua família, que teria feito deles monstros. Tremo ainda de pensar nisso. (Rousseau, 1986, p.118)

Diz estar convicto de que a educação que os filhos receberiam no asilo dos enjeitados seria melhor do que aquela que a família da mãe das crianças lhe poderia oferecer. Mas acrescenta que, de certo modo, foi isso que o motivou a estudar a infância – uma infância que os sábios de seu tempo não tinham se ocupado de decifrar. Nas seguintes palavras:

Se fiz algum progresso no conhecimento do coração humano, foi o prazer que tinha em ver e observar as crianças que me proporcionou este conhecimento. Esse mesmo prazer foi, em minha juventude, uma espécie de obstáculo, pois brincava com as crianças com tanta alegria e de tão bom grado que pouco pensava em estudá-las. Mas quando, ao envelhecer, vi que meu rosto decrépito as inquietava, abstive-me de as importunar e preferi privar-me de um prazer a perturbar sua alegria, contente então por me satisfazer olhando seus jogos e todas suas pequenas artimanhas; encontrei a compensação de meu sacrifício nas luzes que essas observações me fizeram conquistar sobre as primeiras e verdadeiras emoções da

---

com que habilidade e astúcia humana sabe transformar as coisas de branco em preto. Pois não creio que alguma vez um homem tenha gostado mais do que eu de ver pequerruchos folgar e brincar juntos e, muitas vezes, na rua e nas caminhadas, detenho-me para olhar suas travessuras e suas brincadeirinhas, com um interesse que não vejo em mais ninguém." (Rousseau, 1986, p.118)

208 CARLOTA BOTO

natureza que todos os nossos sábios absolutamente não conhecem. (ibid., p.119)

Rousseau morre em 2 de julho de 1778. A partir de 1789, torna--se um dos principais ícones evocados pelos revolucionários franceses, que pretendiam ter fundado a sociedade do contrato social. Em 1794, o corpo de Jean-Jacques Rousseau será transferido para o Panteão, em Paris. Rousseau é lido, de maneira apaixonada, no decurso da Revolução na França. O tom da Revolução é, de algum modo, pautado pela interpretação do pacto rousseauniano; o qual inspira a simbologia da criação de um novo contrato, que os revolucionários acreditavam estar firmando. Verifica-se, entre os próprios revolucionários, o recurso constante às categorias com que Rousseau operou seu pensamento político. A Revolução é apresentada como um momento de refundação e o novo pacto firmado será a inauguração da sociedade do contrato. Os revolucionários – a seu modo – pretendiam-se intérpretes de Rousseau:

A *Festa do ser supremo*, de Robespierre, em 1794, foi montada depois da sua leitura, ainda que superficial, da discussão de Rousseau sobre a religião civil em *O contrato social* e, depois da morte de Robespierre, os restos mortais de Rousseau foram transferidos de Ermenonville para Pantheon, em Paris, num caixão com a seguinte inscrição: "ele exigiu os direitos dos homens". (Simpson, 2009, p.184)

O próprio Condorcet, ao abordar o tema, dirá que a declaração de direitos a ser adotada pelo povo constitui uma estratégia para expor as "condições às quais cada cidadão se submete para entrar na associação nacional dos direitos que ele reconhece em todos os outros" (Condorcet apud Coutel, 1996, p.256); sendo, como tal, um limite imposto pela vontade geral aos interesses particulares de autoridades ou de sujeitos individuais. Dessa maneira – como diz Bernard Groethuysen – o contrato social será apresentado pelos

INSTRUÇÃO PÚBLICA E PROJETO CIVILIZADOR 209

revolucionários como uma espécie de "fundamento teórico: aquele de um engajamento recíproco e legal dos cidadãos entre si" (Groethuysen, 1956, p.272).

O *Contrato social* torna-se, ao fim e ao cabo, um escudo e um álibi dos discursos revolucionários. A reflexão exercerá profunda atração sobre os protagonistas do discurso revolucionário porque seu pensamento filosófico é, ao mesmo tempo, uma plataforma de ação social. Ou pode ser visto assim. Diz Groethuysen que "o valor da filosofia consiste para ele nas relações com aquilo que é humano, na possibilidade que ela tem de influenciar os homens na conduta de sua vida" (Groethuysen, 1956, p.206).

Os escritos de Rousseau foram bem acolhidos pela Revolução porque assinalavam a veemente crítica contra os modos de produção da vida e das relações de produção dessa vida vigentes em seu tempo. Rousseau entendia que aquelas formas de vida que lhe eram contemporâneas "não eram conformes à natureza, não eram o que a natureza exigia que elas fossem" (Groethuysen, 1956, p.206). Sendo contra a natureza, o estado social era absurdo e deveria ser transformado. Tal construção lógica era perfeita para engendrar o discurso da fundação de um novo mundo para um homem transformado. E os revolucionários do final do século XVIII souberam fazer isso.

A "ideia de homem novo" (Ozouf, 1989, p.117) firmada entre os revolucionários tinha por plataforma o pensamento de Rousseau.[6] Diz Ozouf que a Revolução Francesa coroa aquilo que o século XVIII já havia sido pelo momento das ideias: "habitada pela mítica do original, sonhou com as experiências de um segundo nascimento" (ibid.). Por essa razão é que as Luzes foram tidas por mensageiras, mediadoras, porta-vozes de algo que a história viria a revelar depois: o tempo regenerado a ser inaugurado pela Revolução. Por essas e por outras, refletir sobre o pensamento rousseauniano é, sob qualquer ponto de vista, uma tarefa tão clássica quanto atual. Em

---

6 "Poder-se-ia escolher, à guisa de epígrafe, a frase de Lakanal, no discurso de panteonização que ele compõe para Rousseau: 'Não é o Contrato Social que nos explica a Revolução, é a Revolução que explica o Contrato Social'." (Ozouf, 1989, p.16)

210   CARLOTA BOTO

pedagogia como em política, a leitura de Rousseau é obrigatória.
Como já assinalou alguém, podemos ser a favor ou contra suas
ideias. Só não podemos passar sem sua referência.

Fronteiras da educação entre natureza
e civilidade: o *Primeiro discurso*

Isaiah Berlin observa que a grande questão intelectual que per-
meia o trabalho de Rousseau é a busca de reconciliação entre a liberdade humana e a necessidade social de autoridade (Berlin, 2005,
p.51). Exatamente para equacionar essa indagação, ele trabalhará
em seu sistema com conceitos como natureza e contrato. Nesse
sentido – continua o autor – a preocupação do filósofo não era com
o viver feliz, mas como a possibilidade de desfrutar de "um tipo de
vida correto" (ibid., p.55). A indagação do intelecto é, pois, trans-
posta para o domínio da ética.[7] Como ser livre e, ao mesmo tempo,
ter regras? Como formar essa liberdade? Sob tal vértice, o tema da
ética acopla-se ao objeto da política e da pedagogia: "uma vez que
tenhamos regras, uma vez que tenhamos leis, princípios, critérios,
uma vez que tenhamos um qualquer tipo de regras que determinam
a conduta, o que acontece à liberdade" (ibid., p.58)? Em outras palavras: se a liberdade é compatível com regras, ela continua sendo
liberdade?[8] Para Berlin (2005, p.58), "temos aí o paradoxo. Há dois

---

7 "Rousseau era, afinal, um cidadão de Genebra e foi fortemente influenciado
pelas suas tradições calvinistas; e, por isso, para ele, há uma visão sempre presente das regras da vida. Tem uma profunda preocupação com o bem e o mal,
com a justiça e a injustiça. Uns modos de vida são corretos e outros são errados. Juntamente com o resto do século XVIII, acredita que a questão 'Como
deverei viver?' é legítima; e, por esse motivo, como quer que cheguemos a ela,
através da razão ou por qualquer outro caminho, existe uma resposta." (Berlin,
2005, p.57)
8 "Assumir o ser moral – ou seja, a pessoa passar a compreender-se a si mesma e
às outras, e suas relações em termos de direitos, obrigações, responsabilidades
etc. – é para Rousseau um elemento crucial no desenvolvimento humano. É
nessa área que o amor-próprio e a compaixão desempenham seu mais sig-

INSTRUÇÃO PÚBLICA E PROJETO CIVILIZADOR **211**

valores absolutos: o valor absoluto da liberdade e o valor absoluto das normas corretas".

Já Robert Derathé ressalta que o que Rousseau disse de novo em sua teoria política não foi que a soberania reside no povo. Isso – segundo ele – outros já teriam dito. Porém, "o que é novo em sua doutrina é a afirmação de que a soberania deve sempre residir no povo e que este não pode confiar seu exercício aos governantes, quaisquer que sejam eles" (Derathé, 2009, p.87). A inalienabilidade da soberania é a pedra de toque do pensamento político rousseauniano. E – como alerta Lebrun (2006, p.232) – é por pactuar consigo mesmo que o indivíduo se compromete: "eis então o nosso homem amarrado ao compromisso que assumiu". Por integrar um todo que envolve sua particularidade, o indivíduo poderá ter por modelo o ideal regulador da vontade geral. Dito por Lebrun,

> [...] essa é a condição para que o corpo político não seja mais uma instância de regulação e de sanção exterior ao indivíduo e que, tendo o interesse bem compreendido deixado de ser a motivação dos Cidadãos, o controle da lealdade dos parceiros se torne quase supérfluo. (ibid., p.235)

Rousseau teoriza sobre a natureza, embora, para ele, os direitos nasçam de um contrato a ser estabelecido em sociedade. Como observa Matthew Simpson (2009, p.119), essa negação da ideia de direitos de natureza diferenciaria Rousseau de muitos contratualistas. Mesmo assim, como pondera sobre o tema Ricardo Monteagudo, "Rousseau parece referir o direito político a uma espécie de direito natural potencial, pois no estado de natureza a independência do homem garante a igualdade, mas por isso mesmo a ideia de direito se esvazia" (Monteagudo, 2006, p.116).

---

nificativo papel, ao fornecerem meios em que podemos encontrar uma base de relacionamento ou entrar em acordo com outras pessoas (para o bem ou o mal nosso e delas). É um erro supor que, para Rousseau, quando uma pessoa assumiu o caráter de um ser moral, o seu ser natural foi abandonado." (Dent, 1996, p.164)

212 CARLOTA BOTO

Do ponto de vista pedagógico, pode-se considerar que Rousseau destaca o primado da vontade, não porque desqualifique a razão como atributo intrinsecamente humano, mas talvez porque a razão, dentre as nossas faculdades, seja uma das mais lentas; foi lenta na marcha da espécie e é lenta no percurso de vida do indivíduo. Além da soberania, o grande conceito do pensamento de Rousseau foi o de vontade geral; e, sobre ele, Derathé diz o seguinte:

> A vontade geral é a vontade de um cidadão qualquer quando, sendo consultado a respeito das questões que concernem à comunidade inteira, ele abstrai seus preconceitos ou preferências pessoais, e dá um parecer que poderia, no direito, receber a aprovação unânime de seus concidadãos e que, por conseguinte, seria suscetível de ser erigido como lei universal, válida para o corpo todo do Estado. (Derathé, 2009, p.346)

Bénichou também recorda que a autoridade do contrato é fundada em uma "liberdade de contratar anterior a ele, sendo que essa liberdade é própria ao homem natural e que um decreto primeiro da consciência moral tornou-se a condição de validade de todo pacto" (Bénichou, 1984, p.144). Mesmo assim, a ideia de vontade geral remete a um contrato social que ainda não foi firmado. Rousseau – por seu turno – escrevia na França de meados do século XVIII. O ambiente que circunscrevia os teóricos enciclopedistas estava não apenas embebido no entusiasmo com os progressos da razão, mas era, também, entusiasta das conquistas das luzes de uma cultura letrada em franca expansão. Com respeito ao tema, Patrizia Piozzi enfatiza que:

> Embora o número de leitores constituísse ainda uma parcela bastante reduzida da população, o crescimento das cidades, com seus "salões de leitura", bibliotecas e livrarias, o barateamento dos livros graças à renovação das técnicas de produção, o proliferar de experiências de instrução popular promovidas por entidades filantrópicas e religiosas e o incremento de políticas públicas no campo

INSTRUÇÃO PÚBLICA E PROJETO CIVILIZADOR   213

da educação expandiam o mercado editorial, fazendo da escrita não apenas uma tribuna independente do poder e, por isso, mais efetiva e livre na crítica aos seus desmandos, mas, também, um meio de divulgar e incrementar os conhecimentos adquiridos pelo progresso das ciências e das artes. Com este intuito, na França, centro irradiador do movimento, os *philosophes* realizaram, sob a direção de Denis Diderot, o extraordinário empreendimento intelectual e editorial da *Enciclopédia*, ao mesmo tempo que inundaram o país com outras formas de escritos para o povo, tais como curtas narrações literárias, textos de denúncia, adaptações de grandes obras da ciência e da filosofia etc., voltadas a emancipá-los de sua "menoridade" intelectual. (Piozzi, 2007, p.2)

Como se sabe, Rousseau torna-se conhecido na Europa quando, em 1749, escreve seu *Discurso sobre as ciências e as artes*, que ganhou o primeiro lugar no Concurso da Academia de Dijon de 1750. Em seu conhecido *Primeiro discurso* o filósofo procurou demonstrar que a civilização e os progressos das luzes trouxeram males e sofrimentos ao gênero humano. Crítico da polidez e das práticas de excessiva valorização dos modos e formas de civilidade, Rousseau, nesse *Primeiro discurso*, fará apologia da natureza e da transparência dos costumes, acusando o progresso das ciências de degradar as formas de agir dos homens uns com os outros. Rousseau destaca ali que "antes que a arte polisse nossas maneiras e ensinasse nossas paixões a falarem a linguagem apurada, nossos costumes eram rústicos, mas naturais, e a diferença dos procedimentos denunciava, à primeira vista, a dos caracteres" (Rousseau, 1983b, p.336). Isso não significa dizer – pondera Rousseau – que a natureza humana fosse melhor, mas os homens conviviam com maior facilidade e disso retiravam vantagens recíprocas.

Claudio Dalbosco ([s.d.]a) aborda a condição de imanência inscrita no conceito de natureza, cujo resultado seria oferecer à subjetividade a condição de centro e de referência da nova ordem. Dalbosco vale-se das palavras de Kant para dizer que natureza em Rousseau é um conjunto de regularidades que constitui o "re-

214 CARLOTA BOTO

sultado da atividade sintetizadora do sujeito cognoscente" (ibid., p.6). Isso precisará ser considerado quando se medita sobre o tema da pedagogia e da educação natural. A pedagogia rousseauniana desenvolverá – como roteiro de ação – o que Dalbosco chama de "primado metodológico dos sentidos" (Dalbosco, [s.d.]b, p.11). Adverte Dalbosco, todavia, que o regresso à natureza, em Rousseau, é, sobretudo, uma "volta à interioridade humana como modo de resgatar a autenticidade do si mesmo, edificando-o como uma fortaleza interior contra a ordem social corrompida" (Dalbosco, 2011a, p.111).

O autor sublinha, sobre o assunto, a inscrição do pensamento de Rousseau em seu tempo e lugar de produção – o século XVIII:

> Embora o desenvolvimento científico moderno ainda esteja muito ligado em seu início à magia, fortalece-se com ele, aos poucos, a ideia de que, para descobrir a regularidade constitutiva da natureza, temos que nos abster de projetar nela nossas representações e nossos devaneios subjetivos. Ao contrário de tais devaneios, a nova ideia de homem exige do homem que acompanhe o próprio curso da natureza, fixando-o pela observação, experimentação, medida e cálculo. Configura-se aí a base empírica do procedimento que lhe oportunizará, na medida em que se apropriar corretamente de tal procedimento, um domínio extraordinário da natureza, podendo com isso constituir a legalidade interna que constitui o mundo dos fenômenos. Mas, juntamente com isso, o homem também precisa recorrer aos elementos que constituem a essência do intelecto, como a comparação, contagem, associação e distinção. O resultado é que – e isso pode ser considerado como um princípio filosófico-científico eminentemente moderno – à autonomia da natureza corresponde a própria autonomia do entendimento. (Dalbosco, [s.d.]a, p.5)

Rousseau destaca que, à medida que a civilização avançou, ela conferiu destaque à arte de agradar, provocando nos costumes uma uniformidade "desprezível e enganosa, e parece que todos os es-

INSTRUÇÃO PÚBLICA E PROJETO CIVILIZADOR **215**

píritos se fundiram num mesmo molde: incessantemente a polidez impõe, o decoro ordena; incessantemente seguem-se os usos e nunca o próprio gênio" (Rousseau, 1983b, p.336). As pessoas recusam-se a parecer aquilo que são; e vivem em função da opinião dos outros. Agindo como rebanho – continua Rousseau – as pessoas são todas instadas a fazer as mesmas coisas. Dessa forma, "nunca se saberá, pois, com quem se trata: será preciso, portanto, para conhecer o amigo, esperar pelas grandes ocasiões, isto é, esperar que não haja mais tempo para tanto, porquanto para essas ocasiões é que teria sido essencial conhecê-lo" (ibid.).

Daí resulta a incerteza, a desconfiança, "as suspeitas, os receios, os medos, a frieza, a reserva, o ódio, a traição" (ibid.). Tudo isso se esconde "todo o tempo sob esse véu uniforme e pérfido da polidez, sob essa urbanidade tão exaltada que devemos às luzes de nosso século" (ibid.). As pessoas se rebaixam e se insultam umas às outras; passam a vigorar os ódios nacionais. E a palavra virtude torna-se moeda de troca, já que é suficiente apenas parecer ter virtude.

Todo esse roteiro de crise acoplado ao movimento civilizatório tem por interlocutor um determinado modelo pedagógico vigente e imperante na França do século XVIII: o modelo dos colégios; e, sobretudo, aquele dos colégios jesuíticos. A crítica ao conhecimento é também a recusa dos critérios de eleição dos saberes a serem ensinados. Ele deixa claro no relato seu desprezo pela ciência dos sábios de seu tempo; os quais, além de céticos e vis, não passariam de uma "chusma de escritores obscuros" que "devoram a substância do Estado" (ibid., p.344). O movimento civilizador foi – diz Rousseau – conduzido pela faculdade que o ser humano possui para se modificar, para produzir conhecimento, para transformar o ambiente natural. Essa sociedade civilizada, no entanto, valorizará o luxo, a ostentação, a ganância e a opressão. No que diz respeito às práticas da educação de seu tempo, Rousseau também é mordaz. Crítico do primado, nos colégios, do ensino de latim, Rousseau diz que as crianças sofrem para adquirir um idioma que não falarão em lugar algum. O ensino de seu tempo não abarcaria suficientemente o aprendizado dos valores. A religião ensinada reduzia-se a

216 CARLOTA BOTO

um conjunto de preceitos dogmáticos que visava apenas a fazer as crianças obedecerem aos adultos por temor a Deus.

A crítica à polidez é acompanhada pela absoluta recusa dos padrões educativos então vigentes, que valorizavam sobremaneira o aprendizado da civilidade como referência da boa educação. Nesse sentido, naquele texto de juventude, Rousseau demarca a diferença entre os talentos e o desenvolvimento das disposições da natureza como origem tanto da desigualdade como do "aviltamento das virtudes" (Rousseau, 1983b, p.348). Sobre o valor das ciências – e com a clara marca da leitura dos *Ensaios* de Montaigne –, Rousseau desdenha: "não se pergunta mais a um homem se ele tem probidade, mas se tem talento; nem de um livro se é útil, mas se é bem escrito. As recompensas são prodigalizadas ao engenho e fica sem glórias a virtude. Há mil prêmios para os belos discursos; nenhum para as belas ações" (ibid.).[9]

Naquele seu *Primeiro discurso*, Rousseau já elaborara sua primeira grande crítica do modelo educativo de seu tempo. A cultura das ciências foi prejudicial às qualidades guerreiras e o foi, mais ainda, às qualidades morais – dirá ele. Isso porque:

> Já desde os primeiros anos uma educação insensata orna nosso espírito e corrompe nosso julgamento. Vejo em todos os lugares estabelecimentos imensos onde a alto preço se educa a juventude para aprender todas as coisas exceto seus deveres. Vossos filhos ignoram a própria língua, mas falarão outras que em lugar algum se usam; saberão compor versos que dificilmente compreenderão;

---

9 Não é possível deixar de indicar aqui o tributo do pensamento de Rousseau para com os ensaios de Montaigne dirigidos à educação; nomeadamente "Do pedantismo" e "Da educação das crianças". No primeiro, Montaigne dissera o seguinte: "Proclamai a nosso povo sobre um passante: 'Oh, que homem sábio!'. E sobre um outro: 'Oh, que homem bom!'. Eles não deixarão de voltar os olhos e o respeito para o primeiro. Seria preciso um terceiro pregoeiro: 'Oh, que cabeças estúpidas!'. Facilmente perguntamos: 'Ele sabe grego ou latim? Escreve em verso ou em prosa?'. Mas, se ele se tornou melhor ou mais ponderado, isso era o principal e é o que fica por último. Seria preciso perguntar quem sabe melhor e não quem sabe mais" (Montaigne, 2005, p.8-9).

INSTRUÇÃO PÚBLICA E PROJETO CIVILIZADOR   217

sem saber distinguir o erro da verdade, possuirão a arte de torná-los ambos irreconhecíveis aos outros, graças a argumentos especiosos; mas não saberão o que são as palavras magnanimidade, equidade, temperança, humanidade e coragem; nunca lhes atingirá o ouvido a doce palavra pátria e, se ouvem falar de Deus, será menos para reverenciá-lo do que para temê-lo. Preferiria, dizia um sábio, que meu aluno tivesse passado o tempo jogando péla, pois, pelos menos, o corpo estaria mais bem disposto. Sei que é preciso ocupar as crianças e que a ociosidade constitui para elas o maior dos perigos a evitar. Que deverão, pois, apreender? Que aprendam o que devem fazer sendo homens e não o que devem esquecer. (Rousseau, 1983b, p.347-8)

A grande ênfase do texto de Rousseau consiste em sua crítica à afetação dos comportamentos dos estados civilizados. Para o filósofo genebrino, a contenção exterior não corresponde, em hipótese alguma, à "imagem dos estados do coração" (ibid., p.335). Os povos tornaram-se policiados pela perda de sua liberdade original. Isso, contudo, não significa que os povos fossem virtuosos. E, como diz o próprio Rousseau, era isso que ele queria: "não é em absoluto a ciência que maltrato, disse a mim mesmo, é a virtude que defendo perante homens virtuosos. É mais cara a probidade às pessoas de bem do que a erudição aos doutos" (ibid., p.333).

Em seu *Discurso sobre as ciências e as artes*, Rousseau elabora um quadro que pode ser tomado como esboço de sua concepção de estado de natureza. Estado de natureza era a sociedade antes da corrupção ocasionada pelas ciências e pelas artes. Estado de natureza é também o conjunto de disposições que originalmente integram o ser humano. Daí a relevância – para a educação – de se buscar apreender o significado dessa construção teórica de Rousseau para decifrar sua mensagem pedagógica. Da categoria operatória "estado de natureza" decorrerá – na obra rousseauniana – tanto a concepção de homem quanto a concepção de pacto civil. Será dela, também, que se depreenderão pistas e indícios para compreender os conceitos rousseaunianos de infância e de educação.

218 CARLOTA BOTO

O estado de natureza como ideal regulador: o *Segundo discurso*[10]

No *Discurso sobre a origem e os fundamentos da desigualdade entre os homens* – submetido ao Concurso da Academia de Dijon, que veio a público no final de 1753, concluído em 1754 e publicado em 1755 – Rousseau procurará traçar os supostos atributos do homem de natureza. O filósofo tenciona, na oportunidade, "retraçar esse trânsito modificador" (Machado, 1968, p.38) da espécie humana, das condições primitivas da natureza para o ambiente da cultura. Segundo Lourival Gomes Machado, do ponto de vista rousseauniano, "o homem natural só pode ser concebido à margem de qualquer consideração ética, pois não é bom nem mau" (ibid., p.39). A obra política rousseauniana constitui, nesse sentido, uma "evolução conjectural" (ibid., p.40) estabelecida mediante "uma série concatenada de hipóteses que, mais cabalmente do que qualquer outro sistema, explicavam a transformação e a degradação do homem" (ibid.).

Emílio – o principal escrito de Rousseau sobre pedagogia – também pode ser compreendido à luz de uma construção lógica, a partir de conjecturas.[11] Como bem ilustra Maria das Graças de Souza, relativamente à política, "o pacto situa-se num registro normativo, fora do tempo histórico" (Souza, 2001, p.91). De acordo com a hipótese aqui desenvolvida, Emílio – aluno inventado, assim como sua tese sobre o estado de natureza; assim também como a suposição do pacto social – será uma pressuposição necessária para possi-

---

10 Para a análise do *Segundo discurso* de Rousseau, agradeço as contribuições que recebi do professor doutor Márcio Alves da Fonseca na disciplina Seminários de Filosofia do curso de Filosofia da PUC de São Paulo (anos de 2007 e 2008).

11 Note-se que há quem considere que o discurso de Rousseau é histórico. Bénichou, por exemplo, dirá o seguinte: "nós podemos acusá-lo de acreditar em uma quimera, de se colocar em uma perspectiva puramente conceitual; mas, de fato, seu discurso, de cabo a rabo, é histórico. Nele como nos juristas que elaboraram então a teoria do direito natural, natureza compreende-se cronologicamente ao mesmo tempo que logicamente" (Bénichou, 1984, p.127).

INSTRUÇÃO PÚBLICA E PROJETO CIVILIZADOR **219**

bilitar o conhecimento do ser da criança. Por meio dessa operação hipotética, o analista se habilitará a refletir sobre a condição humana à luz de novas chaves conceituais.

Como já apontou Starobinski (1971), um dos principais paradoxos do pensamento rousseauniano vem expresso na tensa relação entre as mazelas do homem civil e a nostalgia da natureza. A existência natural estabelece-se como ideal regulador do discurso, mas a reflexão que a captura é feita pelo homem civilizado; aquele, portanto, que já perdeu irremediavelmente o estado de natureza.

Existe, assim, em Rousseau um relato lógico que prescinde da história. Mas, do ponto de vista histórico, pode-se dizer que a caminhada da civilização não volta atrás para resgatar o elo perdido da natureza. O discurso que evoca a existência natural pretende operar com essa categoria, embora reconheça nela o inevitável distanciamento. Paul Arbousse-Bastide diz que os teóricos do direito natural, entre os séculos XVII e XVIII, já haviam estabelecido essa progressiva linha de transformação e organização dos homens da barbárie para a civilização. Nas palavras de Bastide (1983, p.203), o grande diferencial de Rousseau relativamente ao jusnaturalismo é que ele pedia aos fatos que confirmassem seu raciocínio dedutivo:

> Desses filósofos e juristas do direito natural, Rousseau toma, aliás, mais o método do que as ideias, em relação a um bom número das quais, pelo contrário, proclamará seu desacordo. O método consiste em reconstruir racionalmente a história humana em lugar de se basear exclusivamente nos dados da geografia, da erudição e da teologia. (ibid.)

À recusa da civilização e ao reconhecimento de que as coisas não voltarão atrás, segue-se, portanto, outra possibilidade; que reside na construção de um novo pacto social, capaz de operar de modo a corrigir as injunções de uma sociedade desigual, injusta, com a riqueza perversamente distribuída. Isso significaria a edificação de um contrato legítimo, capaz de erigir uma vida civil pautada na virtude. Para tanto, deveria haver um deslocamento da própria ideia

220 CARLOTA BOTO

de soberania. Todavia, a sociedade, a partir do pacto ilegítimo firmado sobre a base da propriedade, não se inscrevia mais no domínio da natureza, tampouco alicerçava o caminho para a construção do bem comum.

Quando apresenta o *Segundo discurso* à República de Genebra, Rousseau sublinha que teria desejado viver não no estado de natureza, mas em um país mais igualitário, onde as oportunidades em relação aos bens, à vida e à felicidade fossem mais bem distribuídas:

> Teria desejado nascer num país no qual o soberano e o povo não pudessem alimentar senão um único e mesmo interesse, a fim de que todos os movimentos da máquina tendessem somente para a felicidade comum. Não podendo tal coisa suceder, a menos que o povo e o soberano não sejam senão uma mesma pessoa, conclui-se que eu desejaria ter nascido sob um governo democrático, sabiamente equilibrado. (Rousseau, 1983a, p.218)

Como já se observou anteriormente, Rousseau distingue dois tipos de desigualdades: sendo a primeira natural, dada na imanência das coisas; e a outra – a desigualdade política – um artifício produzido pela cultura. A segunda desigualdade verifica-se pelos privilégios de uns homens em relação a outros, "como o serem mais ricos, mais poderosos e homenageados do que estes, ou ainda por fazerem-se obedecer por eles" (ibid., p.235). O próprio intuito do *Discurso* é o de "assinalar, no progresso das coisas, o momento em que sucedendo o direito à violência, submeteu-se a natureza à lei" (ibid.).

Com tal apreciação, Rousseau contrapõe-se explicitamente às análises políticas correntes em seu tempo. Ele diz que, ao analisarem a condição do homem natural, os contemporâneos costumavam "transportar para o estado de natureza ideias que tinham adquirido em sociedade; falavam do homem selvagem e descreviam o homem civil" (Rousseau, 1983a, p.236). Claramente seus interlocutores aqui são Locke e Hobbes. Mas, para recuperar o perdido estado de natureza, ele – assim como os filósofos que o antecederam – também pretende voltar a ele. A diferença é que Rousseau

INSTRUÇÃO PÚBLICA E PROJETO CIVILIZADOR **221**

acreditava poder chegar até lá – aonde outros ainda não teriam ido.[12] De todo modo, Rousseau acentua que não se pode abarcar o tema com o conhecimento histórico, mas apenas com "raciocínios hipotéticos e condicionais, mais apropriados a esclarecer a natureza das coisas" (ibid.). Para o Rousseau do *Segundo discurso*, será imperioso discriminar:

> [...] o que há de original e de artificial na natureza atual do homem e conhecer com exatidão um estado que não mais existe, que talvez nunca tenha existido, que provavelmente jamais existirá, e sobre o qual se tem, contudo, a necessidade de alcançar noções exatas para bem julgar de nosso estado presente (ibid., p.228).

A primeira parte do texto descreve o homem no estado de natureza. Ele é forte e independente; caracterizado pela destreza em relação ao seu meio envoltório. Vive disperso; e, em relação aos frutos que colhe da vida natural, não possui nada "que lhe pertença exclusivamente, apropria-se de todos" (ibid., p.236). Mas o atributo mais forte que caracteriza esse homem natural decorre do fato de ele não ser determinado por nenhum de seus instintos. Embora suas ações sejam, em larga medida, derivadas de sua orientação espontânea, seus instintos não se apresentam como dado imanente, inamovível; instituindo, para o comportamento humano, regras fixas. Isso o diferencia radicalmente dos animais; até porque, no caso destes, em cada espécie é determinada por um tipo de instinto,

---

12 "Os filósofos que examinaram os fundamentos da sociedade sentiram todos a necessidade de voltar até o estado de natureza, mas nenhum deles chegou até lá. Uns não hesitaram em supor, no homem, nesse estado, a noção do justo e do injusto, sem preocuparem-se com mostrar que ele deveria ter essa noção, nem que ela lhe fosse útil. Outros falaram do direito natural, que cada um tem, de conservar o que lhe pertence, sem explicar o que entendiam por pertencer. Outros, dando inicialmente ao mais forte autoridade sobre o mais fraco, logo fizeram nascer o governo, sem se lembrarem do tempo que deveria decorrer antes que pudesse existir entre os homens o sentido das palavras autoridade e governo." (Rousseau, 1983a, p.235-6)

222 CARLOTA BOTO

ao passo que o ser humano, "não tendo talvez nenhum que lhe pertença exclusivamente, apropria-se de todos" (ibid., p.238).

A liberdade é, para Rousseau, a grande distinção entre o homem e o animal; e da liberdade deriva o "poder de querer, ou antes, de escolher" (Rousseau, 1983a, p.243). Daí surgem as disposições espirituais, por meio das quais se particularizará a humana "faculdade de aperfeiçoar-se, faculdade que, com o auxílio das circunstâncias, desenvolve sucessivamente todas as outras" (ibid.). A perfectibilidade é, portanto, a disposição inscrita na espécie para propiciar a desenvolução, a modificação. Trata-se de uma faculdade potencial que atuará à luz das circunstâncias que estiverem dadas.

Com isso Rousseau antecipa, em alguma medida, o conceito de liberdade da vontade livre; ou a autonomia moral kantiana (Barros, 1971). Diferenciando o lugar do homem perante a ordem da natureza, na comparação entre o comportamento dos animais e dos homens, ainda na primeira etapa do estado de natureza, Rousseau dirá que "um escolhe ou rejeita por instinto, e o outro, por um ato de liberdade, razão por que o animal não pode desviar-se da regra que lhe é prescrita, mesmo quando lhe fora vantajoso fazê-lo, e o homem, em seu prejuízo, frequentemente se afasta dela" (Rousseau, 1983a, p.243). Esse lugar de liberdade, essa possibilidade de se afastar da regra prescrita é o que depois tornará do homem um ser moral.

Claramente diferenciado com relação ao credo racional de seus contemporâneos iluministas, Rousseau não consegue, todavia, recusar por completo a racionalidade como traço específico da condição humana; e sublinha que, além da liberdade, o homem recebe da natureza o dom de se aperfeiçoar. A perfectibilidade – essa habilidade humana de desenvolução – traz consigo a marca da racionalidade.[13] Ao se aperfeiçoar como ser de sua espécie, o homem faz uso

---

13 "Em sua marcha evolutiva até o presente momento, a 'perfectibilidade' enredou o homem em todos os males da sociedade e levou-o à desigualdade e à servidão. Mas ela, e apenas ela é capaz de tornar-se para ele um guia no labirinto no qual ele se perdeu. Ela pode e deve abrir-lhe novamente o caminho para a liberdade. Pois a liberdade não é um presente que a bondosa natureza deu ao homem desde o berço. Ela só existe na medida em que ele próprio a conquis-

INSTRUÇÃO PÚBLICA E PROJETO CIVILIZADOR **223**

particular da disposição racional. Todavia – do ponto de vista rousseauniano – a perfectibilidade humana, que possibilita a mudança, pode caminhar para o lado do bem ou para o lado do mal. Pode desenvolver no homem as virtudes ou aprofundar os vícios. Trata-se, pois, de uma faculdade astuciosa. Como diz Cassirer: "entretanto, não podemos renunciar a ela, pois a marcha da natureza não se deixa deter" (Cassirer, 1999, p.101).

As características que – logo à partida – diferenciam o homem do mundo da natureza são, em síntese: o fato de o ser humano não se sujeitar a nenhum dos instintos – e, por conseguinte, ter a faculdade de poder "desviar-se da regra que lhe é prescrita" (Rousseau, 1983a, p.243); além do atributo da perfectibilidade, como faculdade de se aperfeiçoar e de se modificar.[14] Rousseau dirá que "não é, pois, tanto o entendimento quanto a qualidade de agente livre possuída pelo homem que constitui, entre os animais, a distinção específica daquele" (ibid.). O homem seria, portanto, livre para "concordar ou resistir" (ibid.); e é a consciência de tal liberdade que o leva a transcender a natureza, demonstrando o que Rousseau caracteriza como "espiritualidade de sua alma" (ibid.). O homem tem – conclui Rousseau no *Segundo discurso* – o "poder de querer" (ibid.). Nesse sentido – frisa o autor – o atributo distintivo da condição humana será antes a vontade do que a racionalidade. O "querer e não querer, desejar e temer" (ibid., p.244) estariam dados nas mais primitivas operações da alma. Note-se, porém, que poder querer significa controlar a vontade; torná-la consciente e, portanto, livre e autônoma. A vontade possibilita ao homem controlar suas paixões; e não ser arrastado por nenhum de seus instintos.

---

tar, e a posse dela torna-se inseparável dessa conquista constante." (Rousseau, 1999, p.101)

14 A dimensão social seria uma característica necessária ao estado civil, do qual o homem é – como diz Gilda Naécia Maciel de Barros (2008) – "integrado e integrante". "Ser parte": para a autora, "o exame dessa ideia implica, logicamente, a análise do processo em que se dá a socialização, nesta incluídas a fundação da sociedade política e a convivência dos seres humanos que a integram" (Barros, 2008, p.2).

224 CARLOTA BOTO

A perfectibilidade é, para Rousseau, uma faculdade inata ao homem, de distinguir-se, de modificar-se perante o curso da natureza. Ao contrário de seus contemporâneos iluministas, Rousseau não visualiza apenas o caminho do aprimoramento. Diz, sobre o tema, o seguinte: "vemo-nos forçados a convir que seja essa faculdade, distintiva e quase ilimitada, a fonte de todos os males do homem; que [...] o torna com o tempo o tirano de si mesmo e da natureza" (Rousseau, 1983a, p.243). Cassirer dirá que, em Rousseau, "é da perfectibilidade que brota toda inteligência do homem, mas também os seus erros; que brotam as suas virtudes, mas também os seus vícios" (Cassirer, 1999, p.101).[15] As desigualdades, que – como sublinha Bastide (1983, p.208) – são a princípio "fracas e insignificantes", serão reforçadas pela lógica do tecido societário que amplia o leque dos desejos na mesma proporção em que favorece a cultura. A mudança do estado de natureza para o estado civil poderia não ter, no entanto, ocorrido – e Rousseau deixa isso claro em seu texto.

O homem, originariamente, teria, ainda – além da liberdade e da perfectibilidade –, duas únicas disposições interiores: o amor de si e a piedade. Contudo, a referida preferência por si mesmo tenderá a desenvolver-se no curso da história humana como amor-próprio (Barros, 2008). Diz Salinas Fortes que "o amor de si é uma paixão natural que impele todo animal a velar por sua própria conservação, ao passo que o amor-próprio não é senão um sentimento relativo, factício e nascido na sociedade" (Salinas Fortes, 1976, p.115). As primeiras características sociais no ser humano seriam um desdobramento daquele originário amor de si, mediante comparação do sujeito com os outros. O primeiro embrião rumo à moralidade estaria dado, portanto, ainda no estado de natureza. Os próprios

---

15 "Em sua marcha evolutiva até o presente momento, a perfectibilidade enredou o homem em todos os males da sociedade e levou-o à desigualdade e à servidão. Mas ela, e apenas ela, é capaz de tornar-se para ele um guia no labirinto no qual ele se perdeu. Ela pode e deve abrir-lhe novamente caminho para a liberdade. Pois a liberdade não é um presente que a bondosa natureza deu ao homem desde o berço." (Cassirer, 1999, p.101)

animais sentem alguma coisa parecida com a "piedade". Esta, no limite, é "uma repugnância inata de ver sofrer seu semelhante" (Rousseau, 1983b, p.353).[16]

A piedade é – para Rousseau – a "única virtude natural que o detrator mais acirrado das virtudes humanas teria de reconhecer" (Rousseau, 1983a, p.253). No caso dos animais, verifica-se "a repugnância que têm os cavalos de pisar num ser vivo. Um animal não passa sem inquietação ao lado de um animal morto de sua espécie" (ibid.). Como um elemento que possibilita ao sujeito sensibilizar-se com o semelhante – como diz Salinas Fortes –, a piedade será "o primeiro sentimento relativo que toca o coração humano segundo a ordem da natureza" (Salinas Fortes, 1976, p.57). Daí sua possibilidade de tornar-se um "sentimento de mundo", concernente aos vários aspectos que nos aproximam e nos levam à identificação com os outros. A piedade gera, assim, o "sentimento da humanidade" (Rousseau, 1983a, p.254); porque "nos coloca no lugar daquele que sofre" (ibid., p.254). Sendo assim, ela desloca nas pessoas a ação do amor de si. Nas palavras de Rousseau, a piedade é o "sentimento natural que, moderando em cada indivíduo a ação do amor de si mesmo, concorre para a conservação mútua de toda a espécie" (ibid.).

Em uma segunda etapa do estado de natureza, outros sentimentos começam a aparecer. Serão todos, de alguma maneira, desdobramentos do amor de si. Aparece a particularidade do amor pelo outro – "à força de se verem não podem mais deixar de novamente se verem" (Rousseau, 1983a, p.263). Surgem, ao mesmo tempo, esse sentimento terno e um "furor impetuoso; com o amor surge o ciúme, a discórdia triunfa e a mais doce das paixões recebe sacrifícios de sangue humano" (ibid.). Um amor-próprio egoísta oporá uns aos outros:

---

16 Mais tarde, em sua "Carta a Christophe de Beaumont", Rousseau definirá o amor de si com as seguintes palavras: "paixão em si mesma indiferente quanto ao bem e ao mal, que só se torna boa ou má por acidente e segundo as circunstâncias em que se desenvolve" (Rousseau, 2005a, p.48).

226   CARLOTA BOTO

Cada um começou a olhar os outros e a desejar ser ele próprio olhado, passando assim a estima pública a ter um preço. Aquele que cantava ou dançava melhor, o mais belo, o mais forte, o mais astuto ou o mais eloquente, passou a ser considerado, e foi esse o primeiro passo tanto para a desigualdade quanto para o vício; dessas primeiras preferências nasceram, de um lado, a vaidade e o desprezo, e, de outro, a vergonha e a inveja. A fermentação determinada por esses novos germes produziu, por fim, compostos funestos à felicidade e à inocência. Assim que os homens começaram a apreciar-se mutuamente e se lhes formou no espírito a ideia de consideração, cada um pretendeu ter direito a ela e a ninguém foi mais possível deixar de tê-la impunemente. Saíram daí os primeiros deveres de civilidade. (ibid.)

Laços afetivos iam, aos poucos, sendo estabelecidos. Havia sido criado o vínculo societário. Cassirer problematiza o conceito rousseauniano de natureza e qualifica a acepção de vínculo social na obra de Rousseau como algo que não provém da biologia, mas da natureza humana, que, enquanto tal, é produtora de cultura: "o vínculo que liga o homem à comunidade é 'natural' – mas não faz parte de sua natureza física, e sim de sua natureza racional" (Cassirer, 1999, p.119).[17] A apreciação mútua despertará no ser humano o desejo de consideração; o que tanto produzirá deveres de civilidade quanto constituirá o primeiro passo na direção da desigualdade e do vício. Daí surge, então, o amor-próprio, que transforma o homem em ser social.[18] Há estágios na passagem do estado de natureza para

---

17 "É a razão que estabelece esse vínculo e determina a partir de si a natureza desse vínculo. Desse modo, também, para Rousseau, o homem é um ser político, caso igualemos sua natureza com seu destino – mas ele não é um *animal* político, não é um *zoon* político. Renuncia-se ao fundamento biológico da sociedade a fim de se colocar em seu lugar um fundamento ético puramente ideal." (Cassirer, 1999, p.119)

18 "O amor-próprio exige o outro e que o outro estime, reconheça a mim mesmo e, por conseguinte, a vida sob o domínio do amor-próprio é necessariamente alienação, predomínio da dimensão do para-outrem e impossibilidade de coincidência como simples existir. O que diferencia o selvagem do civilizado

INSTRUÇÃO PÚBLICA E PROJETO CIVILIZADOR   **227**

o estado civil. Originalmente, no estado de natureza, não há qualquer tipo de relação moral ou de deveres comuns. Acontece que teria ocorrido uma passagem entre uma fase e outra do estado de natureza.

Começaram a ser criados "laços de servidão formados unicamente pela dependência mútua dos homens e pelas necessidades recíprocas que os unem" (Rousseau, 1983a, p.258). Alguns eram mais fortes e passavam a ditar as leis. Diz Rousseau que "os laços se apertam" (ibid., p.263). Cada qual passa a ser movido pelo desejo de reconhecimento, pelo anseio de consideração, pela busca de ser o preferido, e o mais notado (Souza, 2001, p.47). O resultado disso implicou na astúcia enganadora ou no funesto acaso que deu lugar à sociedade civil; ou seja, a instauração da propriedade. Rousseau assim principia a segunda parte do *Segundo discurso*:

> O verdadeiro fundador da sociedade civil foi o primeiro que, tendo cercado um terreno, lembrou-se de dizer *isto é meu* e encontrou pessoas suficientemente simples para acreditá-lo. Quantos crimes, guerras, assassínios, misérias e horrores não pouparia ao gênero humano aquele que, arrancando as estacas ou enchendo o fosso, tivesse gritado a seus semelhantes: "defendei-vos de ouvir esse impostor; estareis perdidos se esquecerdes que os frutos são de todos e que a terra não pertence a ninguém!". Grande é a possibilidade, porém, de que as coisas já então tivessem chegado ao ponto de não poder mais permanecer como eram, pois essa ideia de propriedade, dependendo de muitas ideias anteriores que só poderiam ter nascido sucessivamente, não se formou repentinamente no espí-

---

é que o selvagem vive em si mesmo, ao passo que o civilizado, ou o homem social, sempre fora de si, não sabe viver senão na opinião dos outros e é, por assim dizer, do seu juízo exclusivamente que ele tira o sentimento da sua própria existência. [...] Vemos também de que maneira bem concreta, no plano do homem moral, a passagem para a sociedade se dá como translação, para a órbita do outro, e de que modo bastante preciso é no entrechoque dessa multiplicidade de movimentos contraditórios que se constroem gradativa e dramaticamente os papéis sociais e se elaboram as *personas* públicas." (Salinas Fortes, 1997, p.67)

228 CARLOTA BOTO

rito humano. Foi preciso fazer-se muitos progressos, adquirir-se muita indústria e luzes, transmiti-las e aumentá-las de geração para geração, antes de chegar a esse último termo do estado de natureza. (Rousseau, 1983a, p.259-60)

Lourival Gomes Machado caracterizou aquela etapa intermediária de transição entre o estado de natureza e a sociedade civil, como ponto de equilíbrio: "exato meio-termo entre a indolência do estado primitivo e a petulante atividade de nosso amor próprio" (Machado, 1968, p.104).[19] Quando se adquire no espírito a ideia de consideração, não se poderá mais perdê-la: "cada um pretendeu ter direito a ela e a ninguém foi mais possível deixar de tê-la impunemente" (Rousseau, 1983a, p.263). A rivalidade e o conflito tornam necessário o estabelecimento de um código de moralidade, incluído "como um juiz vingador" (ibid., p.264).

Com a introdução da propriedade, teria havido a transição entre o estado de natureza e o estado civil. Os mais destacados vestígios do homem no estado de natureza estariam dados na infância. Haveria uma correspondência, portanto, entre a infância da espécie e a criança em desenvolvimento (Barros, 1971). Nas palavras de Ricardo Monteagudo (2006, p.127), temos o seguinte:

Quando os homens abandonam o estado natural para fundar o estado civil, trocam a natureza pelo direito e provocam uma

---

19 "Não obstante, já nos afastamos do estado de natureza, de tal sorte anulando-se em sua maior parte as interpretações que reduzem o pensamento rousseauniano à frontal oposição entre o homem natural e o civilizado. Dispomos, mais do que nunca, da evidência de que a matéria conjectural do *Segundo discurso* se destina apenas a registrar momentos genéticos não só da psicologia, mas da natureza global do homem, que nos é apresentada em configurações totais e integradoras dos múltiplos aspectos da existência. Alçamo-nos, sucessivamente, do plano da ação instintiva ao do comportamento coordenado racionalmente, e, desse, ao de uma personalidade que começa a moldar-se pelas relações sociais" (Machado, 1968, p.105). Veremos que situação análoga ocorrerá com o desenvolvimento do menino *Emílio*. Daí podermos dizer que sua escrita foi constituída por Rousseau como um conceito regulador do pensamento sobre o ser humano e, principalmente, sobre a moralidade e as relações sociais.

INSTRUÇÃO PÚBLICA E PROJETO CIVILIZADOR **229**

mudança irreversível na natureza humana. A espécie humana se introduz no ritmo vertiginoso da história. As características naturais do homem adquirem um estatuto ontológico diferente na sociedade. O amor de si, instinto de conservação (que é um sentimento natural), se converte no amor-próprio (por sua vez um sentimento relativo) em função da estima pública e da opinião alheia. Essa preferência natural por si mesmo se impõe e os homens em sociedade se tornam verdadeiros lobos, entram em estado de guerra.

A instauração da propriedade é fruto – do ponto de vista da análise rousseauniana – de um "concurso fortuito de inúmeras causas estranhas, que nunca poderiam surgir e sem as quais ele teria permitido eternamente em sua condição primitiva" (Rousseau, 1983a, p.258). "Vários acasos", a um só tempo, aperfeiçoaram a razão humana e deterioraram a espécie. O homem tornou-se mau quando foi transformado em ser social. O orgulho surgiu quando o amor por si mesmo extrapolou o sentido da preservação de si: "assim, o primeiro olhar que lançou sobre si mesmo produziu-lhe o primeiro movimento de orgulho" (ibid., p.261).

Como bem observa Roque Spencer Maciel de Barros, se a piedade foi a única virtude do ser humano no estado de natureza, o amor-próprio constitui paixão forjada pelo elo social: "a criança, como o animal ou como o hipotético homem da natureza, não atinge o nível moral; não há condições para sua *bondade* transformar-se em virtude" (Barros, 1971, p.39). A criança de Rousseau não tem virtude; tem piedade (ibid.). Nisso assemelha-se ao homem no estado de natureza. Como esse homem natural, a infância rousseauniana – descrita por fases da vida interpretadas à luz de características hipotéticas – será uma conjetura. Leo Strauss dirá que "Rousseau distingue explicitamente entre a bondade e a virtude: a bondade pertence ao homem como ser natural, enquanto a virtude ou moralidade pertence ao homem como cidadão já que pressupõe a convenção social, o contrato social" (Strauss, 1984, p.83).

Para Cassirer, a obra rousseauniana determina o "reconhecimento de uma lei moral à qual a vontade individual se submete es-

230 CARLOTA BOTO

pontaneamente" (Cassirer, 1999, p.100). A sociedade civil requer a transformação do homem natural em cidadão. Do ponto de vista do sujeito, ela requererá também que se saia da infância para viver na vida adulta em sociedade. A socialização, nesse sentido, é condição para a cidadania, bem como condição para a saída do homem daquilo que – em termos kantianos – poderíamos chamar de sua menoridade: "o homem bom, diferentemente do homem virtuoso, é bom apenas para si próprio" (Strauss, 1984, p.83). Para ser virtuoso, ele deverá-sê-lo para com e em relação aos outros.

Ou seja: o "menino Emílio" integra um relato lógico e explicativo do desenvolvimento das pessoas em seu primeiro quartel de vida. A infância tem etapas, articuladas umas às outras, cada uma com características peculiares: "após uma idade pré-racional, uma idade da razão sensitiva e, finalmente, a idade da razão intelectual" (Barros, 1971, p.38). Nesse sentido, parece a Rousseau fundamental compreender as formas de ser criança em cada uma dessas etapas constitutivas da vida. Seu propósito não é "ensinar à criança muitas coisas e sim não deixar entrar em seu cérebro senão ideias justas e claras. Que não saiba nada, pouco me importa, conquanto que não se engane" (Rousseau, 1979, p.179). O relato do *Emílio* tem por principal motivo a compreensão do modo de operar das diversas fases do desenvolvimento infantil.

O educador tenta entender os movimentos da alma de Emílio: "durante a primeira infância, o tempo era longo – só procurávamos perdê-lo, de medo de mal o empregar. Agora é o contrário e não temos mais bastante para fazer tudo que seria útil" (Rousseau, 1979, p.180). O fundamento da educação do Emílio corresponderá ao contínuo processo de oferecer ao menino não os próprios alicerces das ciências, mas "a inclinação para as amar e métodos para as aprender" (ibid.). Em todo o livro, há preocupações em não permitir ao Emílio o contato com os preconceitos que circulam na vida social, porque "a razão e o juízo chegam lentamente, os preconceitos acorrem em multidão; é destes que cumpre preservá-lo" (ibid.).

Maria Constança Pissarra identifica Emílio como "um personagem de ficção que representa o indivíduo (ou indivíduos) que

INSTRUÇÃO PÚBLICA E PROJETO CIVILIZADOR 231

conseguiu manter-se mais ou menos à margem da sociedade corrompida" (Pissarra, 2005, p.57). Assim como o estado de natureza é um ponto de referência que só agirá mediante diálogo com o estado civil, a infância constitui uma condição necessária para apreender o homem. Por isso mesmo, educar teria como pressuposto a observação acerca da natureza infantil, respeitadas as etapas de seu desenvolvimento (ibid.).

A infância é, para Rousseau, uma categoria escolhida meticulosamente para operar o pensamento acerca da condição humana. Como diz Robert Derathé, "de acordo com *Emílio*, o homem natural é o homem abstrato, aquele que reúne os traços comuns a todos os homens" (Derathé, 1984, p.115). Por isso, o próprio conceito natural tem, para Rousseau, uma significação específica: trata-se daquilo que é, a um só tempo, "autêntico e essencial à constituição do homem e o que é original ou primitivo" (ibid., p.114). Se o homem original é o homem no estado de natureza, há de se descobri-lo; e, para tanto, é imprescindível ter um método. O *Segundo discurso* demonstra a faceta social do homem no estado de natureza. No *Emílio* aparece sua sobrevivência individual na condição infantil.

Como o próprio Rousseau argumenta, o menino Emílio é o homem no estado de natureza. Nesse sentido, *Emílio* será lido aqui como um tratado descritivo da interpretação rousseauniana a respeito das etapas constitutivas da desenvolução do menino Emílio, em sua infância e adolescência. Como observa, ainda, Derathé (1984, p.113), trata-se, na realidade, de obter um critério mediante o qual se possa "distinguir o que há de artificial e o que há de natural no estado presente do homem". Pela mesma razão, pode-se dizer que "o problema da educação, para Rousseau, não é mais um problema técnico de pedagogia; é uma investigação psicológica sobre a natureza do homem" (ibid., p.109). Todo debate acerca dos procedimentos educativos do menino Emílio subordinam-se – mediante tal perspectiva – a uma clara hipótese acerca do processo de maturação humana, estruturado por etapas. Tais etapas precisariam ser compreendidas. Sem elas, a educação, no limite, não será, para Rousseau, possível. *Emílio*, mais do que um compêndio de pedagogia, pode ser lido, então, como um texto sobre as idades da vida.

232 CARLOTA BOTO

Como bem observa Gilda Naécia Maciel de Barros, "para a sociedade legítima, Rousseau prescreve a educação pública e a transforma em uma paideia de deveres" (Barros, 2008, p.11). Essa dimensão pública de seu pensamento sobre educação – como já indicou Maria das Graças de Souza (2001; 2006) – vem assinalada no verbete "Economia (moral e política)", escrito em 1755 para a *Enciclopédia*, bem como em suas *Considerações sobre o governo da Polônia*, escritas em 1771.

Movimentos do Rousseau da educação do Estado

Maria das Graças de Souza já evidenciou que o discurso rousseauniano se apropria de expressões e significados derivados da medicina. Nesse sentido, Rousseau recomenda que, antes de pensar em implantar qualquer política pública em educação, seja investigado o caráter do povo e a extensão do território. Compreender esse momento apropriado para qualquer mudança institucional requereria tomar "a extensão do território e o tamanho da população, os costumes diversos, os climas, o gozo da abundância e da paz, pois o momento é o instante em que o corpo se mostra menos capaz de resistência, mais frágil, e, portanto, mais fácil de ser destruído" (Souza, 2006, p.4).

Em 1755, na *Enciclopédia* francesa, é publicado o verbete "Economia política", de autoria de Rousseau. É importante, na organização de seu sistema de pensamento, o lugar ocupado por esse texto. Ali, ele aborda o governo doméstico e o governo civil – suas similaridades e distinções. Apresenta a acepção de lei como razão pública inscrita na lógica do corpo político, no qual "o poder soberano representa a cabeça, as leis e os costumes são o cérebro, princípio dos nervos e sede do entendimento, da vontade e dos sentidos, dos quais os juízes e magistrados são os órgãos" (Rousseau, 2006, p.87). Haveria uma interação orgânica no ambiente das cidades, com lugar privilegiado para a economia, que, "cumprindo as funções do coração, faz com que distribua alimento e vida por todo o

INSTRUÇÃO PÚBLICA E PROJETO CIVILIZADOR **233**

corpo; os cidadãos são o corpo e os membros que fazem a máquina mover-se, viver e trabalhar" (ibid.). Nessa direção, o corpo político é considerado um ser moral; e – nessa condição – "possui uma vontade" (ibid., p.88). A máxima da legitimidade governamental seria "seguir em tudo a vontade geral" (ibid., p.91). O legislador conforma-se às leis da vontade geral e a economia política corresponde à administração conforme tais leis (ibid., p.94). As vontades particulares devem convergir para a vontade geral; e a virtude é fruto dessa adequação do particular ao coletivo.[20]

Diz Dent que, em Rousseau, "a virtude será essencial para que, em primeiro lugar, a vontade geral seja clara e precisamente estabelecida e a autoridade não seja usurpada por uma sociedade parcial ou facção" (Dent, 1996, p.113). Será preciso, pois, a existência da atitude de lealdade patriótica para unir cidadãos em uma causa comum. Note-se que o ano de publicação do *Contrato social*, em que será consagrada a ideia de vontade geral, é 1762. Os comentadores consideram que o verbete sobre "Economia política" recebe menos atenção do que os demais escritos de Rousseau (ibid., p.112), embora antecipe muitas das hipóteses que posteriormente serão desenvolvidas no *Contrato*. Rousseau aqui deixa claro que "uma das tarefas mais importantes do governo é prevenir a extrema desigualdade de fortunas" (Rousseau, 2006, p.103).

Para o Rousseau de 1755, "não basta dizer aos cidadãos: sejam bons; é preciso ensiná-los a sê-lo" (Rousseau, 2006, p.99). Dever-se-ia, para tanto, incutir o amor pela pátria; até porque "a pátria não pode subsistir sem liberdade, nem a liberdade sem a virtude, nem a virtude sem os cidadãos" (ibid., p.104). O lugar primordial

---

20 "Começa por distinguir governo e autoridade paternos de governo e autoridade civis. Os primeiros dependem de relações e inclinações naturais; os segundos, em contrapartida, só podem ser fundamentados na Convenção, uma vez que no Estado todos os membros são naturalmente iguais e seu principal magistrado não tem nenhum interesse natural na felicidade dos indivíduos que compõem o Estado. Rousseau insiste que uma clara distinção precisa ser feita entre autoridade e governo de Estado. Toda autoridade é derivada da vontade geral." (Dent, 1996, p.112)

234 CARLOTA BOTO

da educação seria esse: "formar cidadãos não é tarefa de um dia, e, para ter homens, é preciso instruir as crianças" (ibid.). No verbete da grande *Enciclopédia* francesa, Rousseau assinalava o papel cívico e civilizador da educação pública. As crianças, "bem cedo" (ibid., p.105), precisariam desenvolver sua individualidade em interação com o "corpo do Estado, e a perceber, por assim dizer, sua própria existência apenas como uma parte daquele, este grande todo, a se sentir membros da pátria, a amá-la" (ibid., p.105). Da mesma forma que existiria uma legislação para os adultos, era importante a existência de um código de leis para a infância – especialmente para ensiná-la "a obedecer aos outros" (ibid.). A escola, nessa medida, cumpriria a tarefa de construção ritual de uma pedagogia cívica, cujo principal objetivo seria o de "religar os indivíduos entre si, através da produção de sentimentos de identidade e de pertença" (Catroga, 2005, p.96).

O substrato pedagógico do texto sobre "Economia política" será a defesa da educação pública:

> A educação pública, fundada em regras prescritas pelo governo e pelos magistrados estabelecidos pelo soberano é, pois, uma das máximas fundamentais do governo popular ou legítimo. Se as crianças são educadas em comum no seio da igualdade, se são imbuídas das leis do Estado e das máximas da vontade geral, se são instruídas a respeitá-las acima de todas as coisas, se são cercadas de exemplos e de objetos que sem cessar lhes falam da mãe terna que as alimenta, do amor que tem por elas, dos bens inestimáveis que dela recebem e do retorno que lhe devem, não duvidemos de que aprenderão assim a gostar uns dos outros como irmãos, a nunca querer a não ser o que a sociedade quer, a substituir o estéril e o inútil balbuciar dos sofistas por ações de homens e de cidadãos e a se tornar um dia os defensores e os pais da pátria da qual foram filhas durante tanto tempo. (Rousseau, 2006, p.106)

A educação é – no *Discurso sobre economia política* – defendida como dever público; como "a tarefa mais importante do Estado"

INSTRUÇÃO PÚBLICA E PROJETO CIVILIZADOR   235

(ibid.). Torna-se clara, pois, a distinção entre o Rousseau do *Emílio* e este outro Rousseau, instado a pensar em planos efetivos para a escolarização pública. Todos os que seguirem à risca as orientações pedagógicas preconizadas no *Emílio* sentir-se-ão atrapalhados ao ler esse discurso. Teria Rousseau mudado tanto assim? Ou não seria essa exatamente uma pista para que possamos compreender que a escrita do *Emílio* continha outros significados para além de aparentemente óbvias prescrições educativas? Talvez, muito distante de pretender preconizar técnicas e métodos de ensino, Rousseau estivesse ali indicando caminhos para se efetuar uma melhor leitura da condição da criança.[21] Traduzir o ser da criança possibilitaria, por seu turno, decifrar melhor o homem no estado de natureza. E observar esse homem era, no limite, alcançar a essência da Humanidade, perdida na rota da civilização.

Também no texto das *Considerações sobre o governo da Polônia*, escrito em 1771, Rousseau defende um projeto de educação coletivista e patriótico – que, alguns anos depois, inspirará os jacobinos da Revolução Francesa. Rousseau compreende que "são as instituições nacionais que modelam o gênio, o caráter, os gostos e as maneiras de um povo; que lhe dão individualidade" (Rousseau, 2003, p.230). A educação nacional será, pois, alicerce de uma existência coletiva bem fundada, disciplinada pela trama da lei. A lei, pela educação, ganhará lugar no coração dos homens.[22] Homens virtuosos são frutos da formação que tiverem na infância e na juventude. Gostos e opiniões formam-se e criam-se, pela prática da virtude,

---

21 Para Dalbosco, o "iluminismo pedagógico de Rousseau torna-se responsável pela formulação de um novo conceito de infância, o qual implica, por um lado, a crítica ao conceito tradicional de infância e, por outro, a afirmação do princípio pedagógico central da educação natural de tratamento da criança como criança. O lema da educação natural consiste, neste contexto, em respeitar a criança em seu próprio mundo e isso significa uma ruptura clara com a pedagogia tradicional da época" (Dalbosco, 2011a, p.135).

22 E como será possível "mobilizar o coração dos homens, para fazê-los amar a pátria e suas leis? Terei coragem de dizer? Com jogos infantis" (Rousseau, 2003, p.226).

236 CARLOTA BOTO

[...] patriotas por inclinação, por paixão e por necessidade. Ao abrir os olhos pela primeira vez a criança deve ver a pátria, e até morrer nada mais deveria ver. Todo republicano autêntico recebeu com o leite materno o amor da pátria, ou seja, o amor à lei e à liberdade. Nesse amor se resume toda a sua existência; ele nada vê senão a pátria, vive só para ela. (ibid., p.237)

Desde que a criança adquiriu a habilidade da leitura, "deverá ler sobre seu país" (ibid.). Aos dez anos, já se familiarizou com os produtos de sua terra; aos doze, conhece suas "províncias, estradas e cidades; aos quinze deve conhecer toda a sua história; aos dezesseis, todas as suas leis" (ibid.). Nesse ritmo, quando chegar aos vinte anos, o sujeito será verdadeiramente um polonês: "que não haja em toda a Polônia um só acontecimento importante ou uma pessoa famosa que não esteja registrado no seu coração e na sua memória, e sobre o qual não possa improvisar uma descrição" (ibid., p.237).

No tocante aos professores que trabalhariam nessa educação nacional, eles não deveriam ser estrangeiros nem padres. Precisavam ser, portanto, poloneses – preferencialmente casados – "e distinguidos pelo caráter moral, a probidade, o bom senso e as suas realizações" (Rousseau, 2003, p.238). A experiência no magistério, depois de decorrido um tempo na profissão, os habilitaria para "ocupações menos trabalhosas e mais brilhantes" (ibid.). Rousseau deixava claro que não aprovaria "transformar o ensino em uma profissão. Nenhum homem público polonês deveria ter qualquer situação permanente além da de cidadão" (ibid.). Esse era um dos princípios da organização do Estado. A formação recebida também deveria aproximar as pessoas; subtraindo ao máximo as diferenças de nascimento:

Não me agradam essas distinções entre colégios e academias, que fazem com que os nobres ricos e os nobres sem recursos sejam educados de forma diferente e separadamente. Como pela constituição do Estado eles são iguais, devem ser educados em conjunto

INSTRUÇÃO PÚBLICA E PROJETO CIVILIZADOR **237**

e do mesmo modo, e, se não é possível instituir um sistema de educação pública inteiramente gratuito, quando menos ela deve ter um preço tal que os pobres possam pagar. Portanto, não seria possível criar em cada colégio um certo número de vagas inteiramente gratuitas, custeadas pelo Estado, sob a forma de bolsas, como são chamadas na França? Essas vagas, destinadas aos filhos dos cavaleiros pobres, que merecessem esse tratamento da pátria, não como esmola mas como recompensa pelos bons serviços prestados pelos pais, seriam por isso facilidades honrosas, representando assim uma dupla vantagem, que não seria negligenciável. Para isso seria preciso que a concessão de tais bolsas não fosse arbitrária, mas resultasse de uma espécie de julgamento (ibid.).

Aqueles que usufruíssem de tais bolsas de estudos seriam nomeados "filhos do Estado, e distinguidos por algum sinal honroso, tendo direito a prioridade sobre os outros jovens da mesma idade, sem exceção dos filhos dos grandes senhores" (ibid., p.238-9).

Rousseau sugere também que os colégios criassem ginásios esportivos para todos os alunos fazerem exercícios físicos; não apenas para formar jovens sadios, mas porque compreende que exercícios físicos possuem valor moral. Diz que "a boa educação deve ser negativa: se impedirmos o nascimento dos vícios, teremos feito bastante em favor da virtude" (ibid., p.239).[23] Em tal direção, indica o

---

23 "É preciso manter os alunos sempre em suspenso, em lugar de submetê-los a um estudo aborrecido, de tal forma que nada compreendam do que é estudado, e o façam às pressas, por mera obrigação; devem ser feitos exercícios agradáveis, satisfazendo a necessidade do organismo que, ao crescer, precisa agitar-se, em uma atividade que neles não se limitará a isso. Não se deve permitir que brinquem separadamente, seguindo a sua fantasia, mas deve haver jogos em conjunto, e públicos, de forma que haja sempre um objetivo comum a que todos aspiram, e que sejam promovidas a concorrência e a emulação. Mesmo os pais que preferirem a educação doméstica, instruindo os filhos diretamente sob as suas vistas, devem enviá-los para os exercícios coletivos. A instrução pode ser doméstica e particular, mas os jogos de que participam devem ser sempre comum a todos, e públicos." (Rousseau, 2003, p.239)

238 CARLOTA BOTO

autor a organização de jogos coletivos e públicos – todas as crianças participando deles; inclusive aquelas cujos pais não enviassem para as escolas, por terem optado pela educação doméstica. Tais jogos promoveriam uma saudável concorrência e emulação. Com eles, a meninice se ocupará, adquirindo físico robusto e ágil. Mas, sobretudo, cumprem o objetivo de habituar as crianças "desde cedo às regras, à fraternidade, à competição, a viverem expostas aos seus concidadãos e a almejarem a aprovação pública" (ibid.). Prêmios e recompensas também serão conferidos publicamente – "mediante aclamação, de acordo com o julgamento dos espectadores" (ibid.).

O projeto do governo da Polônia de Rousseau contempla, ainda, um Colégio de Magistrados responsável pela administração do sistema educacional: "que se incumba da administração do sistema educacional e que nomeie, revogue e altere livremente aos cargos os diretores dos colégios" (Rousseau, 2003, p.240), bem como os professores. Rousseau concebe o sistema de ensino assim organizado como exemplo autêntico de educação virtuosa – oferecendo à nação o que poderia ser compreendido como um "segundo nascimento" (ibid., p.241). Este seria impulsionado – diz o autor – pelo "vigor espiritual" e pelo "zelo patriótico" (ibid., p.240).

Uma nova era – fundada pela educação e pela economia política – regeneraria o passado e reconstruiria os rumos da Polônia. Robson Pereira Calça – a respeito das *Considerações sobre o governo da Polônia* – recorda que Rousseau sugere uma "reforma nos costumes, no seio do povo, não por meio da ação de um legislador, mas do próprio governo; uma reforma que se daria muito menos pela mudança das leis do que através da educação" (Calça, 2010, p.83). A escola patriótica pensada para a Polônia era a estratégia da reforma política.

O verbete publicado por Rousseau na *Enciclopédia* em 1755 sob o título "Economia política" bem como as *Considerações sobre o governo da Polônia e a sua projetada reforma (1772)* consistiam explicitamente em projetos concretos de educação pública – com

INSTRUÇÃO PÚBLICA E PROJETO CIVILIZADOR **239**

a baliza simbólica do Estado-nação como artífice e diretor desse mesmo ensino. O texto das *Considerações sobre o governo da Polônia* defende uma escolarização voltada para ancorar a existência nacional mediante ritos e saberes programáticos dirigidos à formação de uma coletividade disciplinada e virtuosa.

O verbete sobre "Economia política" toma por pilar norteador a tentativa de concepção de um modelo de administração do bem público qualificada como pertinente à definição de vontade geral. Para tanto, a pedagogia tem lugar privilegiado. Trata-se de estruturar o papel social cívico e civilizador da educação do Estado. Será preciso, por meio da escolarização, formar a individualidade das pessoas em incessante interação com a coletividade. Só assim a educação nacional contribuirá para a existência coletiva. É o que defende o texto de Rousseau: a virtude da cidadania será requisito para gerar e conferir solidez às democracias.

Os trabalhos de Rousseau a propósito da educação do Estado precisam ser compreendidos à luz da polissemia que caracteriza o pensamento do filósofo. Como sublinha Roberto Romano, "as representações intelectuais do século XVIII, incluindo as de Rousseau, as de Diderot e mesmo as de um aristocrata como Voltaire, insistiam na virtude cidadã como base do governo não tirânico" (Romano, 2005, p.22).

Em outro registro, o *Projeto para a educação do senhor de Sainte-Marie* – cuja primeira redação ocorrera ainda no início dos anos 1740 – retrata alguns aspectos do pensamento pedagógico de Rousseau quanto a questões de método e de técnicas a serem adotadas para o ensino de crianças. Todos esses textos parecem bastante ilustrativos, inclusive para que possamos melhor compreender algumas facetas do *Emílio* – maior obra rousseauniana no cenário da Pedagogia. O Rousseau da educação pública é, contudo, muito diferente e, também, posterior em relação àquele que dissertou sobre a própria preceptoria que um dia exerceu. O Rousseau estudioso da infância começou ali, no projeto de ensino que traçara – na condição de preceptor de duas crianças francesas. É o que se verá a seguir.

Rousseau preceptor: a educação no registro da família

O *Projeto para a educação do senhor de Sainte-Marie*, escrito por Rousseau no princípio dos anos 1740, reporta-se a uma tarefa que o jovem Jean-Jacques Rousseau desempenhou em Lyon como preceptor dos filhos de Jean Bonnot de Mably – um rico escudeiro francês. Como aponta Dent, "segundo todos os depoimentos, Rousseau não era muito bem-sucedido como preceptor; faltava-lhe a necessária paciência e a capacidade para conquistar a confiança dos seus (reconhecidamente difíceis) pupilos" (Dent, 1996, p.116). As crianças – François e Jean – teriam, à época, respectivamente 5 e 4 anos. Dessa prática mal equacionada, Rousseau, todavia, "reuniu elementos teóricos para escrever duas breves obras sobre educação" (Dionizio Neto, 2005, p.407). Na verdade, seriam duas versões de um mesmo trabalho. Pelo que se conhece dessa história (Nacarato, 2004, p.15), o referido texto de Rousseau – cuja primeira publicação aconteceu, em Paris, apenas no início dos anos 80 daquele século XVIII – é construído como uma meditação a propósito do ofício de preceptor por ele vivido em 1740. A ideia do trabalho foi, a princípio, desenvolver um plano para a educação das duas crianças de estirpe aristocrática; a partir da arquitetura de um projeto pretensamente inovador em relação a práticas de ensino vigentes à época.[24]

Esse texto não teve a mesma repercussão do *Emílio*. Se, no *Emílio*, Rousseau inventa uma criança, construída a propósito para relatar a desenvolução do ser infantil, no *Projeto para a educação*

---

24 "No início, Rousseau pensava estar suficientemente preparado para essa tarefa e possuir os conhecimentos e talentos necessários a um preceptor. Entretanto, apesar de seus esforços, malogrou por lhe faltarem paciência e sangue frio. Conhecia bem seus alunos, porém não conseguia atingir um resultado satisfatório em sua educação. O próprio Rousseau, desgostoso, situa essa experiência naquela fase de sua vida que está entre os erros e faltas de sua juventude. Além de não ter tido êxito em seus ofício, nutria uma paixão moderada e passageira pela Sra. De Mably, embora nunca se tenha declarado diretamente a ela." (Nacarato, 2004, p.16)

INSTRUÇÃO PÚBLICA E PROJETO CIVILIZADOR **241**

do senhor de Sainte-Marie, o autor abarca uma situação real e propugna mais diretamente um modelo pedagógico direcionado para crianças realmente existentes.

Como observa Priscila Nacarato, o texto do projeto foi precedido por uma versão preliminar – traduzida por ela como *Dissertação apresentada ao sr. de Mably sobre a educação do senhor seu filho.*[25] O autor, nessa referida primeira versão, escrita em 1740 e publicada somente em 1884 (Nacarato, 2004, p.15), acentuara vários aspectos e observações pedagógicas que, na versão posterior, foram eliminados do texto. A segunda redação do texto – já sob o título *Projeto para a educação do senhor de Sainte-Marie* – foi publicada em 1782; embora tenha sido encaminhada aos pais das crianças em 1743. Essa "segunda dissertação" – como sublinha Nacarato – "apresenta redação mais curta, porém mais elaborada" (ibid.).

Havia, na primeira dissertação, maior ênfase em comentários críticos acerca de rotinas pedagógicas usualmente perpetradas pelos colégios – especificamente traduções, versões e amplificações de textos latinos; bem como práticas do ensino do catecismo, tão usuais à época. Ao dirigir-se ao pai das crianças, Rousseau imediatamente evoca "os direitos que o senhor deve conceder-me sobre o Sr. seu filho" (Rousseau, 2004a, p.21). Entre pai e preceptor firma-se um contrato. Rousseau destaca isso. Como preceptor, ele sublinha, para o pai das crianças, que o contrato por ambos estabelecido suporá delegação dos critérios sobre a educação das crianças: o pai transferindo poder para o tutor. Rousseau enfatiza a necessidade de haver concessão de direitos do pai para o preceptor. Isso – diz Rousseau – "me torna depositário de sua autoridade sobre ele, e o senhor me concede sem reserva o direito de obrigá-lo a cumprir seu dever, ordenando-lhe que me obedeça como ao senhor mesmo" (ibid., p.21-2).

A finalidade do pacto entre o pai das crianças e o preceptor era a educação das crianças; e, no limite, educar seria "formar o Coração, o Juízo e o Espírito, e isso na ordem em que eu os cito" (Rousseau,

---

25 O título original é *Mémoire présenté à M. de Mably sur l'éducation de M. son fils* (Rousseau, 1971, p.20).

242 CARLOTA BOTO

2004a, p.22). A prioridade moral era aqui declarada. Pode-se considerar – com Dent – que Rousseau ali "sustenta que a educação deve aspirar não só a instilar o saber, mas a formar o coração, o espírito e a capacidade de julgamento. A aquisição de bons hábitos e disposições deve ter prioridade sobre o conhecimento abstrato" (Dent, 1996, p.116).

Ao manifestar – na carta dirigida ao pai das crianças – suas intenções relativas à formação dos dois meninos, Rousseau destaca a necessidade de o preceptor obter ascendência sobre os espíritos, de modo a controlar excentricidades e lamentações típicas da idade. Assinalando que não pretende obter sua autoridade a partir de "pancadas" – método que dizia abominar, até porque o efeito da pancada cessa tão depressa quanto a dor que ela provocou –, Rousseau defende "um desprezo acentuado" (Rousseau, 2004a, p.20); porque este, sim, permaneceria por mais tempo.

Haveria correlação entre amor, temor e tremor: "um mestre deve ser temido; para isso, é necessário que o aluno esteja bem convencido de que ele está no direito de puni-lo. Mas ele deve, sobretudo, ser estimado" (ibid.). Rousseau salienta a fertilidade desse equilíbrio entre amor e temor na relação mestre-discípulo.

Esse texto de Rousseau parece ser tributário de toda tradição humanista sobre educação (daquilo que literatura denominou naturalismo pedagógico); especialmente do ensaio que Montaigne escreve sobre o pedantismo; criticando – como seu antecessor humanista – a falsa imagem de uma educação reduzida ao acúmulo de ciências; até porque "um tolo erudito é mais tolo que um tolo ignorante" (ibid., p.22). Leo Strauss (1984, p.68) já assinalou que a crítica à desarmonia civilização-moralidade é algo que está antes em Montaigne e também em Sêneca; e pode ser encontrada, inclusive, em Sócrates.

Há também severa recriminação aos padrões de instrução impostos pelos colégios da época:

[...] o quanto me parece insensata e ridícula a maneira pela qual as pessoas se arranjam para ensinar as Crianças. Fazem-nas perder

INSTRUÇÃO PÚBLICA E PROJETO CIVILIZADOR 243

três ou quatro anos a compor terríveis versões, quando estão bem certos de que elas não encontrarão, duas vezes na vida, a oportunidade de escrever em Latim. Ensinam-lhes, em seguida, a fazer Amplificações, isto é, após lhe darem um pensamento de um Autor, mandam estragá-lo, alongando-o com o maior número de palavras inúteis que possam achar. Exercitam-nas muito sobre a história Grega e Romana e deixam-nas na mais crassa ignorância sobre a história de seu país, ensinam a elas o pior Francês, contanto que falem bem o latim." (Rousseau, 2004a, p.24)

Da agenda da educação proposta ao pai das crianças não constarão preceitos moralizadores. Rousseau os considera ineficazes, áridos e estéreis. Não será por meio de aprendizado de preceitos morais que se formará a verdadeira moralidade. A criança aprenderá os valores e os modos de conduta adequados mediante sua interação com pessoas que ajam de acordo com as normas da moralidade. Não se trata, portanto, de cansar a memória, mas de contar "algumas histórias escolhidas com discernimento, fábulas das quais se tirará a moral para treiná-lo em encontrá-la por si mesmo" (ibid., p.25).

A relação entre discípulo e mestre envolve algo para além do mero acúmulo de informações. A aquisição de bons hábitos envolve a relação com o exemplo. Trata-se, acima de tudo, de uma formação de almas; o que requer construção da moralidade. Tal construção, no entanto, não se dará por aprendizado de regras, de deveres e de leis, mas será engendrada por meio de "temas que são antes assuntos para conversas e passeios do que para estudos organizados" (ibid.). É preciso mobilizar o interesse da criança, para direcioná-lo e conduzi-lo. Partindo desse interesse, a criança terá a oportunidade do aprendizado da moderação das paixões, imprescindível para a rota da moralidade (Dent, 1996, p.116).

Já naquele texto de juventude, Rousseau inova – antes de tudo, por manifestar seu repúdio aos parâmetros vigentes no modelo do ensino dos colégios; especialmente, os internatos jesuíticos desconsideravam as necessidades emocionais de seus alunos, bem como

244   CARLOTA BOTO

seus interesses, tornando o ensino uma ação abstraída da realidade – e, pela mesma razão, distante do ato de aprender (Snyders, 1965). Muitos dos preceitos a propósito do que posteriormente o filósofo caracterizará como educação natural, bem como a veemente crítica ao formalismo e ao abstracionismo da educação da época, são tônicas da crítica aqui empreendida:

> Falam-lhe de um Deus em três Pessoas, das quais nenhuma é a outra e cada uma é, entretanto, o mesmo Deus [...]; todos os assuntos sobre os quais a melhor cabeça não tem força suficiente para conceber coisa alguma; numa palavra, no mesmo tempo em que começam a cultivar sua razão, obrigam-nas a fazer, a todo momento, exceções das mais estranhas contra suas noções mais evidentes e, por cúmulo, sobrecarregam-nas com uma multidão de preceitos áridos e estéreis, concebidos em termos cuja construção mesma não está ao seu alcance; em compensação, não lhes dizem nada, nem dos princípios do Cristianismo, nem dos fundamentos da Moral, deixam-nas na mais crassa ignorância sobre os deveres gerais da humanidade e creem operar maravilhas, acostumando-as a considerar, como monges imbecis, a vontade de seus mestres como a única regra geral de virtude. (Rousseau, 2004a, p.24)

Para Rousseau, como para o Iluminismo francês em seu conjunto, a oficialização das religiões e de seus dogmas eram fontes de obscurantismo. Do mesmo modo, a moralidade era reduzida a um conjunto de preceitos aos quais se espera adorar e crer. Ineficazes, apenas cansariam a memória. Rousseau opunha-se – ainda – ao modo afetado de mestres pedantes, cuja principal ocupação parecia ser a de "sobrecarregar seus alunos com um trabalho sério e desagradável, mostrar-lhes sempre uma sobranceira severa e zangada e conseguir, às custas deles, a reputação de homem correto e laborioso" (Rousseau, 2004a, p.26). Muito antes de compor seu *Emílio*, Rousseau já comentava que, embora zelasse por ser escrupuloso no cumprimento de seu trabalho, optaria sempre pelo caminho que "exigir o menor esforço e dissabor aos alunos" (ibid.). Sendo assim,

INSTRUÇÃO PÚBLICA E PROJETO CIVILIZADOR **245**

era necessário – acreditava o autor – contrapor-se a todos os modelos de ensino vigentes na época.

De todo modo, Rousseau ressalva: em alguns momentos, a severidade será necessária, "nos casos em que os costumes estão sendo atacados e quando se trata de corrigir maus hábitos" (ibid.). Dos maus procedimentos educativos da época, decorrem maus hábitos: "daí o desprezo pelos inferiores, a desobediência aos superiores e a impolidez para com os iguais: quando nos cremos perfeitos, em que erros não caímos?" (ibid.).

Preceptor – antes de redigir seu *Emílio* –, Rousseau já postula que "a retidão do coração, quando solidificada pelo raciocínio, é a fonte da exatidão do espírito" (ibid., p.27). Um homem de bem é aquele que não se entregará ao prazer imediato. É aquele que pondera, que mede consequências, que avalia resultados – que tem, portanto, discernimento. O primado da ética sobre o acúmulo do conhecimento erudito parece inequívoco. Trata-se de formar o coração; e isso não significa compor uma forma exterior polida. Para ser bom professor, será imprescindível o bom senso, o qual "depende ainda mais dos sentimentos do coração do que das luzes do espírito" (ibid.). Será fundamental, sobretudo, agir com o zelo de um "homem de bem" – e, como educador, manifestar, a um só tempo, "bom senso e bom gosto":

Um homem sem espírito e sem sentimento que, saído da poeira de um colégio, se encontra, de repente, transplantado para o mundo mais polido, não está apto nem a sentir-lhe os encantos nem a inspirar o gosto por esse mundo a um Aluno. Um outro homem altivo e ríspido que, imaginando-se estar acima de tudo, julgaria rebaixar-se, tomando parte em conversas comuns, conseguiria ainda menos. Para bem julgar a maneira do mundo e a vida humana, para desenvolver as suas causas, e para nelas conduzir um jovem, com sucesso, não creio, entretanto, que seja necessário ter um talento extremamente sutil; pensar certo, ter bom senso e um pouco de gosto, não ser singular nem pela tolice, nem pela fatuidade, só com isso um mestre Zeloso deve conseguir formar um Menino e fazer

246 CARLOTA BOTO

dele um Cavalheiro Polido e um homem de bem, o que constitui o duplo objetivo da educação. (ibid., p.38-9)

A felicidade seria o resultado dessa boa educação; até porque haveria – diz Rousseau – duas formas de se chegar a ser feliz: "uma satisfazendo as paixões e a outra moderando-as" (Rousseau, 2004a, p.29). São caminhos opostos que nos conduzem a duas formas de felicidade. A primeira fórmula para ser feliz – aquela que cede às paixões – é aparentemente mais fácil; embora seus efeitos sejam menos duradouros. Diz Rousseau que "o gozo imoderado do prazer é princípio de inquietude para o futuro" (ibid.). A opção alternativa é apresentada como mais valorosa e, assim, adequada aos objetivos da educação – por favorecer a "tranquilidade da alma" (ibid., p. 29). A honra e a delicadeza serão a base do sujeito educado; não os estados das paixões da alma – rota da intemperança. Educar, em alguma medida, supõe ensinar a resistir ao desejo. Longe de ser palco de paixões, o mundo é apresentado por Rousseau como um "teatro dos pequenos gostos" (ibid., p.32).

Se a educação pode ser fonte de felicidade, ela não se confundirá com o atendimento dos desejos imediatos do educando. Rousseau reconhece que atender aos desejos da criança parece ser a rota mais atraente. Porém diz preferir outro rumo – o da construção meticulosa de uma alegria duradoura, mas serena – até porque "quanto mais a ação do prazer é forte, menos duração tem ela; é um fato incontestável; perde-se, então, com o tempo, o que se ganha com relação ao sentimento" (ibid.).

O programa de ensino proposto supunha colocar ordem nos estudos, de modo que as matérias fossem divididas e agrupadas de maneira coerente (Rousseau, 2004b, p.63). A estrutura das matérias de estudo deveria organizar o aprendizado da criança mediante níveis de dificuldades proporcionais a cada idade; sendo necessário – enfatiza o autor –exercitar o aluno com maior ênfase em alguns tópicos do que em outros; até mesmo para que ele não crescesse acreditando que a vida apresenta os problemas de maneira hierarquicamente encadeada, como numa sequência. Porém:

INSTRUÇÃO PÚBLICA E PROJETO CIVILIZADOR   **247**

Convém não lhe apresentar senão matérias adequadas à sua idade, e, sobretudo, exercitá-lo durante muito tempo, em temas em que a melhor solução se apresenta facilmente, tanto para conduzi--lo com facilidade e encontrá-la como que por si mesmo, quanto para evitar fazê-lo encarar os assuntos da vida, como uma sucessão de problemas em que as diversas decisões parecendo igualmente prováveis, seria quase indiferente decidir-se antes por uma do que por outra, o que o levaria à indolência no raciocínio e à indiferença na conduta. (ibid., p.58)

Por meio dos conteúdos das matérias ministradas, dever-se-á exercitar o aluno "na precisão e na pureza do estilo, na ordem e no método em seus raciocínios, e a desenvolver um espírito de exatidão que lhe sirva a discernir o falso ornado, da verdade simples, todas as vezes em que se apresente ocasião para isso" (ibid., p.64).

De maneira prescritiva, Rousseau indica também o lugar a ser ocupado pelo estudo. Um cômodo precisará ser reservado para estudar; e será fundamental "tornar esse quarto agradável por aquilo que poderia apresentar-se de mais alegre" (ibid., p.60). O tempo do estudo requer espaço na vida do aluno. Ou seja: no período reservado para estudar, a criança não se deverá ocupar de mais nada. Toda forma de divertimento é, então, suprimida. Isso é fundamental para assegurar o êxito do aprendizado. O melhor horário será a manhã, logo depois de a criança acordar. E, se o aluno for refratário e não quiser se dedicar ao estudo, diz Rousseau: "eu nem daria mostras de estar percebendo, e o deixaria só e sem divertimento, aborrecendo-se, até que o tédio de ficar absolutamente sem fazer nada o trouxesse por si mesmo ao que eu exigia dele" (ibid., p.61). Se tudo isso não der certo, aí o menino ficará de castigo. Porém, do ponto de vista de Rousseau, um "desprezo acentuado" ou uma "privação sensível" (ibid., p.51) permanecerão por muito mais tempo no espírito da criança, obtendo melhor resultado do que obteriam as práticas de punições – à época, costumeiras. O fundamental será o aluno perceber no mestre desaponto diante de sua conduta. O preço de não estudar será, então, a frieza e a indiferença.

248 CARLOTA BOTO

Seria importante o pai tomar parte da educação do filho; não diretamente, mas estimulando o aprendizado, informando à criança "algumas vezes sobre seus progressos, mas somente nos momentos e sobre as matérias nas quais estiver melhor" (Rousseau, 2004b, p.62). O propósito era levar o aluno a se tornar mais confiante em si, conquanto não orgulhoso. Rousseau observava que o trato com a criança inteligente requereria maior perspicácia do mestre, já que "quanto mais inteligência tem uma criança, mais o conhecimento de suas próprias superioridades a torna indócil em adquirir aquelas qualidades que lhe faltam" (ibid., p.57). Isolar a criança tanto do mimo quanto das exasperações presentes no ambiente familiar consistiria – supõe o texto – estratégia imprescindível para bem formá-la.

Como observa Cassirer, Rousseau rejeita a família como agente educativo. Falta à dimensão familiar o *savoir-faire* do ofício pedagógico; mas, sobretudo, falta-lhe moderação:

> Contra um tal excesso do poder paterno, Rousseau afirma que ele contradiz o princípio da liberdade enquanto puro princípio da razão; pois a razão, depois de despertada no homem, não pode ser submetida a quaisquer tutelas. Sua maioridade, sua autodeterminação constituem sua verdadeira essência e formam seu direito fundamental inalienável. [...] Pois quanto mais Rousseau glorifica e venera a família como forma natural da comunidade humana, menos vê nela a forma verdadeiramente moral desta comunidade (Cassirer, 1999, p.94-5).

Para integrar-se a grupos, será fundamental que o menino esteja a descoberto, ou seja: sem a âncora de um pai protetor, pronto sempre a lhe oferecer guarida. Frequentemente, na presença dos pais ou familiares, o garoto mostra-se desembaraçado; mas, "se é obrigado a se dirigir a outra pessoa ou a falar com ela, logo fica embaraçado, não pode andar nem dizer uma só palavra, ou, então, vai ao extremo e solta alguma indiscrição" (Rousseau, 2004b, p.59). Embora isso seja característico da idade, "crescemos e o que convinha ontem não convém mais hoje, e ouso dizer que ele não aprenderá nunca a se comportar adequadamente enquanto continuar com esse defeito" (ibid.). Para que se possa familiarizar com estranhos convém que a criança seja, em alguma medida, afastada dos pais. É isso que diz Rousseau.

É também importante que se destaque no projeto a marca da vocação aristocrática da família: efetivamente, o menino, "tendo nascido tímido, tem necessidade de estar frequentemente na companhia de alguém para aprender a sentir-se aí à vontade, e conduzir-se com aquela elegância e aquela facilidade que caracterizam o homem da sociedade e o homem amável" (ibid., p.58). Rousseau – nesse seu primeiro plano de educação – defende com firmeza o significado dos estudos para a composição de uma vida digna e significativa:

> Por mais que se fale da desvantagem dos estudos e que se tente aniquilar a sua necessidade, e aumentar seus efeitos maléficos, será sempre belo e útil saber; e quanto ao pedantismo, não é o estudo mesmo que o dá, mas a má disposição da pessoa. Os verdadeiros sábios são polidos e são modestos, porque o conhecimento daquilo que lhes falta, os impede de se vangloriarem do que têm, e apenas os pequenos gênios e os meio-sábios que, julgando tudo saber, desprezam orgulhosamente aquilo que não conhecem. (ibid., p.59-60)

O estado natural é sempre, para Rousseau, referência obrigatória. A natureza tem, no pensamento rousseauniano, uma dimensão metodológica: "o homem da natureza não desapareceu, ele permanece lá, em cada criança" (Groethuysen, 1949, p.29). Por isso mesmo será necessário observar e atentar mais e melhor para as crianças, com o propósito de decifrar e de respeitar a lógica interna do desenvolvimento infantil (Rousseau, 1966). Muito anterior à redação de *Emílio*, o *Projeto para a educação do senhor de Sainte-Marie* traz pistas sobre a perspectiva rousseauniana acerca da natureza da criança – sujeito a ser compreendido.

Tanto o *Projeto para a educação do senhor de Sainte-Marie* quanto a *Dissertação apresentada ao sr. de Mably sobre a educação do senhor seu filho* (que, como se disse anteriormente, constituem duas versões de um mesmo trabalho) apontam para o território da educação doméstica e, mais do que isso, para procedimentos e técnicas do ensino. A preocupação didática transparece claramente em ambas as versões. Primeiramente, Rousseau deixa claras a ambiguidade e as tensões da interação entre família e preceptor, sublinhando que a família transfere direitos para o preceptor, delegando a este especialmente a tarefa da instrução. Tal transferência de direitos é quem criará, de alguma maneira, a legitimação do discurso pedagógico "falado" pelo educador de profissão. De certo modo, institucionaliza-se ali um domínio específico de conhecimento: o saber pedagógico não terá, nesse sentido, a voz da família. Traz a marca de uma dada *expertise* de ofício.

A relação mestre-discípulo configura-se como um pacto de autoridade de um sobre o outro, visto que mestre e discípulo são respectivamente sujeitos desiguais – em posições distintas e assimétricas (Aquino, 1999) – pelo lugar que ocupam com relação ao conhecimento. Por tal razão, a autoridade será firmada como um termo médio na correlação entre amor e temor. Se o mimo não é educativo, também não será pedagógico ensinar pelo medo. Indiretamente, desde então, Rousseau – neste ponto, em confluência com os demais enciclopedistas – expressa sua discordância dos modos de educar de sua época, em especial aqueles utilizados pelos colégios jesuíticos, que focavam excessivamente na disciplina e memorização.

O Rousseau-preceptor não é contrário à formação de rotinas e de hábitos de civilidade. Formar a polidez, no entanto, não será tarefa precípua da instrução. Parece mais importante a Rousseau firmar o espírito e cultivar a retidão do caráter. Por isso, a ordem que o filósofo conferirá a suas finalidades pedagógicas será a seguinte: desenvolver sucessivamente coração, juízo e espírito (Rousseau, 2004a, p.22). Será imprescindível oferecer às crianças meios de compreenderem seus deveres de humanidade. Justifica-se o uso de alguma

INSTRUÇÃO PÚBLICA E PROJETO CIVILIZADOR 251

severidade com o fito de correção de maus hábitos. Isso não significa, porém, agir por ímpetos de cólera ou de exasperações. Será necessária a construção progressiva de ambiente que fortaleça, a um só tempo, a moderação de paixões e o cultivo do juízo. Só assim poderão ser adquiridos hábitos estudo, de disciplina, de concentração, de perseverança, enfim, de esforço intelectual. Pela mesma razão:

[...] um homem de bem pensa quase sempre acertadamente e, quando se está acostumado desde a infância a não se aturdir com a reflexão e a não se entregar ao prazer momentâneo, senão após ter pesado as consequências e comparado as vantagens e os inconvenientes, tem-se praticamente, com um pouco de experiência, toda a aquisição necessária para formar o juízo. Parece, com efeito, que o bom senso depende ainda mais dos sentimentos do coração do que das Luzes do espírito, e verifica-se que os mais sábios e os mais esclarecidos não são sempre os mais comportados e os que melhor de conduzem nos problemas da vida. (ibid., p.27)

A criança deverá ser, pela tarefa pedagógica, distanciada de suas habituais brincadeiras pueris. Quando se ensina, é indispensável direcionar o foco para inserir a criança em outro universo – este, do aprendizado, que, nem por isso, deixará de ser agradável e atraente. Trata-se da descoberta do prazer de aprender. Por meio dela, será fomentado o amor pelo conhecimento. Nas palavras de Rousseau, é tarefa do educador inspirar nas crianças o gosto pelo estudo.

Então, para afastá-lo insensivelmente de todas as suas brincadeiras pueris eu entraria em todos os seus divertimentos, e eu lhe arranjaria outros mais próprios a agradar-lhe e a excitar sua curiosidade. Recortes, um pouco de desenho, a música, os instrumentos, um prisma, um microscópio, um vidro ardente, um barômetro, uma Eolípila, um Sifão, uma fonte de Héron, um ímã e mil outras pequenas curiosidades me forneceriam assuntos contínuos para diverti-lo, para instruí-lo, mesmo sem que ele notasse. (ibid., p.42)

252 CARLOTA BOTO

Concluindo, o objetivo desta parte do texto foi o de apresentar ao leitor algumas contribuições de Rousseau para a pedagogia, para além da leitura do *Emílio*. Compreender a reflexão rousseauniana sobre ensino público, bem como seus primeiros escritos sobre o ensino e o aprendizado no âmbito da preceptoria, habilitaria a se pensar o território dos métodos e técnicas didáticas, oferecendo alicerce para leitura mais arguta do pensamento pedagógico daquele século XVIII (Snyders, 1965). Além de tratado de educação, o *Emílio* é, sobretudo, uma tese sobre a acepção de infância. No entanto, compreender a criança Emílio exige que se enverede por uma história que é anterior ao menino; mas que foi também traçada pela escrita de Rousseau. Um pouco dessa história, foi o que se procurou relatar aqui.

Emílio: categoria operatória e cidadão do mundo

O século XVIII, em matéria de educação, não teve apenas Rousseau. Havia, na segunda metade do setecentos, uma profusão de discursos sobre o tema da educação. A escolarização nos colégios e a crítica aos padrões pedagógicos ali vigentes eram tônicas do debate. Discutia-se o papel educador do Estado-nação – na formação de hábitos, de crenças, de expectativas, de tradições. A *Enciclopédia* fez da pedagogia uma de suas bandeiras. Muitos foram os assuntos que povoaram o imaginário do período: "educação individual ou coletiva, colégio ou preceptorado, papel da família e do Estado" (Jolibert, 1987, p.73).

Vinte anos depois de sua experiência como preceptor, as ideias pedagógicas de Rousseau ganharão novas tonalidades. No *Emílio*, Rousseau (1966) – como se sabe – não abordou a educação de crianças verdadeiras. A obra reconstituía uma hipotética vida de um menino imaginário, traçando – a partir de sólida e instigante tese sobre os períodos e os atributos específicos do desenvolvimento infantil e adolescente – algumas diretrizes gerais que podem ser compreendidas como indicações para o processo pedagógico. No *Emílio* de Rousseau, a criança é retratada como um tipo ideal (Weber, 1979,

INSTRUÇÃO PÚBLICA E PROJETO CIVILIZADOR **253**

p.105) – uma categoria operatória. A narrativa que relata o *Emílio* é antes uma busca de compreensão das particularidades que tipificam a ideia de infância do que um conjunto de orientações acerca de procedimentos e métodos de ensino. O Rousseau do *Emílio* – embora buscasse retratar a infância – não elaborava um roteiro sobre como ensinar crianças reais. A ideia de construir um registro analítico pautado por conjecturas e hipótese operatórias foi estratégia intrínseca ao método da escrita de Rousseau.

Emílio é publicado em 1762, mesmo ano da divulgação do seu clássico *Contrato social*. Livro-síntese das ideias-força de Rousseau no terreno da pedagogia, *Emílio* estará para além daquelas suas primeiras anotações acerca da prática da preceptoria. O tema que move a criação do *Emílio* é a condição da infância: o mencionado conceito regulador que dirige o pensamento de Rousseau.

O menino Emílio é apresentado como um modelo, desenhado explicitamente para caracterizar a condição infantil. Além do mais, o texto denuncia explicitamente o descaso da época perante o tema da infância. *Emílio* já nasce como obra consagrada a decifrar um simbólico silêncio que incomodava Rousseau: a criança. Surge, pois, como um dos principais relatos fundadores da modernidade educativa: "a narrativa é feita pelo preceptor na primeira pessoa do singular, como uma obra de ficção" (Streck, 2004, p.38). Por isso, Rousseau dirá que deu a si próprio um "aluno imaginário" (Rousseau, 1979, p.27). Para ele, essa invenção do Emílio foi um "método útil". Pode-se recordar aquilo que o próprio Rousseau já dizia em seu *Segundo discurso* sobre a maneira de tomar uma hipótese construída à luz de um dado da realidade contemporânea para buscar – por meio dela – alguma essência de cenário perdido:

> E como o homem chegará ao ponto de ver-se tal como o formou a natureza, através de todas as mudanças produzidas na sua constituição original pela sucessão do tempo e das coisas, e separar o que pertence à sua própria essência daquilo que as circunstâncias e seus progressos acrescentaram a seu estado primitivo ou nele mudaram. (Rousseau, 1983a, p.236)

254 CARLOTA BOTO

Assim como conhecer o estado de natureza permitiria a melhor compreensão da sociedade sua contemporânea, reconhecer a criança em sua constituição significaria melhor habilidade para caracterização do homem em seu tempo adulto. Rousseau identificará, aos olhos de seus contemporâneos, o que Georges Snyders qualifica de especificidade da infância. Pensada dessa maneira, a criança não é um ser pequeno, mas é um ser completo em si mesmo – e assim deve ser considerado e respeitado em sua dinâmica própria. Como diz Snyders acerca do tema, a criança de Rousseau terá o "talhe e a força que convém para poder conduzir a vida que lhe convém" (Snyders, 1965, p.285). O fato de não possuir julgamento moral não constitui uma falta da condição infantil. Pelo contrário, a criança de dez anos terá um conjunto de disposições físicas, espirituais e mentais que são apenas diferentes daquelas apresentadas pelos adultos. Trata-se, portanto, de se representar a diferença e não a hierarquia entre o ser adulto e o ser criança.

Chateau sublinha que a narrativa do *Emílio* ancora os pressupostos de seu relato em "situações imaginárias" (Chateau, [s.d.], p.197) – embora Rousseau não explicite, como fizera no *Contrato social*, sua opção por estabelecer princípios de antemão. Como se sabe, publicados ambos em 1762, o paralelo entre *Emílio* e o *Contrato social* é bastante recorrente entre os comentadores. Bréhier, por exemplo, observa que ambos os livros são diretamente entrelaçados, reportando-se a cenários diversos de um mesmo problema teórico:

> Emílio, aluno de Rousseau, deve viver na sociedade; mas deverá encontrar um sistema de educação tal que preserve toda sua inocência e as virtudes do estado de natureza, toda bondade inata do homem. Do mesmo modo, os homens devem se associar: mas precisarão encontrar uma forma de associação que conserve para os indivíduos a igualdade e a liberdade que eles tinham na natureza. (Bréhier, 2000, p.421)

Jolibert recorda que, em Rousseau, a infância é o tempo da dependência. Por causa disso – assinala também Jolibert – havia

INSTRUÇÃO PÚBLICA E PROJETO CIVILIZADOR **255**

dimensão política no tão alardeado "romance educativo que é o *Emílio*" (Jolibert, 1987, p.75). Nele estava em jogo o tema da liberdade; liberdade no sentido público – muito mais do que "uma simples querela de método pedagógico ou de processos educativos" (ibid.). Se a criança é, primordialmente, definida por sua dependência, haverá um trajeto rumo a sua autonomia. Tal trajeto supõe critérios de aprendizado do mundo; mas também critérios de moralização. Os cinco livros que compõem o *Emílio* tratam disso.

Já no prefácio do *Emílio*, Rousseau denuncia: a importância do tema que elegeu decorreria do desconhecimento de sua época acerca da figura humana da criança. A primeira aproximação do objeto de estudo aconteceria, então, como tentativa de reconhecimento desse território inóspito. Sem identificar os modos de agir, de sentir e de pensar das crianças pequenas, os contemporâneos atuavam em relação à infância como se diante de adultos estivessem. A educação, por causa disso, não poderia funcionar. Rousseau alerta: "nunca sabemos colocar-nos no lugar das crianças; não penetramos em suas ideias, emprestamos-lhes as nossas; e, seguindo sempre nossos próprios raciocínios, com cadeias de verdade, só enchemos suas cabeças de extravagâncias e erros" (Rousseau, 1979, p.178).

Para tratar da formação da criança, Rousseau assume o lugar de sua criação: inventa o Emílio como modo de operar o pensamento. O *Emílio* teria a intenção de esquadrinhar, do ponto de vista teórico, o substrato do "ser" criança. O autor, no relato, acompanha o menino que criou – Emílio – do nascimento aos 25 anos. Destaca que ele não é uma "criança ordinária" (ibid., p.27), pela atuação continuada do preceptor na formação do menino e pelas condições especiais que cercam seu desenvolvimento. Trata-se, pelo contrário, de um aluno imaginário (Marques, 2005a, p.12), talhado – a propósito – para ser discípulo. Nesse sentido, Rousseau inventa "a idade, a saúde, os conhecimentos e todos os talentos convenientes para trabalhar na sua educação, conduzi-la desde o momento de seu nascimento até aquele em que, homem feito, não terá mais necessidade de outro guia senão ele próprio" (Rousseau, 1979, p.27). Além disso, como bem observa Arlei de Espíndola:

> Esse aluno, cuja existência é apenas simbólica, deverá ficar sob a tutela do mestre, a quem Rousseau prefere chamar de governante visto que sua tarefa reside mais em conduzir o discípulo do que em dar lições teóricas, a partir do momento que antecede sua vinda ao mundo e ser acompanhado, cuidadosamente até chegar à maturidade. (Espíndola, 2007, p.70)[26]

Emílio é criado com a forma e as proporções da origem humana. Sua constituição auxiliará o leitor a visualizar a si próprio, naquilo que ele foi um dia, naquilo que – em alguma medida – ele conserva dentro de si. Para Rousseau, também pela infância, "o homem natural está em nós" (Groethuysen, 1949, p.144). Se foi a sociedade que afastou o homem de sua essência, a criança – por definição – ainda mantém consigo as características do homem no estado natural. Observá-la é conhecer a infância, mas é também mais do que isso: é compreender o verdadeiro sujeito da condição humana. Nas palavras de Groethuysen: "nós somos aquilo que nós somos; mas nós não sabemos ser o que nós somos porque forças no sentido contrário agem em nós e nos fazem esquecer o que devemos ser" (ibid.).

Rousseau trabalha a acepção de infância à luz de alguns postulados:

1) Por procurar evidenciar os efeitos do desconhecimento do tema, Rousseau demonstra que, ao olhar para a criança – sem

---

26 "Pondo em atividade seu método, seguindo o princípio de dizer aos homens práticos o que há de melhor a fazer, Rousseau reivindica, como condição primeira e essencial, que o governante adquira todos os direitos sobre Emílio até que a meta que se pretende atingir seja alcançada. Pensando em assegurar essa vinculação, que viabilizará o êxito da tarefa, o filósofo genebrino afirma que ambos precisam selar, de modo prévio, um pacto a partir do qual se tornarão, enquanto houver necessidade, figuras totalmente inseparáveis." (Espíndola, 2007, p.70)

ser capaz de reconhecer suas características constitutivas – o adulto as desconhece. Ignorando-as, só consegue ver na criança o adulto que ainda não está lá. Assim, a infância não é sequer "observada". Com ideias falsas, pela incompreensão, extraviamo-nos do próprio objeto que sequer chegamos a olhar – diz ele.

2) "O homem que mais vive não é aquele que conta maior número de anos e sim o que mais sente a vida" (Rousseau, 1979, p.16). Será, portanto, necessário encontrar um modo de agir com as crianças que não seja para elas um tormento.

3) É preciso estudar com atenção os sinais e as linguagens com que a criança se expressa. Será importante, nesse sentido, diferenciar quais manifestações infantis são derivadas da natureza e quais já são fruto da opinião – e da sociedade.

4) Além disso, o estudo da infância inscreve-se em um pressuposto caro ao autor: a natureza pura e a sociedade desfigurada. O que resta de natural no homem social seria, por sua vez, a lógica do desenvolvimento de sua temporalidade, dos ciclos de sua vida: "nascemos fracos, precisamos de força; nascemos desprovidos de tudo, temos necessidade de assistência; nascemos estúpidos, precisamos de juízo" (ibid., p.10). A educação atua em direção contrária a essa fraqueza original. Educar, portanto, é prover. Para Rousseau, a educação tem três origens: a da natureza, a das coisas e a dos homens.

5) Vive-se aprisionado pelas limitações sociais: ao nascer, o bebê será envolvido em um cueiro; quando cresce, ficará acorrentado às instituições; e, ao morrer, fecham-no no caixão (ibid., p.17). A repressão dos corpos limita a alma e a criança é forçada a esforços civilizatórios inúteis e precoces; que apenas atrasarão seu desenvolvimento: "a inação, o constrangimento em que mantêm os membros da criança, não podem senão perturbar a circulação do sangue, dos humores, impedir a criança de se fortalecer, de crescer e alterar sua constituição" (ibid.).

258 CARLOTA BOTO

6) "A verdadeira educação consiste menos em preceitos do que em exercícios" (ibid., p.16). Até porque viver é agir; e, na ação, devemos – antes de qualquer coisa – "fazer uso dos nossos órgãos, de nossos sentidos, de nossas faculdades, de todas as partes de nós mesmos que nos dão o sentimento de nossa existência" (ibid.). Isso significa que será necessário estudar aquilo que a natureza nos permite ser. Estudar a criança é, também, portanto, perscrutar a natureza humana.

7) Existe uma mobilidade constitutiva das "coisas humanas" – dirá Rousseau. O ser humano não nasce arraigado a um solo único. A educação deverá preparar o aluno para travar contato com um mundo maior do que "seu quarto", maior do que sua cidade, maior do que seu país. Só assim, ele aprenderá – quando adulto – a "suportar os golpes da sorte e enfrentar a opulência e a miséria, a viver, se necessário, nos gelos da Islândia ou no rochedo escaldante de Malta" (ibid.). A educação natural preparará Emílio para todas as situações e condições humanas.

O modo como se desenvolvia a educação das elites culturais da Europa em meados do século XVIII traduzia-se por uma cultura distintiva, que destacava a importância das pessoas em virtude do lugar social e profissional que elas ocupavam. Rousseau diz que "vocação é o estado de homem" (Rousseau, 1979, p.15). Apenas isso. Pouco importa a futura carreira a ser seguida; pouco importa também o desejo dos pais – "viver é o ofício que lhe quero ensinar. Saindo de minhas mãos, ele não será, concordo, nem magistrado, nem soldado, nem padre; será primeiramente um homem" (ibid.).

É importante observar que – como assinala José Oscar de Almeida Marques – a educação do Emílio não é descontextualizada: "o Emílio é educado de um modo que não é o melhor 'em si', mas apenas o melhor dadas as circunstâncias" (Marques, 2005b, p.263). O livro demonstra a necessidade de o curso da educação interagir com

INSTRUÇÃO PÚBLICA E PROJETO CIVILIZADOR **259**

a natureza.[27] Em graus variados, deve-se deixar a natureza agir no desenvolvimento da criança. Rousseau periodiza diferentes etapas da maturação infantil; identificando nelas o que lhes seria específico. O filósofo, então, interpreta o crescimento da criança, demarcando fases. Sobre o tema, o filósofo adverte seus contemporâneos acerca da inadequação dos modos de ensinar e de educar de seu tempo:

> Nossa mania pedante de educar é sempre a de ensinar às crianças o que aprenderiam muito melhor sozinhas e esquecer o que somente nós lhes poderíamos ensinar. Haverá coisa mais tola do que o cuidado que tomamos para ensinar-lhes a andar, como se tivéssemos visto alguém que, por negligência de sua ama, não soubesse andar quando grande? E, ao contrário, quanta gente vemos andando mal porque lhe ensinaram mal a andar? Emílio não terá nem barretinhos protetores, nem carrinhos, nem andadeiras; logo que souber pôr um pé na frente do outro, só o sustentarão nos caminhos calçados e por eles só passarão às pressas. Ao invés de deixá-lo mofar no ar viciado de um quarto, levá-lo-ão diariamente a um prado. Que aí corra, se debata, caia cem vezes por dia: tanto melhor. Aprenderá mais cedo a levantar-se. (Rousseau, 1979, p.59-60).

É importante lembrar que, na época, a partir dos sete anos, a pessoa deixava de ser considerada criança (Ariès, 1981; Postman,

---

27 "Se há uma distinção em relação ao animal é porque o homem é livre e perfectível. Ou seja, pode interromper o automatismo e aperfeiçoar o seu equipamento sensorial, desenvolvendo, a partir do seu exercício e bom uso, novas faculdades: a imaginação, a memória, a razão. Entre as sensações e a razão, com efeito, não há solução de continuidade. Não é, justamente, do 'uso bem regrado' dos outros sentidos que 'resulta' esse 'sexto sentido' também chamado de Razão, como nos ensina o *Emílio*? Perfeitamente *'empirista'* em relação à questão, Rousseau concebe as ideias como resultando da *complexificação das sensações* [...]. No estado primitivo essa *capacidade* de aperfeiçoamento das faculdades intelectuais, a 'perfectibilidade', ainda não atua e essas faculdades, na falta de ocasião para se exercerem, encontram-se em estado puramente virtual. Como se altera essa constituição primitiva a partir e em consequência da introdução dos indivíduos em sua nova órbita?" (Salinas Fortes, 1997, p.63)

260 CARLOTA BOTO

1999b). Dos sete até os doze ou treze anos, vive-se a puerilidade. Não se chamavam crianças aqueles que houvessem completado sete anos. Essa era a idade da vida prevista para indicar o término do período infantil. O próprio termo *infans* – do latim – identificaria o ser incapaz de falar. Aos sete anos, a fala é fluente do ponto de vista da articulação e do repertório. Daí a suposição de que a infância abarcaria apenas os primeiros sete anos de vida. Condorcet expôs em seu tempo sua apreciação do trabalho pedagógico de Rousseau. Ele, a um só tempo, questiona a aplicação dos preceitos pedagógicos rousseaunianos para a educação pública e discute sua validade educativa. Para Condorcet, nem sempre a recorrência ao interesse infantil será critério suficiente e adequado para a eleição de conteúdos e métodos a serem adotados para instruir. O filósofo explicita algumas ponderações que podem ser colocadas como objeção às premissas educativas rousseaunianas. Ele diz – por exemplo – que, "com a história de Robinson Crusoé, é possível inspirar o desejo de algum conhecimento, o problema é que, antes que a criança tenha, de fato, aprendido, ela já terá se fartado de sua história" (Condorcet, 1983, p.139). Racionalista, metódico e iluminista, Condorcet estabelece o contraponto sistemático da perspectiva rousseauniana, buscando evidenciar o valor do esforço, da memória, da sistematização dos conhecimentos trabalhados na escola.[28]

O prazer de aprender e a utilidade da instrução devem ser considerados o principal motivo da instrução. A utilidade da instrução pareceu a Rousseau ser o motivo principal. Efetivamente, parece, à

---

28 "Há outro motivo para se aprender: a curiosidade. A natureza inspira em todos os homens um vago desejo de conhecer: 1º) porque eles sentem vagamente a utilidade do saber, no sentido de que é melhor sempre saber uma coisa do que ignorá-la, o que constitui um sentimento vago como inúmeros outros dos quais os metafísicos podem adivinhar as causas primeiras, mas que, do momento onde eles subsistem uma vez, agem independentemente dessa causa; 2º) porque existe igualmente um prazer real e físico em conhecer a verdade." (Condorcet, 1983, p.139)

INSTRUÇÃO PÚBLICA E PROJETO CIVILIZADOR **261**

primeira vista, que, sendo o objetivo da educação formar um homem racional, tal finalidade será contrariada se fizermos a criança agir sem razão, aprendendo coisas inúteis. Supondo que, com muita arte e direcionamento, nós possamos em uma educação particular cumprir esse projeto, ele é impraticável em uma educação pública, em virtude da diversidade de espíritos e de inclinações. Há ainda outro inconveniente, que é a enorme lentidão que será demandada. Eu compreendo que aquela criança a quem você ensina uma operação de química terá vontade de aprender essa ciência e superará as dificuldades, mas o maior número será muito preguiçoso e não apresentará o espírito necessário para considerar, além de bizarra, a operação que lhe será demonstrada e que ele desejara aprender; embora a mesma ciência tenha conhecimentos úteis a oferecer. Assim, para o maior número de crianças, será indispensável recomeçar a cada instante a demonstração da utilidade das ciências. Além disso, o que será, sobretudo, útil é a aquisição do hábito de exercício da razão, sua memória, sua inteligência. O que também é útil é o conhecimento das verdades familiares e práticas das ciências e das artes, que tornam os homens independentes, mais capazes de prover suas necessidades e de tornar as pessoas mais hábeis, que as impedem de se tornar comandadas por outros homens. (ibid., p.138)

Pode-se, pelo que se acaba de expor, verificar o quanto a leitura do *Emílio* impactou sua época. Consta que a publicação do tratado pedagógico de Rousseau foi um fator primordial no aumento significativo das publicações pedagógicas que passou a haver desde então. O problema educativo estava colocado; e o debate sobre ele tornara-se um fato. Note-se, porém, que o que existe de mais original no *Emílio*, para além de seus preceitos educativos, é o recorte dado por Rousseau às idades da vida. Rousseau esticou a infância; ao nomeá-la, ele a prolongou. E esse aspecto – mais do que aqueles relativos aos métodos de ensinar – constitui o ganho fundamental da pedagogia. Cada idade terá uma lógica interna, cuja semântica – pensa Rousseau – precisa ser decifrada. Pelas palavras de Rousseau, "de início, têm as crianças, por assim dizer, uma gramática de sua idade, cuja sintaxe tem regras mais gerais do que a nossa"

262   CARLOTA BOTO

(Rousseau, 1979, p.53). Na verdade – alerta o autor:[29] "as palavras *infans* e *puer* não são sinônimas. A primeira acha-se compreendida na outra e significa que não pode falar. [...] Mas eu continuo a empregar essa palavra no sentido de nossa língua, até a idade em que ela tem outros nomes" (ibid., p.58). Rousseau distende o conceito de infância de sua época; e, ao fazer isso, transforma-o.

No *Emílio* – como aponta Michel Launay (1966, p.16-7) – há uma divisão na estrutura do texto, que altera a compreensão dos contemporâneos sobre a periodização da vida do educando em desenvolvimento. As etapas da existência, segundo Launay, seriam fixadas pelo roteiro da narrativa pedagógica de Rousseau: o livro primeiro do *Emílio* corresponderia aos dois primeiros anos, caracterizando aqui a ideia literal de *infans*; o segundo livro corresponderia à puerilidade, abarcando a etapa de vida que vai dos 2 aos 12 anos; o terceiro livro compreende a puberdade, entre os 12 e os 15 anos; o quarto livro seria correspondente à fase situada entre os 15 e 20 anos; e o quinto livro versaria sobre o período que vai dos 20 aos 25 anos. Michel Launay argumenta que as duas primeiras etapas abarcariam o tempo da natureza (0 a 12 anos); a terceira etapa seria a idade da força (12 a 15 anos) – Rousseau diz que é a única época da existência na qual se tem mais força do que desejos; a quarta fase compreenderia a idade da razão e das paixões (15 a 20 anos); e, finalmente, o quinto momento corresponderia ao tempo da sabedoria e do casamento (20 a 25 anos). Em sua *Carta a Christophe de Beaumont*, Rousseau diria que "o juízo tem seus estágios e só se forma por graus" (Rousseau, 2005a, p.57).

Rousseau enfatiza a necessidade de fazer interagir a acepção de *infans* com a ideia de *puer*, como se apregoasse uma puerícia infan-

---

29 "Num mundo oral não há um conceito muito preciso de adulto e, portanto, menos ainda de criança. Esta é a razão pela qual, em todas as fontes, descobre-se que, na Idade Média, a infância terminava aos sete anos. Por que sete? Porque é nesta idade que as crianças dominam a palavra. Elas podem dizer e compreender o que os adultos dizem e compreendem. Podem conhecer todos os segredos da língua, que são os únicos segredos que precisam conhecer." (Postman, 1999b, p.28)

INSTRUÇÃO PÚBLICA E PROJETO CIVILIZADOR **263**

til; considerando, pois, a etapa da puerícia como uma segunda fase da infância – que supunha dever ser prolongada. Sendo assim, a puerilidade integraria a infância – seria uma parte dela. Não possuindo, fundamentalmente, discernimento – ou a faculdade de distinguir o bem do mal –, as crianças não terão sentimentos de vergonha e de pudor. A criança é aqui resquício do homem natural. Este, como sublinha Lourival Gomes Machado, "delineia-se como o homem profundo, presente em todos os estágios da evolução, ou melhor, em todas as situações sociais, puro e simples na sua essência específica, sempre reagindo às consultas ao sentido interior" (Machado, 1968, p.113). Se o adulto traz para a criança referências que ela não poderá apreender – porque seu estágio de desenvolvimento ainda não o permite –, ele antecipará indevidamente o próprio contato de seu aluno com o vício e com o mal. Rousseau adverte os contemporâneos:

> O pudor só nasce com o conhecimento do mal: e como as crianças que não o têm nem o poderiam ter, teriam o sentimento que dele resulta? Dar-lhes lições de pudor e de honestidade, é ensinar-lhes que há coisas vergonhosas e desonestas, é dar-lhes um desejo secreto de conhecer essas coisas. Cedo ou tarde elas o saberão e a primeira fagulha que toca a imaginação acelera necessariamente a efervescência dos sentidos. Quem quer que enrubesça já é culpado; a verdadeira inocência não tem vergonha de nada (Rousseau, 1979, p.238).

A infância rousseauniana, que simbolicamente – pela defesa de sua educação natural – irá até os doze anos, tornara-se uma construção lógica. A repercussão que *Emílio* teve em seu tempo e as apropriações posteriores das ideias pedagógicas de Rousseau contribuíram, sobremaneira, para modificar a interpretação e as representações da figura infantil. A infância, como etapa do desenvolvimento humano, será expandida – em parte, por efeito da recepção das ideias do filósofo genebrino.

264 CARLOTA BOTO

Ao agir, a natureza infantil, aos poucos – e quase imperceptivelmente – seria transformada. Por meio da educação, o adulto interviria diretamente. Havia de se formar o sujeito moral; nesse sentido modelar a plasticidade da alma infantil era um suposto do qual não se poderia fugir. Perfectível, o ser humano é maleável e passível de educação. Havia, na formação do Emílio, um novo sentimento de infância (Ariès, 1981); mas também uma nova forma de compreender a natureza. Tratava-se – como diz Cassirer – de um novo ideal ético: "Rousseau tornou-se o despertador da consciência moral antes de se tornar o estimulador de um novo sentimento da natureza; a renovação gerada por ele foi entendida, sobretudo, como uma transformação interior, uma reforma da mentalidade" (Cassirer, 1999, p.91). Por isso mesmo, em Rousseau, temos – como diz Dalbosco – uma ideia de liberdade bem regrada, que reúne, "como ideal normativo da educação natural, os principais aspectos da tentativa desesperada de Rousseau de contornar as dificuldades insolúveis que surgem da busca pela relação humanamente pedagógica entre adulto e criança" (Dalbosco, 2009, p.8).

Cada etapa da vida terá seu ritmo e será prejudicial o desenvolvimento precoce da fala ou mesmo do conhecimento do mundo. Tal antecipação atenta contra a natureza e provoca o efeito inverso daquele pretendido. Por isso mesmo, relativamente aos erros verbais, Rousseau diz que "é um pedantismo insuportável e um cuidado dos mais supérfluos insistir em corrigir nas crianças todos esses pequenos erros contra os usos, erros de que não deixam de se corrigir elas próprias com o tempo" (Rousseau, 1979, p.53).

Ancorado pela metáfora da natureza como recurso instrumental para iluminar a condição de criança, Rousseau declara o lugar que confere ao ato educativo:

Amanham-se as plantas pela cultura e os homens pela educação. [...] Deplora-se o estado da infância; não se vê que a raça humana teria perecido se o homem não começasse sendo criança. Nascemos fracos, precisamos de força; nascemos desprovidos de tudo, temos necessidade de assistência; nascemos estúpidos, temos necessidade

INSTRUÇÃO PÚBLICA E PROJETO CIVILIZADOR **265**

de juízo. Tudo o que não temos ao nascer, e de que precisamos adultos, é-nos dado pela educação. (ibid., p.10)

Daí a justificativa (para lidar com a formação moral e intelectual) daquilo que Rousseau nomeia educação negativa:

A educação primeira deve, portanto, ser puramente negativa. Ela consiste, não em ensinar a virtude ou a verdade, mas em preservar o coração do vício e o espírito do erro. Se pudésseis conduzir vosso aluno são e robusto até a idade de doze anos, sem que ele soubesse distinguir sua mão direita de sua mão esquerda, logo às vossas primeiras lições os olhos de seu entendimento se abririam para a razão. Sem preconceitos, sem hábitos, nada teria ele em si que pudesse contrariar o resultado de vossos cuidados. Logo ele se tornaria, em vossas mãos, o mais sensato dos homens; e, começando por nada fazer, tereis feito um prodígio de educação. (ibid., p.80)

O homem recebeu da natureza órgãos e faculdades, cujo uso dependerá, entretanto, daquilo que a educação fizer deles. Retomando premissas que lançara no *Discurso sobre a origem e fundamentos da desigualdade entre os homens*, o filósofo discorre sobre a insociabilidade do homem de natureza, a insuficiência do amor de si, a vida em liberdade e a potência da perfectibilidade. Quando pensa na situação da infância, Rousseau propositalmente aproxima os atributos da criança daqueles pertencentes ao homem no estado de natureza.

Emílio não poderia, sendo assim, tornar-se virtuoso no decurso de sua educação. Era necessário amadurecer e formar-se; porque "da razão brota o conhecimento da moralidade, da consciência, o seu sentimento" (Dalbosco, 2007, p.8). A moralidade forma-se a partir do sentimento da piedade e este é – como já se assinalou – uma característica do homem no estado de natureza. Assim como o homem natural, também a criança tem o amor de si e a piedade – o reconhecimento de si no outro. Daí ter, também, o germe de uma moralidade a ser desenvolvida no universo da razão prática.

266 CARLOTA BOTO

A primeira educação da criança será centrada no trabalho com a linguagem, de modo que a verbalização, progressivamente, substituiria as linguagens estampadas pelas percepções e pelos sentidos de maneira geral. Rousseau defende que se deve respeitar os ritmos de aprendizado, as etapas da vida em que o sujeito estará apto para receber este ou aquele conhecimento; finalmente, uma preocupação relativa aos modos de agir e de proceder no ensino, tanto no que toca aos conteúdos quanto aos aspectos concernentes às formas de ensinar. Rousseau manifesta, ainda, seu repúdio ao costume de mimar as crianças, hábito comumente adotado pelas famílias em relação a filhos pequenos – e que os impedirá de experimentar a vida.

O conhecimento da dor – o aprendizado do sofrimento – seria algo importante para ser trabalhado no processo de formação humana. Porém haveria de se buscar algum refinamento nos procedimentos adotados, de modo que a educação e o ensino dos homens não prejudicassem a ação pedagógica da natureza:

O único indivíduo que faz o que quer é aquele que não tem necessidade, para fazê-lo, de pôr os braços de outro na ponta dos seus; do que se depreende que o maior de todos os bens não é a autoridade, mas a liberdade. O homem realmente livre só quer o que pode e faz o que lhe apraz. Eis minha máxima fundamental. Trata-se apenas de aplicá-la à infância, e todas as regras da educação vão dela decorrer. A sociedade fez o homem mais fraco, não somente lhe tirando o direito que tinha sobre suas próprias forças, como também as tornando insuficientes. Eis porque seus desejos se multiplicam com sua fraqueza e eis o que faz a fraqueza da infância, comparada com a idade do homem. Se o homem é um ser forte e a criança um ser fraco, não é porque o primeiro tenha mais força absoluta que o segundo, mas é porque o primeiro pode naturalmente bastar-se a si mesmo e o outro não. O homem deve, portanto, ter mais vontades e a criança mais fantasias, palavra com que quero dizer todos os desejos que não são necessidades reais, que só podemos contentar com o auxílio de outrem. (Rousseau, 1979, p.67)

INSTRUÇÃO PÚBLICA E PROJETO CIVILIZADOR **267**

A liberdade, tanto em Rousseau como em Kant, suporia o que o primeiro qualifica como "poder de querer":[30] a possibilidade de "desviar-se da regra que lhe é prescrita" (Rousseau, 1983a, p.243); a faculdade de escolher entre "concordar e resistir" (ibid.); e a consciência de ser capaz de fazer isso.

Durkheim interpreta que, de acordo com o traçado político da obra rousseauniana, para existir justiça na vida civil, será necessária a existência de algo exterior aos indivíduos. Esse algo corresponde – segundo ele – ao ser social: "que age como árbitro e determina o direito" (Durkheim, 2008, p.108). Por tal razão – continua o autor – haveria uma transcendência da moral sobre os fatos: "a moral não deriva analiticamente dos fatos. Para que as relações de fato se tornem morais, elas devem ser consagradas por uma autoridade que não pertença aos fatos. A ordem moral deve ser somada a eles sinteticamente" (ibid.). Ora, a criança Emílio não pode trazer consigo essa faculdade moral, característica da sociedade adulta. Mas será preciso formá-la de modo que ela possa, no futuro, usufruir da autonomia.

Rousseau confere uma acepção muito particular ao termo liberdade. É como se houvesse duas liberdades: a do homem adulto e a da criança; sendo esta última similar ao campo dos desejos, reduzida àquele "querer ou não querer" (Rousseau, 1983a, p.244) que existia na primeira etapa do homem no estado de natureza. Se a liberdade da criança é apenas desejo, pode-se dizer que a liberdade do homem adulto é escolha; escolha responsável. Como bem considera Maurice Cranston:

> Embora ele coloque o Emílio inteiramente nas mãos do tutor, Rousseau insiste que o tutor precisa respeitar a liberdade do pupilo [...]. Isso não quer dizer que Emílio será autorizado a fazer o que ele bem quiser. Emílio não poderá saber que ele é comandado pelo

---

30 "Temos que poder querer que uma máxima da nossa ação se transforme em lei universal; é este o cânone pelo qual a julgamos moralmente em geral." (Kant, 1995, p.62)

tutor. De fato ele será; mas não realizará isso; porque a arte do tutor consiste em guiá-lo sem que isso transpareça. Dissimulação e estratagemas tortuosos tomam um lugar significativo no método pedagógico de Rousseau. (Cranston, 1991, p.178)

Michel Launay enfatiza, relativamente à redação do *Emílio*, que "Rousseau não se esforçou para tornar seu livro um tratado de educação ou um manual de pedagogia" (Launay, 1966, p.22). Ao inventar Emílio, Rousseau desafia – pela conjectura – todos os modelos de ensino existentes: dos colégios à preceptoria doméstica. Emílio não será ensinado no ambiente familiar – até por ser órfão; Emílio não conviverá tampouco com o opressivo modelo da educação coletiva dos colégios. Assim como a ideia de "estado de natureza", com a qual Rousseau opera seu pensamento político, o autor não pretende tornar Emílio um ser histórico: trata-se de uma categoria metodologicamente operatória; ou, nas palavras de seu criador, "um modelo a ser proposto" (Rousseau, 1979, p.28) – um ideal regulador. Esse ideal não é, contudo, postulado a partir do universo simbólico da aristocracia; Emílio será um menino comum; filho do povo.

Há somente uma ciência a ensinar às crianças: é a dos deveres do homem. [...] De resto, eu chamo governante, de preferência a preceptor, o mestre dessa ciência porque se trata menos para ele de instruir que de conduzir. Ele não deve dar preceitos, deve fazer com que os encontrem. Se é preciso escolher com tanto cuidado o governante, é-lhe também permitido escolher seu aluno, principalmente quando se trata de um modelo a ser proposto. Essa escolha não pode cair nem no gênio nem no caráter da criança, que só se conhece no fim da tarefa e que eu adoto antes de nascer. Se pudesse escolher, só tomaria um espírito comum, tal qual suponho meu aluno. Só se tem necessidade de educar os homens comuns; somente sua educação deve servir de exemplo à de seus semelhantes. (ibid., p.28-9)

O preceptor – sugestivamente nomeado governante – deverá dirigir a vida do menino e do jovem Emílio mediante critérios outros que não aqueles ditados pelos padrões pedagógicos da época. O preceptor apresenta-se ao discípulo como educador e como exemplo. Nesse sentido – indica Arlei de Espíndola – "Rousseau julga fundamental, a exemplo de Sêneca, a presença do homem exemplar, que atingiu ou se encontra próximo da sabedoria, na vida do indivíduo que precisa ainda exercitar-se para se afastar da imaturidade, para crescer espiritualmente, e encontrar o caminho da liberdade moral" (Espíndola, 2007, p.71). Observa-se que, para Rousseau, a formação ética sobreleva-se em relação ao preparo intelectual. Trata-se de formar o homem, especialmente para que ele possa cumprir, quando já formado, seus deveres para com a sociedade.

Há uma desigualdade matricial entre mestre e discípulo; assimetria constitutiva da relação pedagógica. Tal desigualdade faz com que "o governante adquira todos os direitos sobre Emílio até que a meta que se pretende atingir seja alcançada" (ibid., p.70). Porém – como pondera Espíndola – "o governante, assumindo, com a discrição possível, o papel de autoridade diante do aluno imaginário, não é alheio aos ditames da natureza" (ibid., p.71). Ele acompanha a marcha dos progressos do discípulo e orienta todo seu desenvolvimento. Ao fazer isso, ele acompanha a desenvolução da criança em seu percurso de maturação e oferece, também, elementos culturais e morais que possam formar seu entendimento e sua vontade.

Maria de Fátima Simões Francisco assinala, sobre a relação mestre e discípulo expressa no *Emílio*, o firmamento de um contrato pedagógico; ancorado na própria diferença entre as partes constitutivas do mesmo acordo. Assim, diz a autora:

> O contrato pedagógico está fundado na diferença básica que existe entre as duas partes contratantes. Uma, o mestre, sendo superior em forças, conhecimento e experiências, e outra, o aluno (uma criança ou adolescente), sendo inferior, naqueles mesmos aspectos. Está fundado também no fato de que esse último, em diferentes graus segundo a faixa etária, precisa da condução pelo primeiro em seu processo de desenvolvimento, isto é, da aquisição

de forças, conhecimentos e experiências. A primeira e central cláusula desse contrato será, então, a de que na relação pedagógica um deve conduzir, isto é, comandar e o outro deve ser conduzido, isto é, obedecer. (Francisco, 1999, p.105)

Trata-se de "um contrato estabelecido de antemão" (Rousseau, 1979, p.30) mediante o qual, de alguma forma, o educador assume a responsabilidade da educação como se impusesse a si próprio "um dever que a natureza não lhe impôs" (ibid.). Francisco sublinha que "a autoridade é um poder exercido em benefício do aluno, e é precisamente por isso que é um poder consentido por esse" (Francisco, 2009, p.213).[31] O educador do Emílio tem como meta a formação de um adulto consciente de sua relação com a natureza, consigo mesmo e com os outros. Todavia, não será apenas pela racionalidade que a condução pedagógica entre mestre e discípulo acontecerá.

Há afeto no percurso da formação do menino/aluno (Rousseau, 1979, p.30); até porque, como recorda Cranston, "Emílio não deverá saber que ele é comandado por seu tutor" (Cranston, 1991, p.178). Não se dará faculdade de escolha à criança. Mas a criança acreditará que escolhe. Isso não quer dizer que o tutor do Emílio seja desonesto com seu discípulo. A criança simplesmente não está preparada para tomar ciência de todas as facetas de sua educação. Será preciso, em alguma medida, iludi-la sobre a ideia de liberdade: "brincar" de liberdade. Enquanto o Emílio crê ser livre, ele terá disponibilidade de espírito para atender a orientação de seu tutor. Ele estará aberto para aprender. O aprendizado que "parece" ser "construído" por ele é mais atraente. E desse recurso seu educador se valerá.

---

31 Maria de Fátima Simões Francisco considera que responder ao comando do mestre não fere a liberdade do menino, posto que, embora reconheça que é conduzido, este último "não está, rigorosamente falando, se submetendo a uma vontade estranha a si – como seria se obedecesse à vontade pessoal do mestre –, mas a um comando que é do seu interesse, ainda que esse comando possa não coincidir com a sua vontade imediata" (Francisco, 2009, p.213).

INSTRUÇÃO PÚBLICA E PROJETO CIVILIZADOR   271

A educação deveria – segundo Rousseau – trafegar na fronteira entre o progresso das forças das crianças agindo em seu desenvolvimento de maneira inversamente proporcional à decrescente dependência. Rousseau critica o fato de os parâmetros educativos existentes à época preocuparem-se quase exclusivamente com a preparação da criança para sua vida adulta; como se o momento presente não existisse – ou como se sua existência de criança não correspondesse exatamente ao que se considerava ser vida.

Contrário, portanto, ao excesso de proteção e ao excesso de rigor que, nos dois polos, restringiam a educação das crianças de seu tempo, Rousseau não apenas problematiza o tema da liberdade da criança: ele principalmente denuncia que os primeiros anos de vida não seriam tão felizes quanto, por vezes, desejamos supor. Tal denúncia teve certamente lugar histórico de inequívoca grandeza; em virtude inclusive do supracitado impacto que a leitura do *Emílio* tivera na Europa desde seu lançamento. Como recomenda o autor do *Emílio*: "é preciso considerar o homem no homem e a criança na criança" (Rousseau, 1979, p.62).

O desenvolvimento da criança não é apartado dos ritmos da natureza: seja a natureza exterior, seja a natureza da própria criança. Emílio será criado nos prados.

> Tornai vosso aluno atento aos fenômenos da natureza, muito breve o tornareis curiosos. Mas, para alimentar sua curiosidade, não vos apresseis nunca em satisfazê-la [...]. Quereis ensinar-lhe a geografia e ides procurar globos, esferas, mapas: quanta estória! Por que todas essas representações? Por que não começais mostrando-lhe o próprio objeto a fim de que ele saiba, ao menos, de que lhe falais? (ibid., p.175)

Cassirer considera que a principal motivação do *Emílio* é – para Rousseau – a demarcação do território da aprendizagem para a formação da vontade e do caráter; e, nesse sentido, o educador "não deverá poupá-lo de nenhum sofrimento, esforço ou privação" (Cassirer, 1999, p.61), quando os mesmos evidentemente forem recursos pedagogicamente necessários. Emílio deverá ser, todavia, preservado "da imposição violenta de uma vontade alheia" (ibid.).

A segunda etapa da infância corresponde à tomada de consciência da criança sobre si mesma; especialmente da relação entre suas forças e desejos. O caminho da educação suporá contribuir para "diminuir o excesso dos desejos sobre as faculdades e a pôr em perfeita igualdade o poder e a vontade" (Rousseau, 1979, p.62). A felicidade humana não está – segundo Rousseau – na fruição dos desejos, mas na capacidade para adiar a satisfação. O homem fraco é dominado por seus instintos e desejos. A força estará exatamente em sobrepujar tais manifestações da natureza. Diz Rousseau que o meio mais seguro para tornar um menino desgraçado é "acostumá-lo a tudo conseguir; pois, crescendo incessantemente seus desejos com a facilidade de satisfazê-los, mais cedo ou mais tarde, a impossibilidade de atendê-lo vos forçará à recusa" (ibid., p.71). E, na verdade, a recusa, em tal situação, exatamente por não ser habitual, "dará mais aborrecimento do que a própria privação do que ele deseja" (ibid.).

Dizer que a natureza quer que as crianças sejam crianças não quer dizer que devamos fazer as vontades das crianças. Isso seria desrespeitar a ordem natural: com o fraco mandando no forte. O tratado pedagógico de Rousseau centra-se no tema da vontade e na decorrente necessidade de condução da criança à luz de um posterior uso autônomo dessa vontade. Ou, nas palavras de Rousseau:

> Voltemos à regra primitiva. A natureza fez as crianças para serem amadas e socorridas; fê-las porventura para serem obedecidas e temidas? Deu-lhes ela um ar imponente, um olhar severo, uma voz rude e ameaçadora para serem terrificantes? Compreendo que o rugido de um leão apavore os animais e que tremam ao verem sua juba terrível. Mas se algum dia se viu um espetáculo indecente, odioso, risível, é um corpo de magistrados com o chefe à testa, em traje de gala, prosternado diante de uma criança enfaixada, com quem fala em termos pomposos, e que grita e baba como resposta. (ibid., p.72)

INSTRUÇÃO PÚBLICA E PROJETO CIVILIZADOR **273**

A formação ética seria o fim último do desenvolvimento do menino Emílio. O aluno será tratado de acordo com sua idade. Há uma idade em que não são necessárias nem úteis as razões das coisas. Mas, mesmo quando o aluno não compreende as coisas, ele sente e reconhece a autoridade e a ascendência do mestre sobre as matérias de seu estudo; bem como sobre os valores morais. Isso é formativo. Faz parte do aprendizado, o aprendizado do *não*: "que todas as vossas recusas sejam irrevogáveis; que nenhuma importunidade vos abale; que o *não* seja um muro de bronze, contra o qual a criança não terá precisado esgotar cinco ou seis vezes suas forças, que não tentará derrubar" (Rousseau, 1979, p.77).

Rousseau interpela o modelo pedagógico vigente em seu tempo. Ele cria, com *Emílio*, essa figura do discípulo inventado, de cuja educação, como preceptor, ele cuidará. A ideia – como vimos – é a de prover formação integral ao menino imaginário durante os primeiros 25 anos de sua vida: "quanto eles se vêm como devendo passar a vida juntos, importa-lhes fazerem-se amar mutuamente e por isso mesmo se tornam caros um a outro" (ibid., p.30).

A educação do Emílio prevê a possibilidade da interiorização individual dos sentidos de justiça. Emílio seria, ao final de seu processo pedagógico, homem moral e sujeito civil.

Maria de Fátima Simões Francisco discorre sobre as duas faces do tratado pedagógico de Rousseau – a um só tempo formando o homem da natureza e o sujeito da cidadania. Ao dialogar com tal perspectiva, a autora assinala uma dada acepção de história[32] passível de ser lida no *Emílio*. Pelas palavras de Francisco:

---

32 "A grande pergunta que coloca então o tratado é: será que começando por formar o homem natural e seguindo a marcha da natureza seremos por ela conduzidos ao ponto de formar também o cidadão? Será que a natureza quer que o homem seja também um ser social? Terá ela previsto isso? Será que a própria natureza já traz dentro de si a resolução da contradição homem-sociedade, ou, ao menos, as precondições para isso? Se assim for, então podemos ter a esperança de construir uma história diferente daquela apresentada no *Discurso*, uma em que o homem possa se tornar ser social sem alienar e deixar para trás as vantagens do estado de natureza – igualdade, liberdade, individualidade." (Francisco, 2008, p.61)

274 CARLOTA BOTO

Entretanto, mais do que tudo, o que se pretende é dar solução à contradição do homem, isto é, formá-lo não homem natural *ou* cidadão e sim, homem natural *e* cidadão. O *Emílio* quer-se tanto um tratado de educação doméstica, quanto de educação pública. O tratamento desses dois planos do indivíduo e, sobretudo, sua convivência pacífica, democrática – tal como na República que esse futuro cidadão habitará – é a finalidade principal da escritura do *Emílio*. (Francisco, 2008, p.61)

Não se poderá cobrar responsabilidade moral das ações de um menino pequeno: "desprovido de qualquer moralidade em suas ações, nada pode ele fazer que seja moralmente mal e que mereça castigo ou admoestação" (Rousseau, 1979, p.78). Se praticou o mal, foi sem querer – ou porque não percebeu ou porque foi mal orientado: "uma criança quer desmantelar tudo o que vê – parte, quebra tudo o que pode alcançar; pega um passarinho como pegaria uma pedra e o estrangula sem saber o que está fazendo" (ibid., p.48). Do ponto de vista de Rousseau, assim como não tem a virtude do homem adulto, a criança também não tem a marca do seu vício. Tal qual o homem de natureza, ela terá apenas o amor de si – "única paixão natural" (ibid., p.78). Por isso mesmo, não é sujeita aos movimentos do homem civil: "não existe perversidade original no coração humano; não se encontra neste nenhum só vício que não se possa dizer como e por onde entrou" (ibid.).

Nessa primeira etapa da vida, não existiria malícia. Isso não quer dizer que a criança tenha virtude. Quando se espera da criança atitude de franca generosidade – por exemplo – invariavelmente se sairá frustrado. Exatamente como os homens em estado de natureza, as crianças só são espontaneamente generosas em duas situações: "dar o que não lhes serve de nada, ou dar o que têm certeza de que lhes irão devolver" (ibid., p.93).

Será fundamental acompanhar a criança enquanto a infância amadurece na criança (ibid., p.80). Isso supõe, para o educador, buscar decifrar sua linguagem, não apenas a partir de palavras, mas pelo estudo de suas expressões, de seus gestos, de suas manifesta-

INSTRUÇÃO PÚBLICA E PROJETO CIVILIZADOR 275

ções perceptivas; que, na primeira etapa da vida, são, inclusive, as manifestações mais importantes. Seja como for – alerta Rousseau – "não deveis nunca substituir a coisa pelo sinal, a menos que vos seja impossível mostrá-la, porque o sinal absorve a atenção da criança e a leva a esquecer a coisa representada" (ibid., p.178). Desconhecendo o ser infantil, não poderá o adulto traduzir seus anseios ou suas necessidades. Nem todos os desejos da criança merecerão ser satisfeitos. É fundamental saber discriminar entre capricho e necessidade. Diz Rousseau sobre o tema:

> É preciso estudar com cuidado sua linguagem e seus sinais, a fim de que, numa idade em que não sabem dissimular, possamos distinguir em seus desejos o que vem imediatamente da natureza do que vem da opinião. [...] O espírito dessas regras está em conceder às crianças mais liberdade verdadeira e menos voluntariedade, em deixá-las com que façam mais por si mesmas e exijam menos dos outros. Assim, acostumando-se desde cedo a subordinar seus desejos a suas forças, elas sentirão pouco a privação do que não estiver em seu poder. (Rousseau, 1979, p.50)

Um aspecto fundamental do pensamento pedagógico rousseauniano é sua veemente crítica contra práticas de civilidade que – segundo o autor – destroem a espontaneidade no trato, criando ardilosas estruturas de linguagem, de comunicação e de interação humana. Circulava à época uma profusão de tratados de civilidade, os quais tinham por finalidade indicar normas do bom comportamento público das pessoas. As boas maneiras, para a aristocracia do século XVIII, eram fonte de distinção. Fazia parte do ser educado o saber comportar-se nas variadas situações sociais. Dentre os compêndios tradicionais de civilidade, a maioria voltava-se diretamente para os pais, para professores, ou até para leitura das próprias crianças. Daí sua nítida dimensão prescritiva. Como assinala a esse respeito Wilson Alves de Paiva (2010, p.104), "contra o disfarce de uma civilidade doentia, a formação humana como Rousseau a concebe deve ser vista como um bálsamo cujas propriedades tera-

276 CARLOTA BOTO

pêuticas podem contribuir com a recuperação de um homem desvirtuado e com a restauração de sua real figura".

Ariès considera que os manuais de civilidade, entre os séculos XVI e XVIII, teriam ocupado esse lugar destacado para proceder à "particularização da infância" (Ariès, 1981, p.254). Diz o historiador que, desde a segunda metade do XVII, os manuais de civilidade já realçavam essa opção por falar diretamente às crianças e por interpelar, a partir disso, os padrões educativos de seu tempo: "reservavam um lugar cada vez maior aos conselhos educativos e às recomendações dirigidas apenas às crianças, excluindo os adultos, como, por exemplo, recomendações relativas ao comportamento dos escolares" (ibid., p.253). Muitas vezes "aprendia-se a ler e a escrever nesses manuais de civilidade" (ibid. p.247).

No *Discurso sobre as ciências e as artes*, Rousseau recusara o recurso à polidez como estratégia social, dizendo que, sob esse "véu uniforme", esconder-se-iam "as suspeitas, os medos, a frieza, a reserva, o ódio, a traição" (Rousseau, 1983b, p.336). Identifica como ornamento esse caráter uniforme imposto pelos parâmetros da civilidade da época, recordando que "haverá excessos proscritos, vícios desonrados, mas outros serão honrados com o nome de virtudes; importar-se-á tê-los ou afetar tê-los" (ibid.).

Sobre o assunto, Edmilson Menezes comenta que a preocupação de Rousseau com a formação da civilidade derivou do caráter aparente das práticas sociais recomendadas; visto que, "reduzidas a aparências superficiais, a polidez e a civilidade deixam, no interior, em profundidade, o campo propício aos seus contrários: a malignidade, a violência, a maledicência" (Menezes, 2005, p.53).[33] Rousseau era crítico severo de tal "dissimulação civilizada" (ibid.),

---

33 "Se a civilidade é tão somente a expressão exterior de uma certa polidez, se é apenas uma imitação artificial, os bons modos podem ser percebidos como uma arte enganadora, imitando virtudes ausentes, como lembra La Bruyère no final do XVII: 'a polidez nem sempre inspira a bondade, a equidade, a complacência, a gratidão; delas apresenta ao menos as aparências, e faz parecer o homem, externamente, como deveria ser internamente'. [...] Com um pouco de virtude, de capacidade e de boa conduta, pode-se ser insuportável." (Menezes, 2005, p.53)

INSTRUÇÃO PÚBLICA E PROJETO CIVILIZADOR **277**

acusando a sociedade assim constituída como ambiente desprovido de valor moral. O homem dito civilizado, que apenas refreia impulsos da natureza, traz consigo seu próprio avesso: "a arte de prescindir das virtudes que ele imita. Há a civilização, mas há também a sua máscara" (ibid.).[34] Menezes prossegue, dizendo que, "a despeito de a noção de vida civilizada ter sido gestada já no século XVI, é Rousseau quem cria, propriamente, nos tempos modernos, o *problema da civilização*" (ibid.). Na contramão de seus contemporâneos, para Rousseau, esse trajeto implica decadência e não progresso: "a história dos homens é a história de uma queda" (Souza, 2001, p.71). Essa seria, já por si, uma forte razão para o filósofo inventar seu Emílio.

Do ponto de vista rousseauniano, o homem se desnaturou ao se tornar civil. As práticas de civilidade imperantes na época evidenciavam tal constatação; e "uma vez desencadeado o processo de civilização, a decadência dos costumes, a corrupção das instituições e o enfraquecimento da nação são mais ou menos irreversíveis" (Souza, 2001, p.72). Denunciando especialmente o que acreditava ser a prática de educação das famílias ricas, Rousseau dirá que ali a criança é preparada para ser "polidamente dominadora":

> Quando não se tem pressa em instruir, não se tem pressa em exigir e aguarda-se o tempo necessário para só exigir oportunamente. Então a criança se forma na medida em que não se estraga. Mas quando um preceptor desastrado, não sabendo como fazê-lo, a obriga a cada instante a prometer isto ou aquilo, sem distinção, sem escolha, sem medida, a criança aborrecida, sobrecarregada de todas as suas promessas, as negligencia, as esquece, as desdenha enfim, e, encarando-as como fórmulas vãs, se diverte com as fazer e as violar. Quereis que seja fiel a sua palavra, sede discreto em a exigir (Rousseau, 1979, p.90).

---

34 "Rousseau pensa ser inconcebível essa 'sinceridade mascarada', pois é identificada com hipocrisia – a marca, *par excelence*, da civilização: nela, cultivamos a ideia de que, para tornar-se homem de bem, é bom e proveitoso começar por ser hipócrita, e que a falsidade é caminho acertado para se chegar à virtude." (Menezes, 2005, p.53)

278   CARLOTA BOTO

Dever-se-ia evitar tanto o excesso de rigor quanto a demasiada indulgência. Rousseau manifesta preocupação relativamente ao excesso de mimos especialmente dos pais, que poderão se tornar escravos das vontades de seus filhos. Não se deverá mal acostumar o menino a tudo conseguir, senão "primeiramente ele desejará vossa bengala; depois irá querer vosso relógio; a seguir o pássaro voando; mais tarde a estrela brilhando; e desejará tudo o que vir" (ibid., p.71). Também não adianta mentir: "um sorriso, uma piscadela, um gesto involuntário, dizem-lhes tudo que lhes procuram não dizer; basta-lhes, para aprendê-lo, verem que lhes quiseram esconder" (ibid., p.238).

Mal-acostumada a criança a tudo conseguir, seus desejos apenas se multiplicarão e, de algum modo, ela se acreditará "dona do universo; encarará todos os homens como escravos: e quando, enfim, formos forçados a recusar-lhe alguma coisa, ela, acreditando tudo ser possível quando manda, tomará a recusa por um ato de rebelião" (ibid., p.71). Além disso, crescerá na criança assim habituada, toda a vez que for contrariada, o sentimento do ódio e do ressentimento. A ideia de liberdade das crianças, na obra rousseauniana, deverá ser, em virtude disso, vista com algum cuidado. Emílio não é livre para proceder a escolhas significativas, mesmo que o tutor o faça crer que ele escolhe. Haveria um gradual aprendizado de se fazer escolhas. O tutor privará Emílio de todo supérfluo com o fito de que ele bem possa compreender que as coisas não se curvarão naturalmente à sua vontade:

A fraqueza e o desejo de dominar reunidos só engendram loucura e miséria. De duas crianças assim mimadas, uma bate na mesa e a outra quer chicotear o mar; muito terão que bater e chicotear antes de viverem satisfeitas. Se essas ideias de domínio e tirania as tornam desgraçadas desde a infância, que ocorrerá quando crescerem e suas relações com os outros homens começarem a estender-se e multiplicar-se? Acostumadas a verem tudo dobrar-se diante de sua vontade, que surpresa não terão ao entrarem na sociedade e sentirem que tudo lhes resiste, e se acharem esmagadas pelo peso de um uni-

INSTRUÇÃO PÚBLICA E PROJETO CIVILIZADOR **279**

verso que pensavam movimentar à vontade! Suas atitudes insolentes, sua vaidade pueril, só lhes outorgam mortificações, desprezos, zombarias; bebem as afrontas como água; experiências cruéis logo lhe ensinam que não conhecem nem sua condição social nem suas forças; não podendo tudo, acreditam nada poderem. Tantos obstáculos imprevistos as desanimam, tanto desprezo as avilta: tornam-se covardes, tímidas, rastejantes e tanto mais baixo caem de si mesmas quanto mais alto se tinham erguido. Voltemos à regra primitiva. A natureza fez as crianças para serem amadas e socorridas; fê-las porventura para serem obedecidas e temidas? (ibid., p.72)

O preceptor será – no esquema de Rousseau – o grande responsável pela educação do Emílio. Será aquele que governa a educação e o desenvolvimento do menino. Contrário às práticas de emulação imperantes nos colégios de seu tempo, Rousseau acredita que, mediante interação pautada pela confiança, a criança reconhecerá a ascendência de seu preceptor sobre ela. Assim obedecerá a direção de seu educador como se efetivamente seguisse sua própria vontade. Mais do que isso, Rousseau compreende ser salutar o fato de o aluno ser levado a crer que a condução que recebe provém da própria natureza. O excerto a seguir indica explicitamente que a educação do menino Emílio está na contramão das práticas de emulação e de rivalidade que pautavam os métodos e os princípios dos colégios jesuíticos daquele tempo (Snyders, 1965). Só faz sentido – diz Rousseau – ensinar à criança aquilo em que ela vê sentido. Por tal razão:

Pensando naquilo que lhe pode ser útil noutra idade, não lhe faleis senão do que ela vê como útil desde já. Nunca façais comparações com outras crianças, nada de rivais, nada de concorrentes mesmo na corrida, logo que começar a raciocinar; prefiro cem vezes que não aprenda nada a que aprenda somente através da inveja ou da vaidade. Mas tomarei nota todos os anos dos progressos que tiver realizado; compará-los-ei: cresceste e melhoraste tanto! Eis o fosso que saltavas, o fardo que carregavas; eis a distância a que lançavas uma pedra, a distância que percorrias de um fôlego etc.; veja-

280 CARLOTA BOTO

mos agora o que farás. Assim a incentivo sem a tornar invejosa de ninguém. Ela quererá superar-se. Devo-o querer; não vejo inconveniente em que seja êmulo de si mesma. (Rousseau, 1979, p.197)

Do ponto de vista da formação dos costumes, falar a verdade será mais recomendável do que inventar uma desculpa qualquer para não satisfazer ao desejo do aluno: *"não tem mais* é uma resposta contra a qual nunca uma criança se rebelou, a menos que acreditasse ser uma mentira" (ibid., p.77). A criança deverá, no contato com o educador, sentir que as decisões são justas; como se elas houvessem sido, inclusive, compartilhadas livremente entre ambos:

> Não lhe deixeis sequer imaginar que pretendeis ter alguma autoridade sobre ele. Que ele saiba apenas que é fraco e que sois forte; que, em virtude de sua posição e da vossa, ele se acha necessariamente à vossa mercê; que ele o saiba que o aprenda, que o sinta; que sinta desde cedo sobre sua cabeça altiva o jugo que a natureza impõe ao homem, o pesado jugo da necessidade, ao qual deve dobrar-se todo ser feito; que veja essa necessidade nas coisas, nunca no capricho dos homens; que o freio que o segure seja a força e não a autoridade. (ibid., p.76-7)

Rousseau situa como principal intervalo da vida humana a etapa que vai de 0 a 12 anos. Pode-se compreender que o autor aqui – como já se observou anteriormente – alarga a acepção corrente de infância que vigorava em sua época. Ele estica a infância – estirando-a conceitualmente. Além disso, justifica tal opção metodológica, assinalando critérios mediante os quais se poderá efetivamente verificar a diferença entre a constituição da criança e a do adulto – a despeito de se tratar de uma mesma espécie – do gênero humano. Nesse período entre o nascimento e os doze anos, a criança age mediante o estímulo da sensibilidade. A partir das percepções que despertam sua experiência de vida, ela compreende o mundo à luz da recorrência aos sentidos. Daí ser esse o período no qual Emílio deverá ser dirigido pela "educação negativa". Em sua "Carta a

Christophe de Beaumont", Rousseau confere precisão ao conceito da educação negativa:

> Denomino educação positiva aquele que pretende formar o espírito antes da idade e dar à criança um conhecimento dos deveres do homem. Chamo educação negativa aquela que procura aperfeiçoar os órgãos, instrumentos de nosso conhecimento, antes de nos dar esses próprios conhecimentos e nos preparar para a razão pelo exercício dos sentidos. A educação negativa não é ociosa, ao contrário. Não produz virtudes, mas evita os vícios; não ensina a verdade, mas protege do erro. Ela prepara a criança para tudo o que pode conduzi-la à verdade, quando estiver em condições de entendê-la, e ao bem, quando estiver em condições de amá-lo. (Rousseau, 2005a, p.57)

Segundo a lógica de tal modelo educativo, não existirão lições verbais. Vale novamente recordar que o interlocutor de Rousseau nessa matéria são os colégios religiosos (especialmente os jesuítas), em seu verbalismo.[35] Neles – diziam à época – "o discípulo só olha o mestre como a marca e o flagelo de sua infância; o mestre só olha o discípulo como um fardo pesado de que aspira desembaraçar-se o mais depressa possível" (Rousseau, 1979, p.30). Sob tal modelo pedagógico recusado por Rousseau, não haverá afabilidade entre professores e alunos; entre mestres e estudantes: "sonham ambos como se libertarem um do outro; e como não há nunca entre eles verdadeira afeição, um deve ter pouca vigilância e outro pouca docilidade" (ibd.). O *Emílio*, nesse sentido, ganha significado tanto a partir da história e de seu contexto quanto da análise interna de seu discurso. A compreensão lógica do texto será enriquecida por referências históricas com relação às práticas educativas dos colégios no século XVIII europeu.

---

35 "Não deis a vosso aluno nenhuma espécie de lição verbal; só da experiência ele as deve receber; não lhe inflijas nenhuma espécie de castigo, pois ele não sabe o que seja cometer uma falta; e não lhes façais nunca pedir perdão, porquanto não pode ofender-vos." (Rousseau, 1979, p.78)

282 CARLOTA BOTO

Rousseau sublinha que, antes da idade da razão, a criança não recebe ideias e sim imagens. Tais imagens podem chegar ao espírito sozinhas; mas as ideias jamais virão desacompanhadas: "quando imaginamos, não fazemos senão ver; quando concebemos, comparamos" (Rousseau, 1979, p.98). O raciocínio infantil não ocorre a partir da mente, mas como fruto da ação dos sentidos. Mesmo assim – observa Rousseau – a educação de seu tempo praticamente desdenhava a ação dos sentidos, convocando precipitadamente a razão. De todo modo, os modelos de educação existentes na Europa do século XVIII não dariam conta das necessidades da época.

Qualquer que seja o estudo, sem a ideia das coisas representadas, os sinais representantes nada são. Circunscrevemos, portanto, à criança esses sinais, sem nunca fazer com que compreenda as coisas que representam. Pensando ensinar-lhe a descrição da terra, não lhe ensinamos senão a conhecer mapas; ensinamos-lhe nomes de cidades, de países, de rios, que ela não concebe existirem senão no papel onde lhe mostram. Lembro-me de ter visto algures uma geografia que começava assim: "que é o mundo? Um globo de papelão". Eis precisamente a geografia das crianças. Ponho como fato real, que depois de dois anos de geografia e de cosmografia, não há uma só criança de dez anos que, de acordo com as regras concebidas, saiba ir de Paris a Saint-Denis. Ponho como fato real que nenhuma, de acordo com uma planta do jardim de seu pai, possa seguir-lhe as veredas sem se perder. [...] Ouço dizer que convém ocupar as crianças em estudos em que só precisem de olhos: poderia ser, se houvesse algum estudo em que só de olhos se precisasse; mas não conheço nenhum. (ibid., p.100-1)

O tema da educação é mobilizado pelo discurso de Rousseau à luz de novas referências pelas quais se buscará decifrar a natureza constitutiva do organismo e da alma da criança. Ao perceber como a criança é, poder-se-á entender como ela aprende. Nesse sentido, *Emílio* aborda a pedagogia, exatamente por perscrutar os modos de ser criança.

INSTRUÇÃO PÚBLICA E PROJETO CIVILIZADOR **283**

O estado adulto se abaixa para se elevar ao nível da criança:

A humanidade tem seu lugar na ordem das coisas; a infância tem o seu na ordem da vida humana; é preciso considerar o homem no homem e a criança na criança. Ensinar a cada um seu lugar e nele fixá-lo, ordenar as paixões humanas segundo a constituição do homem é tudo que podemos fazer para seu bem-estar. O resto depende de causas estranhas a nós e que não estão em nosso poder. (ibid., p.62)

Para concluir, observamos que a redação do *Emílio* confere vida a um aluno imaginário – de quem o próprio Rousseau (convertido agora em tutor) será o único mestre, guia e diretor da criança que inventou. Esse aluno criado à medida da sintaxe de seu pensamento sobre a infância será regido pelo mesmo educador/preceptor durante mais de duas décadas. Entre os homens, então, terá apenas um único mestre. O menino será subtraído de sua naturalidade, mas aos poucos, por etapas – não abruptamente. Rousseau indica – na redação do *Emílio* – que crescer pode ser algo que não exija tanta dor. Será, entretanto, fundamental que, nessa direção, o educador saiba decifrar indícios expressos nas diferentes linguagens com que as crianças se manifestam. Dos choros aos gestos (Dalbosco, 2011a, p.136); do balbucio à fala; das reinações da primeira infância às inquietações da juventude; da amizade ao amor – tudo isso constitui uma gramática interior ao ser em desenvolvimento. É preciso saber interpretar. Prestar atenção às formas de agir e de se expressar das crianças torna-se, pois, movimento imprescindível para conseguir bem educar as diferentes etapas da infância.

Ao discorrer sobre uma criança inventada, Rousseau também denuncia o que compreende como vícios da sociedade adulta. O grande feito de sua obra pedagógica foi, nesse sentido, duplo: por um lado, reconhecer a condição da criança, esmiuçá-la para decifrá--la; na outra margem, trabalhar o tema da infância como pretexto para rever o homem em estado de natureza (Barros, 1971). A criança constitui, em seu alicerce, o diagrama que, aos poucos, consti-

284 CARLOTA BOTO

tuirá as feições do adulto: do sujeito racional, mas principalmente do sujeito ético (Barros, 1971; 2008) – capaz de, nessa condição, aprimorar a face humana.

O reconhecimento da infância no estatuto da Humanidade

É inegável o papel dos escritos de Rousseau no imaginário da Revolução Francesa. A ideia de uma coletividade – articulada no conjunto lógico da nação – cuja matriz será dada pela dinâmica do acordo político firma a política das modernas democracias. Há um Estado, ao redor do qual gravitarão construções culturais a propósito de direitos de indivíduos. Esses direitos são pactuados e, pelo pacto, erigem um contrato que estaria dado na própria vontade da natureza. Em Rousseau, há uma não nomeada vontade da natureza que se manifesta com maior ou menor vigor no âmago da condição humana. Descobri-la é fundamental para se poder, inclusive, agir com maior argúcia no campo da política. Descobrir a vontade da natureza é também umas das principais razões pelas quais Rousseau se torna obcecado com o estudo da condição infantil.

A educação do menino Emílio fala mais do que da educação do menino Emílio. Aborda a lógica constitutiva da temporalidade dos primeiros anos de formação da vida humana. *Emílio* é um tratado que reparte a vida em etapas. Mais do que isso, é um estudo que problematiza as relações humanas e sociais do ponto de vista do que considera ser a matriz natural da condição humana. *Emílio* só pode ser compreendido, portanto, no cômputo do pensamento social e político de Rousseau, embora não possa ser confundido com o mesmo. *Emílio* é um livro que contempla em si uma dimensão de Homem e de liberdade; que dialoga por metáforas com os demais tratados elaborados pelo autor. Rousseau procurava o quê com a redação do Emílio? Isso jamais saberemos. Mas é possível ler a história do Emílio como um relato que tenta reconstituir ou compor elos e cadeias de significados. Pensar a formação do Emílio é projetar

INSTRUÇÃO PÚBLICA E PROJETO CIVILIZADOR **285**

um futuro melhor para o mundo. Assim como a sociedade do *Contrato*, a educação do *Emílio* é um ponto de partida para a construção de uma sociedade melhor repartida entre os tempos da liberdade e os cenários da igualdade.

Lynn Hunt sublinha que Rousseau é responsável pela introdução, no vocabulário político, da expressão "direitos do homem" (Hunt, 2009, p.22). Paulatinamente a noção jusnaturalista de "direitos de natureza" será substituída pela ideia de "direitos do homem" – consagrada após a Revolução Francesa. Trata-se de um conceito indefinido, mas que compreende a noção de humanidade, de cidadania e também de autonomia moral. Como sublinha Hunt, "os direitos humanos são difíceis de determinar porque sua definição e, na verdade, sua própria existência, dependem tanto das emoções quanto da razão" (ibid., p.24). Um aspecto, porém, parece comum: "os direitos humanos dependem tanto do domínio de si mesmo como do reconhecimento de que todos os outros são igualmente senhores de si" (ibid., p.28). O debate pedagógico do final do século XVIII acariciou essa ideia: o indivíduo dotado de direitos é aquele que usufrui de autonomia. A autonomia corresponde à emancipação (Kant, 1989). Ninguém pode ser emancipado, autônomo, livre e detentor de direitos em uma sociedade injusta. Do mesmo modo, ninguém alcançará autonomia se não desenvolver suas disposições, talentos e faculdades. A pauta da educação, naquele momento, coincidirá com a busca de uma sociedade mais justa e aprimorada – quer seja do ponto de vista político, quer seja do ponto de vista ético.

3
Condorcet e a escola pública de Estado: logo ali, a Revolução

> Pois a Revolução desafia a crença. Parece incrível que um povo inteiro fosse capaz de se levantar e transformar as condições da vida cotidiana. Isso é contradizer o postulado prático corrente de que a vida deve se manter nos moldes do mundo prosaico comum... Por alguns instantes, deixamos de nos ver em nossos papéis e percebemo-nos como iguais, desnudados até o cerne de nossa humanidade comum. Como alpinistas, muito acima das lides diárias do mundo, passamos do vous para o tu.
>
> Darnton, O beijo de Lamourettte

Condorcet no palco do Iluminismo

Hobsbawm destaca que, "dentre todas as revoluções contemporâneas, a Revolução Francesa foi a única ecumênica. Seus exércitos partiram para revolucionar o mundo; suas ideias de fato o revolucionaram" (Hobsbawm, 1996, p.11). A repercussão, circulação e apropriação do ideário revolucionário por todo mundo ocidental teriam dado a ela "o padrão para todos os movimentos revolucionários subsequentes" (ibid., p.12). Em 1789, de cada cinco europeus – demonstra Hobsbawm – um era francês. Além disso, a Revolução deflagrada na França foi, diferente de todas as demais, "uma revolução social de massa, e incomensuravelmente mais radical do que qualquer levante comparável" (ibid., p.11). Compreender a revolução é – como adverte Vovelle (1986) – buscar sua originalidade em uma geografia comparada. Para o autor, é preciso pensar que a Revolução Francesa foi o momento-charneira traduzido por três episódios de sublevações. Nesse sentido, indaga o autor:

> Uma revolução ou três revoluções? Alguém falou de três revoluções no Verão de 1789: uma revolução institucional ou parlamentar no vértice, uma revolução urbana ou municipal e uma revolução camponesa; e, pelo menos do ponto de vista pedagógico, esta apresentação pode revelar-se útil. (Vovelle, 1986, p.17)

Este capítulo procurará abordar as concepções pedagógicas de um protagonista da revolução institucional ou parlamentar na França do final do século XVIII. O Marquês de Condorcet – Marie Jean Antoine Nicolas Caritat – nasceu no dia 17 de setembro de 1743 na Picardia. Morreu em Bourg-la-Reine, em 29 de março de 1794. Foi considerado – pelos contemporâneos e pela posteridade – uma excepcional figura de fronteira: entre o Iluminismo e a Revolução Francesa. Era de família nobre, filho de um cavaleiro que foi morto alguns dias após seu nascimento. Sua mãe, porém, de acordo com alguns de seus biógrafos, tinha raízes na burguesia). Estudou no Colégio dos Jesuítas em Reims e, posteriormente, no Colégio de Navarra em Paris. Foi casado com Sophie de Grouchy, considerada na época uma mulher erudita e brilhante. Dizem que "ela inspirou suas ideias e, durante o casamento, contribuiu para seus escritos com valiosos comentários e conselhos" (Rowe, 1984, p.24).

Estudante de Filosofia, Condorcet adquiriu reputação como grande conhecedor da Matemática. Por essa razão, distinguiu-se como pioneiro da chamada "matemática social" quando, em 1765, publicou um trabalho sobre cálculo integral que teve, já na época, grande repercussão. Na verdade, na matermática, ele destaca-se em cálculo, e sua contribuição fundamental para o desenvolvimento das ciências modernas foi "a introdução do aleatório como categoria fundamental de uma ciência das condutas" (Baker, 1975, p.499). Condorcet visualizou, desde muito jovem, a possibilidade de se apreender a natureza humana e a sociedade pelos critérios oferecidos pela análise matemática. Sendo assim,

> Condorcet, treinado como matemático, tentou demonstrar em detalhes como o cálculo das probabilidades poderia ser usado como uma forma de determinar não apenas as leis sociais pelas quais a história humana era regida, mas também a estratégia política mais sábia a ser adotada numa dada situação. Se o cálculo das probabilidades podia ser empregado com êxito na análise do jogo – o melhor paradigma para a casualidade e a incerteza –, não havia razão para que não fosse utilizado com igual êxito na análise das decisões políticas. (Passmore, 2004, p.416)

Desde muito cedo, optou pela ciência como trajetória de vida, contrariando a vocação de sua família, no ofício das armas. Seu pai fora cavaleiro e ele próprio se intitulava marquês. Mas suas aspirações científicas prevaleceram e, aos 21 anos, publica o referido texto intitulado *Calcul integral* que o coloca "entre os dez matemáticos mais reputados da Europa" (Baker, 1975, p.19). A obra foi considerada tão importante que, alguns anos depois, Condorcet foi admitido na principal sociedade científica da Europa: a Academia de Ciências da França. Isso representou, a um só tempo, uma honraria e uma função de dignidade pública (ibid., p.26). Na prática, como argumenta Baker:

> Para usufruir efetivamente de seu papel na comunidade intelectual, entretanto, havia necessidade de certas normas internas e externas: "liberdade, verdade e pobreza" (porque quando se teme essa última, estamos bem longe das duas outras), eis três palavras que os homens de letras deveriam sempre ter diante dos olhos. (ibid., p.27-8)

290 CARLOTA BOTO

Acerca do tema, Condorcet foi tributário da perspectiva de d'Alembert, para quem a comunidade intelectual deveria ter total autonomia perante os poderes instituídos. A partir daí (1769), ele seria integrado ao ambiente iluminista, travando estreito contato com intelectuais como Voltaire, Diderot, d'Alembert e muitos outros. Na Academia de Ciências, sempre contou com o apoio dos enciclopedistas, que admiravam suas reiteradas demonstrações relativas à suposta possibilidade de estruturar o conhecimento do homem como se de uma matemática social se tratasse. Acreditava, portanto, em um modelo científico que pudesse abarcar os fenômenos sociais (Baker, 1975, p.7). Como diz Constance Rowe, ele tinha a "esperança de integar os estudos históricos e sociais com as ciências da natureza" (Rowe, 1984, p.28).

Na época, o intuito de Condorcet era o de conferir aos estudos do homem a mesma precisão e exatidão de que se valiam as ciências físicas. Julgava ser possível "racionalizar a vida social e política mediante a elaboração de princípios científicos e mediante a aplicação da análise matemática" (Baker, 1989, p.230). Desde esse período que antecede a irrupção revolucionária – como frisa Buisson – Condorcet era reconhecido pela predileção que sempre o caracterizou para pensar a situação "dos pobres, dos ignorantes, das vítimas do Antigo Regime; em uma palavra, do povo" (Buisson, 1929, p.4). Havia, nesse grupo-geração, algum sentido missionário. Eles sentiam-se imbuídos de um papel histórico a ser cumprido – uma luta em prol do bem comum. Condorcet foi considerado pela posteridade como o último dos enciclopedistas. Foi entusiasta da Revolução Americana; e, no palco da Revolução Francesa, além de seu projeto sobre instrução pública, defendeu a causa do direito das mulheres e dos negros.

Matemático, Condorcet dedicou-se a estudar os procedimentos eleitorais em todos os seus níveis. A ideia de revisão constitucional, por exemplo, é uma de suas plataformas políticas, posto que ele compreendia que o progresso no conhecimento dos homens e das coisas exige que, periodicamente, as leis sejam revisadas, em direção ao aperfeiçoamento coletivo do povo. Como estudioso da sociedade,

INSTRUÇÃO PÚBLICA E PROJETO CIVILIZADOR **291**

Condorcet "ataca todos os abusos, por uma grande quantidade de brochuras, em sua maior parte anônimas, por escritos assinados por pseudônimos diferentes e, sobretudo, por intervenções reiteradas na imprensa e na tribuna de várias sociedades das quais ele fazia parte" (Buisson, 1929, p.6). Nesse aspecto, pode-se dizer que Condorcet valorizava a instrução por seu papel de esclarecimento, como privilegiada estratégia formadora de códigos de civilidade e, principalmente, de registros de civilização. Aquilo que Rousseau via com desconfiança era exatamente o que entusiasmava o pensamento e a ação de Condorcet. O desenvolvimento da racionalidade humana compreenderia, de modo correlato, uma racionalidade social. Esta aprimoraria os povos.

Pode-se valer, para comentar o pensamento pedagógico de Condorcet, da observação de Francisque Vial:

> Para ele, democracia e educação se supõem e se chamam. Ele não concebia que a democracia poderia ser outra coisa além do reino soberano sobre os espíritos da ciência e da razão; e reciprocamente ele só concebia que uma educação racional largamente expandida poderia produzir os frutos do amor à igualdade, à justiça e à liberdade, quais sejam, as virtudes democráticas por excelência. (Vial, 1970, p.120)

O conhecimento traria uma característica emancipatória posta na formação da consciência livre; do sujeito capaz de pensar por si mesmo, sem o recurso à razão alheia. Nesse esquadro, a instrução pública seria estratégia dos poderes seculares dirigida a promover a equidade, a razão autônoma e o primado da diferença de talentos sobre a diferença de fortunas. Como bem aponta Robson Pereira Calça, "o mérito surge na teoria de Condorcet (como na de Rousseau), como uma dádiva da natureza, que fora desenvolvida por um sujeito que, por sua vez, criou condições para tanto" (Calça, 2010, p.117). Nesse sentido – continua o autor – a mesma instrução pública que minimiza a desigualdade de fortunas, tende a fomentar a desigualdade dos talentos. Em Condorcet, de fato, os talentos são

292 CARLOTA BOTO

compreendidos como organização das disposições conferidas pela natureza. Minimizadas as distâncias sociais, as distinções que a natureza produziu entre as pessoas aparecem com maior vigor. Quando Condorcet é nomeado presidente da Comissão de Instrução Pública da Assembleia Legislativa Francesa, ele percebe ali a oportunidade de elaborar um traçado de escolarização capaz de, por um lado, fazer justiça para as camadas pobres da população e, por outro, ser racionalmente projetado. Isso conduziria, progressivamente, à equalização das oportunidades de acesso à escola e, por decorrência, a uma diminuição, na ordem social, de clivagens postas pela desigualdade de fortunas. Tal projeto – do ponto de vista ilustrado que motivava o *Relatório* idealizado por Condorcet – conduziria ao aperfeiçoamento do espírito humano. O *Plano de Instrução Nacional* projetado pela Assembleia Legislativa em 1792 teria – como comenta Francisque Vial – pequena repercussão naquela oportunidade. Foi lido no Parlamento e, embora não tenha sido "nem discutido, nem aplicado, exerceu muita influência sobre os projetos que foram elaborados e votados na Convenção" (Vial, 1970, p.6). Posteriormente, no século XIX, o mesmo plano seria alçado – pelo empenho de Jules Ferry, na III República Francesa – como referência transnacional, pautando, enquanto tal, projetos e parâmetros reformadores da instrução pública nos mais variados países do continente europeu e, inclusive, na América Latina, muito particularmente no Brasil.[1]

Baker (1989, p.235) caracteriza o discurso de Condorcet como diametralmente antagônico à fala de Robespierre. Condorcet tenciona racionalizar a análise do social; ao passo que Robespierre expressa o discurso compromissado com a vontade política da transformação. Nesse sentido, pode-se considerar que o republicanismo de Condorcet, "de essência filosófica, opunha-se de modo absoluto às teses e aos excessos do reino da virtude" (ibid., p.236). Haveria, no curso da Revolução, embate entre ambas as perspectivas (ibid., p.235): um "discurso racionalista do social", ao qual

---

1 Cf. Bontempi Jr. e Boto (2014).

INSTRUÇÃO PÚBLICA E PROJETO CIVILIZADOR   293

se opunha sempre o "discurso voluntarista da vontade política".
Enfim:

> Último dos filósofos, ele produziu trabalhos inovadores em
> um enciclopédico rol de matérias. Seus escritos, publicados e não
> publicados, demonstram as conexões entre as coisas: da matemá-
> tica à matemática social, da matemática à matemática econômica,
> da filosofia natural à ciência social, do cálculo de probabilidades
> à ciência política e moral, da ciência pura à aplicada, dos direitos
> naturais aos direitos do homem e da mulher em sociedade, dos
> direitos do indivíduo àqueles da sociedade, da reforma à revolução,
> da linguagem à lógica. Condorcet explicitou a utilidade de uma lin-
> guagem universal da exata terminologia matemática. (Rosenfield,
> 1984, p.1)

Acreditando que a ação política poderia ser compreendida como
ciência exata, Condorcet atuava no período revolucionário, a um só
tempo, como homem de ação e como analista. Para ele, seria possível deduzir regras exatas para compreender o mundo social a partir
de preceitos racionais. O pensamento pedagógico do autor pode ser
compreendido, pois, pelo entrelaçamento entre a multiplicação dos
progressos do espírito humano – obra da escola – e o aprimoramento do tecido societário. A feição moderna desse plano iluminista é
mais do que evidente. Como teórico da política e da educação, Condorcet sublinha que propósito da escola é o de favorecer a rota civilizatória. Havia, nesse sentido, de se conter os bárbaros. Para tanto,
cumpria "educar, emancipar, civilizar". (Starobinski, 2001, p.33)

Itinerários da história como guia da Modernidade

O presente capítulo propõe-se a refletir sobre a ideia de "história" e sobre a dimensão de "modernidade" presentes no pensamento pedagógico de Condorcet. Herdeiro do legado iluminista,
Condorcet foi importante protagonista dos debates pedagógicos da

294 CARLOTA BOTO

Assembleia Legislativa francesa durante o percurso revolucionário. Ao dirigir os trabalhos da Comissão de Instrução Pública, tornou-se – como já se procurou assinalar – relator de um importante plano de organização da escola de Estado, apresentado à Assembleia em 1792 – *Rapport et projet de décret sur l'organisation générale de l'instruction publique* [Relatório e projeto de decreto sobre a organização geral da instrução pública]. Antes disso, porém, Condorcet escrevera *Cinco Memórias sobre a instrução* pública, nas quais antecipou muitas ideias que depois viriam a lume no texto da Legislativa.[2] Diz Albertone sobre o tema:

> Apesar de serem contemporâneas e fundamentadas no mesmo espírito, as duas obras denotam dois momentos distintos e particulares de sua reflexão e oferecem substancial evidência da evolução processada por seu pensamento. Tomada pelo entusiasmo revolucionário, as *Memórias* eram baseadas na perspectiva de demolição das estruturas do Antigo Regime. Apesar de esboçarem uma nova e exaltada realidade, elas persistem sendo o eco do grito de batalha das Luzes contra o mundo velho, no qual Condorcet fora formado e contra o qual ele havia lutado. No *Projeto*, por seu turno, a consciência de se lidar com uma realidade revolucionária estava já presente, embora não sem uma intuição presciente de seus possíveis futuros excessos. (Albertone, 1984, p.134)

A crença na instrução pública como dever de cidadania, mas, sobretudo, como direito de esclarecimento – e, por ser assim, fator de aperfeiçoamento social – era uma de suas convicções arraigadas. Note-se que o termo perfectibilidade havia sido cunhado no *Segun-*

---

2 "Comparado com as *Memórias*, o *Projeto* demonstra uma formulação política mais compacta e uma mais aguda sensibilidade acerca da coletividade. A despeito de uma perspectiva individualista estar ainda presente desde as frases iniciais, o relato de Condorcet dirige-se para os cidadãos como um corpo unitário, e refere-se a necessidades sociais, bem-estar geral e avanço humano. Como membro do Comitê de Instrução Pública, nascido já do processo revolucionário, ele era mais consciente da responsabilidade política nacional." (Albertone, 1984, p.134)

INSTRUÇÃO PÚBLICA E PROJETO CIVILIZADOR **295**

do discurso de Rousseau (Coutel, 1999, p.19). Tratava-se, então, de um conceito recente, mas que – como observa Coutel (ibid.) – não consistia em predestinação ou providencialismo. Coutel destaca o tributo de Condorcet relativamente ao pensamento de Rousseau nesse aspecto. Assim como Rousseau, Condorcet compreendia que "o erro e a ilusão ameaçam cada espírito, cada instituição, cada regime político" (ibid., p.32); e que, mesmo em democracias, é preciso ter uma lúcida consciência da falibilidade da ação humana. Como diz Coutel acerca do tema, "essa perfectibilidade consciente incita à colegialidade dos debates e das decisões políticas, mas também à formação do espaço laico e racional, sem o qual uma república não será possível" (ibid.).

O pensamento de Condorcet sobre educação é profundamente tributário de sua perspectiva teórica acerca do lugar das gerações na história. E a própria meditação que ele faz sobre o papel social da Revolução Francesa inscreve-se nessa direção. Para Condorcet, a Revolução era o coroamento das Luzes; e aplicaria, enquanto tal, os princípios caros às Luzes: "razão, tolerância, humanidade" (Coutel, 1999, p.30). Nesse sentido, pode-se observar o entrelaçamento das *Cinco memórias sobre a instrução pública* com os pressupostos teóricos elaborados e desenvolvidos, mais detidamente, no texto que expressa sua filosofia da história: *Esquisse d'un tableau historique des progrès de l'esprit humain* [*Esboço de um quadro histórico dos progressos do espírito humano*].

Darnton define o filósofo da Ilustração como um ser engajado, "um novo tipo social, que hoje conhecemos como o intelectual" (Darnton, 2005, p.19). Eram homens de letras, impunham um programa de ação, combinavam erudição e militância política, estabelecendo uma "identidade coletiva, forjada pelo compromisso comum em face dos riscos comuns" (ibid.). Um dos aspectos que caracterizava o filósofo do século XVIII francês era exatamente o compromisso com uma causa: "ele pretendia colocar suas ideias em uso, persuadir, propagar e transformar o mundo ao redor" (ibid.). Acreditavam ser dotados de uma missão civilizadora, confiando na racionalidade como arma para "iluminar de cima para baixo"

296 CARLOTA BOTO

(ibid.). Nesse sentido, enquanto pensadores, a maioria dos intelectuais do século XVIII não se caracterizava pelo desenvolvimento de uma filosofia sistemática. Diz Darnton que "eles brilhavam na conversa inteligente, na escrita de cartas, nos boletins manuscritos, no jornalismo e em todas as formas do mundo impresso, dos grossos tomos da *Encyclopédie* aos borrados panfletos" (ibid., p.21). Condorcet é herdeiro direto desse espírito ilustrado.[3] Inclusive – como expõe Darnton – "o que distinguiu Condorcet durante esse processo todo não foi a identificação com um partido – nem mesmo com os girondinos, com os quais ele foi condenado em 1793 –, mas a fidelidade à razão" (ibid., p.156).

Condorcet tem na teoria política sua reflexão mais conhecida sobre a questão da probabilidade e do cálculo matemático em processos eleitorais. Possui também um conhecido trabalho sobre filosofia da história, no qual manifestou o propósito de proceder a uma matemática e cálculo precisos da investigação sobre o homem, sobre a lógica do passado e sobre os trilhos do futuro. Nesse seu *Esquisse d'un tableau historique des progrès de l'esprit humain*, o filósofo projetou um movimento de "aceleração da história" – para utilizar expressão de Fernando Catroga. Como diz Catroga, o quadro histórico desenhado por Condorcet nesse trabalho clássico de sua filosofia da história situou o conhecimento como "o verdadeiro municiador da aceleração do acelerador da história" (Catroga,

---

3 Darnton pondera os argumentos que rejeitam o Iluminismo em nome do valor da particularidade das culturas. Para o autor, "o Iluminismo pode ser acusado de eurocentrismo, ou pior: de perpetuar a hegemonia cultural sob o disfarce do universalismo. Resposta: o Iluminismo certamente coincidiu com uma segunda era de descobertas, e exploradores esclarecidos ampliaram impérios europeus. Mas filósofos como Condorcet e Raynal protestaram contra a opressão de povos coloniais e especialmente contra a escravidão. Os colonizados com frequência voltavam princípios europeus contra seus senhores e encontravam princípios correspondentes no interior de suas próprias tradições. A rejeição dos direitos humanos em nome de 'valores asiáticos' serviu aos propósitos dos ditadores asiáticos, e os defensores da democracia na Ásia beberam na herança iluminista da Europa sem prejuízo de seu compromisso com seus próprios valores" (Darnton, 2005, p.103).

2003, p.85). Em seu *Tableau*, Condorcet dissertou sobre uma caminhada do gênero humano, construída "a partir de observações sobre aquilo que o homem foi, a fim de assegurar e acelerar os novos progressos que a natureza ainda lhe permite esperar, tanto mais que esta não havia posto nenhum termo às esperanças humanas" (ibid.). Tal "experiência da aceleração" (ibid., p.84) expressa a dimensão otimista das Luzes.

Condorcet acreditava ser possível calcular as "chances do progresso" (Catroga, 2003, p.80) e planificar o futuro, provendo-o de instituições e organizações políticas e sociais que também contribuíssem para esse avanço do conhecimento e da história. Havia, em seu pensamento, "a esperança matemática, mas como algo de aleatório e consequentemente, de probabilístico" (ibid., p.80). Retomando o aforismo baconiano que prometia um "saber para prever, prever para prover" (ibid., p.81), Catroga destaca que Condorcet foi "quem melhor expressou o intento de se unificar a metodologia das ciências naturais com as das ciências sociais, condição fundamental para que estas conquistassem a previsibilidade que havia feito o prestígio das primeiras" (ibid.).

Condorcet compreendia que, ao se conhecer as leis dos fenômenos, estes poderão ser previstos (Catroga, 2003, p.81). A história tornava-se, portanto, não apenas um percurso evolutivo, mas fundamentalmente uma trajetória finalística. O tempo era acumulativo e, por decorrência, cada geração acumula os avanços da anterior e segue em frente com novas conquistas. Esse rumo de perfectibilidade só poderia ser traduzido por uma representação totalizadora da história e uma organização sequencial do tempo (ibid., p.45). Esse era o universo compartilhado pela filosofia das Luzes. Para recorrer às próprias palavras de Catroga relativas ao Iluminismo, temos o seguinte:

> O presente e o futuro foram qualificados como épocas de autonomização e emancipação racional, funcionando o passado como uma espécie de preparação (com avanços e recuos) de um itinerário que, todavia, só no porvir (agora secularizado e imanentizado)

298 CARLOTA BOTO

realizaria plenamente a essência perfectível da natureza humana. (Catroga, 2003, p.61)

A Revolução Francesa, ao refletir sobre o tema da instrução pública, pretendia, a um só tempo, interromper o curso quase incontido da revolta; para perpetuar a revolução nos espíritos e na história. Para tanto, havia de ser produzido o homem novo; para a nova sociedade cuja arquitetura – supunha-se – havia já sido criteriosamente desenhada. Observa Jorge Grespan que a Revolução Francesa, mais do que mera aplicação de ideários filosóficos anteriores, teria produzido uma mundividência impressa na "filosofia da história" que lhe era própria, posto que filósofos como Condorcet teriam pensado "com originalidade os problemas envolvidos pelo sufrágio universal, pela cidadania e pela ideia de progresso na história. Aqui ocorre também uma prática teórica, não apenas uma prática imediata, uma simples ação pretensamente divorciada do pensamento" (Grespan, 2003, p.106). Para Grespan, a publicação do *Esboço de um quadro histórico dos progressos do espírito humano* revela que, já em sua fase de proscrição, Condorcet estava convencido – e expressava isso naquele mesmo trabalho redigido em 1793 – de que "a história caminha de modo inevitável para o melhor também no campo ético e político" (ibid., p.59).[4]

No que concerne à sempre sinuosa relação obra e escritor, escrever isso no tempo em que já fora expurgado do processo legislativo

---

4 Como sublinha também Grespan, pode-se considerar que "a relação entre Iluminismo e Revolução é bem mais complexa, portanto, do que a via unilateral que vai dele a ela. A pergunta mais adequada e fértil não é se, e como, as ideias iluministas conduziram aos acontecimentos de 1789. Posta dessa maneira, como o faz a maior parte da bibliografia, a questão é quase insolúvel, presa na armadilha de um idealismo em que pensamento e realidade se defrontam em uma dicotomia. Se o Iluminismo também foi atuação, contudo, e a Revolução também foi elaboração teórica, a direção da pergunta deve ser invertida: trata-se de saber como os revolucionários leram, interpretaram, aplicaram e desenvolveram os autores iluministas, apropriando-se de seus conceitos e modificando-os. Nessa perspectiva, ainda, levam-se necessariamente em conta as diferenças entre as propostas revolucionárias, entre as obras iluministas e, por fim, entre ambas as esferas" (Grespan, 2003, p.106).

INSTRUÇÃO PÚBLICA E PROJETO CIVILIZADOR **299**

significou mais do que desprendimento: para Alain Pons, "Condorcet se esquece de sua própria sorte para meditar exclusivamente sobre os interesses da Humanidade inteira, ele se evade definitivamente do presente para melhor recapitular o passado e nele encontrar motivos para a confiança no futuro" (Pons, 1988, p.22).

Tendo sido Condorcet perseguido em 1793, aprisionado e morto em consequência da política da Convenção jacobina, seu *Esquisse d'un tableau historique des progrès de l'esprit humain* foi publicado postumamente, em 1795. Aquele livro que compôs o retrato da filosofia da história de Condorcet foi, à época de sua publicação, considerado testamento filosófico do Iluminismo (Baker, 1989, p.236). No mesmo ano, por sugestão do Comitê de Instrução Pública, foi distribuído pelas escolas, por toda a França. Daunou, falando em nome da Convenção, disse que o livro apontava para "o aperfeiçoamento do estado social como o mais digno objetivo do espírito humano; e vossos alunos, estudando nele a história das ciências e das artes, aprenderão, sobretudo, a amar a liberdade, a detestar e a vencer todas as tiranias" (Daunou apud Baker, 1989, p.236).

O texto do *Esboço de um quadro histórico dos progressos do espírito humano* tinha por pressuposto a inteligibilidade da história mediante a própria configuração moral do homem; o que supunha "o efeito arrebatador operado pelas ciências físicas sobre as ciências morais e políticas e a melhoria do mundo social graças a uma arte política racional" (Pons, 1988, p.25). Condorcet estrutura, historicamente, em períodos demarcados, nove eras do desenvolvimento histórico; postula, para além delas, uma décima, que tratará da história do tempo futuro. Sobre o tema, cabe transcrever o comentário de Maria das Graças de Souza:

> Condorcet afirmava que o estado de aperfeiçoamento de seu tempo não poderia mais ser interrompido, a não ser que houvesse alguma catástrofe mundial. Caberia aos homens que tivessem cultivado a razão pelo estudo e pela meditação a tarefa de acelerar este progresso, que por si só era inevitável. (Souza, 2001, p.154-5)

300 CARLOTA BOTO

Em seu *Esboço de um quadro histórico dos progressos do espírito humano*, publicado em 1795, quando seu autor já havia morrido, Condorcet "expressou sua crença na inevitabilidade do progresso humano e no poder que tinham a ciência e a tecnologia de transformar o conhecimento e o controle que o homem detinha sobre si mesmo e sobre a sociedade" (Whitrow, 1993, p.165). A história era, no mesmo texto, interpretada como uma sequência de dez estágios, arrolados de maneira hierárquica, cada etapa preparando uma próxima, que lhe sucederá e que será – em relação à mesma etapa anterior – aperfeiçoada. Há, nesse sentido, clara evolução no pressuposto de um progressivo aperfeiçoamento inscrito no movimento da história. O estágio em que se vivia na época – Condorcet o caracterizava como nono – "começara com a filosofia de Descartes e culminava na fundação da República Francesa. O décimo e último estágio seria o governo dos cientistas" (ibid.). Havia, porém, que se formar tais cientistas. E, para tanto, era recomendável instruir o povo. Daí haver uma correlação entre as *Cinco memórias sobre instrução pública* e a concepção de Condorcet acerca do trilho encadeado de uma história evolutiva.

Para Fernando Catroga, foi o impacto da própria Revolução quem trouxe – e a filosofia da história de Condorcet referenda tal hipótese – uma inaudita ideia de futuro, que, por sua vez, compreende uma interpretação de passado bastante peculiar. O passado será observado como embrião natural de um futuro por ele determinado; um futuro, portanto, imanente à órbita da desenvolução dos tempos, condizente com um progressivo e prefigurado devir da condição humana. Assim, a Revolução Francesa inventa seu próprio suporte teórico-conceitual; ainda que, para tanto, reivindicasse, para o mesmo, a herança da Ilustração. Segundo Catroga, a própria Revolução teria sido radicada não apenas na ideia de futuro, mas em uma releitura do passado, tendo por finalidade "a inteligibilidade do devir progressivo da humanidade" (Catroga, 2003, p.88). Era como se os atores históricos mobilizassem o próprio passado para compor o desenho do futuro que supunham planejar: "desta convicção promanou a crença na capacidade pro-

INSTRUÇÃO PÚBLICA E PROJETO CIVILIZADOR **301**

gramadora e planificadora do homem para fazer e acelerar o seu destino, na procura da sua autonomia e autoemancipação" (ibid.).

Condorcet – cuja crença resumia-se à fé na razão, na perfectibilidade dos homens, no movimento da história e na laicidade como princípio de ação social – situa na instrução pública um dos campos de sua atuação como homem de Estado. Acreditava na necessidade de formar, pela cultura letrada, o sujeito da razão – de uma futura comunidade pública. Fazendo jus a seu cariz iluminista, Condorcet apostava na colegialidade como princípio fundamental do debate republicano. Como assinala Charles Coutel, "esse ideal de colegialidade esclarecida está presente na filosofia das Luzes e funda a sociabilidade política na construção da democracia republicana e na defesa dos direitos do homem" (Coutel, 1996, p.16). Além disso – no parecer de Condorcet – a divisão do trabalho tende a tornar mecânico o exercício da profissão. A instrução liberta. A laicidade, sob tal perspectiva, coincide com a radical secularização. Em virtude de sua crença na perfectibilidade, o filósofo apresenta os saberes escolares em permanente processo de atualização, já que o conhecimento segue constante progresso.

No plano de instrução pública que elabora como relator da Comissão de Instrução Pública da Assembleia Nacional Legislativa francesa em 1792, sob o título *Rapport et projet de décret sur l'organisation générale de l'instruction publique, présentés à l'Assemblée Nationale, au nom du Comité d'Instruction Publique, par Condorcet, Député du Département de Paris* [*Relatório e projeto de decreto sobre a organização geral da instrução pública, apresentado à Assembleia Nacional, em nome do Comitê de Instrução Pública, por Condorcet, Deputado do Departamento de Paris*], Condorcet desenvolverá um modelo de organização e classificação dos saberes cuja estrutura interna ele já havia anteriormente estruturado em 1791, quando publica suas *Cinco memórias sobre a instrução pública*. Tratava-se de um modelo de escola seriada, com níveis de classes sobrepostas, hierarquicamente encadeadas. Há uma lógica pretensamente emancipatória na instrução fundada como pública, laica, universal, única e comum para meninos e meninas (coeducação). A filosofia

302   CARLOTA BOTO

da história postulada por Condorcet é espraiada de seu *Tableau* para o *Relatório* da Assembleia Legislativa, cujas diretrizes – como já se observou – haviam sido anteriormente traçadas nas *Cinco memórias sobre a instrução pública*. É isso que, em seguida, procuraremos evidenciar. A própria estrutura dos estágios da instrução pública concebida por Condorcet demarca, em termos curriculares, uma transposição – para o universo escolar – de sua compreensão do movimento da história: cada estágio sucederá outro que lhe é hierarquicamente superior. Não se trata apenas de uma escola graduada. Trata-se, sobretudo, da crença de que o conhecimento emancipa por degraus; e que haverá, nesse sentido, vários níveis de esclarecimento – um sobreposto ao outro. Ao progresso da história, corrresponderá o progresso da escola.

Paradeiros do espírito: a filosofia da história de Condorcet

O conceito de perfectibilidade era caro aos homens de letras contemporâneos da Revolução Francesa. Esclarecida pela racionalidade, a perfectibilidade inaugura a imagem do progresso. Diz Coutel que para o pensamento ilustrado, "o progresso da razão é a condição mesma da república e explica a preocupação com a instrução pública; e difunde as Luzes" (Coutel, 1996, p.17). Como já se comentou, alçada pelos iluministas ao posto de projeto social, por perfectibilidade compreendiam-se progressos do espírito e progressos da história. À exceção de Rousseau, os iluministas franceses não entreviam qualquer possibilidade de a educação, a legislação e o avanço da ciência trazerem eventualmente danos à espécie. A crença compartilhada era a de que o saber gerava poder; mas gerava também sabedoria para o bom uso desse poder. As descobertas – acreditava-se nisso – "cairiam sempre em 'mãos certas' e seriam certamente usadas em benefício da humanidade" (Passmore, 2004, p.393).

O *Esboço de um quadro histórico dos progressos do espírito humano*, redigido por Condorcet, como se sabe, em época na qual ele

INSTRUÇÃO PÚBLICA E PROJETO CIVILIZADOR **303**

já era perseguido (1793), procura traçar um retrato dos progressos da mente humana, em todos os tempos, em direção ao futuro. Esse texto, terminado em outubro de 1793 e publicado em 1795[5] traduz sua inarredável crença no aperfeiçoamento do espírito e, por decorrência, da matéria humana. Charles Coutel considera que, "através de suas páginas, a ciência política adquire uma nova objetividade, aquela do provável calculável, e deixa o domínio passional do subjetivo e do opinável" (Coutel, 1996, p.25). O resultado disso seria que a decisão política surgiria aos analistas como fruto do debate e da escolha racional. A grande questão que, a esse respeito, estaria colocada aos contemporâneos era a seguinte: quando é que efetivamente o voto pode se traduzir na melhor escolha entre as alternativas existentes? Diz Coutel sobre o assunto que "essa questão capital atravessa não apenas as teorias condorcetianas do direito eleitorial e do direito constitucional, mas todo o projeto de uma instrução pública e o projeto republicano por inteiro" (Coutel, 1996, p.25). Daí a relação intrincada – para o caso de Condorcet, assim como para o de Rousseau – entre política e pedagogia.

Inevitável mas indefinido, o progresso tem, para Condorcet, uma capacidade de transformação dos tempos, dos homens e dos lugares. Daí um confessado otimismo, que o militante da tribuna legislativa sempre professou. Alain Pons diz que Condorcet

> [...] alia a multiplicação das trocas científicas, a popularização do saber teórico e prático, os progressos da instrução geral, com a formação de uma "opinião pública", esclarecida, razoável, liberada dos entraves da tradição e da autoridade, e capaz de colocar fim àquela confiscação do saber por alguns que havia causado a desgraça da humanidade. (Pons, 1988, p.46-8)

Karl Löwith assegura que a ideia de progresso em Condorcet difere inteiramente da acepção que seria posteriormente alçada

---

5 O manuscrito dessa obra – terminada, pelo que se sabe, em 4 de outubro de 1793 – foi perdido. Supõe-se que o texto da versão editada em 1795 tenha algumas modificações em relação ao original (Baker, 1975, p.457).

por seu discípulo Augusto Comte. O aperfeiçoamento do espírito era, em Condorcet, metodicamente organizado pelo curso dos tempos, acarretando não apenas uma melhora no conhecimento e nas condições materiais de vida, mas também, e talvez sobretudo, um aperfeiçoamento no campo das virtudes morais e da felicidade coletiva.

Se a progressão era meta natural do tempo, caberia ao homem estudá-la para poder nela bem intervir, acelerando quiçá seu curso. Tratava-se, pois, de prever o futuro, para poder e para prover: "são a ciência, a experiência e o cálculo puros sem qualquer misto de superstição, preconceito e autoridade, que transformam a profecia arbitrária no prognóstico racional e que nos permitem substituir a divina providência pela previsão humana" (Löwith, 1991, p.97). Todavia, a despeito de seu otimismo, Condorcet reconhecia obstáculos históricos ao progresso e à marcha da razão humana: a escravatura, a barbárie, a desigualdade no desenvolvimento das nações, o sempre iminente risco de guerras e conflagrações entre os povos, tudo isso poderia adiar a marcha da civilização em direção a estágios mais avançados (Baker, 1975, p.481).

Como sublinha Maria das Graças de Souza, "o conceito de perfectibilidade no século foi elaborado por Rousseau no interior de uma concepção da história humana absolutamente contrária ao otimismo condorcetiano" (Souza, 2001, p.156). Na contramão do que Rousseau dissera em seus dois *Discursos*, Condorcet no *Esboço* apresenta a tese de que ciências, artes e luzes contribuíram para conferir aos povos hábitos mais afáveis, substituindo códigos de violência física para esquemas de negociações simbólicas que aprimoraram as relações de convivência.

Condorcet supõe que os progressos do espírito são o fio condutor que move a história. Haverá, nesse sentido, a possibilidade de observar o aperfeiçoamento do espírito pela análise de diferentes gerações, desde que postas sob a clivagem de largos quadros analíticos. Só assim, afastados de nosso tempo e distanciados de nossos contemporâneos, podemos, com alguma confiança, apreciar o traçado histórico dos progressos do espírito humano:

INSTRUÇÃO PÚBLICA E PROJETO CIVILIZADOR **305**

Esse progresso é submetido às mesma leis gerais que são observadas no desenvolvimento individual de nossas faculdades, posto que é o resultado desse desenvolvimento, considerado simultaneamente para um vasto conjunto de indivíduos reunidos em sociedade. Porém o resultado que cada instante apresenta depende daqueles oferecidos pelos instantes precedentes, e influi sobre outros, de tempos que estão por vir. Este quadro é, portanto, histórico já que, sujeito a perpétuas variações, ele se constitui mediante observação sucessiva das sociedades humanas nas diferentes épocas que elas percorreram. Ele deve apresentar a ordem das transformações, expor a influência que cada instante exerce sobre aquele que lhe sucede, e mostrar assim, nas modificações vivenciadas pela espécie humana, renovando-se sem cessar ao longo da imensidão dos séculos, a marcha por ela seguida, os passos que foram dados em direção à verdade e à felicidade. Estas observações, sobre o homem que se foi, sobre aquele que hoje é, conduzirá, ainda, aos meios de assegurar e de acelerar novos progressos que sua natureza o autoriza a esperar ainda. (Condorcet, 1988, p.80)

A habilidade para identificar, reconhecer e estruturar seu meio proporciona ao ser humano a competência racional de intervir nele; de se valer dele; de transformá-lo, enfim. A criação das ciências e das artes, associada a essa acuidade do olhar humano sobre seu ambiente, contribuiu para a melhora dos costumes e proporcionou à Humanidade uma predisposição que lhe é específica, diferenciando-a do seio da natureza: a perfectibilidade – condição que leva o engenho humano por uma rota sempre em direção de um contínuo aperfeiçoamento.

Maria das Graças de Souza identifica no *Esboço de um quadro histórico dos progressos do espírito humano* duas hipóteses que se validam como premissas: o ser humano é indefinidamente perfectível e isso poderá levá-lo a projetar a continuidade do devir histórico para além de si mesmo. Sendo essa faculdade de aperfeiçoamento uma lei que regula a órbita do conhecimento dos fenômenos sociais, caberia ao indivíduo ilustrado contribuir para acelerar o progresso:

306 CARLOTA BOTO

"o dever dos filósofos e dos homens esclarecidos em geral é trabalhar não apenas para garantir o curso do progresso, mas sobretudo para torná-lo mais rápido e profundo" (Souza, 2001, p.155).

Naquele que seria seu último trabalho – e Vial destaca esse aspecto – Condorcet não deixa de conclamar os homens para a urgência de se oferecer a todos um ensino elementar que pudesse emancipá-los das crendices e superstições populares, do obscurantismo e da intolerância; com o propósito de que doravante eles viessem a adquirir "conhecimentos morais e humanos sem os quais não seriam homens no sentido pleno da palavra" (Vial, 1970, p.45).

No princípio de seu *Esboço de um quadro histórico...*, Condorcet situa uma primeira época de homens caçadores e coletores, próxima da teoria rousseauniana de estado de natureza: não haveria propriedade e os homens recorreriam apenas à satisfação de seus desejos e de suas necessidades nessa vida coletiva. Contudo, havia afinidades frequentes, que, por empatia e identidade, tornavam a vida em comum mais voltada para a organização de clãs:

> Das relações mais frequentes, mais duradouras com os mesmos indivíduos, da identidade de interesses, das ajudas mútuas que se prestavam... acabaram por produzir igualmente o sentimento de justiça e uma afeição mútua entre os membros da sociedade. Esta, logo, se transformaria em adesão à própria sociedade em si mesma. (Condorcet, 1988, p.92)

Nesse primeiro estágio – intitulado "os homens vivem e se reúnem em populações" – é apresentado um relato que remonta ao surgimento das línguas nas diferentes tribos. Diz Condorcet que

> [...] a formação de uma língua precedeu a das instituições. A ideia de exprimir os objetos por signos convencionais pareceu situar-se por cima do que era a inteligência humana naquele estado de civilização; mas é provável que tais signos tenham sido efetivamente utilizados apenas pela força do tempo, por degraus, e de uma maneira quase imperceptível. A invenção do arco havia sido obra de um

INSTRUÇÃO PÚBLICA E PROJETO CIVILIZADOR **307**

homem genial; a formação de uma língua foi obra da sociedade inteira. Esses dois gêneros de progressos pertencem igualmente à espécie humana. Um, mais rápido, é o fruto de combinações novas que os homens têm o poder de formar, ajudados pela natureza; é o prêmio de suas meditações e de seus esforços. O outro, mais lento, nasce das reflexões, das observações que se oferecem a todos os homens, e até mesmo dos hábitos que os homens contraem no decurso de sua vida comum. (ibid., p.93)

No segundo estágio, os povos tornam-se agricultores; sendo assim, mais sedentários. Os territórios são fixados; as populações paulatinamente se organizam em clãs familiares. Valores como a hospitalidade ganham terreno nessa nova sociabilidade que, então, se parecia engendrar: "havia mais frequentes ocasiões de exercê-la e de exercê-la reciprocamente, de indivíduo para indivíduo, de família para família, de povo para povo. Esse ato de humanidade torna-se dever social e passa a sujeitar-se a regras" (Condorcet, 1988, p.98).

As crenças recebem liturgias mais complexas; valores morais passam a estruturar formas rotineiras de convívio. Por outro lado, cada povo também estrutura suas hierarquias, seus chefes de guerra e de religião. A ideia de propriedade já ganhara espaço – inclusive pela instauração de normas para a partilha de heranças. A organização mais eficaz da produção oferece condições para que haja algum progresso no campo do conhecimento, ainda que imprevisto:

A utilidade da observação das estrelas, a ocupação que elas oferecem durante longos serões, o ócio de que desfrutavam os pastores, certamente acarretaram alguns modestos progressos para a astronomia. Todavia, ao mesmo tempo, viu-se um aperfeiçoamento da arte de enganar os homens para despojá-los e de usurpar, sobre a base de suas opiniões, uma autoridade, fundada em temores e esperanças quiméricos. Estabeleceram-se cultos mais regulares, sistemas de crenças menos grosseiramente combinados. A ideia de poderes sobrenaturais se refinaram, em alguma medida:

308 CARLOTA BOTO

e junto com essas opiniões, observou-se o estabelecimento aqui de príncipes pontífices, ali de famílias ou de tribos sacerdotais, acolá colégios de sacerdotes; mas sempre uma classe de indivíduos que se arrogam algumas prerrogativas afetadas, separando-se dos homens para melhor submetê-los, e, tratando de se apoderar exclusivamente da medicina, da astronomia para reunir todos os meios de subjugar os espíritos, de modo que não lhes fosse deixada possibilidade alguma de desmascarar sua hipocrisia e nem de quebrar seus ferros. (ibid., p.100)

Na terceira etapa, surgiria a escrita e, com ela, uma revolução nos modos de pensar e de agir entre os homens. A escrita surge pela necessidade acrescida de comunicação; o desejo de "comunicar suas ideias às pessoas ausentes, de perpetuar a memória de um fato com maior precisão do que a da tradição oral" (Condorcet, 1988, p.83). O progresso é ancorado na "aptidão dos homens (seja individual, seja coletivamente) de concretizar seu poder de ordenar o mundo" (Baker, 1975, p.455). A escrita ordena o relato do real, conferindo-lhe objetividade, fixidez e lógica. A escrita, então, contribui para racionalizar o mundo.

O título de Condorcet para o terceiro período de seu traçado histórico é revelador: "progresso dos povos agricultores até a invenção da escrita alfabética" (Condorcet, 1988, p.105). Nessa ocasião – diz o relato – tudo se tornara mais complexo: as relações comerciais, sociais e, também, as relações de poder. Havia progresso no conhecimento e na técnica, mas havia também destruição sistemática de saberes, de tecnologias e de outros povos. Grassava a intolerância para com o desconhecido e, por vezes, perante os próprios povos vizinhos.

A primeira escrita que designava as coisas por uma pintura mais ou menos exata, seja da própria coisa, seja de um objeto análogo, dando lugar a uma escrita mais simples, onde a semelhança desses objetos estaria quase apagada, onde os signos eram empregados à guisa de mera convenção, a doutrina secreta teve sua escritura,

INSTRUÇÃO PÚBLICA E PROJETO CIVILIZADOR **309**

como tinha sua linguagem. Na origem das línguas, praticamente cada palavra é uma metáfora, e cada frase uma alegoria. O espírito assenhoreava-se, a um só tempo, do sentido figurado e do sentido próprio; a palavra oferece, ao mesmo tempo, a ideia e a imagem análoga pela qual a própria ideia era expressa. Mas, em virtude do hábito de empregar uma palavra no sentido figurado, o espírito acaba por nele se deter exclusivamente, para fazer abstração do sentido primeiro; e aquele sentido, a princípio figurado, torna-se, pouco a pouco, o sentido ordinário e próprio da palavra. (Condorcet, 1988, p.117-8)

No referido terceiro estágio, o surgimento da escrita vem atado ao intento de domínio. Não se objetivava instruir, mas dominar: propagar pela escritura crendices e códigos de obediência revestidos do traçado do sobrenatural. Condorcet, nesse sentido, é impiedoso com seu julgamento da história. Situa-se nele, não apenas como narrador, mas como partícipe protagonista, que – em momento algum – se exime de proferir sua sentença. Segundo ele, aquela época convivia com duas doutrinas: uma dos poderosos e, outra, daqueles que eram por esses dominados. A linguagem escrita apenas fortalecia e perpetuava a ordem das coisas, referendando e fortalecendo opiniões e dogmas que convertiam mitologias orais em religiosidade escrita.

A quarta etapa – intitulada "progressos do espírito humano na Grécia, até o tempo da divisão das ciências em direção ao século de Alexandre" – confere prioridade ao estudo da civilização grega. Porém – como observa Maria das Graças de Souza – os comentários de Condorcet sobre a Grécia clássica são perpassados por alguma cautela analítica:

Em primeiro lugar [Condorcet] afirma que uma das principais causas do desenvolvimento da civilização grega é de natureza política. A organização republicana das cidades teria contribuído para a independência do espírito. Mas, de outro lado, ele se esforça em mostrar que o grau de desenvolvimento a que chegaram os gregos

310 CARLOTA BOTO

não foi tão grande a ponto de impedir definitivamente um processo de decadência. O primeiro erro dos filósofos foi a pretensão [...]. Esta pretensão levou à elaboração de sistemas forjados, ao desprezo pela observação, ao abuso da linguagem. (Souza, 2001, p.162-3)

A Grécia teria recebido de povos orientais grande parte de seu saber, inclusive o uso da escrita alfabética.[6] Através de viagens, por meio de exilados ou estrangeiros que lá viviam, tomava contato com que se descobria e se inventava entre os povos do Oriente. Além de tudo, mesmo o progresso dos gregos nos campos da medicina, da matemática e da física ancorava-se na escravidão; e isso, para Condorcet, era intolerável. Por esse motivo, como bem sublinha Maria das Graças de Souza, "Condorcet recusa que a experiência republicana antiga possa orientar a reflexão e a ação política modernas" (ibid., p.163).

De acordo com comentário de Alain Pons, Condorcet era também refratário ao mito criado em torno da história romana. Na quinta fase de sua periodização histórica – intitulada "progressos das ciências desde sua divisão até sua decadência" – ele trata do assunto. Roma não teria interesse algum, não fosse o fato de haver se apropriado da herança artística e do legado intelectual da Grécia, difundindo-os por seu vasto império; até o momento em que seria produzido seu próprio declínio ocasionado pelo cristianismo. Mas é como se tudo isso estivesse previsto na ordem teleológica dessa caminhada do progresso.[7] Abordando da filosofia grega à filosofia helenística – com especial atenção para as concepções de virtude do estoicismo e do epicurismo –, Condorcet chega a Roma, des-

---

6 Hoje se sabe que, de fato, os gregos inovaram porque foram os primeiros a elaborar um alfabeto com vogais. O alfabeto fenício lhes era anterior, mas exclusivamente consonantal.

7 "As épocas seguintes veriam o desaparecimento quase total das ciências, sua tímida reaparição, seu fortalecimento a partir da invenção da tipografia, até o momento onde elas se corroem definitivamente com Bacon, Galileu e Descartes, o 'jugo da autoridade', assegurando, enfim, o triunfo da razão no século XVIII." (Pons, 1988, p.46)

qualificando, por completo, sua cultura como uma ressignificação, em alguma medida, insignificante da civilização produzida pelo espírito grego.

A ambição dos romanos os conduzia a buscar na Grécia mestres naquela arte da eloquência que era, entre eles, uma das rotas da fortuna. Esse gosto por prazeres exclusivos e refinados, essa necessidade de novos prazeres, que nasce da riqueza e da ociosidade, fê-los encontrar a arte dos gregos, e a conversação de seus filósofos. Mas as ciências, a filosofia, as artes do desenho foram sempre plantas estrangeiras sob o sol de Roma. [...] Que lugar poderiam encontrar as tranquilas meditações da filosofia ou das ciências, entre chefes que aspiravam à tirania e logo depois sob déspotas que temiam a verdade e que odiavam igualmente os talentos e a virtude? (Condorcet, 1988, p.150-1)

Condorcet discorre, ainda, sobre a questão religiosa, evidenciando sua preocupação com povos cujo suporte institucional ainda se apoiava em alguma crença religiosa. Nos povos orientais, a religião se confundia com a lei – "o direito de interpretá-la tornando-se um dos fortes apoios da tirania sacerdotal" (ibid., p.151). Na Grécia, cada cidade tinha seu código religioso; embora muitos líderes tivessem disso se valido para efeitos de domínio.

Em Roma – recorda Condorcet – a maior autoridade residia na tradição dos costumes, no pacto consuetudinário. A jurisprudência – como a grande e única ciência edificada pelos romanos –, valendo-se desse respeito popular pelas antigas instituições, orienta-se pelo privilégio de interpretar leis e de reformulá-las, quando for o caso.

Para Condorcet, o legado do direito romano era algo contraditório, em termos de sua validez histórica, dado o fato de sua permanência haver "contribuído para conservar algumas ideias do direito natural dos homens, e para impedir também que tais ideias se desenvolvessem e se estendessem; devendo nós aos romanos um pequeno número de verdades úteis e um conjunto mais vasto de

312 CARLOTA BOTO

prejuízos tirânicos" (Condorcet, 1988, p.152). De todo modo, o filósofo reconhece avanço na reunião de povos sob o mesmo império – posto que tal situação contribuiria para "multiplicar as luzes sobre um espaço grande com maior igualdade. Seu natural efeito deveria ser o de apagar, pouco a pouco, a diferença que separava as seitas filosóficas" (ibid., p.153).

Foi assim que Roma dominou, prevalecendo sobre povos do Oriente; difundindo seu império para ditar leis humanas sobre povos habituados a cumprirem normas que supunham traçadas pela vontade de deus(es). Antes de ser, assim, adorador de Jeová ou de Jesus, caberá ao súdito romano acatar e fazer por obedecer ao código de leis do Império. Por isso é que "um vago teísmo, ou o puro mecanismo de Epicuro era, mesmo no tempo de Cícero, a doutrina comum a todo aquele que houvesse cultivado seu espírito, de todos os que dirigiam os negócios públicos" (ibid., p.155). Mas os homens do povo não estariam suficientemente esclarecidos para viver sob o primado de uma legislação humana, para além de suas específicas crenças e seitas. Por essa razão é que – segundo o *Esboço de um quadro histórico...* – vinte seitas egípcias e judaicas acabaram por confluir para o Cristianismo; ainda que fosse, a princípio, sobretudo como estratégia para atacar a religião do Império. O obsessivo laicismo e anticristianismo de Condorcet torna-se evidente na seguinte passagem:

> Todos acreditavam em um Cristo, um messias enviado por Deus para redimir todo o gênero humano. Esse é o dogma fundamental de toda seita que deseje elevar-se sobre os vestígios das seitas antigas. Disputava-se sobre o tempo, sobre o lugar de sua aparição, sobre seu nome mortal; porém aquele de um profeta que havia – dizia-se – aparecido na Palestina, sob Tibério, eclipsou todos os demais; e os novos fanáticos agruparam-se sob o estandarte do filho de Maria. (Condorcet, 1988, p.140)

Os progressos do cristianismo foram – nos termos do texto – proporcionais ao declínio do Império Romano; como se o cristia-

INSTRUÇÃO PÚBLICA E PROJETO CIVILIZADOR **313**

nismo se tornasse um poderoso partido na querela dos Césares: "ele colocou Constantino no trono e – pôs a si mesmo ao lado de seus frágeis sucessores" (ibid., p.156-7). Condorcet diz também que uma das características do cristianismo foi o completo desprezo pelas – nomeadas por ele – "ciências humanas" (ibid., p.157).

Passa-se a desdenhar do exame, da dúvida e da própria confiança na razão. O cristianismo foi, na caminhada da perfectibilidade, um passo para a decadência. Desconhecida a tipografia – diz Condorcet – a ciência e a filosofia não foram suficientemente preservadas. Destruíram-se incontáveis livros e rolos de papiro manuscritos – "perdas irreparáveis". Perdeu-se a maior parte do acervo culturalmente acumulado pela escrita...

> Pode-se criticar aos gregos e romanos – inclusive a seus sábios e filósofos – de sua absoluta carência desse espírito de dúvida, que submete a severo exame da razão tanto os fatos quanto suas provas... Um *ouvir dizer*, um *ouvir contar*, colocados no princípio da frase, parece-lhes suficiente para protegê-los de uma credulidade pueril. É principalmente pela infelicidade de, ainda, ignorarem a arte da tipografia que se deve atribuir aquela indiferença, que corrompeu entre eles o estudo da história, e que se opôs ao progresso no conhecimento da natureza. (Condorcet, 1988, p.160)

A sexta etapa dessa história assinala o que Condorcet nomeia de "decadência das luzes, até sua restauração pelos tempos das Cruzadas". Aqui, ele divide a análise entre o Oriente e o Ocidente: no caso do último, a decadência seria mais rápida e resoluta; no caso do Oriente, a mesma "decadência teria sido mais lenta" (ibid., p.163).

Abordando, a princípio, a luta fratricida entre os romanos e as diversas tribos bárbaras, Condorcet demonstra o quanto os povos, fracionados, abandonaram costumes comuns que, por largo tempo, construíram. Com o esvaziamento das cidades, o Ocidente viu seu poder repartido; as leis abandonadas; uma anarquia geral; a religião ocupando os espaços civis – "um exército de monges sempre pres-

314 CARLOTA BOTO

tes a exaltar, por suas imposturas, terrores supersticiosos, a fim de reforçar, mais intensamente, o fanatismo" (ibid., p.167).

À supremacia do clero cristão associava-se uma formação social de cariz eminentemente rural, pautada em elos de mútua dependência e proteção entre senhores e vassalos, com autonomia interna de "feudos", que passam a ser o polo sustentador da economia. As guerras tornam-se quase privadas: de uma cidade para outra, entre territórios invadidos, sem que houvesse qualquer instância capaz de arbitrar o conflito. A moral – que passava a ser ministrada pelo exclusivo crivo do clero cristão – revela-se um conjunto de preceitos e rituais puramente religiosos, eivados de "pecados imaginários" (ibid., p.169). Impunha-se ao mundo uma nova tirania, carregada de "intolerância religiosa" e de "imposturas supersticiosas".[8]

Por seu turno, o mundo árabe, que já anteriormente conhecera a liberdade científica, também se submetera, explicitamente, a um despotismo orientado pelo vértice religioso. Condorcet dirá que foi um desvio na rota da perfectibilidade:

> Nós assistimos, portanto, pela segunda vez, o gênio abandonar os povos que ele havia iluminado; mas seria, fundamentalmente, diante da tirania e da superstição que ele seria forçado a

---

8 Parece-nos, a propósito, bastante arguta a análise que Maria das Graças de Souza efetua sobre o modo pelo qual o *Tableau* descreve esse período: "dois traços chamam atenção na análise condorcetiana dos séculos que se seguiram à cristianização da Europa. Em primeiro lugar, embora algumas passagens sejam dedicadas ao Império Romano do Oriente e as árabes, pode-se dizer que a maior parte é dedicada à Europa. O Iluminismo, embora aspire à universalidade, é eurocêntrico. A diferença entre os impérios do Oriente e do Ocidente é que, no primeiro caso, a decadência foi mais lenta, e, no Ocidente, mais rápida. Em compensação, continua Condorcet, no Ocidente a razão renasceu e, acrescenta ele, para sempre, enquanto o Oriente não viu ainda o dia de sua libertação. Quanto aos árabes, curiosamente, eles serviram de guardiões da cultura clássica, mas isto não lhes serviu; foi o Ocidente que empreendeu a restauração durável a partir do contato com os textos que eles haviam preservado. Submissos que eram a um despotismo religioso, seus momentos de luz foram passageiros" (Souza, 2001, p.167).

INSTRUÇÃO PÚBLICA E PROJETO CIVILIZADOR   315

desaparecer. Nascido na Grécia, embalado pela liberdade, ele não pudera estancar seu declínio, nem defender a razão contra os povos já degradados pela escravidão. (Condorcet, 1988, p.173-174)

O uso lógico que Condorcet atribui à interpretação histórica parece inequívoco; provocando, contudo, possíveis distorções. Pelo raciocínio construído, parece que os gregos se voltaram para o campo da racionalidade antes de instituírem a escravidão; o que não é verdade. Por sua vez, parece haver uma força motriz movendo esse território da racionalidade, de tal modo que ela progride e recua no mesmo acorde de sua suposta perfectibilidade.

A história não apenas dá o exemplo, mas ensina pelos seus próprios equívocos. Observar os fatos pode possibilitar a projeção de um futuro diferente; a prospecção daquilo que os tempos pregressos deixaram de realizar. Os árabes, conquistados, teriam chegado – segundo Condorcet – ao limite da servidão, da miséria e da corrupção, da degeneração de costumes, conquistas e saberes construídos durante séculos; assim

> [...] como a religião de Maomé, a mais simples por seus dogmas, a menos absurda por suas práticas, a mais tolerante em seus princípios, parece condenar à eterna escravidão, a uma incurável estupidez, toda essa vasta extensão de terra onde ela estendeu seu império; ao passo que nós ainda iremos ver brilhar o gênio das ciências e da liberdade sobre as superstições mais absurdas, em meio à mais bárbara intolerância. (Condorcet, 1988, p.174)

A sétima época histórica é nomeada por Condorcet do seguinte modo: "a partir dos primeiros progressos das ciências durante sua restauração no Ocidente até a invenção da tipografia" (ibid., p.175). Trata-se do estudo da Baixa Idade Média; e, nela, particularmente, do lugar desempenhado pela escolástica no cenário cultural. Evidentemente, outras transformações são reconhecidas: no campo da economia, da legislação, das ciências, passava-se a desenvolver novamente um espírito investigativo, o que levou a um princípio de valorização da pesquisa empírica. Contudo os escolás-

316 CARLOTA BOTO

ticos ocupavam-se, ainda, de temas metafísicos, que se resolviam na disputa argumentativa:

> Essa escolástica não conduziria à descoberta da verdade; não servia nem mesmo para discuti-la, para apreciar devidamente suas provas; mas ela agudizava os espíritos. E esse gosto das distinções sutis, essa necessidade de dividir incessantemente as ideias, de lhes extrair as fugitivas nuanças, de representá-las por novas palavras, todo esse aparelho empregado para embaraçar um inimigo na disputa, ou para escapar de suas peças, foi a origem primeira dessa análise filosófica, que, desde então, tem sido a fonte fecunda de nossos progressos. (ibid., p.181)

A escolástica empenhou-se em precisar os conceitos e depurar as palavras de seus sentidos mesclados. A precisão conceitual auxiliava na configuração de uma cosmovisão mais acurada e precisa. Além disso, foram obtidos progressos no ofício de medir o tempo. Foram desenvolvidas as artes mecânicas, com a invenção dos moinhos de vento, das primeiras fábricas de papel e da pólvora. Essa última aperfeiçoaria a arte da guerra, com a introdução das armas de fogo. Paulatinamente, seriam destronados as medievais armaduras de ferro e todo ritual da cavalaria; com o manejo de lanças e de espadas. A própria guerra havia avançado; modernizava-se. A habilidade da nobreza no manejo das armas, como monopólio, esboroava-se. Por outro lado, o argumento de autoridade tinha grande aceitação: não se analisava, em geral, um juízo por seu rigor, mas pela força de quem o proferia. A intolerância religiosa grassava por toda parte, já que – além das invasões bárbaras – tratava-se de construir guerras particulares; de um senhor contra outro.

Na verdade, a galanteria dos menestréis e trovadores, a instituição de uma cavalaria professando generosidade e franqueza, devotando-se a manter a religião e a defender os oprimidos, bem como a atenção às damas, parece haver suscitado, nos costumes, mais doçura, decência e elevação. Porém tal mudança, restrita às cortes

INSTRUÇÃO PÚBLICA E PROJETO CIVILIZADOR   **317**

e aos castelos, não alcançava as massas populares. O resultado foi a produção de um pouco mais de igualdade entre os nobres, menos perfídia e crueldade nas relações entre eles; mas o desprezo pelo povo, a violência de sua tirania, a audácia de sua bandidagem, permaneceram os mesmos; e as nações, igualmente oprimidas, foram igualmente ignorantes, bárbaras e corrompidas. (Condorcet, 1988, p.184-5)

A oitava época, dando coerente sequência à trajetória traçada, iria "desde a invenção da imprensa até o tempo no qual as ciências e filosofia sacudiram o jugo da autoridade" (ibid., p.187). A tipografia teria sido uma revolução técnica e uma reviravolta nos códigos mentais vigentes em seu tempo. A escrita impressa surge porque estavam dadas as condições culturais para seu aparecimento. Por outro lado, com a invenção da tipografia, a progressiva ampliação do público leitor, ampliam-se também – em um traçado circular – os anseios por instrução:

A tipografia multiplica indefinidamente, e com pequeno custo, os exemplares de uma mesma obra. Desde então, a faculdade de possuir livros, de adquiri-los, de acordo com gostos e necessidades, passou a existir para todos aqueles que sabem ler; e essa facilidade da leitura aumentou e propagou o desejo e os meios de instrução. Tais cópias multiplicadas difundiam-se com grande rapidez, não apenas os fatos, as descobertas adquirem uma publicidade mais extensa, além de mais rápida. As luzes tornam-se objeto de um comércio ativo, universal. (ibid., p.187-8)

Hoje se reconhece na figura do mestre-impressor – ofício que tomava lugar naquelas primeiras tipografias europeias – um indivíduo novo, perito igualmente na lide com a máquina, no comércio do suporte material produzido como livro e no aparente domínio do conteúdo do produto letrado que vendia (Eisenstein, 1998, p.158). Diz Eisenstein sobre o tema que ali, pela atuação do mestre-impressor

318 CARLOTA BOTO

Os trabalhos de edição, tradução e análise textual foram transferidos do recinto dos claustros para ativas lojas comerciais, onde acadêmicos togados e comerciantes trabalhavam lado a lado com artífices e mecânicos... Seus produtos acarretaram o aparecimento de novas interações entre teoria e prática, entre trabalho intelectual abstrato e experiência sensorial, entre lógica sistemática e observação cuidadosa. (ibid.)[9]

Formava-se, com a tipografia, uma opinião pública mais "enérgica" – nos termos de Condorcet (1988, p.188) – e que agia com mais autonomia, por longas distâncias. Desde então, na história traçada no *Tableau*, o progresso do espírito humano estaria indelevelmente associado aos progressos no campo da leitura, dos livros e do aprendizado da habilidade leitora.

Opiniões fugazes pelos livros se fixavam; passageiras divergências perpetuavam-se possivelmente na fixidez do impresso. As pessoas passam a fazer usos variados dos vários textos: dicionários de consultas, trabalhos relativos ao desenvolvimento das várias ciências, até almanaques, leituras populares com adágios, contos, provérbios e mesmo romances.

O confronto das informações mais sistemáticas com a observação e a experiência conduziria – diz Condorcet – à elaboração de quadros mais amplos; de apreensões mais aprofundadas dos temas e dos problemas analisados. Enfim, eram apresentados, em uma forma organizada, "por uma ordem metódica, os materiais dos quais os gênios extraiam novas verdades: todos esses meios de tornar mais rápida, mais segura e mais fácil a marcha do espírito

---

9 Eisenstein recorda, ainda, que essas atividades reunidas do mestre-impressor eram anteriormente separadas (Eisenstein, 1998, p.158). Para esses impressores, a alfabetização passaria a, indiretamente, interessar: "quanto maior for o público leitor em língua vernácula, mais ampla será a soma de talento científico potencial a ser explorada, e maior o estímulo dos artífices para revelarem os segredos de seu ofício, pela impressão de tratados que atrairiam compradores às suas lojas. A penetração social da alfabetização, por seu lado, também incentivou novos e úteis intercâmbios entre editores e leitores" (ibid., p.259).

INSTRUÇÃO PÚBLICA E PROJETO CIVILIZADOR **319**

humano são, também eles, benefícios da imprensa" (Condorcet, 1988, p.189).

Pode-se considerar que, no esquadro construído no *Tableau*, a tipografia e a produção do livro como suporte material carregavam consigo extraordinária dimensão simbólica; posto que a leitura – por si mesma – é considerada fator de emancipação. Os censores da época, irremediavelmente, derrubavam suas máscaras:

> Essa instrução, que cada homem pode receber através dos livros no silêncio e na solidão, não pode ser universalmente corrompida: é suficiente que exista um recanto de terra livre, onde a imprensa possa enviar suas folhas. Como – diante dessa multidão de livros diferentes, de exemplares de um mesmo livro, de reimpressões, dentro de instantes, novamente podem se multiplicar – poder-se-ia encerrar, com suficiente segurança, todas as portas pelas quais a verdade se procura introduzir? Isso já era difícil, mesmo quando se tratava apenas de destruir alguns exemplares de um manuscrito para irremediavelmente aniquilá-lo, quando era suficiente proscrever uma verdade, uma opinião, durante alguns anos, para relegá-la a um eterno esquecimento; não seria hoje impossível, quando, para tanto, se faria imprescindível uma vigilância sempre renovada, uma atividade que jamais descansaria? (Condorcet, 1988, p.190)

O autor reconhece que a invenção da tipografia aliava-se a um vasto conjunto de outros avanços tecnológicos que ocasionariam também o aprimoramento das nações: "eu falo da tomada de Constantinopla pelos turcos e da descoberta, seja do Novo Mundo, seja da rota que abriu para Europa uma comunicação direta com as partes orientais da África e da Ásia" (ibid., p.191).

Os conquistadores eram sujeitos intrépidos que venciam o obstáculo do mar e do medo, rompendo, para a Europa, os próprios limites do mundo. Por outro lado – critica Condorcet – havia também uma "insaciável sede de ouro e de sangue" (ibid., p.192) entre aqueles conquistadores e seus mandatários. Avareza, superstições, lendas e devassa; em nome da religião; em nome do que o século XVIII de Condorcet já chamaria de civilização.

A Reforma Protestante e a Contrarreforma católica seriam, por seu turno, momentos também destacados na caminhada do espírito humano. Contudo, nas lutas que então passam a ser travadas entre católicos e protestantes, a mesma intolerância poderia ser, de lado a lado, observada. Príncipes e clérigos enganavam o povo; e esse povo não sabia ler. Mesmo assim, entre as diferentes religiões, Condorcet ressalta que a Reforma teria ocupado um lugar histórico importante para o esclarecimento popular:

> A Reforma, ao destruir a confissão, as indulgências, os monges e o celibato dos padres, depurou os princípios de moral e até mesmo diminuiu a corrupção dos costumes nos países que a abraçaram; ela os liberou das expiações sacerdotais, esse perigoso encorajamento ao crime, e do celibato religioso, destruidor de todas as virtudes, posto que é o inimigo das virtudes domésticas. (Condorcet, 1988, p.202)

A teoria da história abraçada por Condorcet é feita por fatos e por vultos: personagens que protagonizaram momentos importantes, antecipando-se a seu tempo, prenunciando as conquistas futuras – homens esses que sempre se distinguem pelos talentos, pelos feitos e pelas virtudes; como se as três dimensões viessem sempre atadas umas às outras.[10]

A história, para o caso da Era Moderna, foi fundamentalmente uma história cultural: Galileu descobre a lei da queda dos corpos e

---

10 "Contudo, podem, por fim, reaparecerem algumas daquelas doces e corajosas virtudes, que honram e consolam a humanidade. A história lhes oferece nomes que ela pode pronunciar sem avergonhar-se; são almas puras e fortes, de grandes caracteres reunidos a talentos superiores, aparecendo, de tempos em tempos, em meio àquelas cenas de perfídia, de corrupção e de carnificina. A espécie humana ainda revolta o filósofo que lhe contempla o quadro. Mas ela não o humilha mais e mostra esperanças mais próximas. A marcha das ciências torna-se rápida e brilhante." (Condorcet, 1988, p.203)

INSTRUÇÃO PÚBLICA E PROJETO CIVILIZADOR **321**

dela deduz a lei do movimento uniformemente acelerado; Copérnico desenvolve a tese que posteriormente será provada por Galileu – o universo é heliocêntrico, ao contrário do que se supunha – e refuta, com isso, o sistema ptolomaico, até então vigente; Kepler descobre e anuncia a órbita dos planetas, em sua forma, seu percurso e sua regularidade (Condorcet, 1988, p.203-4).

Com as lunetas de Galileu, um novo mundo se abria aos homens; e não se poderia mais, desde então, recusar-se a vê-lo. Descartes unira exemplo e preceito como método de obtenção da verdade (ibid., p.211); Bacon destacava o segredo do estudo da natureza: observação, experiência e cálculo. Mais do que isso: "a descoberta do peso do ar e da circulação do sangue assinalavam os progressos da física experimental, que nascera na escola de Galileu; e da anatomia, já demasiadamente extensa para não se separar da medicina".

Para Condorcet, parecia óbvio que todas essas contribuições – em especial a metódica dúvida cartesiana – poderiam ser estendidas para todos os campos do saber. Além do mais, as próprias diferenças entre os sistemas físicos e filosóficos engendrados no século XVII representariam uma oportunidade para que pudesse haver progresso. A seta estava sempre atirada ao ar:

> Ele [Descartes] queria estender seu método a todos os objetos da inteligência humana: Deus, o homem, o universo, eram todos sujeitos de suas meditações. Se, nas ciências físicas, sua marcha é menos confiável do que a de Galileu, se sua filosofia é menos sábia que a de Bacon, se podemos repreendê-lo por não haver aprendido suficientemente – pelas lições de um, pelo exemplo do outro – a desconfiar de sua imaginação, a não interrogar a natureza abstraindo-a de experiências, a acreditar apenas no cálculo, a observar o universo em lugar de construí-lo, a estudar o homem em vez de adivinhá-lo, a própria audácia de seus erros serviu aos progressos da espécie humana. Ele agitou os espíritos que a sabedoria de seus rivais não pôde despertar. Ele disse aos homens que se libertassem do jugo da autoridade, que, doravante, não reconhecessem nada que não lhes fosse aprovado pela razão; e ele foi obedecido, porque

322   CARLOTA BOTO

subjugava por sua audácia, porque envolvia com seu entusiasmo. O espírito humano não era, ainda, livre, mas percebeu que estava pronto para o ser. (Condorcet, 1988, p.211-2)

Cabe notar que – como já está aqui enunciado – Condorcet estrutura sua narrativa preparando para a Revolução Francesa um tom de apoteose. A Revolução corresponderia a um período de vasta conquista, um glorioso episódio que, entretanto, se situava em um movimento mais amplo e gradual da racionalidade especulativa e dos saberes práticos que se vinham, há muito tempo, desde os primórdios, e à custa de vastos esforços, se desenvolvendo (Pons, 1988, p.57). Não era, portanto, o final da história...

A nona época do *Esboço de um quadro histórico dos progressos do espírito humano* – intitulada "a partir de Descartes até a formação da República francesa" (Condorcet, 1988, p.213) – é aquela que Condorcet entende ser dele contemporânea. Busca delinear a história de seu tempo presente, à luz das contribuições e do resultado produzido pela época imediatamente anterior, na qual, além das significativas descobertas no domínio da ciência e.da filosofia, haveria um modelo de estado onde o despotismo era edulcorado pelo signo da Ilustração.

Os direitos naturais do homem eram paulatinamente reconhecidos. O Ocidente, de forma progressiva, tomava para si os emblemas da razão e da tolerância. Com a Revolução Francesa, se havia universalizado a acepção de Humanidade. Mas o direito positivo reconhecido não se traduzia em prática na quase totalidade dos países; estes perdidos pelo obscurantismo, por querelas teológicas, por todos os modelos de ensino que não ultrapassavam o nível do aprendizado catequético – ou nem mesmo isso.

Acerca das mazelas e – paradoxalmente – dos avanços ocasionados por tal despotismo esclarecido, dirá Condorcet o seguinte:

Assim, o quadro dos progressos da filosofia e da propagação das luzes, cujos efeitos mais gerais e mais sensíveis temos exposto aqui, conduziu-nos à época em que a influência desses progressos sobre a

INSTRUÇÃO PÚBLICA E PROJETO CIVILIZADOR **323**

opinião e da opinião sobre as nações ou sobre seus governantes, cessando progressiva, lenta e imperceptivelmente, produziu na massa inteira de alguns povos uma revolução, que pressagia outra que deverá abraçar a generalidade da espécie humana. Após prolongados erros, depois de se haverem extraviado em teorias incompletas ou vagas, os publicistas foram levados a conhecer, finalmente, os verdadeiros direitos do homem, a deduzi-los desta única verdade: a de que ele [homem] *é um ser sensível, capaz de formar raciocínios e de adquirir ideias morais.* (ibid., p.216-7)

Condorcet dialoga – como seria de se esperar – com a tradição jusnaturalista; mas vai além dela: uma revolução gestará a outra. A perfectibilidade é lei social que regula a órbita da temporalidade humana. O mundo se aprimora e nada – nem mesmo os resultados de uma revolução – poderá ser dado como eterno. Não se poderia – para o enciclopedista –, em nome de tal preceito, ancorar um contrato, por legítimo que parecesse aos olhos dos contemporâneos, como se o mesmo contivesse em si a verdade e a justiça. Verdade e justiça também se aperfeiçoam com o correr dos anos. Logo, a ideia de um contrato social inquebrantável parece tola. As leis são efetuadas para garantir o bem comum, são edificadas por representantes da sociedade civil; mas serão sempre sujeitas a periódicas revisões. A legislação, portanto, deverá ser progressivamente alterada quando as instituições humanas perceberem a necessidade de firmarem outro direito ou reverem um já existente. Se os homens e a história se aperfeiçoam, nada – nem mesmo as leis – estará condenado a ter uma existência eterna (Condorcet, 1988, p.218).

Condorcet reputa ser lastimável a situação ainda vivida pela maior parte do planeta, em que a espécie humana é ainda tratada pelas distinções relativas a nascimento, a poderes e a fortuna. Por um lado, serão obtidos métodos e roteiros seguros para a busca da verdade à luz da razão; por outro lado, a opinião geral ainda era absolutamente alheia a tais conquistas, apegando-se a totens de sua imaginação e a argumentos de autoridade. A despeito de tudo isso, um espírito público letrado era fortalecido nos países europeus:

324 CARLOTA BOTO

> Em alguns países esses princípios formaram uma opinião pública suficientemente geral para que a própria massa do povo parecesse prestes a obedecê-la, deixando-se por ela dirigir. O sentimento de humanidade, quer dizer, aquele caracterizado por uma compaixão terna, ativa contra todos os males que afligem a espécie humana [...]; esse sentimento de humanidade traduzia-se como uma consequência natural de tais princípios; ele transpirava por todos os escritos, por todos os discursos; e sua feliz influência já se manifestava em leis, inclusive em alguns povos submetidos ao despotismo. (ibid., p.230)

Do ponto de vista da história factual teriam sido dois os povos que primeiramente abraçaram essa inédita e superior forma de vida, pautada pelo reconhecimento da condição humana – da Humanidade – em todos os integrantes da espécie, sem distinção de raça, de nível social, de posses e de sexo: os norte-americanos e os franceses.

A Revolução Americana, pela primeira vez, colocaria em prática os preceitos filosóficos mais avançados e progressistas. A Europa observa a América. Contudo, os americanos pareciam ter como eixo de sua cruzada a luta e a independência contra o povo inglês, que, na ocasião, ainda o subjugava. Sendo assim, a opção americana foi a de separar-se, não precisando, nessa medida, libertarem-se de outros grilhões. Com suas próprias leis civis e penais, preocupados consigo mesmos, os norte-americanos – diz Condorcet – não precisaram libertar-se de tiranias feudais e hereditárias; não precisaram lutar pela dissolução de privilégios fiscais e nobiliárquicos.

A Revolução Francesa, por seu turno, não atacava apenas a monarquia: postava-se radicalmente contrária "a desigualdades políticas de constituições semilivres, ao orgulho dos nobres, à dominação, à intolerância, às riquezas do clero, e aos abusos da feudalidade, que recobriam, ainda, toda a Europa" (Condorcet, 1988, p.236).

A Revolução Francesa, com toda a Europa contra seu curso, foi mais plena porque foi mais longe: não se tratava de falar a um só povo, mas de libertar toda a humanidade. Era isso que supunham seus atores; e esse foi também o julgamento do quadro esboçado pela história de Condorcet. Evidentemente, temos nesse trajeto, o esboço mesmo de uma história que – no decorrer do século XIX e, ainda, nos primeiro anos do século XX – será tomada por universal; com o postulado implícito de que a marcha do Ocidente será geométrica, racional e dedutivamente acompanhada pela caminhada dos outros povos mais atrasados em seu estágio civilizatório.

A compreensão da matriz eurocêntrica que regula um dado sentido ocidental que preside, ainda, debates contemporâneos, certamente tem algum tributo perante a doutrina defendida por Condorcet – que, em nome de um relato passado – pretende, assumidamente, falar ao futuro. De acordo com o filósofo, o conhecimento das coisas humanas é passível de ser submetido a cálculos precisos e exatos. Por aí, a história é pensada como fonte de compreensão do presente e como estratégia de previsão do futuro. Da aplicação do cálculo para os diferentes campos do conhecimento natural poder-se-á deduzir regras de probabilidade capazes de reger e regular as leis da ciência humana, em que Condorcet acreditava. Tratava-se de, pelos dados e pelos métodos, aplicar, para os fenômenos sociais, quadros conceituais e esquemas de resolução de problemas fornecidos, por analogia, pelas ciências físicas.

Supunha Condorcet que observação, experiência e meditação constituíam o tripé que conduz à busca criteriosa de diferentes categorias de saberes. A filosofia da história professada por Condorcet pretende entrelaçar o conhecimento das coisas humanas com os métodos de conhecimento e análise das ciências da natureza.

Supõe-se aqui um dado modo de conceber a cultura que compreende a si próprio como divulgador das conquistas da razão humana. Compreende-se aqui também um dado modo de julgar o papel do Ocidente na conformação de uma determinada imagem de si mesmo. Caberá à escola, portanto, oferecer às jovens gerações o acesso à cultura letrada e ao saber acumulado no transcurso de gerações. A escolarização como projeto social teve, contudo, efeito político: sendo mecanismo de aperfeiçoamento dos povos, a instrução prepara diretamente o território da democracia.

A ação democrática, alicerçada na escolha racional, tem como pressuposto a possibilidade de autonomia da razão para optar entre alternativas postas na vida civil. Conferir sentido à elaboração de uma sociedade democrática será, sob tal vertente, preparar escrupulosamente o tempo em que a liberdade fosse desfrutada: daí a instrução pública ser, aqui, pensada como projeto de aprimoramento do Estado-nação a ser reformado.

Uma das expressões básicas desse entendimento reside na perspectiva de Condorcet, segundo a qual haveria vínculo entre formação da juventude, exercício democrático da cidadania e aprimoramento do ideário teórico da política democrática. Como sublinha Gilles-Gaston Granger, o ideal de Condorcet a propósito do conhecimento científico da temática social "por intermédio de um cálculo de chances é um ideal matemático" (Granger, 1956, p.27).

A ciência social de Condorcet – destaca Granger – pressupunha um conjunto de fenômenos observáveis, passíveis de serem destacados mediante critérios de objetividade e descritos qualitativa e quantitativamente com algum grau de confiabilidade. Tratava-se de conferir ao território dos estudos humanos – ou às chamadas humanidades – outra "natureza": diretamente derivada do campo das próprias ciências da "natureza". Nas palavras de Granger: "ela [essa ciência] deve esquematizar os dados da experiência de tal maneira que um raciocínio dedutivo possa deles extrair as consequências necessárias" (ibid., p.22).

Para Granger, é preciso recordar o caráter enciclopédico de Condorcet, tanto como membro do movimento enciclopedista quanto pela condição de sujeito estudioso de inúmeros domínios do saber humano, com o propósito de entrelaçá-los uns aos outros para melhor compreendê-los. Sua obsessão pela Matemática era, de algum modo, cartesiana: buscava valer-se dela como método para operar seu pensamento sobre os assuntos do homem.

Condorcet pressupunha que o cálculo matemático viesse, doravante, a reger a lógica da vida pública, sendo aplicado tanto ao campo das probabilidades em eleição quanto ao cômputo de crianças bem-sucedidas nos diferentes níveis de escolarização: "por um lado, ele postula a extensão do método científico do conhecimen-

INSTRUÇÃO PÚBLICA E PROJETO CIVILIZADOR **327**

to do homem enquanto tal; por outro lado, ele se interessa pelas aplicações da ciência não como um subproduto negligenciável, mas como sua finalidade mais natural e mais constante" (Granger, 1956, p.16). A propósito, caberia recordar a categórica afirmação de Zygmunt Bauman: "a geometria é o arquétipo da mente moderna" (Bauman, 1999, p.23).[11]

O progresso, compreendido e captado por Condorcet como a diretriz norteadora do curso da história, abriria – como diz Maria das Graças de Souza – "a possibilidade para falar do futuro. Desse modo a reflexão sobre o que foi o homem e sobre o que ele é atualmente pode nos conduzir ao conhecimento dos meios para assegurar e acelerar o progresso" (Souza, 2001, p.157). A mesma autora destaca que a ideia de Humanidade é uma grande conquista no arcabouço teórico da Ilustração. Mesmo assim, há uma clara dimensão etnocêntrica na pretensão dos iluministas em assinalar critérios de valores universais. Para a autora, a aspiração universalizante é capciosa:

Se não se pode pensar a sociedade como um todo homogêneo, muito menos se pode conceber o gênero humano como uma tota-

---

11 Pelo raciocínio do referido autor, a conclusão disso é, entretanto, crítica: "A taxonomia, a classificação, o inventário, o catálogo, e a estatística são estratégias supremas da prática moderna. A mestria moderna é o poder de dividir, classificar e localizar – no pensamento, na prática, na prática do pensamento e no pensamento da prática. Paradoxalmente, é por essa razão que a ambivalência é a principal aflição da modernidade e o mais preocupante dos seus cuidados. A geometria mostra como seria o mundo se fosse geométrico. Mas o mundo não é geométrico. Ele não pode ser comprimido dentro de grades de inspiração geométrica. Assim, a produção do refugo (e, consequentemente, a preocupação sobre o que fazer com ele) é tão moderna quanto a classificação e a ordenação. As ervas daninhas são o refugo da jardinagem, ruas feias o refugo do planejamento urbano, a dissidência o refugo da unidade ideológica, a heresia o refugo da ortodoxia, a intrusão o refugo da construção do Estado-nação. São refugos porque desafiam a classificação e a arrumação da grade. São a mistura desautorizada de categorias que não devem se misturar. Receberam a pena de morte por resistir à separação. O fato de que não ficariam em cima do muro se, antes de mais nada, o muro não tivesse sido construído não seria considerado pelo tribunal moderno uma defesa válida. O tribunal está aí para preservar a nitidez do muro erguido. Se a modernidade diz respeito à produção da ordem, então a ambivalência é o refugo da modernidade" (Bauman, 1999, p.23).

328 CARLOTA BOTO

lidade abstrata. O mesmo poderia ser dito do conceito de civilização. Termo de uso muito corrente no século XVIII, opondo-se ora à natureza, ora à barbárie, seu conteúdo encerra a ideia de um desenvolvimento econômico, político, cultural, cujos efeitos manifestam-se no plano da vida social e política, mas também da vida privada. O que se pode dizer é que a ideia de civilização é construída sob o prisma da história europeia ocidental, e, como tal, ela é marcada por uma parcialidade que nos impediria de pensar adequadamente as teorias não europeias, e, no caso do Iluminismo, sobretudo as do Extremo Oriente e das culturas da América. Sobre a ideia ilustrada de razão, poder-se-ia dizer que ela exclui outras formas de apreensão do real, ao mesmo tempo em que ela dissimula o fato inegável de sua própria historicidade. (ibid., p.202)

Paolo Rossi também observa que a confiança e o excesso de otimismo na história são sempre acompanhados por seu avesso – ou seja, pela visão trágica ou apocalíptica. Diz o autor que é por isso

1) que na própria origem da modernidade esteve presente uma tensão entre esperanças de novidades extraordinárias e angústias de catástrofes iminentes; 2) que o tema do naufrágio das civilizações está presente, com uma força extraordinária, no pensamento dos chamados grandes "precursores da ideia de progresso". (Rossi, 2000, p.14-5)

De todo modo, o otimismo de Condorcet relativamente aos rumos da história é indisfarçável. Reconhecendo que não se poderá confundir os direitos proclamados e os direitos de fato usufruídos pelas pessoas nas sociedades, Condorcet compreende que se tratava de uma questão de tempo, até chegar "esse momento onde o Sol iluminará apenas homens livres sobre a terra, e não reconhecerá nenhum outro mestre além da razão; onde os tiranos e os escravos, os padres e seus estúpidos ou hipócritas instrumentos não existirão mais a não ser na história e nos teatros" (Condorcet, 2008, p.271).

Condorcet acreditou na história humana e foi confiante em um quadro de progressos. Acreditou que a razão humana contribui

INSTRUÇÃO PÚBLICA E PROJETO CIVILIZADOR **329**

para que tal história se desenrole a contento. Todavia, reputava necessário aperfeiçoar a racionalidade mediante o empreendimento da educação. Educar tornara-se, pois, missão social, que tinha a ver com o futuro da nacionalidade e, mais do que isso, da Humanidade. A razão, perfectível, não poderá deixar de ser estendida, expandida e repartida. A perfectibilidade – "motor do otimismo condorcetiano" (Coutel, 1999, p.20) – exige isso.

A escola pública como alicerce da democracia: o Estado-professor

Para Condorcet, a instrução pública – fonte de desenvolvimento da racionalidade e, portanto, de progresso das luzes – será, por si mesma, fonte de emancipação. A instrução é fonte de esclarecimento; supondo – por esse termo – conhecimento e virtude. Condorcet é fundamental por seus trabalhos no campo da educação: suas *Cinco memórias sobre instrução pública* dão o substrato do *Relatório* que redigirá posteriormente na condição de presidente da Comissão de Instrução Pública da Assembleia Legislativa francesa (entre 1791 e 1792).

A educação letrada é considerada, em seus trabalhos, veículo para acelerar o progresso da humanidade, visto que a maior parte dos vícios das pessoas provém de sua impotência intelectual. Condorcet pretende, pelo plano de ensino traçado, falar à alma da juventude e às mentes dos educadores:

> Fazer por ultrapassar as almas rudes de uma vida de sensações para uma vida intelectual, tornando o estudo agradável, com vistas a que os prazeres mais elevados do espírito pudessem lutar com sucesso contra as tentações da vida material; colocar o livro no lugar da garrafa do vinho ou do álcool; substituir o café e os maus ambientes pela biblioteca; para resumir, substituir a sensação pela ideia, esse é o problema fundamental da educação popular. (Compayré, 1970, p.314)

330 CARLOTA BOTO

Condorcet, entusiasta do progresso e do aperfeiçoamento do espírito, convocava sua época a apostar no ensino público como estratégia social: "quando se colocasse a ilustração à disposição de todos, seria dado ao talento trancado, ao gênio ignorado, a ocasião de se elevar" (Compayré, 1970, p.315). Sabe-se o papel da retórica no léxico revolucionário. Criavam-se novas formas simbólicas, conferiam-se novos significados a velhas palavras e a prática política estruturava-se, também, sobre uma arena subjetiva. Nessa direção:

> Como a retórica revolucionária exigia a total ruptura com o passado, todos os costumes, tradições e modos de vida foram postos em dúvida. A regeneração nacional requeria nada menos que um novo homem e novos hábitos; era preciso reformar o povo no molde republicano. Por isso, cada detalhe da vida cotidiana tinha de ser examinado (em busca da corrupção do Antigo Regime) e limpo (em preparação para o novo). O outro lado da moeda na recusa retórica da política foi o impulso de aplicar política em tudo. Uma vez que a política não aconteceria numa esfera definida, tendia a invadir a vida cotidiana. Essa politização do dia a dia era tanto uma consequência da retórica revolucionária como a rejeição mais consciente da política organizada. Politizando o cotidiano, a Revolução aumentou imensamente os pontos de onde o poder podia ser exercido e multiplicou as táticas e estratégias para exercê-lo. Recusando o especificamente político, os revolucionários abriram campos nunca sonhados para o exercício do poder. (Hunt, 2007, p.81)

A educação era um desses campos que, pela Revolução, é compreendido como território da ação política. E Condorcet conferirá a seu plano pedagógico uma moldura cultural cujo objetivo seria o de legitimar nos espíritos a prática revolucionária.

O plano educacional apresentado em abril de 1792 por Condorcet, na condição de presidente da Comissão de Instrução Pública da Assembleia Legislativa francesa, foi basicamente uma releitura de trabalho anterior que ele pusera a público, em 1791, sob o título *Cinq mémoires sur l'instruction publique* [*Cinco memórias sobre a ins-*

INSTRUÇÃO PÚBLICA E PROJETO CIVILIZADOR **331**

trução pública]. Matemático, o autor não escondia em seus escritos a esperança de que os temas relativos a questões sociais viessem a ser pensados como teoremas matemáticos – e, portanto, sujeitos a serem racional e dedutivamente equacionados.

No que toca ao papel que Condorcet desempenhou na elaboração do *Relatório* apresentado ao Comitê de Instrução Pública da Assembleia Legislativa francesa, durante o decorrer da Revolução, Patrizia Piozzi destaca o caráter progressista de seu pensamento pedagógico e político: a educação universal, compreendida como estratégia civilizatória. Nas palavras de Piozzi:

> O franqueamento do acesso a todos e os *curricula* voltados a expandir as faculdades intelectuais e inventivas, unidos a políticas de ampliação dos direitos sociais, iriam paulatinamente reduzir e, enfim, extinguir a desigualdade, transformando a divisão de trabalho em uma cooperação voluntária e complementar entre os talentos, isenta dos conflitos inerentes à estratificação das oportunidades entre as nações e classes ricas e pobres, entre os detentores do conhecimento e aqueles que são dele privados. [...] o processo educacional articula-se em duas dimensões: no espaço, atingindo todos os membros da república, e no tempo, garantindo o progressivo aperfeiçoamento dos espíritos humanos, ao propiciar-lhes os meios para submeter todas as verdades estabelecidas, inclusive aquelas consagradas pela ciência e pela filosofia, ou cristalizadas nas constituições nacionais, ao livre exame das sucessivas gerações sempre mais esclarecidas. (Piozzi, 2007, p.4)

Francisque Vial destaca que as *Cinco memórias sobre a instrução pública* foram publicadas no ano de 1791, na *Bibliothèque de l'homme publique* [*Biblioteca do homem público*]. Ao se ocupar do projeto de decreto sobre instrução pública, no calor dos debates revolucionários, Condorcet, até certo ponto, assumiu a militância de sua "ética da responsabilidade" (Weber, 1999a). Porém, no intervalo entre as *Memórias* e o *Relatório*, Condorcet tomara contato – naquele ínterim – com o plano de Talleyrand para a Assembleia

332 CARLOTA BOTO

Constituinte, o que também possivelmente contribui para alguma modificação em seu modo de pensar a instrução pública (Vial, 1970, p.20). Seja como for – ressalta Maria das Graças de Souza – Condorcet sempre postula o primado da instrução como instrumento para consolidar a igualdade:

> Ao apresentar os objetivos da instrução nacional, Condorcet a coloca sob o signo da igualdade. Ou seja, a instrução nacional deve visar estabelecer uma igualdade de fato entre os cidadãos, tornando assim real a igualdade já reconhecida pela lei. É pela instrução que os indivíduos adquirem os meios de satisfazer suas necessidades, de assegurar seu próprio bem-estar, de conhecer e exercer seus direitos, desenvolver suas aptidões naturais e tornar-se capazes de exercer qualquer função pública para a qual sejam chamados. O ensino deve ser dirigido de tal forma, que o avanço das ciências e das artes possa contribuir para aumentar o bem-estar de todos os cidadãos, e que o conhecimento torne-se fonte de socorro para os males, instrumento de felicidade pessoal e da prosperidade comum. (Souza, 2001, p.177-8)

Para o Iluminismo, a educação letrada habilita o sujeito para o hábito da aplicação. Ilustrado, ele se desempenhará melhor nas funções públicas e nos seus afazeres domésticos. Aperfeiçoará sua razão e preencherá a existência, conferindo-lhe significado. A instrução possibilitará – diz Condorcet – preencher o vazio da vida. Um homem esclarecido, no limite, irá

> [...] rodear-se de livros, procurar conhecer homens esclarecidos, reunir em torno de si as produções mais curiosas e úteis do país onde habita, querer conhecer quais são as verdades que difundiram uma luz mais homogênea e mais pura sobre as sombras que ainda nos envolvem, que novas aplicações das ciências aumentaram a sua utilidade, que invenções foram acrescentadas à perfeição das artes, que vantagem local ele pode retirar delas, que espírito influi sobre a composição das leis ou preside as operações do governo, em que

INSTRUÇÃO PÚBLICA E PROJETO CIVILIZADOR **333**

direção avança o poder público, que princípios o guiam ou que interesses ameaçam corrompê-lo. (Condorcet, 2008, p.157-8)

O grande papel social da instrução pública será, para Condorcet, o de fazer coletivamente para um povo aquilo que cada homem esclarecido faria por si próprio. A instrução, portanto, "cuidará dessa igualdade preciosa, primeiro bem do homem civilizado; ela distribuirá com mão sábia e justa os dons que a natureza semeou ao acaso" (ibid., p.158). Por isso, uma instrução comum a todos deverá abarcar: "1) os conhecimentos políticos; 2) a moral; 3) a economia doméstica e rural; 4) as partes das ciências e das artes que podem ser de utilidade comum; 5) enfim a educação física e moral" (ibid.).

Condorcet sublinha frequentemente seu horror à perspectiva de ter em um só país duas classes de homens, "das quais uma serviria de guia para a outra, seja para desviá-la, seja para conduzi-la, exigindo uma obediência realmente passiva, já que esta outra seria cega." (ibid., p.159). Tal perspectiva dialoga muito de perto com a concepção de história que ele indicará em sua obra *Esquisse d'un tableau historique des progrès de l'esprit humain*. De qualquer maneira – diz Vial – o filósofo transita do assunto da educação para pensar as questões relativas à sua própria interpretação histórica, consagrada esta "naquele *Esquisse d'un tableau historique des progrès de l'esprit humain*, escrito durante sua proscrição e quase sob a navalha da guilhotina" (Vial, 1970, p.20). É possível, nesse sentido, ler o tratado pedagógico de Condorcet à luz de sua filosofia da história.

Ética da convicção na coragem militante: a política revolucionária

Os biógrafos revelam que Condorcet sempre quis conferir às questões sociais um tratamento matemático. Em 1785, publicaria o *Essai sur l'application de l'analyse à la probabilité des décisions rendues à la plurarité des voix*. Era, já na sua época, considerado pionei-

334 CARLOTA BOTO

ro da acepção de matemática social. Em 28 de dezembro de 1786, Condorcet se casaria com Sophie de Grouchy, que era reconhecida por sua cultura refinada, tornando-se renomada tradutora dos trabalhos de Adam Smith. A partir do ano de 1790 (26 de fevereiro) – também de acordo com informações de Buisson – Condorcet fundaria uma espécie de revista política, intitulada *La bibliothèque de l'homme publique*, onde seriam publicadas, em 1791, suas *Cinco memórias sobre a instrução pública*.

Membro da nobreza, Condorcet participou das discussões dos *Cahiers des doléances da Assemblée General des bailliages de Mantes et Meulan*, quando o Terceiro Estado reivindicava que as outras duas ordens abrissem mão de seus privilégios fiscais, passando a pagar impostos como os cidadãos comuns. Condorcet procurava convencer os nobres da legitimidade dessa solicitação. Do relatório final dos *Cahiers* da *Assemblée General des bailliages de Mantes et Meulan*, constavam – nos termos do estudo de Cahen – a reivindicação de que fosse promulgada uma declaração de direitos naturais e imprescritíveis anteriores à lei civil, assim como o requerimento pela abolição da servidão da gleba e da escravatura dos negros.[12] Naqueles anos – como sublinha Hobsbawm – o rei francês deixava de ser um "Luís, pela Graça de Deus, mas Luís, pela Graça de Deus e do direito constitucional do Estado, rei dos franceses" (Hobsbawm, 1996, p.21). Consequentemente, o povo passaria a ser identificado com a nação; e a nação torna-se programa revolucionário.

Com a marca forte da liderança de Condorcet – que, como diz Cahen, mesclava, em sua atuação institucional, "audácia e prudência política" (Cahen, 1970, p.113) –, aquele *Cahier* já demandava o fim do voto distrital e solicitava a revisão periódica da constituição; já que a marcha da humanidade não permitiria que as leis fossem

---

12 Diz Souza sobre o tema o seguinte: "Condorcet é um dos poucos durante este período de efervescência revolucionária que é um sufragista *avant la lettre*, defendendo o voto feminino. Ele combateu também nas frentes contra a discriminação dos protestantes, dos judeus, pela abolição da escravidão nas colônias e pelo direito de cidadania dos negros" (Souza, 2001, p.188).

INSTRUÇÃO PÚBLICA E PROJETO CIVILIZADOR **335**

firmadas como cláusulas pétreas inamovíveis. Toda a legislação – como já se observou – deveria ser, no parecer do filósofo, sujeita a modificações, porque todo juízo e julgamento humano é também passível de aperfeiçoamento.

Para Cahen, o *Caderno da nobreza de Mantes* é notável porque estruturou aquilo que seria "o primeiro projeto de declaração de direitos, um verdadeiro plano de governo" (ibid., p.116). É curioso que, tendo sido reconhecidamente o mentor daquela obra, Condorcet não foi enviado como representante daquele conselho para representá-lo nos Estados Gerais. Deve-se registrar o papel que a Declaração de Direitos teve na configuração do imaginário da Revolução. Logo que os Estados Gerais foram reunidos – diz Lynn Hunt – "ruídos surdos de declarações já podiam ser ouvidos. Em janeiro de 1789, um amigo de Jefferson, Lafayette, preparou um rascunho de declaração, e nas semanas seguintes Condorcet silenciosamente formulou o seu" (Hunt, 2009, p.128).

Como se sabe, o rei havia solicitado que os três Estados, além de eleger seus delegados, fizessem a lista de suas queixas. Alguns dos cadernos de queixas reivindicavam a declaração de direitos. Como já observou Eliane Marta Teixeira Lopes, "a necessidade de um novo sistema de estudos e de educação estava expressa nos resumos dos cadernos de todas as ordens" (Lopes, 2008, p.69). Lopes atribui a isso a "publicização da instrução constantemente na pauta" (ibid., p.73) dos debates parlamentares em todos os períodos da Revolução Francesa.

Quando o município de Paris proíbe – ainda naqueles anos iniciais da Revolução – a publicação de dois jornais (*L'Orateur* e *L'Ami du Peuple*), que expressavam críticas à política do Parlamento Constituinte, Condorcet – diz Cahen – pronunciaria as seguintes palavras:

> O fato de a publicação de uma obra tornar-se um delito, no estado de imperfeição em que ainda se encontra a espécie humana, torna-se algo difícil de negar; mas proibir uma obra antes de ela existir, submeter a penas aquele que a distribui antes de saber

336 CARLOTA BOTO

se ela é inocente ou perigosa, é atacar diretamente a liberdade de imprensa e, com ela, o único escudo da liberdade das nações. (Condorcet apud Cahen, 1970, p.266)

Eleito deputado por Paris para a Assembleia Nacional Legislativa, Condorcet militou para que fosse retirada da alçada do rei uma série de poderes que, ainda, eram conferidos à monarquia mediante a promulgação de decretos-leis. Entre os monarquistas, tinha inimigos; mas se orgulhava de dizer que prometia fidelidade apenas a seus próprios princípios, como tributo à memória dos homens ilustres (e Ilustrados) dos quais se considerava um discípulo.

No parecer de Cahen, Condorcet não se abstinha jamais de lembrar aos poderosos que, pela Declaração de Direitos, soberano era o povo; e todos eles – incluindo o rei – eram os funcionários públicos do Estado (Cahen, 1970, p.278). Cahen ainda ressalta que, embora não tendo sido ele quem elaborara a Constituição, a ele coube aplicar muitos dos preceitos dos quais ele se sabia mentor intelectual.

Condorcet sustentou exatamente, durante os primeiros meses da Legislativa, a política que já havia preconizado durante a Constituinte. É uma política de ordem, de economia, de prudência e de esperança. Ele desaconselha os partidos violentos, as medidas extremas que poderiam perturbar o país; defensor resoluto da liberdade, ele recusa-se a violá-la, ainda que para salvaguardá-la; ele combate os decretos de exceção que seus amigos propõem; ele pede à Assembleia que restaure as consciências piedosas, que acalme as inquietações dos proprietários...; ele não abdica em nada de suas esperanças, ele não deseja de forma alguma o pronto derrubamento da monarquia; ele convida todos os franceses, nomeadamente o rei, a se congraçar em torno da Constituição; a nação, pacífica e unida, será em estado de desafiar a todos os seus inimigos. (ibid., p.294)

Condorcet – como já se assinalou anteriormente –, nos trabalhos da Assembleia Nacional Legislativa, torna-se presidente e relator do *Rapport et projet de décret sur l'organisation générale de l'instruc-*

INSTRUÇÃO PÚBLICA E PROJETO CIVILIZADOR   **337**

tion publique, présentés à l'Assemblée Nationale, au nom du Comité d'Instruction Publique, par Condorcet, Député du Département de Paris – lido na tribuna em 21 de abril de 1792. Naquele mesmo dia, eclodiu a declaração de guerra contra a Áustria; e o plano de educação foi relegado a discussão posterior, *sine die*.[13]

Na continuidade do processo revolucionário e de sua vida pública, Condorcet abraça a causa da democracia e da república. Assumiu o Comitê de Constituição, junto com Sieyès, Thomas Paine, Brissot, Pétion, Vergniaud, Gensonné, Barrère e Danton. Cabia a eles a elaboração da Constituição da República. O Relatório da Comissão foi entregue em 13 de fevereiro de 1793.

Condorcet orgulha-se de sua independência perante as facções em conflito. Ele, representante da nobreza, elabora a constituição da república; no papel que – segundo ele – sempre seria o seu: "nem girondino nem montanhês, ele tinha amigos à direita e à esquerda" (Buisson, 1929, p.11). Seu projeto – moderado – teria sido, contudo, rejeitado pelos jacobinos, liderados por Robespierre – que considerava as posições políticas por ele expressas demasiadamente conservadoras. Buisson analisa cautelosamente esse período da vida de Condorcet:

> Dois pensamentos pareciam exercer sobre seu espírito uma influência irresistível. Por um lado, o golpe de força, o golpe de estado parlamentar mediante o qual a Montanha se havia apro-

---

13 Como diz, sobre o assunto, Buisson: "em 6 de agosto, o Comitê o encarrega de solicitar nas instâncias responsáveis o decreto das bases da instrução pública. Condorcet cumpriu essa missão em 13 de agosto: ele obteve a promessa de que o decreto da instrução pública seria discutido imediatamente após aquele sobre o estado civil do cidadão, que deveria tomar mais tempo do que se julgava. Assim, malgrado inúmeras decisões tomadas pela Assembleia, malgrado uma petição (13 de setembro de 1792) do Pastor Frossard (de Lyon), que insistia para que não se reenviasse para uma nova assembleia o regulamento de uma questão capital estudada a fundo – a Legislativa se separa, em 21 de setembro de 1792, sem haver concluído o exame do grande projeto de Condorcet, sem nem mesmo haver emitido um voto simbólico sobre suas ideias – tão novas e originais – que lhe haviam sido submetidas" (Buisson, 1929, p.9).

338 CARLOTA BOTO

priado do poder era, a seus olhos, um ato ilícito; tratava-se do supremo perigo para a República. Ele não conseguiu jamais compreender a Revolução de outro modo que não fosse o de um progresso indefinido – como se diz frequentemente – pela razão e pela justiça. Por outro lado, ele ponderara todos os detalhes de seu projeto de constituição, e via nele o ideal de uma nação que se fazia senhora de suas paixões. (ibid., p.12)

Condorcet opusera-se aos jacobinos, recusando a alternativa da morte do rei. Em outros temas, votara contra os girondinos na Convenção, o que lhe assegurou um lugar destacado como membro do então recém-nomeado Comitê de Salvação Pública – certamente em nome de sua irrepreensível reputação. Figurou, naquele órgão, ao lado de Danton, de Robespierre, de Camille Desmoulins, de Fabre d'Églantine, de Robespierre – entre outros.

Em 24 de junho de 1793, foi lido e aprovado, em nome do referido Comitê de Salvação Pública, o texto da nova Constituição – que não fora sequer submetido a debate. Condorcet, na ocasião, manifesta-se desfavoravelmente, contrariando sua costumeira reserva. De acordo com Buisson, em sua "Lettre à la Convention Nationale" [Carta à Convenção Nacional], dirigida aos franceses em 20 de junho, ele se pronuncia sobre a Constituição que acabara de ler; declarando que, na ocasião, a liberdade do povo fora insultada. Denuncia a arbitrariedade de prisões e a censura à imprensa. Acusa as pilhagens ocorridas em casas tipográficas, sublinhando que o conjunto das ações fizera submergir a liberdade do povo francês (Buisson, 1929, p.11-3).

A partir de então, Condorcet renuncia, torna-se refugiado e obtém asilo em casa de amigos. Nesse período de proscrição e de esconderijo, redige aquela que é considerada sua maior obra: *Esquisse d'un tableau historique des progrès de l'esprit humain*. Os comentadores são unânimes em reconhecer o despreendimento de um prospecto que era otimista perante aquele presente que, para Condorcet, era sombrio. Sua visão de mundo era, contraditoriamente, entusiasta perante um futuro que se avizinhava terrível; como se

INSTRUÇÃO PÚBLICA E PROJETO CIVILIZADOR **339**

Condorcet formulasse sua análise a despeito, ou melhor, suspendendo o juízo sobre sua própria situação.

Em 10 de julho de 1793, o *Moniteur* transcrevia o seguinte decreto: "a Convenção acusa, como integrantes de conspiração contra a unidade e a indivisibilidade da República, contra a liberdade e a segurança do povo francês, os deputados arrolados a seguir: Brissot, Vergniaud, Gensonné, Dupont, Carré, ... Marquis de Condorcet" (apud Buisson, 1929, p.14). Em 25 de março de 1794, Condorcet é preso e, na manhã seguinte, encontrado morto na cela. Supõe-se que ele mesmo tenha dado fim à vida com um veneno que guardava consigo. Há controvérsias sobre tal hipótese. Dizem que sua família nunca a aceitou.

Tendo sido veemente defensor do direito das mulheres à vida civil e da coeducação – onde meninos e meninas partilhariam da mesma sala de aula –, Condorcet chega a pensar que, para além da óbvia constatação de que caberia às mulheres a primeira etapa – e talvez a mais importante – da educação das crianças, haveria uma ocupação para a qual o gênio feminino poderia ser, inclusive, mais apropriado do que o masculino.

Talvez elas fossem mais indicadas do que os homens para dar aos livros elementares método e clareza, mais dispostas, por sua amável flexibilidade, a captar ao espírito das crianças, que observaram numa idade menos avançada, e cujo desenvolvimento seguiram com interesse mais terno. Ora, um livro elementar só pode ser benfeito por aqueles que aprenderam muito além daquilo que ele encerra; expõe-se mal aquilo que se sabe, quando se é sustado a cada passo pelos limites do próprio conhecimento. (Condorcet, 1994, p.97)

Para Condorcet, o conhecimento deveria estar à disposição de todos, como se fosse ele o corretivo de uma sociedade marcada por tantas outras distâncias sociais; que, pouco a pouco, seriam submetidas à única desigualdade legitimada pela natureza: aquela das virtudes e dos talentos. As mulheres, sob tal perspectiva, são, por

Condorcet, consideradas dignas de obter o mesmo ensino desinteressado. Formas igualitárias de tratamento eram, para ele, fonte de progresso social e, por tal razão, fonte também de liberdade (Rowe, 1984, p.26). A instrução pública é aqui compreendida – como sublinham Coutel e Kintzler – simultaneamente como "uma teoria filosófica, uma instituição escolar e um órgão da república" (Coutel; Kintzler, Présentation, in: Condorcet, 1994, p.41).

Segundo Allengry – para quem Condorcet teria se alçado, por sua trajetória, como o grande mestre e líder da Revolução Francesa –, o salão de Mme. Condorcet continuou, nos anos que se seguiriam à morte de seu marido, bastante frequentado. Uma ocasião – diz o mesmo autor – no salão de Mme. Helvétius, Napoleão Bonaparte teria dito: "eu não aprecio as mulheres que se ocupam da política" (apud Alengry, 1972, p.349). Ao comentário, a viúva de Condorcet, com firmeza, responde: "o senhor tem razão. Porém, em um país onde lhes cortam a cabeça, é natural que elas queiram saber por quê" (apud Alengry, 1971, p.349).

A civilização escolar e a matemática social de Condorcet

Leon Cahen destaca em seu trabalho que, no movimento ilustrado do século XVIII, ocorreu uma proeminência no debate – anteriormente de menor intensidade – a propósito da ação do Estado na matéria pedagógica. Os iluministas compreendiam que a instrução conduzia não apenas a um acréscimo de conhecimento, mas também à melhoria do indivíduo que se instrui. Os iluministas, de maneira geral, vinculavam instrução letrada à missão civilizatória" (Diderot apud Cahen, 1970, p.326).

Como sublinha Roberto Romano com relação à obra de Diderot, o Iluminismo opera com metáforas mecânicas de compreensão do social. A operação da máquina, na atividade prática de seu funcionamento, é, por definição, maior do que a inteligibilidade de suas partes, tomadas cada uma separadamente, em sua órbita inter-

INSTRUÇÃO PÚBLICA E PROJETO CIVILIZADOR **341**

na (Romano, 2003, 62). Por analogia, poder-se-ia dizer que a instrução era – no mesmo Século da Luzes – uma estratégia fundadora do concerto da civilização que se julgava construir. Era parte de uma engrenagem, cujo significado ultrapassava a lógica do mecanismo escolar.

Roberto Romano destaca também o princípio de secularização inscrito na filosofia das Luzes como integrante de um imaginário pautado por preceitos de universalidade, no qual os signos da impessoalidade e da igualdade jurídica constituíam diretrizes: "lei natural, razão, vontade geral, povo etc." (ibid., p.22). Tratava-se – podemos acrescentar – de incluir, um por um, todos os representantes da espécie no conjunto equitativo do gênero humano, tomado agora como cláusula universal. O Estado era o maior interessado na formação dos indivíduos, com o propósito de trazer a público os sujeitos mais meritórios – os talentos. Das aptidões individuais, decorreria o aprimoramento geral da sociedade. É sabido, contudo, que nem todos os iluministas pensavam assim (Snyders, 1965).

Havia, em alguns expoentes da própria *Enciclopédia*, o medo de que a instrução esparramada por camadas distintas do tecido social desorganizasse os afazeres e os ofícios manuais, prejudicando – com isso – a economia pública e fomentando rebeliões políticas. O ideal de se proporcionar indistintamente, para todas as crianças em idade escolar, uma equânime oportunidade de acesso à escola era algo bastante controverso entre os letrados da época. Principalmente, não existia a perspectiva de uma escola única, onde "a carreira fosse aberta ao talento", na proporção do mérito individual. Tal ideário, no curso da Revolução Francesa, será desenvolvido de maneira estruturada e explícita (Hobsbawm, 1981).

Francisque Vial destaca que as *Cinco memórias sobre a instrução pública* foram publicadas no ano de 1791, sucessivamente na *Bibliothèque de l'homme publique*. No decurso da Assembleia Nacional Legislativa, como presidente da Comissão de Instrução Pública e, portanto, como responsável maior pelo Relatório que seria dali produzido e levado a plenário, Condorcet assume algumas perspectivas decorrentes de pareceres externos à sua convicção. Daí a

342 CARLOTA BOTO

necessidade de um estudo comparado entre o texto lido na Assembleia Legislativa entre 20 e 21 de abril de 1792 e o conteúdo expresso nas cinco memórias.

Ao se ocupar do projeto de decreto sobre a instrução pública, no calor dos debates revolucionários, Condorcet tomara contato – naquele ínterim – com o plano de Talleyrand para a Assembleia Constituinte, o que, possivelmente, também teria contribuído para alguma modificação em seu modo de pensar a instrução pública (Vial, 1970, p.20; 67). Hippeau apresenta a proposta pedagógica de Condorcet com as seguintes palavras:

> Veremos, nesse magnífico plano de estudos traçado por Condorcet, com que simplicidade, com que segurança, com que conhecimento, são indicados todos os degraus que devem constituir o majestoso edifício do ensino público. Não se trata apenas de mais uma das questões de educação debatidas [...] para a qual não foram encontradas solução conforme aspirações mais elevadas e às necessidades mais imperiosas do tempo presente. Não se trata apenas de considerações filosóficas, ou de teorias gerais nas quais os legisladores da atualidade deveriam se inspirar para a aplicação de princípios relativos à gratuidade, à obrigatoriedade, à secularização do ensino, à necessidade de proporcionar às mulheres maior instrução; a organização racional dos diversos degraus da instrução pública apresenta uma coordenação que nos tornaria felizes caso pudéssemos colocar em prática em nossos estabelecimentos escolares. (Hippeau, 1881, p.XVII-XVIII)

De qualquer maneira – concordam os comentadores – a partir dali, Condorcet deixaria o tema da educação para pensar as questões relativas à sua própria interpretação histórica, consagrada "naquele *Esquisse d'un tableau historique des progrès de l'esprit humain*, escrito durante sua proscrição e quase sob a navalha da guilhotina" (Vial, 1970, p.20).

As páginas escritas sobre educação teriam sido – para o aparato teórico-conceitual de Condorcet – o próprio coroamento lógico de sua acepção de história – desejada como fruto de matemática social. Para Condorcet – como salienta Vial (ibid., p.114) – a aquisição de conhecimento se postava como um dos objetos de ensino; em uma rota de instrução cujo propósito maior era formar o cidadão de cultura; e, portanto, o espírito livre.

A cultura faria florescer os melhores talentos; esses, naturalmente, se destacariam. Com isso, progressivamente, a sociedade corrigiria os males ocasionados pelas desigualdades de prestígio, de poder e de riqueza. O homem livre só poderia ser – para o mundo moderno – o indivíduo instruído: aquele que, além de participar da esfera pública, teria sobre essa o direito à livre palavra – "o direito de pensar, de escrever, de dizer, de fazer tudo o que não seja expressamente interdito pelas leis. A liberdade de opinião (ou, como diríamos hoje, a liberdade de consciência) torna-se uma das partes mais preciosas da liberdade natural" (Vial, 1970, p.26).

Memórias de um projeto fundador: referência e exemplo da escola moderna

Em suas *Cinco memórias sobre a instrução pública*, Condorcet traça um plano de organização nacional do ensino democrático. O primeiro ponto de uma filosofia da história ali expressa diz respeito ao próprio lugar público a ser ocupado pela organização do ensino. A instrução pública é compreendida como meio de tornar real a igualdade de direitos, já que – sem ela – a "desigualdade das faculdades morais" (Condorcet, 2008, p.17) impediria a maior parte das pessoas de usufruir dos direitos que lhes pertencem. Mesmo que o Estado diminuísse as desigualdades naturais, subsistiria outro tipo de desigualdade, talvez mais drástico – provindo da diferença dos espíritos. Essa desigualdade só poderia ser corrigida pela educação. Sem diminuir essa fonte de distinção, não apenas algumas pessoas teriam – pelo cultivo de seus talentos – superioridade sobre as demais; mas – o que era pior – haveria homens que, não tendo sido esclarecidos pelo conhecimento trazido pela instrução, não exer-

344 CARLOTA BOTO

ceriam seus direitos – e submeter-se-iam "cegamente à razão de outro" (ibid., p.18).

Condorcet dá o exemplo da Matemática: aquele que conhece as regras matemáticas necessárias para a vida cotidiana "não está na dependência do estudioso que possui, no mais alto grau, o gênio das ciências matemáticas" (ibid., p.18).

Diz o autor que "as leis pronunciam a igualdade de direitos. Só as instituições de instrução podem tornar essa igualdade real" (ibid., p.25). A desigualdade de instrução é, pelas razões expostas, fonte de tirania: "o homem tornando-se presa do charlatão que quer seduzi-lo e não podendo defender por si mesmo seus interesses é obrigado a entregar-se cegamente a guias que não pode julgar nem escolher" (ibid., p.20). A educação é – nesse sentido – dever imprescritível do Estado; embora – ele advirta – o controle da educação devesse ser encargo da própria comunidade de sábios. De maneira simples, poderíamos resumir a intenção de Condorcet, com a frase de Passmore: "o Estado deveria pagar aos professores, mas os iluministas deveriam selecioná-los" (Passmore, 2004, p.394-5).

Uma instrução pública justa seria aquela "que não deixasse escapar nenhum talento sem ser percebido e que oferecesse, nesse sentido, todos os auxílios reservados até hoje aos filhos dos ricos" (Condorcet, 2008, p.26). Pode-se, pois, dizer que a questão intelectual que Condorcet mobiliza em suas memórias diz respeito à necessária intersecção entre o patamar dos direitos, das leis e da educação. Para ele, "quando a lei torna os homens iguais, a única distinção que os divide em várias classes é a que vem da educação" (ibid., p.20). Tal distinção não provém da diferença dos talentos, não se trata, portanto de uma desigualdade que a natureza engendrou. Trata-se, sim, de uma fratura que é derivada da diferença das luzes, mas também "das opiniões, dos gostos, dos sentimentos" (ibid.). Isso separará o filho do rico daquele do pobre. E, por isso, a instrução é alçada, para os povos, como estratégia de civilização. Será ela quem conferirá à meninice e à mocidade "costumes mais amenos, uma probidade mais delicada, uma honestidade mais escrupulosa; suas virtudes serão mais puras" (ibid.).

INSTRUÇÃO PÚBLICA E PROJETO CIVILIZADOR **345**

Na proporção em que sucedesse o progresso das luzes, ocorreria, então – de maneira quase espontânea no movimento da história –, uma conjunção entre a única diferença que a natureza conferiu aos homens (a dos talentos) e aquela advinda dos anos dedicados ao estudo: "em favor daqueles que possuem mais talento natural e a quem uma sorte independente deixa a liberdade de se consagrar mais anos ao estudo" (Condorcet, 2008, p.21). Diz Condorcet que, se essa desigualdade não chegasse a produzir dependência de uns homens relativamente a outros, ela não seria um mal. A ausência de instrução – essa sim – retiraria do homem a possibilidade de contribuir para o bem comum e de usufruir do mesmo bem comum. Se o Estado oferecer instrução, haveria a possibilidade de avanço no tocante às profissões, proporcionando maior bem-estar para a maioria. A instrução pública – nos termos de Condorcet – "acelera o progresso" (ibid., p.24), porque se torna

[...] um meio de libertar aqueles que cultivam as diversas profissões e aqueles que as exercem de uma grande quantidade de pequenos segredos, dos quais a prática de todas as artes está infectada, que interrompem seu progresso e oferecem um alimento eterno à má-fé e à charlatanice. (ibid.)

A instrução pública será, sob o ponto de vista do filósofo, uma maneira de aperfeiçoamento da espécie. Foi ela que fez com que nações civilizadas escapassem "da barbárie e de todos os males que acompanham a ignorância e os preconceitos" (Condorcet, 2008, p.25). O movimento da história dirige-se à luz de "progressos em direção ao melhor, e é preciso avançar em direção à perfeição ou então se expor a ser arrastado para trás pelo choque contínuo e inevitável das paixões, dos erros e dos acontecimentos" (ibid.). Era como se a história pudesse ser conduzida. Sozinha, a perfectibilidade poderia não vir. Mas, pela mão humana, a história promoveria a Humanidade. Somente por meio da instrução é que se descobririam verdades novas; e, por meio dessas, "a espécie humana continuará a se aperfeiçoar" (ibid.). Que forma de instrução propõe Condorcet?

346 CARLOTA BOTO

Aquela que "não deixasse escapar nenhum talento sem ser percebido" (ibid., p.26).

O cálculo matemático com que Condorcet racionaliza a questão do ensino é indisfarçável. Ele enfatiza que a acepção de progresso supõe um movimento para frente e para os lados. É preciso instrução para distribuir o conhecimento acumulado – as luzes – para um conjunto cada vez maior de pessoas. É preciso também fazer avançar a ciência, tanto aquela que corresponde à descoberta teórica quanto aquela dedicada a descobertas pontuais e aplicadas. Condorcet comenta que, em última análise, será imprescindível estender ao maior "número" um conjunto cada vez maior de "verdades encontradas". Diz ele:

> É verdade que dez homens, partindo do mesmo ponto, não farão na ciência dez vezes mais descobertas e, sobretudo, não irão dez vezes mais longe que um deles sozinho. No entanto, os verdadeiros progressos das ciências não se limitam a avançar para frente; consistem também em estender-se em torno do mesmo ponto, em reunir um número cada vez maior de verdades encontradas pelos mesmos métodos e em consequência dos mesmos princípios. [...] É preciso observar, ainda, que, ao multiplicar o número de homens ocupados com uma espécie de verdades, aumenta-se a esperança de que se encontrem novas, porque a diferença entre os espíritos pode corresponder à diferença entre as dificuldades, e o acaso, que quase sempre influi sobre a escolha dos objetos de nossas investigações e mesmo sobre os métodos, deve, portanto, produzir um número cada vez maior de combinações favoráveis. Além disso, o número de gênios, destinados a criar métodos, a abrir novos caminhos, é muito menor que o número dos talentos dos quais se pode esperar descobertas pontuais. (Condorcet, 2008, p.26-7)

A instrução preserva do erro; impede a pessoa de "recair na ignorância" (ibid., p.33). Não haverá avanço social se o conhecimento – ainda que em progresso – estiver concentrado nas mãos de poucas pessoas. Porém, como já assinalara o verbete da *Enciclo-*

pédia, talento é um dom desigualmente partilhado pela natureza. Daí a necessidade de se conferir a todos as mesmas oportunidades de usufruir dos dons com que a sua natureza nos houver dotado. Do ponto de vista dessa ciência pedagógica, que tem na instrução pública sua pedra de toque, trata-se de encontrar os talentos e estimulá-los. Condorcet compreende que isso, por si só, faria progredir a Humanidade; já que "a cultura pode melhorar as gerações e o aperfeiçoamento das faculdades dos indivíduos é transmissível a seus descendentes" (ibid., p.28). Ou seja: em cada geração, o esforço dirigido ao estudo seria – de alguma maneira – incorporado pelas gerações vindouras; as quais, pela mesma razão, poderiam chegar mais longe do ponto de vista do conhecimento. O autor acredita que "as gerações seguintes nascerão com uma facilidade maior para receber a instrução e mais aptidão para aproveitá-la" (ibid.). Sob tal perspectiva, tratava-se de uma força ou flexibilidade oriunda da própria constituição de nossos órgãos intelectuais, em uma dinâmica que combinava o aperfeiçoamento das disposições naturais com o efetivo avanço cultural.

A instrução é apreendida, por tal tônica iluminista, como fruto de uma dada acepção de história, mediante a qual o presente aprimorou o passado e o futuro aperfeiçoará o presente. Há, portanto, uma dinâmica de regeneração que é profundamente otimista na filosofia da história e na filosofia da educação advogadas por Condorcet. Para o autor, as "nações que avançam através dos séculos têm necessidade de uma instrução que, renovando-se e corrigindo--se sem cessar, siga a marcha do tempo, previna-a, algumas vezes, e não a contrarie jamais" (Condorcet, 2008, p.31).

Haverá graus diferentes de instrução:

Em primeiro lugar, uma instrução comum, na qual se deve propor:
1) Ensinar a cada um, segundo o grau de sua capacidade e a duração do tempo do qual pode dispor, o que é bom para todos, quaisquer que sejam sua profissão e seus gostos.
2) Assegurar um meio de conhecer as disposições particulares de cada individuos, a fim de que se possa tirar proveito dessas disposições para o benefício geral.

348 CARLOTA BOTO

3) Preparar os alunos para os conhecimentos exigidos pela profissão à qual se destinam.

A segunda espécie de instrução deve ter como objeto estudos relativos às diversas profissões cujo aperfeiçoamento seja útil tanto para o benefício comum quanto para o bem-estar particular daqueles que a elas se dedicam.

A terceira, enfim, puramente científica, deve formar aqueles que a natureza destina ao aperfeiçoamento da espécie humana e, dessa maneira, facilitar as descobertas, acelerá-las e multiplicá-las. (ibid., p.32)

Se a instrução aprimora, portanto, o grau de civilização de um povo, a própria ciência também será suscetível de progressos em seus procedimentos: verdades acumuladas, ordenadas, abreviadas por meio de fórmulas; tudo isso podendo ser combinado sob critérios cada vez mais aperfeiçoados. De todo modo, Condorcet compreende que a instrução vai muito além da mera transmissão de matérias: seu objetivo "não é perpetuar os conhecimentos que se tornaram gerais numa nação, porém aperfeiçoá-los e estendê-los" (ibid., p.52). Os métodos de ensino, pensados relativamente aos objetos da instrução e aos livros, serão periodicamente modificados, de acordo com o progresso obtido por cada ciência. Haverá uma dinâmica de aprimoramento do conhecimento acumulado, que se desdobra na lógica interna das instituições de ensino.

Condorcet propõe inovações relativamente à profissionalização do ofício docente (Nóvoa, 1991, *passim*), em sua dimensão trabalhista. Defende, para os professores, uma condição vitalícia, devendo a carreira assegurar aos profissionais uma situação permanente; até porque seu ofício "supõe o hábito e o gosto por uma vida sedentária e regrada; exige doçura e firmeza de caráter, paciência e zelo, simplicidade nos costumes e uma espécie de dignidade. Ela pede espírito de exatidão e de fineza, flexibilidade e método" (Condorcet, 2008, p.119). O diferencial do professor é exatamente sua necessidade de "saber para os outros" (ibid., p.120). Isso supõe habilidade para "resolver e prever de antemão as dificuldades que

INSTRUÇÃO PÚBLICA E PROJETO CIVILIZADOR **349**

podem surgir nos espíritos muito dessemelhantes de seus discípulos" (ibid., p.120).

Nesse sentido, deverá haver intensa preparação para se ocupar a função de professor. Condorcet compreende o ensino como uma arte que "só se adquire com o costume, só se aperfeiçoa com a experiência; e os primeiros anos de ensino são sempre inferiores aos que se seguem" (Condorcet, 2008, p.120). Por isso mesmo – continua o filósofo – a profissão de professor requer que o sujeito dedicado a ela dela se ocupe "uma vida inteira ou uma grande parte de sua vida" (ibid.). Ele fixa a permanência na carreira em 15 ou 20 anos. Como essa estabilidade do ofício não pode ser perpétua, Condorcet sugere que, depois desse período, "uma soma igual a um terço dos salários fosse reservada para constituir a aposentadoria dos professores e acumulada com uma taxa de juros de quatro por cento" (ibid., p.124).[14]

Condorcet não vê com bons olhos a possibilidade de os professores organizarem-se em corporações: "cada um deve existir à parte, e este é o único meio de manter entre si uma emulação que não degenere em ambição nem em intriga" (ibid., p.121). Como cidadãos, por outro lado, os professores poderiam ser eleitos para quaisquer funções públicas. Todavia, sendo a profissão de professor "permanente por sua natureza" (ibid., p.120) – frisa o autor –, "deve ser incompatível com todas aquelas que exijam um exercício contínuo" (ibid., p.121).

Condorcet enfatiza a completa incompatibilidade entre o ofício religioso e as funções da instrução; ou seja: o professor não poderá ser padre ou pastor de nenhuma igreja. Isso porque "os povos que

---

14 "A metade dessa soma serviria para uma pensão vitalícia e a outra metade para constituir um fundo de acumulações. Se o professor morresse na sua função, esse fundo pertenceria a seus filhos, à sua mulher e até mesmo a seus pais, se estes estivessem vivos. Se o professor deixasse a função, seja depois de ter cumprido seu tempo, seja por demissão, ele usufruiria de início dos juros do fundo de acumulação, que, na sua morte, pertenceria à sua família em linhagem direta, e, em seguida, da renda vitalícia que o fundo destinado a produzi-la lhe daria por pessoa da sua idade, sem que, contudo, tal aposentadoria não excedesse nunca o salário da função." (Condorcet, 2008, p.124)

350 CARLOTA BOTO

têm os padres como professores não podem permanecer livres; insensivelmente, caem sob o despotismo de um só, que, segundo as circunstâncias, será o chefe ou o general do clero" (Condorcet, 2008, p.122). Outrossim, típico representante do Iluminismo, Condorcet não acredita na existência de uma "doutrina religiosa pura, isenta de superstições, tolerante, confundindo-se quase com a razão, podendo aperfeiçoar a espécie humana sem arriscar-se a corrompê-la ou desviá-la" (ibid., p.122). Toda religião institucionalizada será, na percepção do autor, corrompida e corruptora.

Condorcet via na revolução uma aceleração dos progressos da nação francesa. Compreendia que uma nação, entregue a sua rotina, reitera seus usos e costumes cristalizados ao longo de séculos; o que não poderia ocorrer no país que presenciou uma revolução. A própria situação revolucionária torna mais urgente uma instrução que confira ao povo a possibilidade de se conduzir pelos progressos da razão; "assim como o indivíduo obrigado a afastar-se do lugar que o viu nascer tem necessidade de adquirir mais ideias do que aquele que permanece no mesmo lugar" (Condorcet, 2008, p.31). Condorcet sugere que a instrução possa, mediante constante e progressiva renovação, seguir a marcha dos tempos, prevenindo-a, mas não contrariando esse caminho da história. Sendo assim, há, claramente, no pensamento pedagógico de Condorcet uma correspondência com sua filosofia da história.

A ideia de escola única aparece claramente nas *Cinco memórias sobre a instrução pública*: "uma instrução pública é necessariamente a mesma para todos os indivíduos que a recebem ao mesmo tempo" (ibid., p.34). Esse é o pressuposto. Não exclui por motivos de classe ou de raça. Não se deverá também excluir as mulheres da oportunidade da instrução comum; as quais "podem tornar-se úteis aos seus progressos, seja fazendo observações, seja compondo livros elementares" (ibid., p.57) a serem utilizados nas escolas. O argumento para que sejam elas a compor os livros utilizados nas escolas deriva dos supostos atributos intrínsecos à condição feminina: paciência, vida sedentária e regrada, amabilidade, polidez e compreensão do espírito das crianças (ibid., p.58). Ora, qualquer livro escolar pre-

INSTRUÇÃO PÚBLICA E PROJETO CIVILIZADOR **351**

cisará ser composto por alguém que saiba mais do que está no livro. Daí a justificativa para que as mulheres se tornem cultas e instruídas. A ignorância das mulheres – lembra o autor – é também a vergonha de seus maridos e filhos. Como pode manter o conhecimento que recebeu aquele homem que não "encontra em sua mulher uma instrução mais ou menos igual" (ibid., p.60)?

Condorcet mostra-se convicto de que – para além de tudo aquilo já mencionado – deve-se dar instrução às mulheres porque é direito delas: "elas têm o direito de obter as mesmas facilidades para adquirir as luzes, que podem lhes dar os meios de exercer realmente tais direitos, com uma mesma independência e numa extensão igual" (ibid., p.60-1).[15] Souza considera que, ao combater pelos direitos dos negros, das mulheres, dos protestantes e dos judeus, "a intervenção de Condorcet nestes debates e nestas lutas nos leva a pensar que a bandeira universalista de inspiração iluminista não impede de modo algum o pensamento sobre a diferença" (Souza, 2001, p.188-9).

Todavia, para obter adesão, o autor recua: "se o sistema completo da instrução comum parecer por demais amplo para as mulheres, que não são chamadas a nenhuma função política, pode-se limitar seu acesso aos primeiros graus" (Condorcet, 2008, p.57). Mesmo com tal concessão, ele ressalva que aquelas mulheres que se mostrassem mais talentosas "e cujas famílias as quiserem tornar cultas" (ibid.) deverão ter acesso a todos os demais graus. Finalmente, se a instrução é a mesma, as classes dos alunos devem ser mistas – com meninos e meninas na mesma sala de aula.

As aulas deverão desenrolar-se de modo a favorecer uma aliança entre o salutar princípio da emulação e o sentimento da benevolên-

---

15 Segundo Lynn Hunt, "em julho de 1790, Condorcet chocou os seus leitores com um surpreendente editorial jornalístico, 'Sobre a admissão das mulheres aos direitos de cidadania', tornando explícito o fundamento lógico dos direitos humanos que se tinha desenvolvido constantemente na segunda metade do século XVIII" (Hunt, 2009, p.171). O argumento de Condorcet, nesse sentido, era o de que os homens possuem direitos por serem criaturas sensíveis. Condorcet indagava por que as mulheres – dispondo das mesmas características – também não poderiam usufruir de direitos (ibid.).

352 CARLOTA BOTO

cia. Não se favorecerá a rivalidade ou as disputas pessoais, como se costumava fazer nos colégios religiosos da época. Condorcet sublinha que práticas de disputas, rivalidades, prêmios – tão valorizados pelo sistema de ensino então vigente – fazem mais mal do que bem à formação do aluno; até porque

> A vida humana não é uma luta na qual os rivais disputam prêmios; é uma viagem que irmãos fazem em comum e na qual cada um, empregando suas forças para o bem de todos, é recompensado pelas doçuras de uma benevolência recíproca, pelo prazer ligado ao sentimento de ter merecido o reconhecimento ou a estima. [...] O hábito de querer ser o primeiro é ridículo e uma infelicidade para aquele que o adquiriu, constituindo uma verdadeira calamidade para aqueles cuja sorte condena a viver junto dele. O hábito de necessitar merecer a estima conduz, ao contrário, a esta paz interior que torna a felicidade possível e a virtude fácil. (ibid., p.64-5)

O sistema da instrução – como indicado – organiza o ensino por graus sucessivos, para que a pessoa percorra os vários degraus dessa escola seriada, "segundo o tempo que puder empregar e segundo sua facilidade para aprender" (Condorcet, 2008, p.35). Condorcet aqui pondera que a dedicação ao estudo será proporcional "à força de sua atenção, à extensão e à duração de sua memória, à facilidade e à precisão de sua inteligência" (ibid., p.34).

Condorcet observa que "o país mais livre é aquele no qual um maior número de funções públicas pode ser exercido por aqueles que só receberam uma instrução comum" (ibid., p.36). O autor analisa seu tempo para identificar que "quanto mais as profissões mecânicas se dividiam, mais o povo ficava exposto a contrair essa estupidez natural aos homens limitados a um pequeno número de ideias de um mesmo gênero" (ibid.). A instrução seria uma estratégia corretiva desse desvio.

Condorcet, de alguma maneira, pretende, por meio do oferecimento da instrução, diminuir as distâncias provenientes da desi-

INSTRUÇÃO PÚBLICA E PROJETO CIVILIZADOR **353**

gualdade de fortunas – que não foram eliminadas. Ele tem medo do poder nivelador que – em tese – estaria contido no que chama de "fantasma impostor da igualdade" (ibid., p.37). Este não deveria – segundo ele – ser ancorado no sacrifício de outros direitos – propriedade, liberdade e segurança. A igualdade, sob tal acepção, seria a ruína da sociedade de direitos; posto que sujeita "aos caprichos de agitadores ferozes de uma multidão perdida e estúpida" (ibid., p.36).

Eliane Marta Teixeira Lopes (2008) sublinha – no que tange à gratuidade do ensino público – o avanço do *Rapport* que Condorcet encaminhou à Assembleia Nacional Legislativa francesa, com base em suas *Cinco Memórias sobre Instrução Pública*. Ressaltando a existência de duas categorias de cidadãos, os ativos e os passivos, na França daquele período, a autora dirá o seguinte:

> Como se vê, se, por um lado, a extensão da instrução a todos os cidadãos é um avanço, por outro, o acesso à instrução e o uso que dela se faria já estavam predeterminados. A participação política se faria mediante o enriquecimento e para isso a instrução, como já foi dito, era tida como um instrumento poderoso, mas só para quem já tinha as condições necessárias. Quanto à gratuidade, Condorcet avança em relação ao relator que o antecedeu ao propor a completa gratuidade por quatro graus de ensino. (Lopes, 2008, p.87)

De fato, há passagens no texto que justificam o parecer de Lopes. Condorcet oscila entre fixar a demarcação dos talentos como único divisor de águas entre as pessoas e assumir as demais distinções postas pela sociedade. Por um lado, ele quer "estimular os talentos preparados pela natureza, aplainar seus obstáculos e ajudá-los em sua marcha" (Condorcet, 2008, p.27). Por outro lado, ele reconhece a clivagem econômica como fator decisivo na destinação social e de ocupação dos indivíduos. As famílias de mais recursos poderão dar a seus filhos uma educação mais extensa; no entanto, será imprescindível haver oportunidades iguais para todos. Diz Condorcet o seguinte:

É, pois, impossível submeter a uma educação rigorosamente igual homens cuja destinação é tão diferente. Se ela for estabelecida para aqueles que têm menos tempo para consagrar à instrução, a sociedade será forçada a sacrificar todas as vantagens que pode esperar do progresso das luzes. Se, ao contrário, se quiser fazê-la para aqueles que podem sacrificar sua juventude inteira para instruir-se, encontraríamos obstáculos insuperáveis, ou então seria preciso renunciar aos benefícios de uma instituição que abarcasse a generalidade dos cidadãos. Enfim, tanto numa quanto noutra suposição, as crianças não seriam educadas nem para si mesmas, nem para os deveres que serão abrigadas a cumprir. Uma educação comum não pode ser graduada como a instrução. Ela precisa ser completa, senão será nula e mesmo prejudicial. (ibid., p.43)

Catherine Kintzler adota – sobre o tema – outra perspectiva. A autora considera que a instituição escolar é claramente, na obra de Condorcet, o alicerce do qual emana a institucionalização da república. Nesse sentido, a própria república decorrerá da tarefa da instrução, posto que "apenas a uma república poderá interessar conferir publicidade e extensão das Luzes para cada cidadão" (Kintzler, 1984, p.31). Julga Kintzler que a mesma república que cria a instrução pública dela dependerá. Se a razão não for democratizada, nenhum povo ser tornará verdadeiramente livre. Pela mesma razão:

Longe de produzir desigualdades entre os homens, as Luzes, enquanto são suficientemente expandidas, podem engendar apenas diferença; jamais subordinação. É necessário e suficiente que cada um obtenha uma autonomia intelectual mínima que lhe permita, simultaneamente, escapar da dependência direta frente a outros e aceder a degraus de saber mais estendidos. Que ninguém seja obrigado, para ler uma carta, para efetuar um cálculo simples ou julgar a verossimilhança de uma proposição, de se remeter cegamente ao primeiro charlatão que encontrar. Mas que ninguém seja limitado pela parcimônia de uma instrução tão sumária ou mal construída no estreito horizonte das necessidades imediatas. Isso suporia que se fosse capaz de definir o conceito de instrução elementar destinado a satisfazer a condição jurídica de autonomia e a condição epistemológica de acesso a um campo mais largo do conhecimento. (ibid., p.33)

Cada degrau da instrução – em perspectiva progressiva – teria uma tarefa a cumprir. Um dos graus da instrução comum deveria tornar "todos os homens dotados de uma capacidade ordinária, capazes de exercer todas as funções públicas" (Condorcet, 2008, p.37); outro grau habilitaria o sujeito para uma profissão mecânica, de modo que "ele possa escapar da estupidez, não pela extensão, mas pela justeza das noções que vier a receber" (ibid.). Mas haveria também de se "multiplicar a classe de homens cuja imparcialidade, desinteresse e luzes devem orientar a opinião" (ibid., p.38). Para formar tais homens, haveria outros degraus da instrução.

Na perspectiva de Condorcet, "a educação pública deve limitar-se à instrução" (ibid., p.41). Isso porque caberia à família um lugar que a escola não poderia e nem deveria ocupar: "o poder público não pode nem mesmo, em nenhum assunto, ter o direito de mandar ensinar opiniões como se fossem verdades. Não deve impor nenhuma crença" (ibid., p.47). O autor sinaliza para o perigo de doutrinação da infância; especialmente no que tange à educação religiosa. Diz ele que "a maioria dos homens segue, nesse gênero, as opiniões que recebeu desde sua infância e que raramente lhe vem à mente a ideia de examiná-las" (ibid., p.46). Pela mesma razão, é importante que, no campo das crenças, a escola não se imiscua; já que, "se, pois, elas fizerem parte da educação pública, deixam de ser escolha livre dos cidadãos e tornam-se um jugo imposto por um poder ilegítimo" (ibid., p.47).

No campo da instrução pública, não se associará moral e religião. Por isso mesmo, o ensino não deve ser confiado ao que Condorcet chama de corporações perpétuas – aquelas que "se recrutam a si mesmas" (Condorcet, 2008, p.48). Nesse território, ele coloca instituições de índole diferente; mas cujo principal objetivo

356 CARLOTA BOTO

seria "impor aos espíritos um jugo com o auxílio do qual esperam prolongar seu prestígio ou aumentar suas riquezas" (ibid.). A que corporações, portanto, não se deveria confiar o ensino: "ordens de monges, congregações de irmãos, universidades, simples confrarias, o perigo é o mesmo" (ibid.).

No tocante ao que poderíamos compreender como "aprendizado da cidadania" – embora Condorcet não mencione a expressão –, as crianças e jovens deverão ser levados a conhecer a constituição do próprio país como matéria da instrução nacional. Todavia, não se deverá apresentar como uma "doutrina conforme aos princípios de uma razão universal" (Condorcet, 2008, p.53). Não se deve, pela mesma razão, despertar, em virtude de uma fé cívica, "um entusiasmo cego que torna os cidadãos incapazes de julgá-la [a Constituição]" (ibid.). Expressa-se aqui a arguta dimensão política do pensamento de Condorcet a respeito do código de leis em que se funda a nação. Nada deverá ser apresentado às crianças – ou às pessoas, de maneira geral – como se fosse um código de leis caído do Céu; nem religião nem civismo, nem mesmo a Pátria ou suas leis.

> [...] se lhes dizemos: *eis o que deveis adorar e crer*, então se trata de uma religião política que se quer criar, uma cadeia preparada para os espíritos, e viola-se a liberdade em seus direitos mais sagrados, sob pretexto de ensinar a amá-la. O fim da instrução não é fazer que os homens admirem uma legislação pronta, mas torná-los capazes de avaliá-la e corrigi-la. Não se trata de submeter cada geração às opiniões bem como às vontades daquela que a precede, porém de esclarecê-las cada vez mais, a fim de que cada uma se torne cada vez mais digna de governar-se por sua própria razão. (ibid.)

Tudo, no parecer de Condorcet, deve estar sujeito à crítica: os filósofos, os cientistas, as religiões, as instituições, o próprio Estado e suas leis. Há "leis que ferem o bom senso e a justiça" (Condorcet, 2008, p.54). Podem ter escapado à razoabilidade do legislador, talvez por "influência de um legislador ou de um partido, por impulsão de uma efervescência popular" (ibid., p.54). A lei pode até

INSTRUÇÃO PÚBLICA E PROJETO CIVILIZADOR **357**

mesmo "contrariar os princípios da razão" (ibid.). Pode também a lei ser desatualizada perante seu tempo. Periodicamente – Condorcet aconselha – deverá ser revista a legislação. Ou seja: não há qualquer instância humana que possa pretender ser infalível. Condorcet repudia qualquer tentativa de fazer da escola um templo cívico de fé patriótica. Por isso ele se declara contrário aos

> [...] pretensos filósofos que querem que as verdades não sejam para o povo senão preconceitos, que propõem que se devem tomar os primeiros momentos do homem para afetá-lo com imagens que o tempo não possa destruir, e ligá-lo às leis, à constituição de seu país, por meio de um sentimento cego, e não conduzi-lo à razão senão pelo prestígio da imaginação e da perturbação das paixões. Mas eu lhes perguntaria: como podem estar tão seguros de que aquilo que creem é e será sempre a verdade? De quem receberam o direito de julgar onde ela se encontra? Por qual prerrogativa gozam dessa infalibilidade que lhes permite dar sua opinião como regra para o espírito de outrem? (Condorcet, 2008, p.56)

Condorcet explicita, em suas *Memórias*, a seriação escolar. A ordem sequencial do conhecimento ensinado é similar a uma perspectiva evolutiva da História. As escolas seriam, então, distribuídas do seguinte modo: haveria um primeiro degrau de instrução comum, cuja finalidade era a de "colocar todos os habitantes de um país em condições de conhecer seus direitos e seus deveres, a fim de poder exercer uns e cumprir outros, sem serem obrigados a recorrer à razão alheia" (Condorcet, 2008, p.71). Em cada vilarejo, haveria, portanto, uma escola pública, dirigida por um mestre. Nas cidades maiores, um grande número desses mestres "seria determinado pelo número de alunos de ambos os sexos" (ibid., p.72).

Esse primeiro grau de escolarização seria frequentado por todas as crianças entre 9 e 13 anos. Mesmo as famílias pobres deveriam reservar essas horas para o estudo de seus filhos. Nesse primeiro nível, haveria quatro classes. As aulas seriam dadas pelo professor, auxiliado por um aluno escolhido dentre os mais avançados, que

358 CARLOTA BOTO

atuaria como repetidor. Enquanto uma das classes estivesse sendo ajudada por esse repetidor, o professor estaria encarregado de outra sala – de modo que duas classes poderiam ser, ao mesmo tempo, atendidas por um único mestre. Sendo assim, um único professor, dividindo-se em dois horários de seu dia, ensinaria a quatro classes.

Os estudos da primeira série compreenderiam o aprendizado da leitura e da escrita. Condorcet enfatiza a necessidade de se ensinar a ler e a escrever simultaneamente, sendo que – como ele próprio assevera – "no método atual, é-se obrigado a aprender a ler e a escrever separadamente" (Condorcet, 2008, p.74). Aprender ao mesmo tempo a habilidade da leitura e da escrita pouparia tempo, bem como a sensação de tédio – de acordo com as palavras do próprio Condorcet. Note-se que isso é extremamente inovador em uma época na qual, ao aprendizado da leitura seguia-se o aprendizado da escrita. Sugere Condorcet, que, para que a criança pudesse escrever ao mesmo tempo que aprendia a ler, seria recomendável que se escolhesse "um tipo de impressão que representasse uma escrita fácil" (ibid.).

A escrita, naquele final do século XVIII, constituía, cada vez mais, uma necessidade social. A multiplicação dos impressos e a diminuição do preço dos exemplares facultavam às pessoas a possibilidade de adquirir livros para todos os que se interessassem – e Condorcet já havia registrado isso em seu *Esquisse*. Ali, também dizia ele que, com a facilitação dos meios materiais da leitura, teria sido ampliado, em termos sociais, o desejo de instrução. As cópias multiplicavam-se com cada vez maior intensidade; e as luzes tornavam-se alvo do comércio.

Condorcet pretende desenvolver um modelo de aprendizado que não seja entediante para as crianças: "a ação de imitar as letras à medida que se lhes ensina a conhecê-las as divertiria e assim elas memorizariam suas formas mais facilmente" (Condorcet, 2008, p.74). De todo modo, o autor sugere o uso de livros elementares de leitura, que pudessem dar um suporte material à "explicação das palavras dadas pelo professor" (ibid.). Nesse sentido – adverte – é fundamental que tais compêndios não fossem caracterizados por

INSTRUÇÃO PÚBLICA E PROJETO CIVILIZADOR **359**

informações absolutamente ininteligíveis para as crianças. Deveria, além disso, haver um critério didático para se ensinar a ler e a escrever. Vale a pena conhecer o próprio argumento que Condorcet utilizava para explicitar sua concepção de ensino:

> É impossível compreender lendo frases, mesmo as mais simples, se não se está em condições de ler palavras isoladas. Se não for assim, a atenção será absorvida por outra que é aquela da qual se tem necessidade para reconhecer as sílabas e as letras. A primeira parte desse livro deve, pois, conter uma série de palavras que não tenham um sentido continuado. Escolher-se-iam aquelas que uma criança pode entender, e para as quais não se precisa oferecer uma explicação mais precisa. Após essas palavras, haveria um pequeno número de frases extremamente simples, cujo sentido ela pudesse compreender e que exprimiriam alguns julgamentos que ela já pode ter feito, ou algumas das observações que ela pôde fazer sobre os objetos que se lhe apresentam habitualmente, de modo que a criança reconhecesse nessas frases a expressão de suas próprias ideias. A explicação de tais palavras, dada na medida em que as crianças iriam aprendendo a lê-las e a escrevê-las, seria para elas um exercício divertido. (Condorcet, 2008, p.75)

Um conteúdo fundamental para constar do compêndio escolar era – segundo o filósofo – "a exposição do sistema de numeração decimal" (ibid., p.78). Foi a Revolução quem inventou o Sistema Métrico-Decimal, que seria disseminado para a Europa ao longo do século XIX. Os alunos precisariam não apenas conhecer os sinais correspondentes aos números, mas deveriam também ser capazes de representar graficamente tais signos, "escrever em algarismos um número expresso por palavras e exprimir por palavras um número escrito em algarismos" (ibid., p.78).

Correspondente ao livro do aluno, Condorcet prescreve a elaboração de um livro do professor. Tratar-se-ia de um guia que não apenas expusesse os saberes escolares a serem ministrados, mas que fosse, especialmente, capaz de ajudar o mestre a ensiná-los.

360 CARLOTA BOTO

Desse modo, o livro do professor trataria dos métodos de ensino, esclarecendo as formas de ensinar, sugerindo maneiras "para que o professor tenha condições de responder às dificuldades que os alunos podem propor, às perguntas que eles podem fazer" (Condorcet, 2008, p.78). Sendo assim, o livro do professor traria as "definições, ou melhor, análises de algumas palavras empregadas nos livros postos nas mãos das crianças e das quais é importante lhes dar ideias precisas" (ibid.). Tais definições não constariam diretamente dos livros dos alunos para não torná-los excessivamente extensos e, por decorrência, entediantes.

Além disso, o livro do professor deveria conter mais coisas do que os livros dos alunos, posto que o mestre – ao ensinar – precisa estar mais de um passo à frente de seu aluno: "um professor que não se limitasse à simples explicação de uma obra e que, aos olhos das crianças, parecesse saber algo além do livro no qual estudam, lhes inspiraria mais confiança" (Condorcet, 2008, p.79). O livro escolar, portanto, ensinava o professor a ensinar (Bittencourt, 1993). Os livros dos professores poderiam ser também de uso dos pais, para que eles pudessem orientar a instrução de seus filhos, relativamente aos deveres de casa – "no tempo em que as crianças devem trabalhar fora dos olhares do professor" (Condorcet, 2008, p.79).

Os livros dos professores cumpririam, assim, uma dupla função: seriam roteiros para ensinar a ensinar; e, ao mesmo tempo, seriam uma maneira de propiciar "mais igualdade entre o ensino de uma escola e o de uma outra" (Condorcet, 2008, p.79). Constituíam, portanto, dispositivos de construção da escola única – da escola do Estado-nação.

Condorcet explicita que há uma finalidade de ampliação do repertório que não se resume a questões de linguagem. A mesma palavra não tem o mesmo sentido quando proferida por um sábio ou por um homem ignorante. As palavras registram coisas diferentes quando são ditas por homens que estão em lugares diferentes do ponto de vista do conhecimento. Daí a necessidade de se atentar para o aprendizado da compreensão e da expressão das palavras; lembrando, porém, que "as palavras só se formam depois das ideias

INSTRUÇÃO PÚBLICA E PROJETO CIVILIZADOR **361**

e pela necessidade de exprimi-las. Os progressos do espírito precedem necessariamente os da linguagem" (Condorcet, 2008, p.84).

Na segunda série – e observe-se o caráter evolutivo desse roteiro de aprendizado –, "o livro de leitura conteria histórias morais" (ibid., p.85). Dessa maneira, ao mesmo tempo que a criança adquire repertório em sua língua materna, ela deverá fixar em seu espírito os embriões da moralidade. Além disso, também na segunda série, seriam ensinadas as quatro operações. A aritmética ensinada não deveria estar apartada do domínio dos princípios que regem as operações. Para ele, era fundamental compreender e saber aplicar. Na segunda série principiariam, também, os conhecimentos da geometria.

Condorcet sublinha a dimensão evolutiva do aprendizado escolar. Para ele, a instrução era uma "marcha" cujo ritmo não poderia ser demasiadamente rápido nem demasiadamente lento. Haveria um compasso nos processos de ensino – cuja precisão seria a pedra de toque do aprendizado. Diz, sobre o tema, Condorcet:

> Por isso, desde que não se vá por demais rapidamente, que não se exceda a força da mente ou os limites da memória, deve-se, ao contrário, apressar a marcha da instrução, ir avante, temer esfriar o entusiasmo nascente dos alunos, arrastando-se devagar demais sobre as mesmas verdades, tornando pesada a sua reflexão sobre ideias que não têm mais o encanto da novidade. (Condorcet, 2008, p.88-9)

O ensino das ciências – que já principiava nessa segunda série da educação elementar – deveria ser feito a partir da explicitação de "sua utilidade para algumas circunstâncias da vida" (Condorcet, 2008, p.89). O espírito dos alunos seria, então, familiarizado com tais ciências; sendo que, se não estivessem convencidos da utilidade daquele aprendizado, "eles logo esqueceriam os seus princípios e a própria prática" (ibid.). Uma das principais finalidades da instrução era, exatamente, a de oferecer ao sujeito os conhecimentos necessários para que o posterior exercício de uma profissão – tornando-se hábito – não adquirisse um caráter mecânico de uma rotina.

Os princípios das teorias proporcionariam, futuramente, àquele estudante os métodos para exercerem o ofício profissional, contribuindo para fazer progredir as conquistas do espírito humano. A ideia de perfectibilidade – cara a Condorcet – estaria, então, pressuposta em sua concepção de ensino. Alías, a própria acepção dos progressos da instrução tinha por premissa a tese segundo a qual o espírito individual percorre o caminho que a Humanidade teria trilhado nas descobertas do conhecimento.

Ao abordar os saberes escolares trabalhados na terceira série, Condorcet indica que, para esse nível, já se teria consciência do senso de justiça. Desse modo, no tocante às ideias morais, caberia dar a elas "maior extensão e precisão e aumentar o seu número" (Condorcet, 2008, p.90). O aluno seria levado a compreender os preceitos da moral e, até, incitado a "inventá-los por si mesmo" (ibid.). Sob tal perspectiva, enfatiza-se a convicção de que aprenderemos melhor aquilo que nos envolve:

> Em nenhum gênero se pode ensinar ou provar uma verdade, se aquele a quem se quer ensiná-la ou demonstrá-la não foi levado de antemão ao ponto em que não lhe faltasse senão um pouco de atenção e de força mental para fazê-lo sozinho. O ensino consiste apenas em apresentar o fio que conduziu os inventores, em mostrar o caminho que eles percorreram, e os alunos farão necessariamente os raciocínios que eles fizeram ou que teriam podido fazer com um mesmo êxito. (ibid., p.91)

No caso dos preceitos da moral, por exemplo, Condorcet recomenda que a leitura das histórias com uma conclusão moralizadora fosse feita pelas crianças, de modo que elas fossem conduzidas a uma série de preceitos, como se elas próprias houvessem descoberto as máximas morais a que foram conduzidas. Para Condorcet, isso era um método condizente com o que ele caracteriza como "marcha natural do espírito humano" (Condorcet, 2008, p.91). É como se da

INSTRUÇÃO PÚBLICA E PROJETO CIVILIZADOR **363**

marcha filosófica da história naturalmente fosse depreendido um método eficaz de ensinar a juventude – para capacitá-la a adquirir: 1) o domínio do conhecimento transmitido; 2) e os procedimentos necessários para, no futuro, fazer progredir o saber historicamente acumulado. Nas palavras do autor:

> Os alunos serão exercitados na Aritmética, não mais fazendo-os aplicar as regras a exemplos dados, mas lhes propondo pequenas perguntas que possam resolver sozinhos, e que sejam suscetíveis de serem reduzidas, primeiro, à aplicação de uma só regra, depois, a várias delas ao mesmo tempo. (ibid.)

A quarta série daria continuidade a esse aprendizado da moral. Agora, é trabalhado um "pequeno código de moral que seja suficiente para toda a conduta da vida" (ibid., p.92). Condorcet preocupa-se com o ensino dos deveres correspondentes aos direitos que serão usufruídos em uma sociedade democrática. O autor ressalva: "deve-se separar cuidadosamente essa moral de qualquer relação com as opiniões religiosas de uma seita particular, porque, se não for assim, seria preciso dar a tais opiniões uma preferência contrária à liberdade" (ibid.).

A matéria da religião seria, portanto, reservada aos pais, não devendo a escola se imiscuir nos assuntos da fé. Isso não significava, no entanto, que a escola pudesse se furtar a trabalhar o tema da moralidade. Isso não eximia a escola de trazer à tona o discurso do civismo. Dizer, pelo enredo da escolarização, o lugar da moral pública e da ação cidadã corresponde a um discurso sobre a ação cívica. Condorcet supunha a necessidade de haver empenho na formação de jovens capazes de discorrer sobre a sociedade de direitos, sem que isso significasse o desconhecimento da pauta de deveres correspondentes. Assim, o ensino escolar contribuiria para instituir modos de vida coletiva correspondentes à construção de uma existência social mais fraterna. Uma sociedade na qual a segurança do direito tem, por contrapartida, a exigência de deveres. No tocante à escolarização – diz Condorcet – parecia fundamental fazer por estabelecer a

364 CARLOTA BOTO

exposição de uma declaração de direitos mais simples, que esteja tão ao alcance dos alunos quanto for possível. Desta declaração se deduziria a de seus deveres, que consistem em respeitar no outro os mesmos direitos que sentem lhes pertencer. Acrescentar-se-iam as noções mais simples da organização das sociedades e da natureza dos poderes, que são necessárias à sua conservação. Mas o resto da instrução pública deve, para eles, confundir-se com aquela que é destinada aos homens adultos. E isso é tão mais fácil de estabelecer quanto seria ainda útil lembrá-los desses conhecimentos, fortificá--los por meio de leituras e explicações habituais, mesmo que estes façam parte da sua primeira instrução. (Condorcet, 2008, p.94)

Nesse sentido – do ponto de vista histórico – uma das principais vantagens da instrução será "preservar do erro" (ibid.) as novas gerações, protegendo as pessoas "contra as falsas opiniões nas quais podem se afundar por causa de sua própria imaginação e do entusiasmo pelos charlatães" (ibid., p.95). As crianças deverão ser incitadas a reproduzirem as histórias que ouviram e leram. Não se cobrará delas memorização mecânica, mas se solicitará que elas relatem o que acabaram de ler, que reproduzam por escrito o que retiveram do que foi lido, que explicitem os significados das palavras e das expressões mais importantes; enfim, "por esse meio aprenderão a reter as ideias, o que é melhor do que repetir palavras" (ibid.). O conhecimento passa, então, a fazer sentido.

No segundo grau de instrução, o ensino será separado em duas partes. A primeira dá continuidade ao ensino das quatro primeiras séries. Condorcet prevê para esse nível um curso de quatro anos. A segunda parte desse segundo grau compreende o ensino de Ciências. O autor observa que essa divisão facilitará a correspondência entre a instrução oferecida e as faculdades dos alunos. Nem todos terão propensão para a ciência. Para alguns, faltará aptidão para adquirir conhecimentos. Mas mesmo as crianças com mais dificuldade perfilharão os quatro anos iniciais desse segundo degrau da instrução pública. Condorcet acredita, sob tal perspectiva, que "crianças cujo espírito anunciava uma lentidão próxima da estupidez, despertadas pelo estudo cujos objetos mantêm com sua alma uma simpatia, desenvolverão suas faculdades que, sem essa facilidade de escolher, teriam permanecido na letargia" (Condorcet, 2008, p.99). O estudo é julgado, pois, como estratégia para o exercício das faculdades mentais.

A instrução comum, nesse segundo grau, abarcaria um conhecimento elementar de matemática, história natural e física, aplicando mais aprofundadamente "os princípios das ciências políticas, em que serão desenvolvidos os princípios de constituição nacional" (ibid.). Isso implicava o reconhecimento "das leis segundo as quais o país é governado" (ibid.). Além disso, o ensino compreenderia gramática, metafísica, lógica, história e geografia.

O código moral, anteriormente desenvolvido com as crianças, seria aqui retomado, de modo a ser aprofundado, insistindo-se "sobre aqueles deveres cujo conhecimento detalhado estava acima das faculdades da primeira fase e cujo desenvolvimento teria sido então inútil" (Condorcet, 2008, p.100). Condorcet agrupa os saberes a serem ensinados nessa etapa, explicitando que quatro professores poderiam se encarregar deles – cada um responsabilizando-se por um dos agrupamentos temáticos expressos a seguir:

1) ciências morais e políticas;
2) ciências físicas;
3) matemática e cálculo;
4) história e geografia política.

A preocupação com a organização curricular é absolutamente evidente para o leitor. O texto agrupa matérias, classifica-as e oferece seus parâmetros de análise e procedimentos de abordagem. Tratava-se de demarcar – nos termos do que diríamos hoje – conteúdos e método; saberes e fazeres do ensino-aprendizado da escola. A metodologia do ensino adotada era, do ponto de vista das *Memórias*, consoante às particularidades de cada específico campo de conhecimento que se torna objeto de ensino.

366 CARLOTA BOTO

Condorcet enfatiza bastante o que nomeia de "modo de ensinar a geografia e a história" (Condorcet, 2008, p.103). Ele diz que os professores que trabalham nesse campo do conhecimento não deverão apenas descrever países ou resumir fatos. Feito dessa maneira, o saber geográfico e histórico pode ser adquirido "mais facilmente sem professor e pela leitura" (ibid.). A explicação dos fatos históricos e dos lugares da geografia deverá ser acompanhada por um quadro sinótico; cuja finalidade será a de conferir sentido de totalidade aos acontecimentos e lugares esparsos.

No limite, trata-se de escrever a história dos povos à luz de um roteiro prévio. Os significados do encadeamento das relações de tempo e espaço tomam por confluência sua assumida perspectiva de uma filosofia da história:

> Refiro-me à explicação mais ou menos desenvolvida de um quadro que, seguindo a ordem do tempo, apresentaria para cada época a distribuição da espécie humana sobre o globo, seu estado em cada uma dessas divisões, o nome dos homens que tiveram uma influência importante ou durável sobre sua felicidade. Ao ensinar assim a ordenar, seja no tempo, seja no espaço, os fatos e as observações que nos foram transmitidos, criaríamos o hábito de apreender seus vínculos e relações e ensinaríamos ao aluno a criar para si mesmo uma filosofia da história, à medida que os detalhes fossem estruturados na sequência. (Condorcet, 2008, p.103-4)

Os quadros produziriam sínteses, apreenderiam analogias e permitiriam extrair lições da história (Catroga, 2003), recolhendo sentidos do encadeamento dos fatos. Além disso, esses quadros também seriam importantes fontes de auxílio da memória. Se fossem benfeitos – argumenta o filósofo –, "compensariam essa falta de uso ou de memória" (Condorcet, 2008, p.104). Sendo assim, os quadros teriam também uma finalidade de recapitulação:

> Será útil compor um quadro para cada gênero de ciência, a fim de que cada aluno possa, por esse meio, rever de uma só vez e se

INSTRUÇÃO PÚBLICA E PROJETO CIVILIZADOR **367**

lembrar do que lhe foi sucessivamente ensinado, abarcar desse modo o resultado de sua instrução inteira, e poder torná-la presente para si em qualquer momento. (ibid., p.105)

Verifica-se, claramente, no plano de Condorcet o espírito enciclopedista aplicado à educação. A instrução teria – nas *Memórias* – o objetivo de prevenir contra o risco da sedução da eloquência. O homem instruído é apresentando como aquele que sabe fazer bom uso de sua razão; capaz de "discernir as armadilhas" (Condorcet, 2008, p.107) do discurso. Por isso, essa primeira etapa da instrução voltar-se-ia a "ensinar a arte de escrever uma memória ou uma opinião com clareza, simplicidade, método; de desenvolver razões com ordem, com precisão; de evitar, com cuidado igual, a negligência e a afetação, o exagero e o mau gosto" (ibid.). Nesse sentido, era parte integrante do ensino o desenvolvimento da

arte de apresentar um conjunto, de encadear ou classificar as ideias, de escrever com elegância e nobreza, de preparar os efeitos e, sobretudo, de evitar os defeitos que a natureza pôs junto a cada uma das grandes qualidades do espírito. Ele ensinaria aos seus alunos, exercitando-os com exemplos, a discernir o erro no meio das ilusões da imaginação ou da embriaguez das paixões, a apreender a verdade, a não exagerá-la, mesmo apaixonando-se por ela. Assim, os homens nascidos para serem eloquentes só seriam eloquentes para a verdade, e aqueles a quem esse talento fosse recusado poderiam ainda agradar apenas pela verdade e fazer que a razão fosse amada, embelezando-a. (ibid., p.108)

Condorcet prevê livros destinados à educação, a serem compostos sob a responsabilidade do poder público; e escolhidos, depois, pelos professores para uso de suas respectivas escolas. Só assim se asseguraria que o poder público não viesse a ter ingerência sobre as questões de ensino – mediante interesses particulares.

Um aspecto fundamental do pensamento pedagógico de Condorcet nas *Memórias* é sua convicção de que, para se assegurar a igualdade, serão imprescindíveis medidas sociais de auxílio à população mais pobre. Ele recomenda, nesse sentido, que, onde houver escolas de segundo grau, que haja também "casas de educação nas quais é educado às custas da nação um determinado número desses alunos" (Condorcet, 2008, p.110). Como diz Condorcet:

> Seria bom que tais casas pudessem ser abertas às crianças mantidas por seus pais; não somente se diminuiria com isso as despesas desses estabelecimentos, como seria a única forma de o poder público ter influência sobre a educação sem atentar contra a independência das famílias, de apresentar um modelo de instituição sem lhe dar outra autoridade a não ser a de seus princípios e de seus sucessos, de prevenir a charlatanice, as ideias exageradas ou bizarras, que poderiam corromper as casas particulares de instituição, sem, contudo, coibir sua liberdade. (ibid.)

O objetivo não era o de favorecer a família. Era o de formar um indivíduo para a pátria. Mas o autor demonstra um incômodo com a diferença de direitos que haveria tacitamente entre ricos e pobres reunidos nas instituições de ensino. Por esse motivo, ele recomenda "que as crianças de famílias ricas, quando merecessem, fossem educadas à custa do público, e que os pais vissem nessa escolha uma distinção honrosa" (ibid, p.111).

No terceiro grau de instrução, como em uma espiral, os mesmos conhecimentos seriam transmitidos com "maior desenvolvimento e extensão" (ibid., p.112). As fronteiras das áreas de estudo seriam demarcadas a partir de sua utilidade para a formação do sujeito para o exercício de funções públicas e, também, a partir do respeito ao que o texto identifica como "inteligência mediana" (ibid.). O terceiro grau teria um número maior de professores e eles seriam mais especializados. Respeitariam não exatamente o que Condorcet qualifica por "divisão filosófica das ciências" (ibid., p.113), mas, principalmente, as relações dos diferentes campos do conhecimento entre si, no tocante à natureza do método empregado e às qualidades exigidas dos estudantes e dos mestres.

INSTRUÇÃO PÚBLICA E PROJETO CIVILIZADOR **369**

A distribuição seria a que segue, considerando a existência de um professor para cada conjunto de disciplinas arroladas a seguir:

1) metafísica, moral e "princípios gerais das constituições políticas" (Condorcet, 2008, p.113);
2) legislação e economia política;
3) matemática "e suas aplicações às ciências físicas e políticas" (ibid.);
4) aplicações da matemática às ciências morais e políticas (ibid.);
5) física, química, mineralogia "e suas aplicações às Artes" (ibid.);
6) anatomia, história natural e "seus usos na economia rural" (ibid.);
7) história e geografia (ibid.);
8) gramática e "a arte de escrever" (ibid.).

Os tópicos 3 e 4 revelam claramente a intenção postulada pelo autor de aplicação dos métodos das ciências matemáticas e físicas às coisas humanas – morais e políticas. Haveria – segundo o filósofo – uma "aritmética política" (Condorcet, 2008, p.115). Esta seria, por seu turno, alicerçada sobre uma sólida instrução comum. Ao estudar os fatos da sociedade, seria possível extrair deles consequências aplicáveis para o futuro. Diz Condorcet sobre o assunto:

> A maneira de reduzir em tábuas de fatos, dos quais é útil conhecer o conjunto e o método, de deles extrair resultados, a ciência das combinações, os princípios e as numerosas aplicações do cálculo de probabilidades que abarcam igualmente a parte moral e a parte econômica da política, enfim, a teoria do lucro e dos capitais e todas as questões relativas a esse lucro, foram os principais ramos de tal ciência [política]. Sem cessar, nas discussões relativas à administração e mesmo à legislação, sente-se a necessidade dessa ciência; e o que é pior, ignora-se sua necessidade quando ela é mais real. Acreditar-se-ia talvez que é inútil, para aquele que exerce uma função pública, possuir imediatamente esses conhecimentos; que, se for-

370 CARLOTA BOTO

mos levados a essas questões, podemos pedir a sua solução a outros homens que fizeram um estudo particular da ciência do cálculo. Todavia, estaríamos enganados: a ignorância dos princípios desses cálculos e da natureza dos resultados aos quais eles conduzem impediriam a compreensão da solução de questões às quais esses princípios seriam aplicados, e impediriam também que se pudesse tirar proveito deles. (ibid., p.116)

O tema da política é o grande sentido do estudo de terceiro grau. A instrução é um veículo da política. Ela deverá, portanto, capacitar para o cálculo que permite a compreensão dos fatos. Isso inclui extrair dos mesmos fatos seus significados, de maneira a que se possa traçar previsões acerca daquilo que ainda não ocorreu. Prever o futuro significará cumprir expectativas (Catroga, 2003). As operações públicas terão como guia o método matemático, estruturado pelo cálculo de probabilidades. Supõe-se que, assim, os temas da sociedade serão dotados de precisão – o que traz confiança e credibilidade à ação pública. Nesse sentido, o instrumento da matemática explicita claramente a filosofia da história abraçada por Condorcet.

Se consultarmos a experiência, se seguirmos com atenção a história das operações políticas, veremos quantas faltas foram cometidas apenas por ignorância desses princípios; veremos como as nações foram enganadas por armadilhas grosseiras; o quanto aqueles que passavam por hábeis nesse gênero de cálculo estavam longe até mesmo de ter uma ideia dele. Se observarmos as questões trazidas pelos acontecimentos, veremos que, para provar a verdade de um princípio, mesmo que na aparência ele fosse puramente político, ou a utilidade e a possibilidade de uma operação de economia política, é necessário ter uma ideia desses métodos, enquanto a ignorância de uma proposição simples ou o pouco hábito de empregar esses cálculos frequentemente interromperam a marcha de homens, aliás, muito esclarecidos. É então que se sentirá a utilidade

INSTRUÇÃO PÚBLICA E PROJETO CIVILIZADOR 371

de tornar essa ciência uma parte da instrução comum. (Condorcet, 2008, p.117)

Condorcet entende que o progresso do espírito acontece não apenas pelo acúmulo, mas, fundamentalmente, pela partilha do conhecimento acumulado; até porque essa partilha – por si só – acaba por confluir na ampliação do conjunto dos saberes existentes; já que, "em várias dessas ciências e talvez em todas, uma parte de seus progressos depende também do número dos que as cultivam" (ibid., p.119).

Condorcet postula a necessidade de estabelecimento de companhias científicas que congregariam o que ele compreendia ser "uma sociedade de sábios" (Condorcet, 2008, p.128); passível de abarcar "a universalidade dos conhecimentos humanos" (ibid.). Condorcet compreende que "o fim dessas sociedades é o de descobrir verdades, aperfeiçoar teorias, multiplicar as observações, ampliar os métodos" (ibid., p.133). Para ele, haveria nessa sociedade o esforço de integrar os diferentes ramos do saber, que – caso fossem divididos – ficariam enfraquecidos. Por essa razão, a reunião das luzes contribuiria para sua perpetuação e renovação progressiva.

Diz o autor, ainda, que, se o objetivo de tais sociedades seria o de "aumentar as luzes, ampliar a massa das verdades comuns, é claro que elas devem ser compostas de homens dos quais se podem esperar esses progressos" (ibid., p.130). Esse aspecto é sumamente importante no pensamento de Condorcet: quem controlaria o sistema de instrução pública e administraria as companhias científicas seriam os próprios eruditos da época. As próprias academias científicas regulariam sua vida institucional. Elas seriam, nesse sentido, independentes dos poderes públicos: "o poder público as reconheceu, não as criou" (ibid., p.137).

Com respeito ao tema, Condorcet enfatiza a ideia de que ensinar não é a mesma coisa que pesquisar um assunto científico. São esforços diferenciados. A atividade de transpor didaticamente um conhecimento apreendido não é semelhante àquela que se desenvolve para adquiri-lo. Do ponto de vista do pesquisador, o conhecimento

372 CARLOTA BOTO

é uma sequência hierarquizada, na qual há um incessante e inevitável aprofundamento; para o professor, deve haver um esforço de articulação trançada entre os vários cenários do saber (Kourganoff, 1990). São maneiras diferentes de lidar com o problema. São vertentes distintas de aprofundamento na relação do sujeito com o conhecimento. Sobre o assunto, Condorcet dirá o seguinte:

> O talento para instruir não é o mesmo talento para contribuir com o progresso das ciências. O primeiro exige, sobretudo, clareza e método; o segundo, força e sagacidade. Um bom professor deve ter percorrido de modo mais ou menos igual os diferentes ramos da ciência que quer ensinar. O cientista pode ter grandes sucessos, desde que tenha aprofundado um só desses ramos. Um é obrigado a fazer um trabalho longo e contínuo, mas fácil; outro é obrigado a despender longos esforços, mas que permitem longos intervalos de repouso. Os hábitos que são contraídos por esses dois gêneros de ocupação não são menos diferentes. No primeiro caso, adquire-se o hábito de esclarecer o que está ao redor; no outro, o hábito de sempre avançar. No primeiro, o hábito de analisar, de desenvolver princípios; no outro, o de combinar esses princípios ou inventar novos. Num caso, o hábito de simplificar os métodos; no outro, o de generalizá-los e estendê-los. (Condorcet, 2008, p.138-9)

Condorcet sublinha que as sociedades científicas não se deverão tornar corporações de professores. Não devem tampouco ter sua tarefa confundida com a tarefa do ensino, posto que, caso isso ocorresse, elas se teriam desviado de sua missão, que é a de inventar, criar e aperfeiçoar descobertas. Mesmo assim, os integrantes dessas academias deverão ter "influência sobre o ensino por meio de suas luzes, seus trabalhos pela confiança merecida por seus julgamentos" (ibid., p.139).

Os professores serão nomeados mediante indicação feita pela sociedade científica da região. Esta última elaborará uma lista, da qual o inspetor dos estudos escolherá o que lhe parecer mais adequado. O professor indicado para a direção dos estabelecimentos de instru-

INSTRUÇÃO PÚBLICA E PROJETO CIVILIZADOR **373**

ção também passará pela mesma clivagem de indicação da sociedade científica e de escolha posterior pelo inspetor dos estudos, pelos eleitores do distrito e do departamento.

Além do professor e do diretor, "o inspetor de estudos de cada distrito seria escolhido entre os membros da sociedade científica. O inspetor do departamento designaria cinco pessoas para cada cargo e o conselho do distrito escolheria entre esses cinco" (Condorcet, 2008, p.142). Finalmente, o inspetor do departamento seria escolhido entre os membros da sociedade da região ou entre os membros da sociedade da capital. Condorcet justifica sua preferência pela eleição dos professores em detrimento da possibilidade de concurso para a mesma finalidade; com argumento pautado pela referência de sua filosofia da história:

> O estado atual das luzes não permite que se estabeleçam boas regras e, nesse sentido, o julgamento de homens sábios e imparciais deve ser preferido a uma regra incerta que, não assegurando a verdade, pode conduzir ao erro. O mesmo ocorre com um concurso: nada pode garantir que as formas do concurso assegurem uma boa escolha, sobretudo quando não se trata de decidir do grau maior ou menor de uma só qualidade, mas de um conjunto de qualidades diversas e até mesmo independentes. (ibid., p.147)

Os salários dos professores deverão ser provenientes do tesouro público. Para os alunos, a instrução será, em todos os seus graus, gratuita. A escola de Estado não impedirá a existência de mestres livres, tanto para conservar a liberdade dos pais na escolha do modelo educativo oferecido a seus filhos quanto também porque – do ponto de vista desse apologista das luzes – "a influência exclusiva de todo poder público sobre a instrução é perigosa para a liberdade e o progresso da vida social" (Condorcet, 2008, p.151). Diminuir progressivamente a ascendência dos que governam sobre aqueles que instruem é um dos objetivos do autor; cuja meta será a de substituí-la pela "influência da opinião independente de homens esclarecidos" (ibid., p.152).

374   CARLOTA BOTO

A instrução – como já se observou anteriormente – oferece ao homem algo que será requisito para toda a vida: "o gosto e o hábito da aplicação" (ibid., p.157). A instrução moral – tal como vem apresentada na Terceira Memória – é parte do repertório comum da instrução destinada a todos. Não se firma o aprendizado da moral apenas por preceitos teóricos. Será necessário "acostumar os homens a refletir sobre suas próprias ações, a saber julgá-las segundo esses preceitos" (ibid., p.160). Existirá, sob tal aspecto, um senso moral que é inato e que deverá ser desenvolvido pela instrução. Ao adquirirem o hábito de prestar atenção às próprias ações, será preciso que as pessoas "trabalhem para regulá-las a partir de princípios da moral, procurem aperfeiçoar-se a si mesmas" (ibid., p.161). O exame de consciência possibilita o domínio de opiniões, de sentimentos e de ações. Favorece, nesse sentido, a virtude e a sociabilidade. Quando nos defrontamos com o impulso de praticar ações boas e más a partir de circunstâncias corriqueiras da vida em sociedade, podemos nos indagar sobre "os motivos que devem determinar evitá-las ou praticá-las, indicando o princípio de moral ao qual se relacionam, as consequências que podem desencadear" (ibid., p.162). Pensar no assunto ajuda o julgamento; e pode tornar-se ferramenta para precaver a pessoa contra a prática das pequenas infrações do dia a dia sobre os princípios da moralidade (Arendt, 2004).[16] Diz o texto da Terceira Memória:

Ao lembrarmos de uma tal ação, veríamos que princípio a condena e, ao ler esse princípio, a ação que o violou viria a se recolocar na memória e perturbar a consciência, pois o quadro deveria ser

---

16 "A solidão [loneliness], esse pesadelo que, como todos sabemos, pode muito bem nos dominar no meio de uma multidão, é precisamente esse estar abandonado por si mesmo, a incapacidade temporária de se tornar dois em um, por assim dizer, quando nos vemos numa situação em que não há ninguém mais para nos fazer companhia. Desse ponto de vista, é realmente verdade que a minha conduta com os outros vai depender da minha conduta comigo mesma. Só que não está envolvido aí nenhum conteúdo específico, nenhum dever e obrigação especial, nada senão a pura capacidade de pensamento e lembrança, ou a sua perda." (Arendt, 2004, p.161)

INSTRUÇÃO PÚBLICA E PROJETO CIVILIZADOR **375**

disposto de modo que pudesse cumprir esse duplo papel com igual facilidade e dar uma resposta a essas duas questões: 1) – Entre as ações que eu pratiquei, há alguma da qual devo me censurar, e que censura ela merece?; 2) – Entre os princípios da moral prática, há algum que eu tenha violado? (Condorcet, 2008, p.162)

O texto propõe, ainda, a elaboração de um quadro analítico que contenha os princípios básicos da moral. A partir desse quadro, poderiam ser avaliados as regras e os "procedimentos aos quais esses princípios remetem" (ibid., p.163). Consultando um quadro desses, qualquer pessoa, mesmo aquela contemplada apenas com a instrução comum, poderia agir conscienciosamente do ponto de vista moral. Condorcet compreende que, dotado de instrução, o agricultor cultiva melhor, o trabalhador produz mais, o pai de família educa com mais firmeza. Sendo assim, a instrução – que contempla o ensino da moralidade – fortalece a têmpera, o caráter e o senso moral. E o que se deverá, nesse sentido, ensinar às crianças?

Que se ensine às crianças que aquele que brinca com os males do outro, ou sacrifica a felicidade a suas fantasias, não é senão um homem duro e bárbaro, o qual, zombando com leviandade de seu crime, o agrava e não o desculpa, que a moda pode absolver, mas que a humanidade condena. Fazei que um ato de desumanidade repugne. (Condorcet, 2008, p.171)

O professor da escola primária seria também encarregado de dar aulas aos domingos para as crianças que houvessem abandonado a escola, para os jovens e até para os adultos. Essa instrução deveria "evitar separar os homens das mulheres, oferecer a elas uma instrução mais limitada e abusar do nome da natureza, para consagrar os preconceitos da ignorância e a tirania da força" (ibid., p.172). O papel das mulheres era – como já se assinalou anteriormente – bastante destacado no pensamento pedagógico de Condorcet. Ele compreendia que as mães seriam importantes vigas da formação da nacionalidade, desde que elas tivessem instrução suficiente para preparar seus filhos. Além disso, "por que se excluiria precisamen-

376 CARLOTA BOTO

te a metade do gênero de funções que devem empregar um grande número de indivíduos e que exigem uma vida sedentária" (ibid.)?

Condorcet prevê também a elaboração de livros elementares a serem utilizados como base da instrução. A finalidade de tais obras era a de servir de guia para os mestres e de referência para alunos crianças ou adultos. Haveria, nesse sentido, vários exemplos de produções editoriais que contribuiriam para os progressos da razão. Mas dever-se-ia também fortalecer os meios indiretos de instrução: espetáculos e festas cívicas, capazes de "estimular até o entusiasmo e os sentimentos generosos da liberdade, da independência, da dedicação à pátria; enfim, para gravar nos espíritos um pequeno número desses princípios que formam a moral das nações e a política dos homens livres" (ibid., p.191).

Assim, seriam comemoradas as festas nacionais que celebravam os momentos cívicos da libertação francesa: "antes dela, não poderiam ter existido acontecimentos verdadeiramente nacionais" (Condorcet, 2008, p.192). Em virtude disso, prossegue o autor, recordando o Rousseau da "Carta a d'Alembert" (1993):

> Proclamar-se-iam as honras públicas concedidas à memória dos homens de gênio, aos cidadãos virtuosos, aos benfeitores da pátria; o relato de suas ações, a exposição de seus trabalhos seriam um motivo poderoso de emulação e uma lição de patriotismo ou de virtude. Seriam distribuídos prêmios e coroas. Os prêmios devem ser reservados para aqueles que melhor tenham feito algo útil, um livro, uma máquina, um remédio etc. Mas não deve haver prêmio para ações. A glória é, sem dúvida, uma recompensa digna de virtude, mas a vaidade não deve contaminar os nobres prazeres. O homem virtuoso pode encontrar uma doce volúpia nas bênçãos públicas, no sufrágio de seus pares, porém, o prazer de acreditar-se superior não é feito para seu coração, e ele não emprega seus pensamentos e esforços para elevar-se acima dos outros, mas para aperfeiçoar-se a si mesmo. (Condorcet, 2008, p.195).

Condorcet acredita que os pais terão importante papel no acompanhamento dos filhos na escola. Pais e mães terão recebido forma-

INSTRUÇÃO PÚBLICA E PROJETO CIVILIZADOR **377**

ção que os torne dignos de ser professores e, por isso, serão capazes de vigiar e acompanhar a educação de seus filhos. Condorcet destaca a existência de duas classes de profissões: a primeira aumenta o bem-estar daquele que se dedica a ela, seja apenas como forma de assegurar sua subsistência, seja como meio de obter pagamento. Esse tipo de profissão é de serventia da pessoa que nela trabalha; não convém, contudo, à sociedade inteira. Na outra margem, "há outras profissões, ao contrário, cuja utilidade comum parece ser o primeiro objetivo. É à sociedade de forma global que aqueles que as adotam consagram seu tempo e seu trabalho e elas são, de algum modo, funções públicas" (ibid., p.207).

Para o autor, a educação geral é preparada para todos e todos aprenderão "o que lhes importa saber para gozar a plenitude de seus direitos, para conservar em suas ações privadas uma vontade independente da razão alheia e para cumprir todas as funções comuns da sociedade" (ibid., p.239). Aos vários graus da instrução corresponderão as diferenças de talentos individuais. Todos terão à partida as mesmas oportunidades; nem todos chegarão, porém, ao mesmo ponto. Nesse sentido – considera o autor – "a instrução segue o homem em todas as idades da vida, e a sociedade só condena à ignorância aquele que quiser nela permanecer" (ibid., p.239).

A instrução pública é, nessa medida, requisito da sociedade democrática, não por ser ela um exercício de democracia, mas por ser o lugar de formação do juízo crítico que possibilita a vida em democracia. O Iluminismo aqui é indisfarçável:

> Quanto mais os homens forem esclarecidos, menos aqueles que têm autoridade poderão abusar dela, e será também menos necessário dar aos poderes sociais extensão ou energia. A verdade é, por conseguinte, ao mesmo tempo inimiga do poder e dos que o exercem. Quanto mais ela se difunde, menos estes podem esperar enganar os homens. Quanto mais ela adquire força, menos as sociedades têm necessidade de serem governadas. (Condorcet, 2008, p.246-7)

Condorcet conclui suas *Memórias* com uma apologia da Revolução Francesa como apoteose da caminhada da história:

Num século de Luzes, este despertar será eterno. O único soberano dos povos livres, a verdade, da qual os homens de gênio são os ministros, estenderá sobre o universo inteiro seu doce e irresistível poder. Por ele, todos aprenderão o que devem querer para a sua felicidade, e eles só desejarão o bem comum de todos. Por essa razão, esta revolução não é a de um governo, é a das opiniões e das vontades. Não é o trono de um déspota que ela derruba, é o do terror e da servidão. Não é um povo que quebra suas correntes, são os amigos da razão, em todos os povos, que obtiveram a grande vitória; presságio certo de um triunfo universal. (ibid.)

As luzes como atitude do espírito racional

Ao comentar o tema da revolução, Hannah Arendt destaca o caráter inédito intrinsecamente vinculado ao conceito. Diz ela que, muito além das mudanças, as revoluções transformam por serem elas "os únicos eventos políticos que nos confrontam, direta e inevitavelmente, com o problema do começo" (Arendt, 1988, p.17). O pressuposto da revolução é seu caráter inusitado "inextricavelmente ligado à noção de que o curso da História começa subitamente de um novo rumo, de que uma História inteiramente nova, uma História nunca antes conhecida ou narrada está para se desenrolar" (ibid., p.23). Nesse sentido, a fundação da liberdade é apresentada à França como uma empreitada simultânea à experiência de um novo começo. Trata-se aqui de outro significado de liberdade, não mais a liberdade grega, firmada entre pares, dependente, por conseguinte, do lugar do nascimento.

Diz Arendt que a liberdade da *polis* grega era atributo da convenção, de um mundo feito pelos homens e, portanto, não se supunha sequer razoável compreender a liberdade como um atributo natural. Liberdade era artifício criado na e pela *polis*. Ao transformar a liberdade em direito, o mundo moderno subverte por completo essa antiga noção. Daí a palavra revolução – termo originariamente astronômico, adotado para interpretação do "movi-

INSTRUÇÃO PÚBLICA E PROJETO CIVILIZADOR **379**

mento regular, sistemático e cíclico das estrelas, o qual, visto que todos sabiam que não dependia da influência do homem e que era, portanto, irresistível" (ibid., p.34) – ter sido transmutada para o léxico das atividades humanas. Não se tratava mais de uma "força irresistível que faz com que as estrelas sigam suas trajetórias preestabelecidas no espaço" (ibid.).

Trata-se, sim, de um processo que derruba uma ordem construída pela ação dos homens para substituí-la por outra. A revolução deixa de ser retorno ao mesmo; e passa a ser compreendida como a irrupção do inteiramente novo na história. A política, sob tal perspectiva, passará a ser compreendida como "fenômeno político, [que] podia ser a consequência daquilo que os homens tinham feito e que, conscientemente, se dispusessem a fazer" (Arendt, 1988, p.37).

Condorcet foi um dos protagonistas do cenário que passou a compreender a política à luz de uma racionalidade passível de ser apreendida pelo cálculo das probabilidades. A escolarização, por sua vez, é estratégia institucional dirigida a conferir solidez ao território da política. Para Condorcet, "a república exige adesão racional. As leis não são, pois, morais, e seu princípio é um raciocínio que se exerce no domínio da probabilidade" (Souza, 2001, p.193). Dito isto, torna-se claro que aqui política é arte autônoma, passível de ser apreendida e regulada por leis matematizáveis; sendo consequentemente uma ciência dos homens.

Condorcet, acerca da instrução, reconhecia que a diferença de talentos era obstruída pelas desigualdades de oportunidades econômicas. Mesmo assim, entendia que proporcionar instrução a todos poderia ser uma estratégia importante para tornar menos desiguais os lugares da sociedade. Daí o desafio de tomar a educação como escolha coletiva e individual, capaz de validar a democracia (Albertone, 1984, p.136).

Haveria, por sua vez, uma marcha histórica em direção a um progressivo aperfeiçoamento social, que conduzia a uma gradual diminuição das distâncias sociais. De certa maneira, se distância houvesse, ela seria progressivamente reduzida àquela que separava os talentos. Tal percurso era, no entanto, projetado no roteiro de

380 CARLOTA BOTO

um quadro histórico. A Revolução Francesa havia desempenhado o papel de antecipar o trajeto. Estaria mais próximo o dia em que não houvesse entre semelhantes "nenhuma superioridade a não ser a de seus talentos, outra autoridade senão a de sua razão, outra grandeza a não ser a de suas ações" (Condorcet, 2008, p.259).

Isso requereria, pelo conhecimento, libertação das condições objetivas de dominação; e supunha também a liberação do espírito humano como intérprete da realidade social (Badinter, 1988, p.410). A ignorância – para Condorcet – das servidões era a pior; por reforçar todas as demais formas de jugo. Fonte de emancipação, a escola, pelo mesmo motivo, engendra a autonomia do sujeito. Instruído, o gênero humano se tornaria efetivamente livre.

Cálculo, política e escolarização tornar-se-iam a chave de uma sociedade aberta, porque mais igualitária. Nela – acreditava Condorcet – a carreira estaria aberta ao talento (Hobsbawm, 1981). A ação política, o domínio racional do mundo, o conhecimento e a técnica – todos seriam mobilizados pela força de uma vontade livre que tenderia, no conjunto, a impulsionar os homens para a frente, em direção a um futuro no qual o espírito das Luzes impregnasse a todos. De um futuro assim desenhado, dirigido e posto em ação, brotariam sociedades cada vez mais aperfeiçoadas.

Pode-se depreender deste capítulo o nítido vínculo entre um conceito teleológico de história em progressivo aprimoramento e o plano de uma instrução que progressivamente atingisse a todos. Por esse motivo, é possível concluir que a filosofia da história de Condorcet impregnou sua proposta de escolarização; e constituiu, consequentemente, o traçado do que hoje poderíamos compreender como "moderno modelo escolar" (Nóvoa, 1994; 1998). A "forma escolar de socialização" (Vincent, 1980; 1994) ou "gramática da escola moderna" (Tyack; Cuban, 1995) é profundamente tributária de uma estrutura curricular devedora de uma específica acepção de história. Talvez por isso a cultura com que a escola se dá a ver seja, até nossos dias, tão forte, impregnando, não apenas o lugar social ocupado pela instrução letrada, mas a promessa civilizadora inscrita na missão das gerações mais velhas em relação às gerações novas.

CONCLUSÃO

*Estamos sós e sem desculpas. É o que traduzirei
dizendo que o homem está condenado a ser livre.
Condenado, porque não se criou a si próprio; e,
no entanto, livre, porque uma vez lançado ao
mundo, é responsável por tudo quanto fizer.*

Sartre, *O existencialismo é um humanismo*

A atividade dos letrados iluministas integra um conjunto significativo de novas sociabilidades culturais do século XVIII. A difusão mais integrada e ágil e da cultura escrita tornava viável a constituição de um espaço público que abarcaria uma dimensão transnacional; embora fosse marcado notoriamente pelo recurso semântico à ideia de nação. Os homens de letras do período compunham-se como um setor intermediário, capaz de fazer a mediação entre o Estado e o espaço público. Daniel Roche (1988) já demonstrou que, nessa época, fervilhou uma intensa produção intelectual, já que conjunto bastante significativo de obras acerca do conhecimento sobre o homem viera a público e, mais do que isso, por sua intensa circulação, viera a ser objeto de debate intelectual. Eram muitos os temas. Eram diversas as abordagens. Mas havia pontos comuns. Havia, sobretudo, partilha de problemas intelectuais a serem resolvidos.

382 CARLOTA BOTO

É preciso considerar que o conhecimento produzido na época abarcava uma tendência de racionalização que passa pelo que Max Weber designou de "desencantamento do mundo". O recurso ao pensamento conceitual expunha seu tempo e o intento de secularização da vida, estruturando formas de ser do Estado e organizando seu funcionamento mediante a instauração de instituições especializadas nos diversos campos. Pensar a educação e o ensino era, contudo, algo que requereria a demarcação de território: espaços físicos e limites simbólicos, estabelecimento de jurisdições e organização da vida das pessoas dentro das fronteiras recortadas. Trata-se aqui do que Rui Cunha Martins qualifica por "modelo moderno de fronteira" (Martins, 2008, p.112). Diz o autor sobre o tema, que, nesse esquadro, havia um mecanismo de síntese e um "investimento de coerência em torno do conceito" (ibid.), a despeito da variabilidade inscrita nas possibilidades de sentido, bem como nas dispersões de significado. Dotar de sentido moderno a acepção de fronteira (Martins, 2008; 2010) era, em última instância, buscar a ruptura com todas as outras lógicas: de famílias, de comunidades de linhagem, de patrimônio ou de clãs. Era necessário compor, para a vida pública do Estado nacional, um corpo supostamente imparcial de funcionários especializados, servidores recrutados por funções pré-determinadas e dispostas de modo hierárquico. Havia de se ter o preparo das populações para operar os serviços do Estado (Freund, 1987, p.170). Nesse sentido – como já alertou Gauer – instaurar-se-ia o projeto moderno. Como recorda Max Weber, a intelectualização e a racionalização não significam apenas o conhecimento crescente sobre as condições de vida. Mais do que isso, constituem uma tentativa de romper com quaisquer crenças em poderes "misteriosos e imprevisíveis" (Weber, 1999b, p.30). Organizar o Estado era uma forma de operar esse desencantamento, que despoja o mundo de poderes mágicos. Nem o passado será tomado como fonte de legitimidade, nem o hábito, nem o carisma. Havia de se impor um tipo de autoridade "em razão da legalidade, em razão da crença na validez de um estatuto legal e de uma com-

INSTRUÇÃO PÚBLICA E PROJETO CIVILIZADOR   **383**

petência positiva, fundada em regras racionalmente estabelecidas ou, em outros termos, a autoridade fundada na obediência, que reconhece obrigações conformes ao estatuto estabelecido" (ibid., p.57). O saber técnico que se impunha asseguraria a existência do "segredo profissional" (Weber, 1984, p.179), bem como requereria a organização de planos de instrução pública com vistas a formação dos novos operadores do Estado. Sob qualquer ponto de vista – como já assinalou Hof (1995) – o Iluminismo é um movimento direcionado para projetar um sentido novo da política orquestrada pela instituição do Estado. Resgatando algum humanismo – por conceber no ser humano valor universal –, "a liberdade da palavra falada e escrita e a crítica segundo o modelo dos clássicos, nunca deixaram de existir enquanto correntes subterrâneas, mas agora ascendem, renovadas, à superfície" (Hof, 1995, p.17). A Ilustração consistiu, portanto, em um fenômeno político, social e intelectual (Israel, 2008; 2002) que, a um só tempo, traduzia uma realidade na qual se inseria e a inventava.

Como bem indica Roger Chartier sobre o tema, no século XVIII, formar a opinião pública significava, a um só tempo, destronar os privilégios e dintinguir opinião esclarecida de opinião popular. A acepção de opinião pública, valorizada como "autoridade soberana, árbitro último, é necessariamente estável, una e fundada na razão" (Chartier, 1991, p.41). Sendo assim, sublinha também Milton Meira Nascimento (1989) que "opinião pública" é categoria imediatamente oposta a "opinião popular", já que esta não possui qualquer universalidade em seus julgamentos: é "múltipla, versátil, habitada por preconceitos e paixões" (Chartier, 1991, p.41). Contrastada com as apreciações particulares, o conceito de opinião pública não poderia deixar de carrear consigo a matriz elitista que o produz. Trata-se do resultado de um ambiente letrado erudito em torno do Estado nacional, que – até certo ponto – tende a expressar os interesses do próprio grupo que controla o poder político do mesmo Estado. A elite de intelectuais que constitui a opinião pública deverá formar as representações autorizadas acerca da sociedade: representações a serem divulgadas e multiplicadas, com vistas ao

384 CARLOTA BOTO

fortalecimento de novos códigos sociais, culturais e políticos. São esses códigos que constituem o universo mental que se pretende instituir e partilhar na construção da cidadania. A nacionalidade moderna exigiria para si a configuração de um "saber profissional especializado, cujo caráter imprescindível está condicionado pelos caracteres da técnica e economia modernas" (Weber, 1984, p.178). Para Weber (1999b), o *pathos* da Modernidade foi traduzido pela ideia de nação; conceito esse que não deriva exclusivamente de fatores econômicos – mas que acarreta consigo um imaginário mais amplo, referente ao próprio projeto de racionalidade, de objetividade, de institucionalização e de civilização da vida e dos costumes. Existiria, na órbita de formação do Estado moderno, um desejo de prestígio e de potência que só poderia ser canalizado mediante estruturas coletivas, nacionais. Não negando a existência de fatores materiais, econômicos e políticos para pensar a formação social do Estado moderno, Weber conceitua outras variantes também significativas para refletir sobre o tema da nação como "comunidade de destino político" (Weber, 1999b, p.173). Na verdade, essencial para caracterizar o conceito de nação no mundo moderno seriam as pessoas e, nomeadamente, os grupos sociais

[...] que se sentem "participantes" específicos de uma "cultura" específica difundida no círculo dos participantes de uma formação política. O puro prestígio do "poder", porém, assume, sob a influência desses círculos, inevitavelmente, outras formas específicas, a saber: as da ideia de "nação". A "nação" é um conceito que, se for possível defini-lo inequivocamente, jamais pode ser definido na base das qualidades comuns empíricas daqueles que se consideram seus membros. Em primeiro lugar, significa, sem dúvida, no sentido daqueles que o empregam, que de certos grupos de pessoas pode ser esperado, diante de outros, um sentimento de solidariedade específico, pertencendo, portanto, à esfera de valores. Mas não há unanimidade nem sobre a questão de como delimitar esses grupos nem sobre a de que tipo de ação social deve resultar daquela solidariedade. (ibid., p.172)

INSTRUÇÃO PÚBLICA E PROJETO CIVILIZADOR 385

A ideia de nação e os atributos do ideário nacional vinculam-se – como já demonstrou Hobsbawm (1990) – a um determinado modelo de organização política: o Estado moderno. Este Estado só emerge quando dotado de algumas características: tamanho suficiente para sustentar a unidade; território demarcado a partir de fronteiras definidas; capacidade para a conquista; racionalidade administrativa e ação gerida por um conjunto especializado de funcionários, que, no limite, agem como aplicadores de leis responsáveis por normatizar critérios comuns para todos no que toca às regras da vida coletiva. Desse modo, um critério matricial da organização do Estado moderno é a constituição de sua máquina administrativa. A unificação linguística torna-se, pois, requisito para se proceder exatamente à difusão da instrução pública. Nesse sentido, a escolarização assume papel de destaque. Devem ser verbalizados códigos de adesão à tradição e à pátria. A língua torna-se, pela estratégia de constituição da escola, critério de homogeneização: artefato cultural.

Neil Postman (1999a) bem caracteriza como legado do século XVIII: o pensamento racionalista (por um lado tendente ao ceticismo, e por outro – na falta de termo melhor – cientificista); a emergência e firmamento dos Estados nacionais na geopolítica mundial; a representação social da escola de Estado compreendida como estratégia de consolidação da mesma nacionalidade; e a própria invenção do moderno conceito de infância – do qual se desdobra a implicação de que a escolarização deve ser pautada no reconhecimento da especificidade das novas gerações.

Diz Postman que "a mente educada é mobilizada para o uso da racionalidade" (ibid., p.155); e esse uso requer um tipo de educação muito particular. Partindo do pressuposto de que a acepção de infância que se manifesta no século XVIII é produzida como efeito da mente letrada, Postman indica relações que fomentam, na cultura escrita, o potencial da abstração – e, portanto, algum refinamento da racionalidade. A razão torna-se, pois, referente mítico da era moderna. A ponte que conduziu a esse novo estágio civilizatório do Ocidente passou, portanto, pelas comunidades de letrados intelec-

386 CARLOTA BOTO

tuais do século XVIII. Como observa Postman: "individualidade, enriquecida capacidade para o pensamento conceitual, vigor intelectual, crença na autoridade da palavra impressa, paixão por clareza, sequência e razão" (Postman, 1999b, p.50). O mundo adulto adquiriu nova dimensão dos usos da racionalidade; um inaudito olhar para as crianças foi, ao mesmo tempo, criado.

Repensar o Iluminismo exige interpelar os grandes conceitos da Modernidade: "direitos do homem, tolerância, divisão de poderes, domínio da natureza e do mundo político pela ciência e técnica, solidariedade entre os homens para além da cultura e da religião e autonomia da razão humana" (Pereira, 1990, p.4). O sentido do Iluminismo, tributário da disseminação da cultura das Letras, foi a ampliação e irradiação de conquistas que, pouco a pouco, tornavam o homem emancipado relativamente ao território do sagrado, do pensamento religioso, mágico ou mítico. A racionalidade científica e técnica torna-se pedra de toque dos novos tempos que se julgava erigir; e seria também motor do aprimoramento da história e da prosperidade dos povos. Pelos menos, assim julgavam os iluministas. Como sublinha acerca do tema Miguel Baptista Pereira, "a História aparece como o círculo incalculável da experiência desenhado sobre o fundo das ações livres, que escolhe entre várias possibilidades" (Pereira, 1990, p.15).

Curiosidade intelectual; desejo de aprender. A sociedade secularizada recusa qualquer sacralização da natureza e dos fatos da vida social. Torna-se imprescindível investigá-los, desafiá-los, desvendá-los. O homem de ciência torna-se profeta dos tempos modernos: ele decifrará, pelo conhecimento, os mistérios postos na realidade. Daí sua incessante atividade, seu ímpeto de criação, sua obsessão pela descoberta. Esse é o sujeito tipo ideal (Weber, 2006, p.77) da Modernidade: pertinaz, obstinado, disciplinado, tenaz, concentrado, trabalhador e civilizado. Como resultado, sua energia criativa, sua força de vontade, mobilizadas pelo trabalho árduo fariam dele o operador da força e do poder que impulsionariam o crescimento e o vigor do Estado.

INSTRUÇÃO PÚBLICA E PROJETO CIVILIZADOR 387

Ao coroar o mundo moderno, o Iluminismo legitimava uma semântica da racionalidade como critério metodológico da interpretação das ações humanas. Nesse sentido, ordena um discurso sobre a temporalidade que se volta para justificar os procedimentos do acúmulo de cultura e de poder do Ocidente. O discurso ilustrado sobre a história procurará – nas palavras de Catroga (2003) – engendrar uma narrativa dos fatos, pautada pelo signo da coerência, da clareza, da precisão cartesiana; e, sobretudo, de um pendor para a sequência teleológica que, em síntese, buscará a "representação totalizadora". Tal configuração de eventos postos na lógica construída de uma narrativa que se pretende universal tinha por propósito pedagógico o de contrariar o senso comum, formar uma opinião esclarecida ali onde antes só se percebia "desordem e mudança":

A ideia de causalidade só poderia ser convincente e operativa se narrasse o passado como quem desenrola um fio temporal contínuo, em que o *antes* (a causa) determina o *depois* (o efeito), ordenação que, confessadamente ou não, escondia a teleologia que a estruturava, como se o futuro fosse só um efeito do passado, sendo impossível o contrário. E o otimismo antropológico e epistemológico, que dava seiva ao novo ideal de ciência, alargou-se no século XVIII, à racionalidade que o tempo histórico estaria a explicitar. Já não se tratava de invocar causas externas: a velha "providência" transmudou-se em "lei", ou em "tendência objetiva", e o princípio da razão suficiente neste outro: todo o real é racional e todo o racional é real. (ibid., p.83)

O século XVIII desejou estender as conquistas do homem sobre a natureza, com o propósito de tornar a trajetória da Humanidade sempre o mais racional possível; de modo que houvesse, cada vez mais, um efeito de controle do ambiente e de aprimoramento de relações de produção e de convivência. O século XVIII, como vimos, perfilha o tema da instrução pela busca de dotar aquele conjunto de instituições voltadas para o ensino de um rol de saberes elementares sob a tutela centralizadora e diretiva do Estado. A escolarização

388 CARLOTA BOTO

pública – equivalente, como instância de formação humana, às milícias do Estado (que, como a escola, forma sua guarda específica) – poderá congregar uma rede eficaz de produção de hegemonia, de regulação da sociedade perante códigos de civilidade e de civismo apropriados para a coletividade nacional. Será necessário inventar, pela escola, tradições nacionais; fortalecer o amor à ideia de pátria; criar símbolos, referências, imagens partilhadas que se efetivem como imaginário comum de crenças ou expectativas.

O Estado nacional precisaria, por outro lado, unificar a pluralidade das competências linguísticas, de modo que, estando os súditos dotados do recurso da uniformidade quanto à linguagem, erradicados, portanto, quaisquer vestígios arcaizantes dos dialetos, os governantes pudessem efetivar oportunas redes de comunicação. A partir disso, os habitantes do Estado poderiam efetivamente reconhecer a si próprios como povo dotado de repertório comum, de língua única, de acervo de tradições; enfim, de um lastro cultural repartido. Formar a nação seria, sobretudo, ensinar a língua nacional; ensinar a língua era, fundamentalmente, repartir experiências e firmar promessas ou compromissos de futuro. Há uma arquitetura de Estado quando o Iluminismo, ou mesmo quando a política da administração pombalina faz da escola a pedra de toque da reforma do Estado. Trata-se de uma aposta em um futuro moderno: racionalidade, civilização e crença nas novas gerações. Essa confluência – supunha-se – conduziria à prosperidade dos povos.

À guisa de conclusão, procurar-se-á retomar o itinerário deste trabalho a seguir:

1. O primeiro capítulo deste livro procurou desenvolver as relações entre alguns dos principais iluministas portugueses – especialmente d. Luís da Cunha, António Nunes Ribeiro Sanches e Luís António Verney – e a reforma pombalina dos estudos. Há uma concepção de ciência moderna bastante evidente na reforma do currículo e na elaboração, em 1772, dos novos Estatutos da Universidade de Coimbra. Tal concepção de ciência – como já evidenciaram Ruth Gauer (1996;

2004), Miller Guerra (1983) e Laerte Ramos de Carvalho (1978) – inscrevia-se em uma tradição que se reporta a alguns dos letrados da época, os quais se haviam tornado referência das principais medidas do pombalismo português. Nesse cenário, uma nova acepção de Estado nacional – aliada a um entendimento diferente do significado do conhecimento e da ciência – era engendrada. Constituía-se, para o caso português, aquilo que Ruth Gauer (1996) identifica como "arquitetura da modernidade". Mais do que isso, talvez, tratava-se de caracterizar o Estado efetivamente como instância que "pretende o monopólio do uso legítimo da violência" (Weber, 1982, p.383). Para tanto, havia de se dotar o território com serviços públicos especializados, sob controle da ação estatal. Tratava-se de superar uma sociedade fraturada em grupos de interesses, familiares ou não, agregados a uma ideia patrimonialista de benefício, que supõe a concessão de favores e de laços expressos mediante vínculos de parentesco ou de confiança. Era preciso substituir tal lógica do interesse particular pela construção de um aparato público, capaz de fazer valer interesses públicos e comuns. Por esse motivo surge a ênfase na educação e na medicina, na arte de curar e nas técnicas de se ensinar. Do mesmo modo, emerge também a projeção de funcionários responsáveis pelo resguardo público da segurança e da saúde das populações. Daí a ideia de que o monopólido da violência legítima fosse também estendido para o argumento do controle do Estado em matéria de instrução e de saúde.

2. Se, com o pombalismo português, uma nova ideia de ciência era desenhada, o pensamento de Rousseau oferece para o Iluminismo uma específica acepção de infância – que será aquela a acompanhar o mundo instituído pela Modernidade em construção. A criança, que Rousseau acreditava ser uma pessoa desconhecida para seus contemporâneos, tornava-se, por sua obra, categoria de análise – um ideal regulador fundamental para a compreensão da natureza humana. Nesse sentido, descobrir o que é o menino antes de sua condição

de homem significa – para o pensamento de Rousseau – ir às origens, retomar a essência do homem natural e verificar nele quais seriam as disposições efetivamente oriundas da natureza. O aluno imaginário *Emílio* torna-se tipo ideal (Weber, 1999b) para a compreensão do ser infantil e matriz de um dado olhar social que preside as representações modernas acerca das imagens de infância. Mais do que isso, é possível verificar, pela leitura da obra de Rousseau, como o menino Emílio inscreve-se em um projeto que o ultrapassa – e que é voltado, no diálogo com os textos políticos do autor, para a construção da sociedade do contrato social. O menino Emílio, nesse sentido, pode ser compreendido como aquele sujeito capaz de fundar a ordem do Estado democrático. A criança Emílio será o homem civil do contrato (Salinas Fortes, 1997, p.67).[1]

3. O terceiro capítulo procura abordar, paralelamente, a concepção de história de Condorcet, desenvolvida em seu *Esboço de um quadro histórico dos progressos do espírito humano*, e seu programa pedagógico, sistematizado nas suas *Cinco memórias sobre instrução pública*. Marquês de Condorcet – como ficara conhecido Marie Jean Antoine Nicolas Caritat – é considerado o último dos enciclopedistas, tendo sido certamente um dos primeiros teóricos da Revolução Francesa. Como Iluminista, ele concebia a história como um movimento em direção a um *télos* que se aperfeiçoa no transcorrer de gerações. Nesse sentido, há uma acepção progressista e otimista de história, galgada a partir de uma sequência de degraus hierarquicamente ordenados – cada um relativamente ao que lhe é imediatamente anterior. Do mesmo modo, a instrução

---

1 "Vemos também de que maneira bem concreta, no plano do 'homem moral', a passagem para a sociedade se dá como translação, para a órbita do outro, como um viver orbitando em torno do outro, e de que modo bastante preciso é no entrechoque dessa multiplicidade de movimentos contraditórios que se constroem gradativa e dramaticamente os papeis sociais e se elaboram as personas públicas." (Salinas Fortes, 1997, p.67)

pública – que, no parecer de Condorcet, é em si mesma fonte de educação e de formação humana – constitui um pilar da sociedade democrática; uma estrutura essencial para a formação da cidadania. A organização de uma rede articulada de escolas em todos os seus níveis – sendo todas essas escolas públicas, estatais e gratuitas – corresponde a uma prioridade de política pública. Pensar a organização da instrução é, sem dúvida alguma, projetar as necessidades do Estado e prover o futuro dos técnicos e profissionais especializados para gerir a coisa pública. A instrução e o saber adquirem, nesse sentido, uma força instrumental pelo que significam na composição da nova ordem republicana que Condorcet entrevia para os tempos que se seguiriam ao curso revolucionário. Ora, há aqui uma clara visão de história – coerente com a filosofia da história que o mesmo autor delineara. A visão otimista de história quer aqui se fazer acompanhar de um plano pedagógico capaz de dar conta do movimento em direção à sociedade do futuro. Mais uma vez, o discurso iluminista entretecerá educação e política.

Este livro procurou desenvolver alguns aspectos do pensamento iluminista a partir de três vertentes analíticas. Concepção de ciência, concepção de infância, concepção de escola. Esses três conceitos compõem o que há de mais fundamental na dimensão pedagógica do pensamento iluminista. Meditar sobre o significado da moderna pedagogia requer do intérprete alguma reflexão acerca de tais temas, circunscritos em sua época e em suas respectivas situações.

Pelos autores trabalhados, verificou-se, no primeiro ensaio, um claro prospecto de pedagogia política. Havia uma órbita do Estado a ser firmada; e os homens de letras daquele tempo contribuíam com suas ideias para configurar o modelo civilizatório que julgavam ser condizente com a Modernidade. O Marquês de Pombal dialoga e interage com a intelectualidade ilustrada; uma acepção secularizada de conhecimento ampara suas ações institucionais e estatais. Rousseau, por sua vez, desenvolve reflexão que inaugura – como se sabe – um novo olhar sobre a infância. Ele prolonga o tempo de ser criança e, ao fazer isso, reserva simultaneamente um novo desenho de futuro para a vida adulta de uma sociedade repactuada. Foi o que buscamos trabalhar no segundo capítulo. Finalmente, Condorcet, no seio do movimento revolucionário da França, qualifica o papel de charneira da escolarização no erguimento do Estado nacional moderno. A escola prepara a cidadania, cimenta a democracia e alicerça o terreno para a existência política. Mais do que isso, o plano de instrução pública apresentado por Condorcet tem por pressuposto o claro entrelaçamento com seu entendimento da história – como se procurou evidenciar no terceiro texto.

Nos três ensaios, intérpretes da história, da política e do Estado, os teóricos prescrevem específicas políticas públicas voltadas para a expansão das escolas. A educação é, para o século XVIII, projeto civilizador. Essa era a vocação daquele tempo. E nisso havia consenso entre os iluministas. Para concluir, talvez caiba aqui remeter a reflexão às palavras de Maria das Graças de Souza:

> O que se pode opor ao racionalismo das Luzes? Uma volta ao pensamento religioso, às experiências místicas? Os fundamentalismos religiosos e políticos estão aí para nos fazer pensar. Qual seria a alternativa para o universalismo da ideia de civilização? Se o retorno à vida rústica é impossível, e Rousseau já havia dito isso, que modelo poderá substituir a civilização ocidental? Quanto ao universalismo simplificador da ideia de Humanidade, evidentemente, somos conclamados a considerar as diferenças culturais e étnicas, e deixar de julgá-las à luz de nossos preconceitos. Mas o multiculturalismo deve ir até que ponto? Em nome do que poderíamos, por exemplo, condenar os atentados à vida, à integridade física, à liberdade, perpetrados nas mais diversas culturas, a não ser a partir da ideia de uma Humanidade? (Souza, 2001, p.203-4)

O Iluminismo foi protagonista da Modernidade. Os intelectuais iluministas – pela dinâmica da política escrita e por sua militância como homens públicos – credenciaram-se na história como intérpretes da ciência, da infância e da escola. Seja como for, essa é uma história que nos percorre – nós, herdeiros dos intelectuais das Luzes dos séculos XVIII ao XX. Como bem argumenta Todorov, "as Luzes pertencem ao passado porque existiu um século das Luzes: porém elas não podem passar, porque elas designam não apenas uma doutrina historicamente situada, mas uma atitude diante do mundo" (Todorov, 2006, p.141). Retomar alguma escrita do Iluminismo constitui – em nosso entendimento – iniciativa de alguma valia para retomarmos e atualizarmos o projeto da Modernidade inconclusa (Bobbio, 1992). A ideia de Humanidade, ainda em nossos dias, é uma aquisição a ser embalada e protegida. O legado das Luzes pode nos auxiliar a encontrar pistas de futuros possíveis; de preferência melhores do que todos os nossos passados.

BIBLIOGRAFIA

ABBAGNANO, N.; VISALBERGUI, A. *História da pedagogia*. Lisboa: Horizonte, 1981. 4v.

ABREU, J. L. N. Ilustração, experimentalismo e mecanicismo: aspectos das transformações do saber médico em Portugal no século XVIII. *Topoi*, v.8, n.15, p.80-104, jul.-dez. 2007.

ADÃO, A. A Universidade de Coimbra e a direcção dos estudos menores em fins do século XVIII. In: *Universidade(s)*: história, memória, perspectivas. Actas do Congresso "História da universidade" no 7º centenário da sua fundação. Coimbra: Gráfica Ediliber, 1991. p.233-47.

AGULHON, M. *1848*: o aprendizado da república. São Paulo: Paz e Terra, 1991.

ALAIN (Émile-Auguste Chatier). *Propos sur l'éducation suivis de pedagogie enfantine*. Paris: Presses Universitaires de France, 1986.

_____. *Reflexões sobre a educação*. São Paulo: Saraiva, 1978.

ALBERTONE, M. Enlightenment and Revolution: The Evolution of Condorcet's Ideas on Education. In: ROSENFIELD, L. C. *Condorcet Studies 1*. Atlantic Highlands, N.J: Humanities Press, 1984. p.131-44.

ALBUQUERQUE, L. *Notas para a história do ensino em Portugal*. Coimbra: Vértice, 1960.

ALLENGRY, F. *Condorcet*: guide de la Révolution Française. Genève: Slaktine Reprints, 1971.

ALMEIDA, J. R. P. *Instrução pública no Brasil (1500-1889)*: história e legislação. 2.ed. rev. São Paulo: Educ, 2000.

396 CARLOTA BOTO

ALVARÁ de 28 de junho de 1759. In: ALMEIDA, J. R. P. *Instrução pública no Brasil (1500-1889)*: história e legislação. 2.ed. rev. São Paulo: Educ, 2000. p.31-4.

ALVARÁ de 11 de janeiro de 1760. In: ALMEIDA, J. R. P. *Instrução pública no Brasil (1500-1889)*: história e legislação. 2.ed. rev. São Paulo: Educ, 2000. p.35-6.

ANDRADE, A. A. B. de. *Verney e a cultura do seu tempo*. Coimbra: Universidade de Coimbra, 1966.

_____. *Verney e a projecção da sua obra*. Lisboa: Instituto de Cultura Portuguesa/Ministério da Educação e da Ciência, 1980.

ANTUNES, M. O Marquês de Pombal e os jesuítas. In: ANTUNES, M. et al. *Como interpretar Pombal?* Lisboa: Brotéria, 1983. p.125-44.

AQUINO, Júlio Groppa (Org.). *Autoridade e autonomia na escola*: alternativas teóricas e práticas. 2.ed. São Paulo: Summus, 1999.

_____. *Cotidiano escolar*: ensaios sobre a ética e seus avessos. São Paulo: Summus, 2000.

ARAÚJO, A. C. B. de. Ilustração, pedagogia e ciência em António Nunes Ribeiro Sanches. *Revista de História das Ideias*, Coimbra, v.6, p.377-94, 1984

_____. Modalidades de leitura das Luzes no tempo de Pombal. *Separata da Revista de História*. v.X. Porto: Centro de História da Universidade do Porto, 1990.

ARENDT, H. *Entre o passado e o futuro*. 2.ed. São Paulo: Perspectiva, 1979.

_____. *Da revolução*. São Paulo: Ática, 1988.

_____. *Responsabilidade e julgamento*. São Paulo: Companhia das Letras, 2004.

ARIÈS, P. (Org.). *História da vida privada*: da Renascença ao Século das Luzes. Volume 3. São Paulo: Companhia das Letras, 1991.

_____. *História social da criança e da família*. 2.ed. Rio de Janeiro: Zahar, 1981.

_____. L'histoire des mentalités. In: LE GOFF, J. *La nouvelle histoire*. Paris: Éditions Complexe, 1978. p.167-90.

_____. Uma nova educação do olhar. In: *História e nova história*. Lisboa: Teorema, 1986. *p.21-31*.

AULETE, F. J. C. *Dicionário contemporâneo da língua portuguesa*. 3.ed. Lisboa: Sociedade Industrial de Tipografia Limitada, 1952.

AVANZINI, G. (Dir.). *Histoire de la pédagogie du 17ᵉ siècle à nos jours*. Toulouse: Privat, 1981.

INSTRUÇÃO PÚBLICA E PROJETO CIVILIZADOR 397

AZANHA, J. M. P. Alain ou a pedagogia da dificuldade. In: ALAIN (Émile-Auguste Chartier). *Reflexões sobre a educação*. Trad. Maria Elisa Mascarenhas. São Paulo: Saraiva, 1978. p.VII-XIX.

_____. Democratização do ensino: vicissitudes da ideia no ensino paulista. *Revista da Faculdade de Educação*, São Paulo, v.5, n.1/2, p.93-107, 1979.

_____. *Educação*: alguns escritos. São Paulo: Companhia Editora Nacional, 1987.

_____. *Educação*: temas polêmicos. São Paulo: Martins Fontes, 1995.

_____. *Experimentação educacional*: uma contribuição para sua análise. São Paulo: Edart, 1975.

_____. *Uma ideia de pesquisa educacional*. São Paulo: Edusp/Fapesp, 1992.

AZEVEDO, J. L. *O Marquês de Pombal e sua época*. Charleston: Bibliolife, 2010.

BACZKO, A. Utopies pédagogiques de la Révolution Française. In: *LIBRE 8; politique, antropologie, philosophie*. Paris, Payot, 1980

BACZKO, B. *Les imaginaires sociaux*: mémoirs et espoirs collectifs. Paris: Payot, 1984.

_____. *Lumières de l'utopie*. Paris: Payot, 1978.

BADIA, D. D. Paradigma, valores e educação. *Educação e Pesquisa*, São Paulo, v.35, n.2, p.233-49, maio-ago. 2009.

BADINTER, E. (Org.). *Palavras de homens (1790-1793)*: Condorcet, Prudhomme, Guyomar... Rio de Janeiro: Nova Fronteira, 1991.

_____. *Um amor conquistado*: o mito do amor materno. Rio de Janeiro: Nova Fronteira, 1985.

BADINTER, E.; BADINTER, R. *Condorcet*: un intellectual en politique. Paris: Fayard, 1988.

BAKER, K. M. *Condorcet*: raison et politique. Chicago: University of Chicago, 1975.

_____. Condorcet. In: FURET, F.; OZOUF, M. *Dicionário crítico da Revolução Francesa*. Rio de Janeiro: Nova Fronteira, 1989. p.230-9.

BARROS, G. N. M. Rousseau e a questão da cidadania. Disponível em: <http://www.hottopos.com/convenit2/rousseau.htm>. Acesso em: 4 out. 2008.

BARROS, R. S. M. *A ilustração brasileira e a ideia de universidade*. São Paulo: Edusp, 1986.

_____. Meditação sobre Rousseau. In: *Ensaios sobre educação*. São Paulo: Editora da Universidade de São Paulo/Editorial Grijalbo, 1971. p.13-109.

398   CARLOTA BOTO

BASTIDE, P. A. *La doctrine de l'éducation universelle dans la philosophie d'Auguste Comte*. v.2. Paris: Presses Universitaires de France, 1957.

_____. Introdução. In: ROUSSEAU, J. J. *Discurso sobre a origem e fundamentos da desigualdade entre os homens*. São Paulo: Victor Civita, 1983. p.203-13.

BASTOS, E. R.; REGO, W. D. L. *Intelectuais e política*: a moralidade do compromisso. São Paulo: Olho d'Água, 1999.

BASTOS, M. H. C. *Pro patria laboremus*: Joaquim José de Menezes Vieira (1848-1897). Bragança Paulista: Edusf, 2002.

BASTOS, M. H. C.; FARIA FILHO, L. M. *A escola elementar no século XIX*. v.1. Passo Fundo: Editora da Universidade de Passo Fundo. 1999. 280p.

BAUMAN. Z. *Modernidade e ambivalência*. Rio de Janeiro: Zahar, 1999.

BEIRED, J. L. B. A função social dos intelectuais. In: AGGIO, A. (Org.). *Gramsci*: a vitalidade de um pensamento. São Paulo: Editora Unesp, 1998. p.121-32.

BEISIEGEL, C. de R. Educação e sociedade no Brasil após 1930. In: FAUSTO, B. (Org.). *História geral da civilização brasileira*. t.3, v.4. São Paulo: Difel, 1984. p.381-416.

_____. Relações entre a quantidade e a qualidade no ensino comum. *Revista da Associação Nacional de Educação*, Brasília, v.1, n.1, p.41-56, 1981.

BENDA, J. *A traição dos intelectuais*. São Paulo: Peixoto Neto, 2007.

BENETON, P. *Histoire de mots*: culture et civilization. Paris: Presses de la Fondation Nationale de Sciences Politiques, 1975.

BÉNICHOU, P. Réflexions sur l'idée de nature chez Rousseau. In: BÉNICHOU, P. et al. *Pensée de Rousseau*. Paris: Editions du Seuil, 1984. p.125-45.

BENTHAM, J. *O panóptico*. Belo Horizonte: Autêntica, 2000.

BERLIN, I. *Rousseau e outros cinco inimigos da liberdade*. Lisboa: Gradiva, 2005.

BITTENCOURT, C. M. F. *Livro didático e conhecimento histórico*. São Paulo, 1993. 369f. Tese (Doutorado em História Social). Faculdade de Filosofia, Letras e Ciências Humanas, Universidade de São Paulo.

BLOCH, M. *Apologia da história ou o ofício do historiador*. Rio de Janeiro: Zahar, 2001.

BOBBIO, N. *A era dos direitos*. Rio de Janeiro: Campus, 1992.

_____. *Elogio da serenidade e outros escritos morais*. São Paulo: Editora Unesp, 2002.

INSTRUÇÃO PÚBLICA E PROJETO CIVILIZADOR 399

BOBBIO, N. *O futuro da democracia*. 8.ed. São Paulo: Paz e Terra, 2002.

_____. *Direita e esquerda*: razões e significados de uma distinção política. São Paulo: Editora Unesp, 1995.

_____. *Os intelectuais e o poder*: dúvidas e opções dos homens de cultura na sociedade contemporânea. São Paulo: Editora Unesp, 1997.

BOLLÈME, G. *O povo por escrito*. São Paulo: Martins Fontes, 1988.

BONTEMPI JR., B.; BOTO, C. O ensino público como projeto de nação: a Memória de Martim Francisco. *Revista Brasileira de História*, São Paulo, v.3, n.68, p.253-78, jul.-dez. 2014.

BORGES, A. Secularização e tolerância. In: *Revista de História das Ideias*. Coimbra, v.25, p.129-46, 2004.

BOSC, Y.; WAHNICH, S. (Orgs.). *Les voix de la Révolution*. Paris: La Documentation Française, 1990.

BOTO, C. A civilização escolar como projeto político e pedagógico da modernidade: cultura em classes, por escrito. *Cadernos Cedes 61*: Arte & manhas dos projetos políticos e pedagógicos, Campinas, v.23, n.61, p.378-97, dez. 2003.

_____. A dimensão iluminista da reforma pombalina dos estudos: as primeiras letras à universidade. *Revista Brasileira de Educação*, Rio de Janeiro, v.15, n.44, p.282-99, maio-ago. 2010.

_____. A educação escolar como direito humano de três gerações: identidades e universalismos. *Educação & Sociedade*, Campinas, v.26, n.92, p.777-98, 2005.

_____. *A escola do homem novo*: entre o Iluminismo e a Revolução Francesa. São Paulo: Editora Unesp, 1996.

_____. A forma escolar de civilização: golpes e movimentos. *Revista Educação*: Especial Grandes Temas, São Paulo, p.36-45, nov. 2007.

_____. A invenção do Emílio como conjectura: opção metodológica da escrita de Rousseau. *Educação e Pesquisa*. São Paulo, v.36, n.1, p.207-25, jan.-abr. 2010.

_____. *A liturgia escolar na Idade Moderna*. Campinas: Papirus, 2017.

_____. A pedagogia sob o signo da política: Gramsci-educador. *Didática*, São Paulo, v.31, p.21-7, 1996.

_____. Emílio: cidadão do mundo. *Educação e filosofia*, Universidade Federal de Uberlândia, v.3, n.5/6, p.13-7, jul. 1989. Disponível em: <http://www.seer.ufu.br/index.php/EducacaoFilosofia/article/viewFile/1906/1589>. Acesso em: 5 abr. 2017.

_____. Iluminismo e educação em Portugal: o legado do século XVIII ao XIX. *Revista da Faculdade de Educação*, Universidade de São Paulo, v.22, n.1, p.169-91, 1996.

400 CARLOTA BOTO

BOTO, C. Eric Hobsbawm: mitos e realidades do nacionalismo. *Leia:* uma revista de livros, autores e ideias, ano 13, n.148, p.17-20, 1991.

_____. História, verdade e virtude em Rousseau: pacto político e ética pedagógica. *Revista de História das Ideias*, Coimbra, v.23, p.317-63, 2002.

_____. Jean-Jacques Rousseau: biografia intelectual – intérprete da política e da infância. *Revista Educação:* história da pedagogia, São Paulo, p.6-19, dez. 2010.

_____. *Ler, escrever, contar e se comportar:* a escola primária como rito do século XIX português (1820-1910). São Paulo, 1997. Tese (Doutorado em História Social) – Faculdade de Filosofia, Letras e Ciências Humanas, Universidade de São Paulo.

_____. 1848: logo ali, a revolução. *Leia:* uma revista de livros, autores e ideias, ano 13, n.151, p.29-33, 1991.

_____. Na Revolução Francesa, os princípios democráticos da escola pública, laica e gratuita: o Relatório de Condorcet. *Educação & Sociedade*, Campinas, ano 25, v.24, n.84, p.735-62, set. 2003.

_____. Nova história e seus velhos dilemas. *Revista USP*, São Paulo, n.23, p.23-33, dez.1994.

_____. O Emílio como categoria operatória do pensamento rousseauniano. In: MARQUES, J. O. A. (Org.). *Verdades e mentiras:* 30 ensaios em torno de Jean-Jacques Rousseau. Ijuí: Editora Unijuí, 2005. p.369-87.

_____. O enciclopedismo de Ribeiro Sanches: pedagogia e Medicina na confecção do Estado. *História da Educação:* Revista da FaE/UFPel, Pelotas, v.2, n.4, p.107-17, set. 1998.

_____. Os lugares da criança. *Revista Educação.* São Paulo, ano 12, n.134, p.44-6, jun. 2008.

_____. Reforma Pombalina – 28 de junho de 1759. In: BITTENCOURT, C. *Dicionário de datas da história do Brasil.* São Paulo: Contexto, 2007.

_____. Traição dos intelectuais: um tema nosso contemporâneo. *Revista USP:* bibliotecas digitais/bibliotecas virtuais, n.80, p.161-71, dez.- -fev., 2008-2009.

BOTTÉRO, J.; MORRISON, K. *Cultura, pensamento e escrita.* São Paulo: Ática, 1995.

BOUTIER, J.; JULIA, D. (Orgs.). *Passados recompostos:* campos e canteiros da história. Rio de Janeiro: UFRJ/FGV, 1998.

BRAUDEL, F. *História e ciências sociais.* Lisboa: Presença, 1982.

BRÉHIER, É. *Histoire de la philosophie II:* XVIIᵉ-XVIIIᵉ Siècles. 8.ed. Paris: Quadrige/Puf, 2000.

INSTRUÇÃO PÚBLICA E PROJETO CIVILIZADOR   **401**

BUESCU, M. L. Uma nova retórica para um novo discurso. In: SANTOS, M. H. C. (Coord.). *Pombal revisitado*: comunicações ao Colóquio Internacional organizado pela Comissão das Comemorações do 2º Centenário da Morte do Marquês de Pombal. v.1. Lisboa: Editorial Estampa, 1984. p.169-79.

BUISSON, F. *Condorcet*. Paris: Librairie Félix Alcan, 1929.

BURKE, P. *A Escola dos Annales (1929-1989)*: a Revolução Francesa da historiografia. 2.ed. São Paulo: Editora Unesp, 1992.

_____. (Org.). *A escrita da história*: novas perspectivas. São Paulo: Editora Unesp, 1992.

_____. *O que é história cultural*. Rio de Janeiro: Zahar, 2005.

_____. *Sociology and History*. London: Geoge Allen & Unwin, 1980.

_____. *Uma história social do conhecimento*: de Gutenberg a Diderot. Rio de Janeiro: Jorge Zahar, 2003.

BUTTS, R. F. *Cultural History of Education*: Reassessing Our Educational Traditions. Nova York: Mcgraw-Hill, 1947.

CAHEN, L. *Condorcet et la Révolution Française*. Géneve: Slatkine Reprints, 1970.

CALÇA, R. P. *Duas escolas, duas expressões do Iluminismo – Rousseau e Condorcet*: o futuro que o passado ousou projetar, 2010. Tese (Mestrado em Educação) Faculdade de Educação, Universidade de São Paulo.

CALVINO, I. *Por que ler os clássicos*. São Paulo: Companhia das Letras, 1993.

CAMBI, F. *História da pedagogia*. São Paulo: Editora Unesp, 1999.

CAMPS, V. *Virtudes públicas*. 3.ed. Madrid: Editorial Espasa Calpe, 1996.

CARDOSO, T. F. L. As aulas régias no Brasil. In: STEPHANOU, M; BASTOS, M. H. C. (Orgs.). *Histórias e memórias da educação no Brasil*. Petrópolis: Vozes, 2004. p.179-91.

_____. *As luzes da educação*: fundamentos, raízes históricas e práticas das aulas régias no Rio de Janeiro *(1759-1834)*. Bragança Paulista: Edusf, 2002.

CARR, E. H. *Que é história?* Lisboa: Gradiva-Publicações, [s.d.].

CARVALHO, F. R de. *Um Iluminismo português?* A reforma da Universidade de Coimbra (1772). São Paulo: Annablume, 2008.

CARVALHO, J. S. F. A crise na educação como crise da modernidade. *Revista Educação*, São Paulo, n.4, p.16-25, 2007. Especial Hannah Arendt pensa a educação.

_____. A liberdade educa ou a educação liberta? Uma crítica das pedagogias da autonomia à luz do pensamento de Hannah Arendt. *Educação e Pesquisa*, São Paulo, v.36, n.3, p.839-51, dez.2010.

402 CARLOTA BOTO

CARVALHO, J. S. F. O declínio do sentido público da educação. *Revista Brasileira de Estudos Pedagógicos*, Brasília, v.89, n.223, p.411-24, 2008.

CARVALHO, L. R. de. A educação e seus métodos. In: HOLANDA, S. B. *História geral da civilização brasileira*: a época colonial – administração, economia, sociedade. 5.ed. Tomo 1, v.2. São Paulo: Difel, 1982. p.76-87.

_____. *As Reformas Pombalinas da instrução pública*. São Paulo: Saraiva/ Edusp, 1978.

CARVALHO, M. M. C. de. A caixa de utensílios e a biblioteca: pedagogia e práticas de leitura. In: VIDAL, D. G; HILSDORF, M. L. S. *Tópicas em história da educação*. São Paulo: Edusp, 2001. p.137-67.

_____. *A escola e a república*. São Paulo: Brasiliense, 1989.

_____. *Molde nacional e fôrma cívica*: higiene, moral e trabalho no projeto da Associação Brasileira de Educação (1924-1931). Bragança Paulista: EduSF, 1998.

CARVALHO, R. de. *História do ensino em Portugal*: desde a fundação da nacionalidade até o fim do regime de Salazar-Caetano. Lisboa: Fundação Calouste Gulbenkian, 1986.

CASSIRER, E. *A questão Jean-Jacques Rousseau*. São Paulo: Editora Unesp, 1999.

_____. *La philosophie des Lumières*. Paris: Fayard, 1966.

_____. L'unité dans l'ouevre de Rousseau. In: BÉNICHOU, P. et al. *Pensée de Rousseau*. Paris: Editions du Seuil, 1984. p.41-65.

_____. *O mito do Estado*. São Paulo: Códex, 2003.

_____. *The philosophy of the Enlightenment*. Nova Jersey: Princeton University Press, 1968.

CATANI, D. et al. *Docência, memória e gênero*: estudos sobre formação. São Paulo: Escrituras, 1997.

_____. *Educadores à meia-luz*: um estudo sobre a Revista do Ensino da Associação Beneficiente do Professorado Público de São Paulo. Bragança Paulista: Edusf, 2003.

CATROGA, F. *A militância laica e a descristianização da morte em Portugal (1865-1911)*. Coimbra, Universidade de Coimbra: 1988.

_____. *Caminhos do fim da história*. Coimbra: Quarteto, 2003.

_____. *Entre deuses e césares*: secularização, laicidade e religião civil. Coimbra: Almedina, 2006.

_____. *Memória, história e historiografia*. Coimbra: Quarteto, 2001.

_____. *Nação, mito e rito*: religião civil e comemoracionismo. Fortaleza: Edições Nudoc-UFC/Museu do Ceará, 2005.

CATROGA, F. *O republicanismo em Portugal*: da formação ao 5 de outubro de 1910. Coimbra: Faculdade de Letras, 1991.

_____. Os modelos de universidade na Europa do século XIX. In: CARVALHO, M. M. C.; PINTASSILGO, J. (Orgs.). *Modelos culturais, saberes pedagógicos, instituições educacionais*. São Paulo: Edusp/ Fapesp, 2011.

_____. *Os passos do homem como restolho do tempo*: memória e fim do fim da história. Coimbra: Almedina, 2009.

_____. Ritualizações da história. In: TORGAL, L. R. et al. *História da história em Portugal*: séculos XIX-XX. Lisboa: Círculo de Leitores, 1996.

CATROGA, F.; TORGAL, L. R.; MENDES J. A. *História da história em Portugal*: séculos XIX-XX. Lisboa: Círculo de Leitores, 1996.

CAVALCANTI, M. J. et al. *História da educação*: vitrais da memória – lugares, imagens e práticas culturais. Fortaleza: Edições UFC, 2008.

CERTEAU, M. de. A operação historiográfica. In: *A escrita da história*. Rio de Janeiro: Forense Universitária, 1982.

_____. *A cultura no plural*. Campinas: Papirus, 1995.

_____. *L'écriture de l'histoire*. Paris: Gallimard, 1975.

_____. *L'invention du quotidien*: arts de faire. Paris: Gallimard, 1990.

CHALMERS, A. F. *O que é ciência afinal?*. São Paulo: Brasiliense, 1993. p.23-45.

CHANGEAUX, J. P. (Org.). *Uma ética para quantos?*. Bauru: Edusc, 1999.

CHARLE, C.; VERGER, J. *História das universidades*. São Paulo: Editora Unesp, 1996.

CHARLE, C. *Naissance des intellectuels (1880-1900)*. Paris: Les Éditions de Minuit, 1990.

CHARTIER, A. M. *Les faires ordinaires de la classe*: un enjeu pour la recherche et pour la formation. São Paulo: Feusp, 1995. Mimeo.

CHARTIER, A. M.; HEBRARD, J. *Discursos sobre a leitura – 1880-1980*. São Paulo: Ática, 1995.

CHARTIER, R. *A história cultural*: entre práticas e representações. Lisboa: Difel, 1990.

_____. *A ordem dos livros*: leitores, autores e bibliotecas na Europa entre os séculos XIV e XVIII. Brasília: Editora Universidade de Brasília, 1994.

_____. *Au bord de la falaise*: l'histoire entre certitudes et inquiétude. Paris: Albin Michel, 1998.

404 CARLOTA BOTO

CHARTIER, R. *Lectures et lecteurs das la France d'Ancien Regime*. Paris: Editions du Seuil, 1987.

_____. *Les origins culturelles de la Révolution Française*. Paris: Seuil, 1991.

_____. *Pratiques de la lecture*. Paris: Payot & Rivage, 1993.

CHARTIER, R.; CAVALLO, G. *História da leitura no mundo ocidental*. 2.ed. v.1/2. São Paulo: Ática, 1999.

CHATEAU, J. Jean-Jacques Rousseau ou a pedagogia da vocação. In: *Os grande pedagogos*. Lisboa: Livros do Brasil, [s.d.]. p.187-231.

CHAUI, M. *Convite à filosofia*. São Paulo: Ática, 1994.

_____. Ideologia e educação. *Educação e Sociedade*, São Paulo, ano 2, n.5, p.24-40, Jan.1980.

_____. Intelectual engajado: uma figura em extinção? In: NOVAES, A. (Org.). *O silêncio dos intelectuais*. São Paulo: Companhia das Letras, 2006. p.19-43.

CHAUI, M. et al. *Primeira filosofia*: lições introdutórias. São Paulo: Brasiliense, 1984.

CHAUSSINAND-NOGARET, G. *A queda da Bastilha*. Rio de Janeiro: Zahar, 1989. p.56-115.

CHERVEL, A. *La culture scolaire*: une approche historique. Paris: Belin, 1998.

CHEVALLARD, Y. *La transposition didactique*: du savoir savant au savoir enseigné. Paris: La Pensée Sauvage, 1991.

CIDADE, H. *Portugal histórico-cultural*. Lisboa: Presença, 1985.

COELHO, M. Engajamento e traição. In: NOVAES, A. (Org.). *O silêncio dos intelectuais*. São Paulo: Companhia das Letras, 2006. p.85-115.

COMO interpretar Pombal? Lisboa/Porto: Brotéria, 1983.

COMPAYRÉ, G. *Histoire critique des doctrines de l'éducation en France depuis le seizième siècle*. t.II. Genève: Slaktine Reprints, 1970.

COMPAYRÉ, G. *Histoire·de la pedagogie*. Paris: Paul Delaplane, 1914. t.I e II.

COMPÊNDIO histórico do estado da Universidade de Coimbra (1771). Coimbra: Por Ordem da Universidade, 1972.

COMPÈRE, M. M. (Org.). *Du college au lycée (1500-1850)*: généalogie de l'enseignement secondaire français présenté par... Paris: Gallimard/ Julliard, 1985.

CONDORCET. *Bosquejo de un cuadro histórico de los progresos del espíritu humano*. Madrid: Editora Nacional, 1980.

_____. *Cinco memórias sobre a instrução pública*. Trad. Maria das Graças de Souza. São Paulo: Editora Unesp, 2008.

INSTRUÇÃO PÚBLICA E PROJETO CIVILIZADOR **405**

CONDORCET. *Cinq mémoires sur l'instruction publique*. Paris: Flammarion, 1994.

_____. *Esquisse d'un tableau historique des progrès de l'esprit humain*. Paris: Flammarion, 1988.

_____. *Instrução pública e organização do ensino*. Porto: Livraria Educação Nacional, 1943.

_____. Rapport et projet de décret sur l'organisation générale de l'instruction publique, présentés à l'Assemblée Nationale, au nom du Comité d'Instruction Publique, par Condorcet, Député du Département de Paris. Paris: l'Imprimerie Nationale, 1793. In: *Enfance* (Paris), t.42, n.4, 1989.

_____. *Réflexions et notes sur l'éducation*. Napoli: Bibliopolis, 1983.

_____. *Réflexions sur l'esclavage des nègres*. Paris: Arthème Fayard, [s.d.].

CORDEIRO, J. F. P. *Falas do novo, figuras da tradição*: o novo e o tradicional na educação brasileira (anos 70 e 80). São Paulo: Editora Unesp, 2002.

CORDEIRO, F. Introdução. In: SANCHES, A. N. Ribeiro. *Dissertação sobre as paixões da alma*. Penamacor: Câmara Municipal de Penamacor, 1999. p.VII-XVII.

_____. Introdução, organização e notas. In: SANCHES, A. N. Ribeiro. *Sobre a agricultura, alfândegas, colônias e outros textos*. Penamacor: Câmara Municipal de Penamacor, 2000.

CORMATIN, P. de. *A administração do Marquês de Pombal*. Lisboa: Bonecos Rebeldes, 2010.

CORREIA, M. Nota preliminar. In: SANCHES, A. N. R. Apontamentos para estabelecer-se um tribunal e colégio de Medicina: carta a Joaquim Pedro de Abreu – Tratado da Conservação da Saúde dos Povos. In: *Obras*. Coimbra: Por ordem da Universidade de Coimbra, 1966. v.2, p.V-XXIII.

COUTEL, C.; KINTZLER, C. Présentation. *Condorcet*: cinq mémoires sur l'instruction publique. Paris: Flammarion, 1994.

COUTEL, C. *Condorcet*: instituer le citoyen. Paris: Michalon, 1999.

_____. *Politique de Condorcet*. Paris: Payot & Rivages, 1996.

COUTINHO, C. N. *Gramsci*: um estudo sobre seu pensamento político. Rio de Janeiro: Campus, 1989.

CRAMPE-CASNABET, M. *Kant*: uma revolução filosófica. Rio de Janeiro: Zahar, 1994.

CRANSTON, M. *The Noble Savage*: Jean-Jacques Rousseau (1754-1762). Chicago: The University of Chicago Press, 1991.

406 CARLOTA BOTO

CUCHE, D. *A noção de cultura nas ciências sociais*. Bauru: Edusc, 1999.

CUNHA, L. da. *Testamento político, ou carta escrita pelo grande d. Luíz da Cunha ao Senhor Rei d. José antes do seu governo*. São Paulo: Alfa-Omega, 1976.

DALBOSCO, C. A. *A ideia de natureza*. Universidade de Passo Fundo: [s.d.]a. Mimeo.

_____. Determinação racional da vontade humana e educação natural em Rousseau. *Educação e Pesquisa*, São Paulo, v.33, n.1, p.1-11, jan.-abr. 2007. Disponível em: <http://www.scielo.br/scielo.php?script=sci_arttext&pid=S1517=97022007000100009-&lng=en&nrmiso>. Acesso em: 10 mar. 2011.

_____. *Educação e conhecimento*: educação natural como modelo epistemológico da educação infantil. Unijuí-Câmpus de Santa Rosa (RS): [s.d.]b. Conferência mimeo.

_____. *Educação natural em Rousseau*: das necessidades da criança e dos cuidados do adulto. São Paulo: Cortez, 2011a.

_____. (Org.). *Filosofia e educação no "Emílio" de Rousseau*. Campinas: Alínea, 2011b.

_____. Paradoxos da educação natural no Émile de Rousseau: os cuidados do adulto. *Educação & Sociedade*, Campinas, v.30, n.106, p.1-9, jan.--abr. 2009. Disponível em: <http://www.scielo.br/scielo.php?script=sci_arttext&pid=S0101-73302009000100009&lng=en&nrm=iso>. Acesso em: 11 mar. 2011.

_____. Teoria social, antropologia filosófica e educação natural em Rousseau. In: DALBOSCO, C. A.; FLICKINGER, H. G. (Orgs.). *Educação e maioridade*: dimensões da racionalidade pedagógica. São Paulo: Cortez/Passo Fundo: Universidade de Passo Fundo, 2005. p.70-103.

DALLABRIDA, N. Moldar a alma plástica da juventude: a *Ratio Studiorum* e a manufatura de sujeitos letrados e católicos. *Educação Unisinos*, São Leopoldo, v.5, n.8, p.133-50, 2001.

DALLARI, D. de A. *Direitos humanos e cidadania*. São Paulo: Moderna, 1998.

DALLARI, D de A.; KORCZAK, J. *O direito da criança ao respeito*. São Paulo: Summus, 1986.

_____. *O direito da criança ao respeito*. 2.ed. São Paulo: Summus, 1986.

DARNTON, R. *O beijo de Lamourette*: mídia, cultura e Revolução. São Paulo: Companhia das Letras, 1990.

_____. *Os dentes falsos de George Washington*: um guia não convencional para o século XVIII. São Paulo: Companhia das Letras, 2005.

INSTRUÇÃO PÚBLICA E PROJETO CIVILIZADOR 407

DARNTON, R.; ROCHE, D. *A revolução impressa*: a imprensa na França (1775-1800). São Paulo: Edusp, 1996.

DAVIS, N. Z. *Culturas do povo*: sociedade e cultura no início da França moderna. São Paulo: Paz e Terra, 1990.

_____. *O retorno de Martin Guerre*. Rio de Janeiro: Paz e Terra, 1987.

DEBESSE, M.; MIALARET, G. (Orgs.). *Tratado das ciências pedagógicas*: história da pedagogia. v.2. São Paulo: Companhia Editora Nacional/Edusp, 1977.

DELLA VOLPE, G. *Rousseau e Marx*: a liberdade igualitária. Lisboa: Edições 70, 1982.

DENIS, M. Las doctrinas de inspiración socialista. In: AVANZINI, G. (Comp.). *La pedagogia desde el siglo XVII hasta nuestros dias*. México: Fondo de Cultura Económica, 1997. p.89-105.

DENT, N. J. H. *Dicionário Rousseau*. Rio de Janeiro: Zahar, 1996.

DERATHÉ, R. L'homme selon Rousseau. In: BÉNICHOU, P. et al. *Pensée de Rousseau*. Paris: Editions du Seuil, 1984. p.109-24.

_____. *Rousseau e a ciência política de seu tempo*. São Paulo: Barcarolla/Discurso Editorial, 2009.

DICCIONARIO bibliographico portuguez: estudos de Innocencio Francisco da Silva applicaveis a Portugal e ao Brazil continuados e ampliados por Brito Aranha em virtude do contracto celebrado com o governo portuguez. Lisboa: Imprensa Nacional, 1893. 23t.

DIDEROT, D. *Carta sobre o comércio do livro*. Rio de Janeiro: Casa da Palavra, 2002. p.31-79.

_____. *Obras I*: filosofia e política. São Paulo: Perspectiva, 2000.

DIDEROT, D.; D'ALEMBERT, J. le R. (Orgs.). *Enciclopédia, ou Dicionário raciocinado das ciências, das artes e dos ofícios por uma sociedade de letrados*. São Paulo: Editora Unesp, 1989.

_____. *Verbetes políticos da Enciclopédia*. Trad. Maria das Graças de Souza. São Paulo: Editora Unesp/Discurso Editorial, 2006.

DIONIZIO NETO, M. *Educação e liberdade em Jean-Jacques Rousseau*. São Carlos, 2004. Tese (Doutorado em Educação) – Centro de Educação e Ciências Humanas, Universidade Federal de São Carlos.

_____. Liberdade e educação em Rousseau: da infância à adolescência. In: MARQUES, J. O. de A. (Org.). *Verdades e mentiras*: 30 ensaios em torno de Jean-Jacques Rousseau. Ijuí: Editora Unijuí, 2005. p.407-32.

DOCUMENTOS da Reforma Pombalina (publicados por M. Lopes d'Almeida). v.2 (1783-1792). Coimbra: Por Ordem da Universidade, 1979.

408 CARLOTA BOTO

DÓRIA, A. de Sampaio. *O espírito das democracias*. São Paulo: Off. Graph. Monteiro Lobato, 1924.

DOSSE, F. *A história à prova do tempo*: da história em migalhas ao resgate do sentido. São Paulo: Editora Unesp, 2001.

_____. *História do Estruturalismo*: o Canto do Cisne, de 1967 a nossos dias. v2. São Paulo: Ensaio/Campinas: Editora da Unicamp, 1994.

DUCH, L. *La educación y la crisis de la modernidad*. Barcelona: Paidós, 1997.

DUMAZEDIER, J.; DONFU, É. (Dir.). *La leçon de Condorcet*: une conception oubliée de l'instruction pour tous nécessaire à une république. Paris: Éditions L'Harmattan, 1994.

DURKHEIM, E. *A evolução pedagógica*. Porto Alegre: Artes Médicas, 1995.

_____. *Education et sociologie*. 5.ed. Paris: Puf, 1985.

_____. *Montesquieu e Rousseau*: pioneiros da sociologia. São Paulo: Madras, 2008.

_____. *Sociologia, educação e moral*. Porto: Rés Editora, 1984.

EAGLETON, T. *Ideologia*. São Paulo: Editora Unesp/Boitempo, 1997. p.15-40.

EBY, F. *História da educação moderna*: teoria, organização e prática educacionais. Porto Alegre: Globo, 1978.

EISENSTEIN, E. L. *A revolução da cultura impressa*: os primórdios da Europa Moderna. São Paulo: Ática, 1998.

ELIAS, N. *O processo civilizador*: uma história dos costumes. v1. Rio de Janeiro: Zahar, 1993.

ELIAS, N. *O processo civilizador*: formação do Estado e civilização. v.2. 2.ed. Rio de Janeiro: Zahar, 1994.

ELIAS, N.; SCOTSON, J. L. *Os estabelecidos e os outsiders*. Rio de Janeiro: Zahar, 2000.

ELLIOT, J. H. *O velho mundo e o novo (1492-1650)*. Lisboa: Querco, 1984.

ENCICLOPEDIA: memória-história. Lisboa: Imprensa Nacional/Casa da Moeda, 1997.

ENCICLOPEDIA: oral/escrito, argumentação. Lisboa: Imprensa Nacional/Casa da Moeda, 1987.

A *ENCICLOPÉDIA*: textos escolhidos. Lisboa: Editorial Estampa, 1974.

ESCOLANO, A; FRAGO, A.V. *Currículo, espaço e subjetividade*: a arquitetura como programa. Rio de Janeiro: DP&A, 1998.

INSTRUÇÃO PÚBLICA E PROJETO CIVILIZADOR 409

ESPÍNDOLA, A. de. Rousseau e Sêneca: a construção da liberdade moral. In: MARQUES, J. O. de A. (Org.). *Reflexos de Rousseau*. São Paulo: Humanitas, 2007. p.69-90.

ESTATUTOS da Universidade de Coimbra (1772). v.III. Coimbra: Por Ordem da Universidade, 1972.

FALCON, F. J. C. *A época pombalina*: política econômica e monarquia ilustrada. São Paulo: Ática, 1982.

FAORO, R. *Existe um pensamento político brasileiro?*. São Paulo: Ática, 1994.

FARIA FILHO, L. M. *Modos de ler e formas de escrever*. Belo Horizonte: Autêntica, 1998.

_____. (Org.). *Pesquisa em história da educação*: perspectivas de análise, objetos e fontes. Belo Horizonte: HG Edições, 1999.

FARIA FILHO, L. M.; VAGO, T. M. Entre relógios e tradições: elementos para uma história do processo de escolarização em Minas Gerais. In: VIDAL, D. G.; HILSDORF, M. L. S. *Tópicas em História da Educação*. São Paulo: Edusp, 2001. p.117-36.

FARIA FILHO, L.; VIDAL, D. G. Os tempos e os espaços escolares no processo de institucionalização da escola primária no Brasil. In: *Revista Brasileira de Educação*, Rio de Janeiro, n.14, p.19-34, 2000.

FEBVRE, L. *Combates pela história*. Lisboa: Presença, 1985.

FERNANDES, R. *O pensamento pedagógico em Portugal*. 2.ed. Lisboa, Instituto de Cultura e Língua Portuguesa/Ministério da Educação, 1992.

_____. *Os caminhos do ABC*: sociedade portuguesa e ensino das primeiras letras. Porto: Porto Editora, 1994.

FERRAZ, M. H. M. *As ciências em Portugal e no Brasil (1772-1822)*: o texto conflituoso da química. São Paulo: Educ/Fapesp, 1997.

FERREIRA, A. G. A criança em dois tratados setecentistas de Puericultura, *Revista portuguesa de pedagogia*, Coimbra, n.XXI, p.151-67, 1987.

_____. A criança no conhecimento médico de seiscentos. *Revista portuguesa de pedagogia*, Coimbra, n.XXIII, p.401-24, 1989.

_____. *A criança no Portugal de Setecentos*: contributo para o estudo da evolução dos cuidados e das atitudes para com a infância. v.1/2. Coimbra, 1996. Tese (Doutorado). Universidade de Coimbra.

FERREIRA, A. G. *Gerar, criar, educar*: a criança no Portugal do Antigo Regime. Coimbra: Quarteto, 2000.

410 CARLOTA BOTO

FERREIRA, A. G. O ensino de um mestre de primeiras letras nos finais de setecentos. In: *Revista Portuguesa de Pedagogia*, Coimbra, n.XXIV, p.519-40, 1990.

_____. Três Propostas pedagógicas de final de seiscentos: Gusmão, Fénelon e Locke. *Revista Portuguesa de Pedagogia*, n.XXII, p.67-292, 1988.

_____. Um relance sobre a criança do século XVI. *Revista Portuguesa de Pedagogia*, n.XXI, p.169-98, 1987.

FERREIRA, J. Luís Antônio Verney e o verdadeiro método de estudar. In: JUNQUEIRA, C. (Dir.). *O nascimento da moderna pedagogia*: Verney. Rio de Janeiro: PUC/Conselho Federal de Cultura/Editora Documentário, 1979. p.53-80.

_____. Prefácio. In: SANCHES, A. N. Ribeiro. *Cartas sobre a educação da mocidade*. Porto: Editorial Domingos Barreira, [s.d.]. p.7-85.

FISCHMANN, R. *Direitos humanos no cotidiano*. São Paulo: Unesco/ USP, 1998.

_____. (Coord.). *Escola brasileira*: temas e estudos. São Paulo: Atlas, 1987.

_____. *Estado laico*. São Paulo: Memorial da América Latina, 2008.

FONSECA, M. A. *Michel Foucault e a constituição do sujeito*. São Paulo: Educ, 1995.

_____. *Michel Foucault e o Direito*. São Paulo: Max Limonad, 2002.

FONSECA, T. N. L. *Discurso político e práticas educativas no Brasil do século XVIII*. Disponível em: <http://www2.faced.ufu.br/ colubhe06/anais/arquivos/331ThaisNiviaLimaFonseca.pdf>. Acesso em: 14 jun. 2009.

_____. Instrução e assistência na Capitania de Minas Gerais: as ações das câmaras às escolas para meninos pobres (1750-1814). *Revista Brasileira de Educação*, Rio de Janeiro, v.13, n.39, p.535-44, 2008.

_____. *O ensino régio na Capitania de Minas Gerais (1772-1814)*. Belo Horizonte: Autêntica, 2010.

FONTANA, J. *História*: análise do passado e projeto social. Bauru: Edusc, 1998.

FORACCHI, M. M.; MARTINS, J. de S. (Orgs.). *Sociologia e sociedade*: leituras de introdução à sociologia. São Paulo: Livros Técnicos e Científicos, 1977.

FORQUIN, J. C. *Escola e cultura*: as bases sociais e epistemológicas do conhecimento escolar. Porto Alegre: Artes Médicas, 1993.

FORTES, L. R. S. *Rousseau*: da teoria à prática. São Paulo, Ática, 1976. p.49-70.

INSTRUÇÃO PÚBLICA E PROJETO CIVILIZADOR   411

FORTES, L. R. S. *Paradoxo do espetáculo*: política e poética em Rousseau. São Paulo: Discurso Editorial, 1997.

FOUCAULT, M. *A Arqueologia do Saber*. 2.ed. Rio de Janeiro: Forense Universitária, 1986.

_____. *L'ordre du discours*. Paris: Gallimard, 1971.

_____. *Microfísica do Poder*. 5.ed. Rio de Janeiro: Graal, 1985.

_____. *Vigiar e punir*. 27.ed. Petrópolis: Vozes, 2003.

FOUREZ, G. *A construção das ciências*: introdução à filosofia e à ética das ciências. São Paulo: Editora Unesp, 1995.

FRAGO, A. V. *Alfabetização na sociedade e na história*: vozes, palavras e textos. Porto Alegre: Artes Médicas, 1993.

FRANCISCO, M. de F. S. Autoridade e contrato pedagógico em Rousseau. In: AQUINO, J. G. (Org.). *Autoridade e autonomia na escola*: alternativas teóricas e práticas. 2.ed. São Paulo: Summus Editorial, 1999.

_____. Emílio, o aluno imaginário e as cenas pedagógicas no Emílio de Rousseau. *International Studies on Law and Education*, São Paulo, v.9, p.13-22, 2011.

_____. Aspectos das relações mestre-aluno em Rousseau. In: CENCI, A. V.; DALBOSCO, C. A.; MÜHL, E. H. *Sobre filosofia e educação*: racionalidade, diversidade e formação pedagógica. Passo Fundo: Universidade de Passo Fundo, 2009. p.205-20.

_____. Notas acerca da educação doméstica e educação pública no *Emílio* de Rousseau. *Notandum*, São Paulo/Porto, n.16, p.53-64, jan.-jun. 2008. Disponível em: <http://www.hottopos.com/notand16/index. htm>. Acesso em: 10 jul. 2009.

_____. O nascimento do ideário político contemporâneo. *Revista Educação*, Série Biblioteca do Professor, São Paulo, p.20-31, dez.2010.

_____. Preservar e renovar o mundo. *Revista Educação*, especial: Biblioteca do Professor. São Paulo: Segmento, [s.d.]. p.26-35.

FREITAS, M. C. de (Org.). *Historiografia brasileira em perspectiva*. São Paulo: Contexto, 1998.

FREITAS, M. C. de; KUHLMANN, M. (Orgs.). *Os intelectuais na história da infância*. São Paulo: Cortez, 2002.

FREUD, S. *O mal-estar da civilização*. Rio de Janeiro: Imago, 1997.

FREUND, J. *Sociologia de Max Weber*. 4.ed. Rio de Janeiro: Forense--Universitária, 1987.

FURET, F. *A Oficina da história*. Lisboa: Gradiva, [s.d.].

412   CARLOTA BOTO

FURET, F.; OZOUF, J. *Lire et écrire*: l'alphabétisation des français de Calvin à Jules Ferry. Paris: Les Éditions de Minuit, 1977.

_____. *Pensando a Revolução Francesa*. Rio de Janeiro: Paz e Terra, 1989.

GAUER, R. M. C. *A construção do Estado-nação no Brasil*: a contribuição dos egressos de Coimbra. Curitiba: Juruá, 2001.

_____. *A modernidade portuguesa e a Reforma Pombalina de 1772*. Porto Alegre: EdiPUCRS, 1996.

_____. O pensamento iluminista português e a influência na formação da intelectualidade brasileira. In: STEPHANOU, M.; BASTOS, M. H. C. (Orgs.). *Histórias e memórias da educação no Brasil*. v.1: séculos XVI-XVIII. Petrópolis: Vozes, 2004. p.146-57.

_____. *O Reino da Estupidez e o reino da razão*. Rio de Janeiro: Lumen Juris, 2006.

GÈLIS, J. A individualização da criança. In: ARIÈS, P.; DUBY, G. (Orgs.). *História da vida privada*: da Renascença ao Século das Luzes. v.3. São Paulo: Companhia das Letras, 1991. p.311-29.

GIANNOTTI, J. A. *A universidade em ritmo de barbárie*. São Paulo: Brasiliense, 1986.

GIDDENS, A. *Modernidade e identidade*. Rio de Janeiro: Zahar, 2002.

GIL, J. *Portugal hoje*: o medo de existir. 10.ed. Lisboa: Relógio d'Água, 2005.

GINZBURG, C. *Mitos, emblemas e sinais*: morfologia e história. São Paulo: Companhia das Letras, 1989.

GOLDFARB, J. C. *Civility & Subversion*: the Intellectual in Democratic Society. Cambridge: Cambridge University Press, 1998.

GOLDMAN, L. *Ciências humanas e filosofia*. São Paulo: Difusão Europeia do Livro, 1972.

GOLDSCHMIDT, V. Individu et communauté chez Rousseau. In: BÉNICHOU, P. et al. *Pensée de Rousseau*. Paris: Editions du Seuil, 1984. p.147-61.

_____. *Anthropologie et politique*: les príncipes du systeme de Rousseau. Paris: Librairie Philosophique J. Vrin, 1983.

GOMES, J. F. *Dez estudos pedagógicos*. Coimbra: Livraria Almedina, 1977.

_____. *Estudos de história e de pedagogia*. Coimbra: Livraria Almedina, 1984.

_____. (Org.). *História da educação em Portugal*. Lisboa: Horizonte, 1988.

_____. *Novos estudos de história e de pedagogia*. Coimbra: Livraria Almedina, 1986.

INSTRUÇÃO PÚBLICA E PROJETO CIVILIZADOR   **413**

GOMES, J. F. *O Marquês de Pombal e as reformas do ensino.* 2.ed. Coimbra: INIC, 1989.

_____. O Marquês de Pombal, criador do ensino primário oficial, *Revista de História das Ideias*, v.4, tomo 2, p.25-41, 1982.

_____. O *Ratio Studiorum* da Companhia de Jesus. *Revista portuguesa de pedagogia*, Coimbra, ano XXV, n.2, p.131-54, 1991.

GRAMSCI, A. *L'alternativa pedagogica.* 3.ed. Firenze: La Nuova Itália, 1980.

_____. *Os intelectuais e a organização da cultura.* 4.ed. São Paulo: Civilização Brasileira, 1982.

GRANGER, G. G. *La mathématique social du Marquis de Condorcet.* Paris: Presses Universitaires de France, 1956.

GRESPAN, J. *Revolução Francesa e Iluminismo.* São Paulo: Contexto, 2003.

GUERRA, M. A reforma pombalina dos estudos médicos. In: *Como interpretar Pombal?.* Lisboa/Porto: Brotéria, 1983. p.277-95.

GUEUX, F. *Histoire de l'instruction et de l'éducation.* Paris: Payot & Félix Alcan, 1913.

GUINSBURG, J. *Diderot*: o espírito das "luzes". São Paulo: Ateliê Editorial, 2001.

GROETHUYSEN, B. *J.-J. Rousseau.* Paris: Gallimard, 1949.

_____. *Philosophie de la Révolution Française.* Paris: Gallimard, 1956.

GUSDORF, G. *Professores para quê? – para uma pedagogia da pedagogia.* São Paulo: Martins Fontes, 1995.

HAMILTON, D. Sobre as origens dos termos classe e curriculum. *Teoria & educação*, Porto Alegre, v.6, p.33-52, 1992.

HANNOUN, H. *Educação*: certezas e apostas. São Paulo: Editora Unesp, 1998.

HANSEN, J. A. *Ratio Studiorum* e política católica ibérica no século XVII. In: VIDAL, D. G. HILSDORF, M. L. S (Orgs.). *Brasil 500 anos*: tópicas em história da educação. São Paulo: Edusp: 2001.

HARMAN, P. M. *A revolução científica.* São Paulo: Ática, 1995.

HASKINS, C. H. *Rise of Universities.* Itaca: Great seal books, 1963.

HÉBRARD, J. A escolarização dos saberes elementares na época moderna. *Teoria & Educação*, Porto Alegre, v.2, p.65-109, 1990.

HELLER, A. *O quotidiano e a história.* Rio de Janeiro: Paz e Terra, 1972.

HENRY, J. *A revolução científica e as origens da ciência moderna.* Rio de Janeiro: Zahar, 1998. p.20-37.

414 CARLOTA BOTO

HILSDORF, M. L. S. *O aparecimento da escola moderna*: uma história ilustrada. Belo Horizonte: Autêntica, 2006.

HILSDORF, M. L. S. *Pensando a educação nos tempos modernos*. São Paulo: Edusp, 1998.

HIPPEAU, C. *L'instruction publique en France pendant la Révolution*. Paris: Librairie Academique, 1881.

HOBBES, T. *Do cidadão*. São Paulo: Martins Fontes, 1992.

HOBSBAWM, E. J. A carreira aberta ao talento. In: *A era das Revoluções*. 3.ed. Rio de Janeiro: Paz e Terra, 1981.

_____. *A Revolução Francesa*. Rio de Janeiro: Paz e Terra, 1996.

_____. *Nações a nacionalismo desde 1780*: programa, mito e realidade. São Paulo: Paz e Terra, 1990.

HOF, U. I. *A Europa no século das luzes*. Lisboa: Presença, 1995.

HOOKER, J. T. *Lendo o passado*: do cuneiforme ao alfabeto – a história da escrita antiga. São Paulo: Melhoramentos/Edusp, 1996.

HUIZINGA, J. *Homo ludens*: o jogo como elemento da cultura. 4.ed. São Paulo: Perspectiva, 1999.

HUNT, L. *A invenção dos direitos humanos*: uma história. São Paulo: Companhia das Letras, 2009.

_____. (Org.). *A nova história cultural*. São Paulo: Martins Fontes, 1995.

_____. *Política, cultura e classe na Revolução Francesa*. São Paulo: Companhia das Letras, 2007.

ISRAEL, J. I. *Enlightenment Contested*: Philosophy, Modernity and the Emancipation of Man (1670-1752). Oxford: Oxford University Press, 2008.

_____. *Radical Enlightenment*: Philosophy and the Making Of Modernity (1650-1750). Oxford: Oxford University Press, 2002.

JANOTTI, A. *Origens da universidade*: a singularidade do caso português. São Paulo: Edusp, 1992.

JOLIBERT, B. *Raison et education*. Paris: Éditions Klincksieck, 1987.

JULIA, D. A cultura escolar como objeto histórico. *Revista Brasileira de História da Educação*, Maringá, v.1, n.1, jan.-jun.2001

_____. *Les trois couleurs du tableau noir*: la Révolution. Paris: Belin, 1981. p.58-91.

KANT, I. *Fundamentação da metafísica dos costumes*. Lisboa: Edições 70, 1995.

_____. *Sobre a pedagogia*. 3.ed. Piracicaba: Editora Unimep, 2002.

KANT, I. Resposta à pergunta: que é o Iluminismo. In: *A paz perpétua e outros opúsculos*. Lisboa: Edições 70, 1989.

INSTRUÇÃO PÚBLICA E PROJETO CIVILIZADOR 415

KINTZLER, C. *Condorcet*: l'instruction publique et la naissance du citoyen. Paris: Le Sycomore, 1984.

KNELLER, G. F. *A ciência como atividade humana*. Rio de Janeiro/São Paulo: Zahar/Edusp, 1980. p.54-71.

KORCZAK, J. O direito da criança ao respeito. Trad. Yan Michalski. In: DALLARI, D. de A.; KORCZAK, J. *O direito da criança ao respeito*. 2.ed. São Paulo: Summus, 1986. p.67-99.

KOURGANOFF, W. *A face oculta da universidade*. São Paulo: Editora Unesp, 1990.

KUHN, T. *A Estrutura das revoluções científicas*. São Paulo: Perspectiva, 1987.

_____. *O caminho desde a* Estrutura: Ensaios Filosóficos, 1970-1993, com uma Entrevista Autobriográfica. São Paulo: Editora Unesp, 2006.

LAHUERTA, M. Gramsci e os intelectuais: entre clérigos, populistas e revolucionários (modernização e anticapitalismo). In: AGGIO, A. (Org.). *Gramsci*: a vitalidade de um pensamento. São Paulo: Editora Unesp, 1998. p.133-58.

LAJONQUIÈRE, L. de. A infância, os adultos e a ilusão de um futuro. In: COLÓQUIO DO LEPSI, 4, 2004, São Paulo. *Os adultos, seus saberes e a infância*. Anais... São Paulo: Universidade de São Paulo, 2004. p.51-8.

_____. *Figuras do infantil*: a psicanálise na vida cotidiana com as crianças. Petrópolis: Vozes, 2010.

LAUNAY, M. *Chronologie et introduction*. In: ROUSSEAU, J. J. Émile ou de l'éducation. Paris: Flammarion, 1966. p.5-26.

_____. Les écrits philosophiques et politiques de Jean-Jacques Rousseau. In: *Rousseau – Oeuvres completes*. v.2. Paris: Éditions du Seuil, 1971. p.7-10.

LE GOFF, J. As raízes medievais da intolerância. In: BARRET-DU-CROCQ (Dir.) *A intolerância*: Foro Internacional sobre a Intolerância, Unesco, 27 de março de 1997, La Sorbonne, 28 de março de 1997. Trad. Eloá Jacobina. Rio de Janeiro: Bertrand Brasil, 2000. p.38-41.

_____. *Os intelectuais na Idade Média*. Lisboa: Estúdios Cor, 1973.

LE GOFF, J.; LE ROI LADURIE, E; DUBY, G. et al. *A Nova História*. Lisboa: Edições 70, 1984.

LE GOFF, J.; NORA, P. *História*: novos problemas. 2.ed. Rio de Janeiro: Francisco Alves, 1979.

LEBRUN, G. *A filosofia e sua história*. São Paulo: Cosacnaify, 2006.

416 CARLOTA BOTO

LEFEBVRE, G. *A Revolução Francesa*. São Paulo: Ibrasa, 1966.

LEFORT, C. *A invenção democrática*: os limites do totalitarismo. 2.ed. São Paulo: Brasiliense, 1987.

_____. *Pensando o político*: ensaios sobre democracia, revolução e liberdade. Rio de Janeiro: Paz e Terra, 1991.

LEITE, A. A ideologia pombalina: despotismo esclarecido e regalismo. In: *Como interpretar Pombal?*. Lisboa/Porto: Brotéria, 1983. p.27-54.

LÉON, A. *Introdução à história da educação*. Lisboa: Publicações Dom Quixote, 1983.

LÉVI-STRAUSS, C. Jean-Jacques Rousseau, fundador de las ciencias del hombre. In: LÉVI-STRAUSS, C. et al. *Presencia de Rousseau*. Buenos Aires: Ediciones Nueva Visión, 1972. p.7-19.

LOCKE, J. Carta acerca da tolerância. In: *Os Pensadores*. 3.ed. São Paulo: Abril Cultural, 1983.

_____. Segundo tratado sobre o governo. In: *Os Pensadores*. 3.ed. São Paulo: Abril Cultural, 1983. p.31-131.

_____. *Some Thoughts Concerning Education*. Indianapolis/Cambridge: Hackett Publishing Company, 1984.

LOPES, E. M. T.; FARIA FILHO, L. M.; VEIGA, C. G. *500 anos de educação no Brasil*. Belo Horizonte: Autêntica, 2000.

LOPES, E. M. T. *Colonizador-colonizado*: uma relação educativa no movimento da história. Belo Horizonte: Editora UFMG, 1985. 279p.

_____. *Origens da educação pública*: a instrução na Revolução Burguesa do século XVIII. Coleção Educere. Belo Horizonte: Argumentum, 2008.

LOURENÇO, E. *A nau de Ícaro*. 2.ed. Lisboa: Gradiva, 1999.

_____. Pombal e Oliveira Martins. In: SANTOS, M. H. C. (Coord.). *Pombal revisitado*: comunicações ao Colóquio Internacional organizado pela Comissão das Comemorações do 2º Centenário da Morte do Marquês de Pombal. v1. Lisboa: Editorial Estampa, 1984. p.159-66.

LÖWITH, K. *O sentido da história*. Lisboa: Edições 70, 1991.

MACHADO, L. G. *Homem e sociedade na teoria política de Jean-Jacques Rousseau*. São Paulo: Livraria Martins Editora/Edusp, 1968.

MACHADO, R. *Foucault, a ciência e o saber*. 3.ed. Rio de Janeiro: Zahar, 2006.

MACINTYRE, A. *Depois da virtude*. Bauru: Edusc, 2001.

MAFFÉI, J. F. *A barbárie interior*: ensaio sobre o i-mundo moderno. Trad: Isabel Maria Loureiro. São Paulo: Editora Unesp, 2002.

INSTRUÇÃO PÚBLICA E PROJETO CIVILIZADOR 417

MAGALHÃES, J. P. *Ler e escrever no mundo rural do Antigo Regime*: um contributo para a história da alfabetização e da escolarização em Portugal. Braga: Serviço de Publicações, Instituto de Educação/Universidade do Minho, 1994.

MARCÍLIO, M. L. *História da escola em São Paulo e no Brasil*. São Paulo: Instituto Braudel/Imprensa Oficial, 2005.

MARQUES, A. H. de Oliveira. *História de Portugal*. v2. Lisboa: Palas Editores, 1984.

MARQUES, J. O. de A. (Org.). *Reflexos de Rousseau*. São Paulo: Humanitas, 2007.

_____. Apresentação. In: *Verdades e mentiras*: 30 ensaios em torno de Jean-Jacques Rousseau. Ijuí: Editora Unijuí, 2005a. p.11-4.

_____. Rousseau, fundador das ciências do homem? In: *Verdades e mentiras*: 30 ensaios em torno de Jean-Jacques Rousseau. Ijuí: Editora Unijuí, 2005b. p.249-72.

MARQUES DA COSTA, F.; DOMINGUES, F. C.; MONTEIRO, N. G. (Orgs.). *Do Antigo Regime ao Liberalismo (1750-1850)*. Lisboa: Vega, 1989.

MARRAMAO, G. *Poder e secularização*: as categorias do tempo. São Paulo: Editora Unesp, 1995.

MARROU, H. I. *Do conhecimento histórico*. 3.ed. Porto: Editora Pedagógica Universitária, 1974.

MARTINS, O. *História de Portugal*. Lisboa: Guimarães Editores, 1991.

MARTINS, G. O. *Educação ou barbárie?* – ensaios. Lisboa: Gradiva, 1998.

MARTINS, R. C. Modos de verdade. *Revista de História das Ideias*, Coimbra, v.23, 2002.

_____. *O método da fronteira*. Coimbra: Almedina, 2008.

_____. *O ponto cego do direito*: the brazilian lessons. Rio de Janeiro: Lumen Juris, 2010.

MARX, K.; ENGELS, F. *Obras escolhidas*. Tomo I. Lisboa: Avante, 1982.

MAXWELL, K. *Marquês de Pombal*: paradoxo do Iluminismo. Rio de Janeiro: Paz e Terra, 1996.

MENDONÇA, A. W. P. C. A Reforma Pombalina dos estudos secundários e seu impacto no processo de profissionalização do professor. *Revista Educação* (UFSM). Santa Maria, v.30, n.2, p.27-41, 2005.

MENDONÇA, A. W. P. C.; ALVES, C.; GONDRA et al. *História da educação*: desafios teóricos e empíricos. Niterói: Editora da UFF, 2009.

MENEZES, E. Dignidade e educação em Kant. In: BERGER, M. A. (Org.). *A pesquisa educacional e as questões da educação na contempo-*

418 CARLOTA BOTO

raneidade. Maceió: Editora da Universidade Federal de Alagoas, 2010, p.200-11.

_____. (Org.). *História e providência*: Bossuet, Vico e Rousseau. Ilhéus: Uesc, 2006.

_____. Kant e a educação das Luzes. *Educação e Filosofia*, Uberlândia, v.4, n.27/28, p.113-127, 2000.

_____. Kant e a pedagogia. *Educação & Sociedade*, Campinas, v.3, n.43, p.463-77, 1992.

_____. Rousseau, a civilização e a máscara. *Revista do Mestrado em Educação* (UFS), vol.10, p.51-63, jan.-jun. 2005.

MILLNER, J. C. *De l'école*. Paris: Seuil, 1984.

MONCADA, L. C. *Um iluminista português no século XVIII*: Luiz Antonio Verney. Coimbra: Arménio Amador Editor, 1941.

MONTAIGNE. Do pedantismo. In: *A educação das crianças*. São Paulo: Martins Fontes, 2005. p.1-30.

MONTEAGUDO, R. *Entre o direito e a história*: a concepção do legislador em Rousseau. São Paulo: Editora Unesp, 2006.

MOREAU, J. *Jean-Jacques Rousseau*. Collection Les Grands Penseurs. Paris: Presses Universitaires de France, 1973.

MORIN, E. *Pensar a Europa*. Mira-Sintra: Europa-América, 1988.

MOSER, P. K.; DWAYNE, H. M.; TROUT, J. D. *A teoria do conhecimento*: uma introdução temática. São Paulo: Martins Fontes, 2004.

MOTA, C. G. *Ideologia da cultura brasileira (1933-1974)*. 4.ed. São Paulo: Ática, 1980.

_____ (Coord.). *Os juristas na formação do Estado-nação brasileiro (século XVI a 1850)*. v.1. Coleção Juristas Brasileiros. São Paulo: Quartier Latin, 2006.

MUCHAIL, S. T. Michel Foucault e a história da filosofia. *Tempo Social* (Revista de Sociologia da USP), São Paulo. v.7. n.1/2. p.14-29, 1995.

MUCHAIL, S. T. *Foucault simplesmente*. São Paulo: Loyola, 2004.

NACARATO, P. G. Apresentação. In: ROUSSEAU, J.-J. *Ensaios pedagógicos*. Bragança Paulista: Editora Comenius, 2004. p.15-7.

NAGLE, J. *Educação e linguagem*: para um estudo do discurso pedagógico. São Paulo: Edart, 1976.

NAGLE, J. A educação na Primeira República. In: FAUSTO, B. (Org.). *História geral da civilização brasileira*: o Brasil Republicano – Sociedade e instituições (1889-1930). Tomo III, v.2. Rio de Janeiro: Difel/Difusão Editorial, 1978. p.259-91.

_____. *Educação e sociedade na Primeira República*. São Paulo: EPU/MEC, 1976.

INSTRUÇÃO PÚBLICA E PROJETO CIVILIZADOR 419

NARODOWSKI, M. O império da ordem. *Infância e poder*: conformação da pedagogia moderna. Bragança Paulista: Editora Universidade São Francisco, 2001.

NASCIMENTO, M. M. do. *Opinião pública e revolução*. São Paulo: Nova Stella/Edusp, 1989.

_____. do. Reivindicar direitos segundo Rousseau. In: QUIRINO, C. G.; VOUGA, C.; BRANDÃO, G. M. (Orgs.). *Clássicos do pensamento político*. São Paulo: Edusp, 1998. p.121-34.

NASCIMENTO, M. das G. S. *Voltaire*: a razão militante. São Paulo: Moderna, 1993.

NOGUEIRA, M. A. *As desventuras do liberalismo*. Rio de Janeiro: Paz e Terra, 1984.

_____. *Em defesa da política*. São Paulo: Editora Senac, 2001.

NOVAIS, F. *Portugal e Brasil na crise do Antigo Sistema Colonial* (1777-1808). São Paulo: Hucitec, 1985.

NÓVOA, A. *Evidentemente*: história da educação. Portugal: Asa, 2005.

_____. *História da educação*. Lisboa, Faculdade de Psicologia e Ciências da Educação/Universidade de Lisboa: 1994. Mimeografado.

_____. *Histoire & comparaison*. Lisbonne: Educa, 1998.

_____. *Le temps des professeurs*. v.1. Lisboa: INIC, 1987.

_____. *Profissão professor*. Lisboa: Porto Editora, 1991.

_____. Relação escola-sociedade: novas respostas para um velho problema. In: RIBEIRO, R. (Org.). *Formação de professores*. São Paulo: Editora Unesp, 1998.

OZOUF, M. *L'homme régénéré*: essais sur la Revolution Française. Paris: Gallimard, 1989. p.116-57.

PAIVA, W. A. *Da reconfiguração do homem*: um estudo da ação político-pedagógica na formação do homem em Jean-Jacques Rousseau. São Paulo, 2010. 230f. Tese (Doutorado em Filosofia da Educação) – Faculdade de Educação, Universidade de São Paulo.

_____. *O Emílio de Rousseau*. Trindade: Ceodo, 2005.

PALLARES-BURKE, M. L. G. Educação das massas: uma sombra no Século das Luzes. In: VIDAL, D. G.; HILSDORF, M. L. S. (Orgs.). *Brasil 500 anos*: tópicas em história da educação. São Paulo: Edusp: 2001. p.53-66.

PASCAL, G. *O pensamento de Kant*. 8.ed. Petrópolis: Vozes, 2003.

PASSMORE, J. *A perfectibilidade do homem*. Rio de Janeiro: Topbooks, 2004.

PATTO, M. H. S. *A produção do fracasso escolar*: histórias de submissão e rebeldia. São Paulo: Casa do Psicólogo, 1999.

420 CARLOTA BOTO

PATTO, M. H. S. (Org.). *Introdução à psicologia escolar.* São Paulo: T. A. Queiroz, 1981.PEREIRA, M. B. *Modernidade e secularização.* Coimbra: Almedina, 1990.

PETERS. *The Concept of Education.* Londres: Routledge, 1968.

PETITAT, A. *Produção de escola/produção de sociedade.* Porto Alegre: Artes Médicas, 1994.

PICO DELLA MIRANDOLA, G. *A dignidade do homem.* 2.ed. Campo Grande: Solivros/Uniderp, 1999.

PINA, L. *Verney, Ribeiro Sanches e Diderot na história das universidades.* Porto: Publicações do Centro de Estudos Humanísticos/Anexo à Universidade do Porto, 1955.

PINTASSILGO, J. O "Absolutismo Esclarecido" em Portugal: inovações polémicas e alinhamentos (final do século XVIII – início do século XIX). In: MARQUES DA COSTA, F.; DOMINGUES, F. C.; MONTEIRO, N. G. (Orgs.). *Do Antigo Regime ao liberalismo (1750-1850).* Lisboa: Vega, 1989. p.22-31.

PIOZZI, P. Da necessidade à liberdade: uma nota sobre as propostas de Diderot e Condorcet para o ensino superior. *Educação & Sociedade,* Campinas, v.25, n.88, out. 2004. Disponínel em: <www.scielo.br/scielo.php?script=sci_arttext&pid=S0101-73302004000300002>. Acesso em: 25 jul. 2009.

_____. Ensino laico e democracia na época das Luzes: as "memórias" de Condorcet para a instrução pública. *Educação & Sociedade,* Campinas, v.30, n.108, p.917-22, out. 2009.

_____. Utopias revolucionárias e educação pública: rumos para uma "cidade ética". *Educação & Sociedade,* Campinas, 28, n.100, out. 2007. Disponível em: <www.scielo.br/scielo.php?script=sci_arttext&pid=S0101-73302007000300005>. Acesso em: 25 jul. 2009.

PISSARRA, M. C. P. *Rousseau:* a política como exercício pedagógico. 2.ed. São Paulo: Moderna, 2005.

_____. Entre o *Leviatã* e a vontade geral: uma reflexão sobre a noção de justiça no pensamento de Thomas Hobbes e de Jean-Jacques Rousseau. In: PISSARRA, M. C. P.; FABBRINI, R. N. *Direito e filosofia.* São Paulo: Atlas, 2007. p.59-73.

PLATÃO. *Apologia de Sócrates.* Brasília: Editora Universidade de Brasília, 1997.

PONS, A. Introduction. In: CONDORCET. *Esquisse d'un tableau historique des progrès de l'esprit humain.* Paris: Flammarion, 1988. p.19-72.

POPPER, K. *A lógica da pesquisa científica.* São Paulo: Cultrix, 1972.

INSTRUÇÃO PÚBLICA E PROJETO CIVILIZADOR **421**

POSTMAN, N. *Building a Bridge to the Eighteenth Century*: How the Past Can Improve Our Future. Nova York: Alfred A. Knopf, 1999a.

_____. *O desaparecimento da infância*. Rio de Janeiro: Graphia, 1999b.

PRADO, M. R. do. Um homem em toda sua verdade: Rousseau, gênio e ficção. In: MARQUES, J. O. de A. (Org.). *Reflexos de Rousseau*. São Paulo: Humanitas, 2007. p.137-52.

PRAIRAT, E. *Eduquer e punir*. Nancy: Presses Universitaires de Nancy, 1994.

PRATA, M. A. C. Ciência e sociedade: a Faculdade de Filosofia no período pombalino e pós-pombalino (1772-1820). In: *Universidade(s)*: história, memória, perspectivas. Actas do Congresso "História da Universidade" (no 7º centenário da sua fundação). Coimbra: Gráfica Ediliber, 1991. p.195-214.

QUENTAL, A. de. Causas da decadência dos povos peninsulares nos últimos três séculos. In: QUENTAL, A. de et al. *Os conferencistas do Casino*. Colecção Pensar Portugal. Porto: Fronteira do Caos Editores, 2005.

RAWLS, J. *Justiça e democracia*. São Paulo: Martins Fontes, 2000.

_____. *O direito dos povos*. São Paulo: Martins Fontes, 2001.

REVEL, J. Os usos da civilidade. In: ARIÈS, P.; DUBY, G. (Orgs.). *História da vida privada*: da Renascença ao Século das Luzes. v3. São Paulo: Companhia das Letras, 1991. p.169-209.

RIBEIRO, R. J. *A etiqueta no Antigo Regime*: do sangue à doce vida. 3.ed. São Paulo: Brasiliense, 1990.

ROCHE, D. *Les républicains des lettres*: gens de culture et lumières au XVIIIe. Siècle. Paris: Fayard, 1988.

RODRIGUES, M. A. Alguns aspectos da Reforma Pombalina da Universidade de Coimbra – 1772. In: SANTOS, M. H. C. (Coord). *Pombal revisitado*: comunicações ao Colóquio Internacional organizado pela Comissão das Comemorações do 2º Centenário da Morte do Marquês de Pombal. v.1. Lisboa: Editorial Estampa, 1984. p.209-23.

ROLLAND, R. *O pensamento vivo de Rousseau*. Trad. J. Cruz Costa. Biblioteca do Pensamento Vivo. São Paulo: Livraria Martins, [s.d.].

ROMANO, R. Mentiras transparentes: Rousseau e a contrarrevolução romântica. In: MARQUES, J. O. de A. (Org.). *Verdades e mentiras*: 30 ensaios em torno de Jean-Jacques Rousseau. Ijuí: Editora Unijuí, 2005. p.15-36.

_____. *Moral e ciência*: a monstruosidade no século XVIII. São Paulo: Senac, 2003.

422   CARLOTA BOTO

ROSENFIELD, L. C. *Condorcet Studies 1*. Society for Study of the History of Philosophy. Atlantic Highlands, N.J: Humanities Press, 1984.

ROSSI, P. *Naufrágios sem espectador*: a ideia de progresso. São Paulo: Editora Unesp, 2000.

ROTHSCHILD, E. *Economic Sentiments*: Adam Smith, Condorcet and the Enlightenment. Londres: Cambridge, 2001.

ROUSSEAU, J.-J. *Carta a Christophe de Beaumont e outros escritos sobre a religião e a moral*. Org. e trad.: José Oscar de Almeida Marques. São Paulo: Estação Liberdade, 2005a.

_____. *Carta a d'Alembert*. Campinas: Editora Unicamp, 1993.

_____. Carta de J.-J. Rousseau ao Senhor de Voltaire (Carta sobre a Providência), 18 de agosto de 1756. In: *Carta a Christophe de Beaumont e outros escritos sobre a religião e a moral*. São Paulo: Estação Liberdade, 2005b. p.119-137.

_____. Carta 2 ao sr. De Malesherbes. In: *Carta a Christophe de Beaumont e outros escritos sobre a religião e a moral*. Organização e tradução: José Oscar de Almeida Marques. São Paulo: Estação Liberdade, 2005c. p.23-26.

_____. Considerações sobre o Governo da Polônia e a sua Projetada Reforma (1772). In: *Rousseau e as relações internacionais*. São Paulo: Imprensa Oficial do Estado, 2003. p.223-316.

_____. *Discurso sobre a origem e fundamentos da desigualdade entre os homens*. São Paulo: Abril Cultural, 1983a. p.233-82.

_____. Discurso sobre as ciências e as artes. In: *Os pensadores*. 3.ed. São Paulo: Abril Cultural, 1983b. p.321-52.

_____. Do contrato social. In: *Os pensadores*. 3.ed. São Paulo: Abril Cultural, 1983c. p.15-145.

_____. Ensaio sobre a origem das línguas. In: *Os pensadores*. 3.ed. São Paulo: Abril Cultural, 1983d. p.157-99.

_____. *Ensaio sobre a origem das línguas*. Lisboa: Estampa, 1981.

_____. Economia (moral e política). In: DIDEROT; D'ALEMBERT. *Verbetes políticos da Enciclopédia*. Trad. Maria das Graças de Souza. São Paulo: Discurso Editorial/Editora Unesp, 2006.

_____. *Émile ou de l'éducation*. Paris: Flammarion, 1966.

_____. *Emílio ou da educação*. 3.ed. São Paulo: Difel, 1979.

_____. *Emílio ou da educação*. São Paulo: Martins Fontes, 1999.

_____. Dissertação apresentada ao sr. de Mably sobre a educação do senhor seu filho. In: *Ensaios pedagógicos*. Trad. e apr.: Priscila Grigoletto Nacarato. Bragança Paulista: Editora Comenius, 2004a. p.18-48.

INSTRUÇÃO PÚBLICA E PROJETO CIVILIZADOR   423

ROUSSEAU, J.-J. O contrato social. In: *O contrato social e outros escritos*. 5.ed. São Paulo: Cultrix, 1980.

_____. *Oeuvres completes – 2*: oeuvres philosophiques et politiques; dès premiers écrits au Contrat Social (1735-1762). Paris: Éditions du Seuil, 1971.

_____. *Oeuvres completes – 3*: oeuvres philosophiques et politiques; de l'Émile aux derniers écrits politiques (1762-1772). Paris: Éditions du Seuil, 1971.

_____. *Os devaneios do caminhante solitário*. Brasília: Editora Universidade de Brasília/Hucitec, 1986.

_____. Projeto para a educação do Senhor de Sainte-Marie. In: *Ensaios Pedagógicos*. Trad. e apr.: Priscila Grigoletto Nacarato. Bragança Paulista: Editora Comenius, 2004b. p.49-65.

ROWE, C. The present-day revelance of Condorcet. In: ROSENFIELD, L. C. *Condorcet Studies 1*. Society for Studey of History of Philosophy. Atlantic Highlands, N.J.: Humanities Press, 1984. p.15-32.

RUSS, J. *A aventura do pensamento europeu*: uma história das ideias ocidentais. Lisboa: Terramar, 1997.

SAID, E. W. *Representações do intelectual*. São Paulo: Companhia das Letras, 2005.

SALINAS FORTES, L. R. *Paradoxo do espetáculo*: política e poética em Rousseau. São Paulo: Discurso Editorial, 1997.

_____. *Rousseau*: da teoria à prática. São Paulo: Ática, 1976.

SANCHES, A. N. R. *Cartas sobre a educação da mocidade*. Porto: Editorial Domingos Barreira, [s.d.]a.

_____. *Dificuldades que tem um reino para emendar-se*: e outros textos. Seleção, apresentação e notas de Vitor de Sá. Porto: Inova, [s.d.]b.

_____. *Dissertação sobre as paixões da alma*. Penamacor: Câmara Municipal de Penamacor, 1999.

_____. Método para aprender e estudar a Medicina: apontamentos para fundar-se uma universidade real na cidade do reino que se achasse mais conveniente. In: *Obras I*. Coimbra: Por ordem da Universidade de Coimbra, 1959.

_____. Apontamentos para estabelecer-se um tribunal e colégio de Medicina – Estatutos Morais do Colégio dos Médicos de Londres para servirem de modelo aos do Colégio Real de Medicina de Lisboa – Carta a Joaquim Pedro de Abreu – Tratado da Conservação da Saúde dos Povos – Considerações sobre os terremotos. In: *Obras II*. Coimbra: Por ordem da Universidade de Coimbra, 1966.

424 CARLOTA BOTO

SANCHES, A. N. R. *Projecto de instruções para um professor de cirurgia.* Manuscrito inédito/Moscou 1742. Coimbra: Universidade de Coimbra, 1956.

_____. *Sobre a agricultura, alfândegas, colônias e outros textos.* Penamacor: Câmara Municipal de Penamacor, 2000.

_____. Poder, intelectuais e contra-poder. In: SANTOS, M. H. C. (Coord). *Pombal revisitado:* comunicações ao Colóquio Internacional organizado pela Comissão das Comemorações do 2º Centenário da Morte do Marquês de Pombal. v.1. Lisboa: Editorial Estampa, 1984. p.121-29.

SANTOS, M. H. C. (Coord). *Pombal revisitado:* comunicações ao Colóquio Internacional organizado pela Comissão das Comemorações do 2º Centenário da Morte do Marquês de Pombal. v1. Lisboa: Editorial Estampa, 1984.

SARAIVA, J. H. *Breve história de Portugal, ilustrada.* 3.ed. Lisboa, Bertrand, 1989.

SARTRE, J. P. *Em defesa dos intelectuais.* São Paulo: Ática, 1994.

_____. *O existencialismo é um humanismo.* Trad. e notas de Vergílio Ferreira. 4.ed. Lisboa: Editorial Presença, 1978.

SAVIANI, D. *Escola e democracia.* São Paulo: Cortez, 1983.

_____. *História das ideias pedagógicas no Brasil.* 2.ed. Campinas: Autores Associados, 2008.

SCHEFFLER, I. *A linguagem da educação.* São Paulo: Saraiva, 1974.

SENNETT, R. *O declínio do homem público:* as tiranias da intimidade. São Paulo: Companhia das Letras, 1988.

SERRÃO, J. V. Sistema político e funcionamento institucional no Pombalismo. In: MARQUES DA COSTA, F.; DOMINGUES, F. C.; MONTEIRO, N. G. (Orgs.). *Do Antigo Regime ao liberalismo (1750-1850).* Lisboa: Vega, 1989. p.11-21.

SIEYÈS, E. J. *Qu'est-ce que le Tiers État?.* 3.ed. São Paulo: Lumen, 1997. p.15-76.

SILVA, C. M. S. da. Fundação da Faculdade de Matemática em Coimbra em 1772: o início de uma especialização. In: *Universidade(s):* história, memória, perspectivas. Actas do Congresso "História da Universidade" (no 7º centenário da sua fundação). Coimbra: Gráfica Ediliber, 1991. p.151-59.

SILVA, F. de B. *Autonomia e racionalidade:* fundamentos da filosofia e do pensamento pedagógico de Condorcet. São Paulo, 2008. Tese (Doutorado em Filosofia da Educação) – Faculdade de Educação, Universidade de São Paulo.

INSTRUÇÃO PÚBLICA E PROJETO CIVILIZADOR 425

SILVA, F. de B. *Jean-Jacques Rousseau*: a face arcaica do cidadão. São Paulo, 2004. Tese (Mestrado em Filosofia da Educação) – Faculdade de Educação, Universidade de São Paulo.

SILVA, F. L. O imperativo ético de Sartre. In: NOVAES, A. (Org.). *O silêncio dos intelectuais*. São Paulo: Companhia das Letras, 2006. p.151-60.

SIMPSON, M. *Compreender Rousseau*. São Paulo: Vozes, 2009.

_____. *Rousseau*: a Guide for the Perplexed. Nova York: British Library, 2007.

SNYDERS, G. *La pédagogie en France aux XVIIe et XVIIIe siècles*. Paris Presses Universitaires de France, 1965.

SOUZA, M. C. C. C. *Escola e memória*. Bragança Paulista: IFAN/CEDAPH/Editora da Universidade São Francisco, 2000.

SOUZA, M. C. C. C.; VIDAL, D. G. *A memória e a sombra*: a escola brasileira entre o Império e a República. Autêntica: Belo Horizonte, 1999.

SOUZA, M. das G. de. *Ilustração e história*: o pensamento sobre a história no iluminismo francês. São Paulo: Fapesp/Discurso Editorial, 2001.

_____. Ocasião propícia, ocasião nefasta: tempo, história e ação política em Rousseau. *Trans/form/ação*, Marília, v.29, n.2, 2006.

SPOSITO, M. P. *O povo vai à escola*: a luta popular pela expansão do ensino público em São Paulo. São Paulo: Loyola, 1984.

STAROBINSKI, J. *A invenção da liberdade (1700-1789)*. São Paulo: Editora Unesp, 1994.

_____. *As máscaras da civilização*: ensaios. Trad. Maria Lúcia Machado. São Paulo: Companhia das Letras, 2001.

_____. *J.-J. Rousseau*: la transparence et l'obstacle suivi de sept essais sur Rousseau. Paris: Gallimard, 1971.

STEPHANOU, M.; BASTOS, M. H. C. (Orgs.). *Histórias e memórias da educação no Brasil*. v.1: séculos XVI-XVIII. Petrópolis: Vozes, 2004.

STRAUSS, L. L'intention de Rousseau. In: BÉNICHOU, P. et al. *Pensée de Rousseau*. Paris: Editions du Seuil, 1984. p.67-94.

STRECK, D. R. *Rousseau & a educação*. Belo Horizonte: Autêntica, 2004.

THEODORO, A. C. *Educação, ética e liberalismo sob a perspectiva de Rousseau*: por uma sociedade do Contrato. São Paulo, 2006. Monografia (Trabalho Complementar de Curso). Faculdade de Educação, Universidade de São Paulo.

TOCQUEVILLE, A. de. *O Antigo Regime e a Revolução*. 3.ed. São Paulo: Hucitec, 1989.

426 CARLOTA BOTO

TODOROV, T. *L'esprit des Lumières*. Paris: Robert Laffont, 2006.

_____. *Nós e os outros*: a reflexão francesa sobre a diversidade humana. v.1. Rio de Janeiro: Zahar, 1993.

TORGAL, L. R. Pombal perante as ideologias tradicionalistas e católicas. In: SANTOS, M. H. C. (Coord). *Pombal revisitado*: comunicações ao Colóquio Internacional organizado pela Comissão das Comemorações do 2º Centenário da Morte do Marquês de Pombal. v.1. Lisboa: Editorial Estampa, 1984. p.131-57.

TRAGTENBERG, M. *A delinquência acadêmica*. São Paulo: Rumo Gráfica Editora, 1979.

TROGER, V.; RUANO-BORBALAN, J. C. *Histoire du systhème éducatif*. Paris: PUF, 2005.

TYACK, D.; CUBAN, L. *Tinkering Toward Utopia*: a Century of School Reforms. Londres: Harvard University Press, 1995.

VAIDERGORN, J. *O direito a ter direitos*. Campinas: Autores Associados, 2000.

VALDEMARIN, V. T. *O liberalismo demiurgo*: estudo sobre a reforma educacional projetada nos "Pareceres" de Rui Barbosa. Araraquara: Cultura Acadêmica, 2000a.

_____. Educação e política ou sobre a possibilidade de efetivar princípios. In: VAIDERGORN, J. (Org.). *O direito a ter direitos*. Campinas: Autores associados, 2000b. p.25-40.

VARELA, J.; ALVAREZ-URIA, F. A maquinaria escolar. *Teoria e Educação*, Porto Alegre, n.6, p.68-95, 1992.

VARGAS, Y. *Introduction à l'Émile de Rousseau*. Paris: Presses Universitaires de France, 1995.

VEIGA, C. G. A escolarização como projeto de civilização. *Revista Brasileira da Educação*, São Paulo, v.21, p.90-103, 2002.

VERGER, J. *As universidades na Idade Média*. São Paulo: Editora Unesp, 1990.

VERNEY, L. A. *Verdadeiro método de estudar*. 3.ed. Porto: Editorial Domingos Barreira, [s.d.].

VEYNE, P. *Como se escreve a história*. Porto: Edições 70, 1983.

VIAL, F. *Condorcet et l'éducation démocratique*. Genève: Slatkine Reprints, 1970.

_____. *La doctrina educativa de J.-J. Rousseau*. 2.ed. Barcelona: Editorial Labor, 1937.

VIAL, J.; MIALARET, G. *História mundial da educação*. v.I a IV. Porto: Rés Editora, [s.d.].

INSTRUÇÃO PÚBLICA E PROJETO CIVILIZADOR 427

VIDAL, D. G. *O exercício disciplinado do olhar*: livros, leituras e práticas de formação docente no Instituto de Educação do Distrito Federal (1932-1937). Bragança Paulista: Editora da Universidade de São Francisco, 2001.

VIDAL, D. G.; HILSDORF, M. L. S. *Tópicas em história da educação*. São Paulo: Edusp, 2001.

VIÑAO FRAGO, A. *Alfabetização na sociedade e na história*. Porto Alegre: Artes Médicas, 1993.

_____. *Tiempos escolares, tiempos sociales*: la distribución del tiempo e del trabajo en la enseñanza primaria en España (1838-1936). Barcelona: Ariel, 1998.

VINCENT, G. *L'école primaire française*: étude sociologique. Lyon: Presses Universitaires de Lyon/Editions de la Maison des Sciences de l'Homme, 1980.

_____. (Dir.) *L'éducation prisonnière de la forme scolaire*: scolarisation et socialisation das les sociétés industrielles. Lyon: Presses Universitaires de Lyon, 1994.

VOLTAIRE. *Tratado sobre a tolerância*. São Paulo: Martins Fontes, 2000.

VOVELLE, M. *A Revolução Francesa contra a Igreja*: da razão ao ser supremo. Rio de Janeiro: Zahar, 1989.

_____. *Breve história da Revolução Francesa*. Lisboa: Presença, 1986.

_____. *Imagens e imaginário na história*. São Paulo: Ática, 1997.

_____. *La mentalité révolutionnaire*. Paris: Messidor/Editions Sociales, 1985.

_____. L'histoire et la longue durée. In: LE GOFF, M. *La Nouvelle Histoire*. Paris: Editions Complexe, 1978. p.77-108.

WEBER, M. *A ética protestante e o espírito do capitalismo*. 15.ed. São Paulo: Pioneira, 2000.

_____. A objetividade do conhecimento nas ciências sociais. In: COHN, G. (Org.). *Weber*. São Paulo: Ática, 1979. [São Paulo: Ática, 2006.]

_____. *Ciência e política*: duas vocações. São Paulo: Cutrix, 1999a.

_____. *Economia e sociedade*: fundamentos da sociologia compreensiva. v.2. Brasília: Editora da Universidade de Brasília, 1999b.

_____. *Economia y sociedad*. México: Fondo de Cultura Economica, 1984.

_____. *Ensaios de sociologia*. 5.ed. Rio de Janeiro: LTC, 1982.

_____. *Sobre a universidade*. São Paulo: Cortez, 1989.

WHITE, H. *Trópicos do discurso*: ensaios sobre a crítica da cultura. São Paulo: Edusp, 1994.

WHITROW, G. J. *O tempo na história*: concepções do tempo da pré-história aos nossos dias. Rio de Janeiro: Zahar, 1993.

WILLEMSE, D. *António Nunes Ribeiro Sanches*: élève de Boerhaave et son importance pour la Russie. Leiden: Brill, 1966.

YAMIN, A. M. O. A justiça distributiva em Aristóteles e a escolha da melhor forma de governo. In: PISSARRA, M. C. P.; FABBRINI, R. N. (Coords.). *Direito e filosofia*. São Paulo: Atlas, 2007. p.33-41.

ZIMAN, J. *Conhecimento público*. Belo Horizonte: Itatiaia, 1979.

_____. *Problemas da Revolução Científica*. Belo Horizonte: Itatiaia, 1976.

SOBRE O LIVRO

Formato: 14 x 21 cm
Mancha: 23,7 x 42,5 paicas
Tipologia: Horley Old Style 10,5/14
Papel: Off-white 80 g/m^2 (miolo)
Cartão Supremo 250 g/m^2 (capa)
1ª edição Editora Unesp: 2017

EQUIPE DE REALIZAÇÃO

Capa
Megaarte Design

Edição de texto
Julia Codo (Copidesque)
Rodrigo Chiquetto (Revisão)

Editoração eletrônica
Eduardo Seiji Seki

Assistência editorial
Alberto Bononi
Richard Sanches

Impressão e Acabamento

assahi
gráfica e editora ltda.